Fatima El-Tayeb

Anders Europäisch

UNRAST

Fatima El-Tayeb ist Professorin für Literatur, Ethnic Studies und Critical Gender Studies an der University of California, San Diego. Sie ist Autorin von *Schwarze Deutsche. ›Rasse‹ und nationale Identität, 1890-1933* (Campus 2001) und zahlreichen Artikeln zur Konstruktion von ›Rasse‹, Geschlecht, Sexualität und Nation in Europa. Ihr Arbeitsschwerpunkt liegt auf Rassismus in Europa, Schwarzer und muslimischer Diaspora, transnationalem Feminismus, Queer of Color Critique, Populärkultur und Widerstand

Fatima El-Tayeb

Anders Europäisch

Rassismus, Identität und Widerstand im vereinten Europa

Übersetzt aus dem US-amerikanischen Englisch
von Jennifer Sophia Theodor und Fatima El-Tayeb

UNRAST

Bibliografische Information der Deutschen Bibliothek
Die Deutsche Bibliothek verzeichnet diese Publikation in der Deutschen Nationalbibliografie; detaillierte bibliografische Daten sind im Internet über http://dnb.ddb.de abrufbar.

Fatima El-Tayeb
Anders Europäisch
ISBN 978-3-89771-583-7
1. Auflage September 2015

Die Veröffentlichung dieser Publikation erfolgt mit freundlicher Unterstützung der Rosa-Luxemburg-Stiftung, Berlin

Postfach 8020 | 48043 Münster | Tel. (0251) 66 62 93
info@unrast-verlag.de | www.unrast-verlag.de
Mitglied in der assoziation Linker Verlage (aLiVe)

Umschlag: UNRAST Verlag, Münster
Satz: Andreas Hollender, Köln
Druck: CPI-books, Clausen & Bosse, Leck

FSC www.fsc.org MIX Papier aus verantwortungsvollen Quellen FSC® C083411

Inhalt

Vorwort

Anders Europäisch erschien 2011 im englischen Original, fast genau zehn Jahre nach meiner ersten akademischen Studie, *Schwarze Deutsche. »Rasse« und nationale Identität, 1890-1933,* und thematisch eng mit ihr verbunden. Beide Texte – und die anderen Projekte, einige akademisch, andere nicht, die zwischen ihnen liegen – haben das gleiche Ziel: die Präsenz derjenigen, die aus Deutschlands und Europas Vergangenheit und weitestgehend auch Gegenwart gelöscht wurden und werden, wieder in diese Geschichte einzuschreiben. Ich will zu einem alternativen Archiv beisteuern, das die Kreativität und Widerstandskraft europäischer Communitys of Color dokumentiert, und so zu ihrer Stärkung beiträgt – und zur Schwächung eines europäischen Solipsismus, der sich in der beharrlichen Weigerung ausdrückt, sich auf einen echten Dialog mit denjenigen einzulassen, die allzu lange komfortabel auf Distanz und still, oder besser ungehört, gehalten wurden. Die Ausgrenzung rassifizierter Bevölkerungsgruppen, d.h. deren Positionierung außerhalb Europas, funktioniert durch ein nur selten explizit gemachtes, aber kontinentweit wirkmächtiges System vor allem visueller Markierungen, die nicht-weiße und nicht-christlich sozialisierte Menschen als notwendigerweise nicht-europäisch festschreiben. Ihre Präsenz, auch wo sie schon Jahrhunderte währt, erscheint so im besten Fall als eine Herausforderung für den Kontinent, im schlimmsten als eine Bedrohung.

Insofern ist es kein Zufall, dass dieses Buch zuerst in den USA veröffentlicht wurde, wo ich seit Längerem lebe und arbeite. Die normalisierten, weitgehend unhinterfragten europäischen Rassifizierungsprozesse machen Europäer_innen of Color zu ewigen Außenseiter_innen und verhindern so effektiv eine Kritik von innen. Rassifizierte Menschen im Allgemeinen und rassifizierte Forscher_innen im universitären Betrieb im Besonderen sind immer noch weitgehend ausgeschlossen – was die anhaltende Überzeugung widerspiegelt, dass sie und ihre Geschichte(n) »nicht wirklich dazugehören«. Um das zu ändern, ist es nötig, Europas internalistisches Narrativ grundsätzlich zu hinterfragen. Dieses Narrativ positioniert diejenigen, die Europas Außen verkörpern – Muslim_innen, Rrom_nja, Afroeuropäer_innen und andere – als ewige Störenfriede, für immer im Zustand verfangen, gerade angekommen zu sein. Für diese Störenfriede ist Widerstand alltägliche Überlebensnotwendigkeit, auch und gerade, wenn er Formen annimmt, die in dominanten Diskursen nicht (oder nicht korrekt) lesbar sind, weil sie eine radikal andere Realität von Europäischsein verkörpern. Diese Realität fällt außerhalb des analytischen Horizonts des angeblich farbenblinden Universalismus rassismusprivilegierter weißer europäischer Theoretiker_innen, die dennoch Theoriemodelle aus rassifizierten Communitys weitgehend ignorieren (und die Selbstorganisierung von Menschen of Color gern als limitierte, subjektive Identitätspolitik abqualifizieren).

Ich argumentiere dagegen, dass nur die Analyse des Prozesses der Rassifizierung aus der Sicht der Rassifizierten selbst die Werkzeuge zu dessen Dekonstruktion schaffen kann. Werkzeuge, die von anderen nicht nur benutzt und weiterentwickelt werden können, sondern müssen (so wie ich hier versuche, die bisher hauptsächlich auf die USA fokussierte Queer-of-Color-Kritik auf europäische Konstellationen anzuwenden). Es ging mir darum, Strategien nachzuverfolgen, die kontinentalen Rassismus explizit und kreativ angreifen und zwar aus der unmöglich gemachten Perspektive nicht-weißer/nicht christlich sozialisierter Europäer_innen. Besonders interessiert war ich an den Widerstandsstrategien derjenigen, deren Existenz kaum vorstellbar, marginal, irrelevant, lästig oder bedrohlich ist für jene, die sich (in welchem Kontext auch immer) normal, in der Mehrheit, zivilisiert wähnen: radikaldemokratische Queer-of-Color-Kollektive, trashige Transperformer_innen, feministische Hijabis, oder Guerilla-Videokünstler_innen. Ich gehe davon aus, dass ihre zentrale Rolle in der Destabilisierung europäischer Rassifizierungsstrukturen kein Zufall ist, sondern Produkt ihrer multiplen Marginalität, die eine Perspektive erlaubt, in der die Idee des Normalen, des Normativen an sich infrage gestellt wird. Und genau das ist nötig, um einen eurozentrischen Rassismus zu beenden, der nicht nur in Extremen, sondern genau in Europas Normalität begründet ist.

Als ich vor mehr als zehn Jahren an diesem Projekt zu arbeiten begann, zeichnete ich etwas auf, das gerade geschah. Gegen Ende des Schreibprozesses schien es dagegen schon weitgehend Vergangenheit: viele Gruppen hatten sich aufgelöst oder waren vereinnahmt worden (andere, wie *ADEFRA – Schwarze Frauen in Deutschland,* Mitte der 1980er gegründet, sind dagegen noch immer aktiv). Hip-Hop ist fest im Mainstream verankert, und zunehmend aggressive Islamfeindschaft hat zu einer Gegenbewegung weg von »postethnischen« Koalitionen hin zur Affirmation der attackierten Identität geführt. Die Bewegung, die ich hier nachzeichne, ein heterogenes, widersprüchliches, rebellisches Kollektiv aus Gruppen, die auf den ersten Blick wenig miteinander gemein haben, hat sich scheinbar verlaufen. Was sie vereinte, war die Weigerung, sich in etablierte Kategorien einordnen zu lassen, ob die nun aus der Dominanzgesellschaft kamen oder aus ethnisierten Communitys, der internationalistischen Linken oder progressiven queeren Gruppen. Ihr Aktivismus reflektiert so eine entscheidende, unumkehrbare Entwicklung: die Präsenz von Europäer_innen of Color, deren alltägliche Widerstandspraxis nicht nur Europas Verständnis von sich selbst als weißem Kontinent erschüttert, sondern auch eine neue Phase der Koalitionsbildung verschiedener rassifizierter Gruppen ermöglicht – über nationale Grenzen hinweg, aber ebenso sehr auf lokaler Ebene, innerhalb eines Viertels, einer Nachbarschaft.

Mir liegt nicht daran, diese Bewegung (oder Bewegungen) zu idealisieren, es ist mir aber außerordentlich wichtig, daran zu erinnern, dass es sie gab und gibt; dass Aktivismus ständig den Horizont des Möglichen, des Denkbaren überschreitet und Konstellationen schafft, die, wenn auch manchmal nur für einen kurzen Moment, neue Möglichkeiten aufzeigen und so langfristig die Grenzen des Denkbaren verschieben. Diese Bündnisse – sei es bei der Besetzung der Kreditaufsichtsbehörde in La Paz, auf Kairos Tahir Square, in Istanbuls Gezi Park oder innerhalb der europäischen Kollektive, die ich beschreibe – werden oft von denen getragen, denen es am wenigsten zugetraut wird, weil sie scheinbar nicht organisiert genug sind, nicht pragmatisch genug, zu undiszipliniert und weil sie Agitationsformen benutzen, die oft in den als apolitisch definierten Bereich von Alltags- und Populärkultur fallen. Das wird dann für ihr angebliches Scheitern verantwortlich gemacht, und allzu oft ist es dieses Scheitern, das politische und kulturelle Analysen bestimmt, nicht der Erfolg, den das Entstehen dieser Koalitionen und ihr radikales Infragestellen des Machbaren darstellt. Mein Ansatz ist nicht präskriptiv, sondern deskriptiv: Ich zeichne alltägliche Widerstandsformen nach, die bereits praktiziert wurden und die archiviert werden müssen, da sie keinen Eingang in dominante Geschichtsschreibungen finden – das Undenkbare bleibt undenkbar, weil es aus der kollektiven Erinnerung gelöscht wird.

Natürlich hat sich seit der Veröffentlichung von *European Others* 2011 einiges verändert – im Positiven wie Negativen. In Deutschland im Besonderen ist über die letzten Jahre, nicht zuletzt dank der unermüdlichen und weitgehend unerwähnten Arbeit von Aktivist_innen of Color, Rassismus erstmals als solcher benennbar geworden – nach Jahrzehnten des sturen Festhaltens an dem irreführenden Begriff »Ausländerfeindlichkeit«, der genau die Ausschlussmechanismen und ihr Unsichtbarbarmachen wiederholte, die der Begriff zu kritisieren vorgab. Rassismus, sicher in seiner deutschen Variante, hat nichts mit Staatsangehörigkeit oder »Fremdheit« zu tun, sondern mit Rassifizierungsprozessen, deren Wurzeln innerhalb der deutschen Gesellschaft liegen und nicht bei »Ausländern« und ihrer angeblich fremden Kultur zu suchen sind. Es ist wichtig, dass die Stimmen von rassifizierten Menschen Teil der Mainstream-Debatte werden. Diese Stimmen und die Argumente, die sie in die Diskussion einbringen, sind aber natürlich nicht neu, auch wenn es innerhalb der Dominanzgesellschaft, sei es in medialen, akademischen oder politischen Diskursen, gern so dargestellt wird. Neu ist die – immer noch sehr begrenzte – Bereitschaft der Mehrheitsdeutschen, sich auf die Kommunikation einzulassen. Die Grenzen dieser Bereitschaft sind allerdings ebenfalls überdeutlich – vom »Ende des Multikulturalismus« über Pegida und Beschneidungsdebatte hin zu euphemistischen Rassifizierungen wie »Bürger_in mit migrantischem Hintergrund« oder »Deutschtürke« und Black Studies ohne die Beteiligung Schwarzer Forscher_innen und »Flüchtlingskrise« ohne Analyse von (Neo)Kolonialismus. All dies ist nicht Reaktion – auf Überfremdung, Islamisierung oder was auch immer –, sondern Aktion aus der Mitte der Gesellschaft, in langer europäischer Tradition. Aber wie der Rassismus selbst, so setzt sich auch der Widerstand gegen ihn fort. Kollektive wie die Pariser *Lesbiennes of Color* oder *Diásporas Críticas* in Barcelona bewegen sich in der Tradition des intersektionalen Queerens von Europäischseins, das Gruppen wie *Strange Fruit* in Amsterdam oder der Berliner *Salon Oriental* im späten 20. Jahrhundert praktizierten, auch wenn Erstere wahrscheinlich noch nie von Letzteren gehört haben. Denn es gibt nach wie vor zu wenige Orte, materiell oder virtuell, an denen alternative Geschichten ausgetauscht und weitergegeben werden können. Dennoch gehört die Fülle neuer deutschsprachiger Veröffentlichungen zu internem Rassismus zweifellos zu den positiven Entwicklungen der letzten Jahre – das Archiv des anderen Europa wächst stetig.

Ich hoffe, das Erscheinen der deutschen Ausgabe zu diesem Zeitpunkt kann dazu beitragen, die Debatte voranzutreiben und historisch zu verankern. Zumal Deutschland zweifellos der Ausgangspunkt dieser Studie ist, auch wenn es eines meiner zentralen Argumente ist, dass ein spezifischer, europaweiter Rassismus existiert, der trotz nationaler Besonderheiten als solcher analysiert werden muss. In diesem Sinn beruht mein Ansatz auf queerer Identitätspolitik, mein analytischer Rahmen auf der Erfahrung, eine unmögliche Identität zu leben: die einer Europäerin of Color, genauer einer Schwarzen Deutschen. Schwarz in Deutschland aufzuwachsen, bedeutete, ständig und emphatisch darauf hingewiesen zu werden, dass diese beiden Dinge nicht zusammengehören und dass meine Existenz daher sowohl eine Anomalie als auch eine Provokation darstellte. Meine Reaktion auf diese konstante Botschaft war die Suche nach einer alternativen Community und einer anderen deutschen Geschichte. Erstere fand ich in der Schwarzen Diaspora – im Vor-Internetzeitalter war zunächst die Dorfbücherei mein Tor zur Schwarzen, primär afroamerikanischen Welt, später die entstehende afrodeutsche Bewegung. Der zunehmende Austausch mit anderen Schwarzen Deutschen bestärkte mich in der Überzeugung, dass Deutschland historisch nicht so weiß sein konnte, wie behauptet wurde. Und obwohl die Existenz von Europäer_innen of Color innerhalb meines Geschichtsstudiums gänzlich unerwähnt blieb, gab dieses Studium mir immerhin die nötigen Werkzeuge, um zur autonomen afrodeutschen Geschichtsschreibung beizutragen. Nach dem Studienabschluss verließ ich das gleichbleibend rassistische wiedervereinigte Deutschland für das scheinbar viel tolerantere Amsterdam. Es dauerte jedoch nicht lange, bis mir klar wurde, dass hier – und in Kopenhagen, Paris oder Madrid – erstaunlich ähnliche Vorstellungen und Praktiken der Rassifizierung nationaler Identität bestanden. Und, ebenso wichtig, wenn nicht wichtiger, dass rassifizierte Bevölkerungen in ganz Europa ähnliche Widerstandspraktiken entwickeln. Was sie miteinander gemein haben, ist nicht eine imaginierte kulturelle oder »rassische« Essenz, sondern die Erfahrung des Ausgelöscht- und Unmöglich-gemacht-Werdens, der Zuschreibung einer Identität, die notwendigerweise mit gelebter Erfahrung kollidiert. *Anders europäisch* bietet daher sowohl eine intellektuelle Genealogie der systematischen und zum Schweigen gebrachten Präsenz von Rassismus im Zentrum europäischer Identität als auch des subversiven kulturellen Aktivismus marginalisierter Gruppen. Beide zusammen präsentieren eine dringend notwendige Korrektur der dominanten Repräsentationen europäischer Geschichte und Gegenwart, die immer deutlicher mit der Realität kollidieren.

Mein besonderer Dank gilt Jodi Melamed und ihren Student_innen an der Humboldt Universität Berlin, die zuerst die Idee einer Übersetzung ins Deutsche hatten. Ein Treffen mit einigen dieser Studentinnen of Color war sowohl inspirierend als auch deprimierend: in den letzten zwanzig Jahren scheint sich wenig im Uni-Betrieb geändert zu haben – (fast) keine Dozent_innen of Color, keine Berücksichtigung von Theoretiker_innen of Color (zumindest, was den deutschen Kontext betrifft); Weißsein als unhinterfragte Norm sowohl auf dem Lehrplan wie im Seminarraum und Hilflosigkeit bis Aggressivität als Reaktion auf Kritik an der Abwesenheit nicht-weißer/nicht-christlich sozialisierter Positionen, Theorien, Körper. Inspirierend dagegen war die Widerstandsfähigkeit und Kreativität der Studentinnen, ihr Unwille, sich der weißen Norm zu unterwerfen. Ohne Jodis Energie und die großzügige Unterstützung durch Eva Bösenberg und Kai Linke an der HU wäre aus der Idee zur Übersetzung nie eine Realität geworden. Ebenfalls dankbar für ihre Hilfe bin ich Grace Hong, Co-Herausgeberin der Difference Incorporated Reihe der University of Minnesota Press, in der *European Others* erschien. Schließlich ein großes Dankeschön an Jen Theodor für die fantastische Zusammenarbeit im nicht immer einfachen Übersetzungsprozess.

Einleitung
Theoriebildung zu urbanen migrantisierten Communitys im postnationalen Europa

»*Heimsuchung* [haunting] *erschien mir tatsächlich als eben jener Bereich des Umbruchs und der Unruhe, dieser Moment (gleich welcher Länge), wenn Dinge nicht an ihren zugewiesenen Orten sind, wenn die Risse und Manipulationen* [rigging] *offenliegen, wenn die Menschen, die unsichtbar sein sollen, auftauchen und ohne Anzeichen des Gehens bleiben, wenn verstörte Gefühle nicht zur Seite gelegt werden können, wenn etwas Anderes, etwas vom Vorherigen Verschiedenes, als etwas erscheint, das getan werden muss. Es ist dieser soziopolitisch-psychologische Zustand, auf den sich Heimsuchung bezog.*«

Avery Gordon, Ghostly Matters

»*Wenn untergeordnete Gefüge* [formations] *zu Methode und Theorie werden, dann rücken neue Analytiken in den Vordergrund, die die Universalismen, mit denen wir heute leben, von unten nach oben und von innen nach außen kreolisieren.*«

Shu-mei Shih und Françoise Lionnet, The Creolization of Theory

Fawaka, Merhaba, Conta Bai, Hoe Gaat Het?

Im Sommer 2007, inmitten fortwährender Diskussionen um Islam, Migration, »Schwarze Schulen«[1] und holländische Kultur, präsentierten die niederländischen Medien ihrem Publikum ein von ihnen als neu erachtetes

1 Der niederländische Begriff *zwarte scholen*, »schwarze Schulen«, der sich auf hohe Anteile nicht-weißer Schüler_innen bezieht, fällt durch seine ungewöhnliche rassifizierte Referenz auf – insbesondere, da der Begriff *schwarz* nicht generell zur Bezeichnung Schwarzer Bürger_innen (oder Niederländer_innen of Color im Allgemeinen) verwendet wird. Für Erstere bevorzugt die Mehrheit noch immer den Begriff »*neger*«, dessen rassistische Bedeutung der englischsprachigen [und deutschsprachigen] ähnlich ist, der aber vermeintlich im liberalen niederländischen Kontext keine negativen Konnotationen hat. »Schwarze Schulen« bezeichnen, sowohl im amtlichen als auch im öffentlichen Diskurs, Schulen mit mehr als 40 Prozent *allochthoner* Schüler_innen. *Allochthon* ist wiederum ein niederländischer Verwaltungsbegriff, der Migrant_innen ebenso meint wie niederländische Staatsbürger_innen mit wenigstens einem Elternteil, der in einem nicht-westlichen Land geboren wurde (außer Japan). In seiner Alltagsverwendung unterscheidet

Phänomen: *Straattaal*, oder Straßen-Slang, eine neue Jugendsprache, die in Städten des ganzen Landes gesprochen wird. Die liberal-christliche Zeitung *Trouw* versuchte eine autoritative Definition: »Straattaal – die holländische Version amerikanischen Slangs – stammt aus multikulturellen Jugendgruppen (insbesondere in Damsko, Amsterdam) und beinhaltet unter anderem Wörter aus dem Englischen/US-Amerikanischen, Sranantongo und Marokkanischen« (Pronk 2007).[2] In ihrem Bericht von einem Treffen zu *Straattaal* bringt die Journalistin der *Trouw* Beispiele aus dieser, vor allem von *allochthonen* Jugendlichen gesprochenen, »geheimen Sprache« – einschließlich des mehrsprachigen Grußes, der diesen Abschnitt betitelt und Wörter aus Sranantongo, Arabisch, Papiamento und Niederländisch enthält und sich etwa als »Was ist los, willkommen, wie geht's?« übersetzen lässt. Sie beendet ihren Artikel mit Spekulationen darüber, ob dieser neue hybride Code die Integration seiner Sprecher_innen (vornehmlich niederländische Staatsbürger_innen of Color) behindert oder fördert.

Mein Buch wird einige Fragen aus der niederländischen Diskussion aufgreifen und sie in einen breiteren und in mancher Hinsicht recht anderen Kontext stellen. Statt als neues Phänomen oder als Zeichen der »Amerikanisierung« niederländischer Jugendlicher sehe ich *Straattaal* und andere lokale Variationen dieser »Multi-Ethnolekte« (Wiese 2009, 782) in ganz Europa als symptomatisch für einen schon lange begonnenen Prozess; nämlich für die Entstehung multikultureller minorisierter Gemeinschaften in kontinentaleuropäischen städtischen Zentren, die sich durch die unklaren und prekären Lebensbedingungen ihrer Bewohner_innen auszeichnen.[3]

---

allochthon [wie deutschsprachig *Migrationshintergrund*] – unabhängig von ihrer Staatsangehörigkeit – Menschen of Color von weißen, autochthonen Niederländer_innen. Schulen mit einem großen Anteil allochthoner Schüler_innen gehören stets zu armen Vierteln, aber anstatt auf Klasse zu fokussieren, betont die rassifizierte Wendung »schwarze Schulen« die Verknüpfung zwischen Mindererfolg und der Überrepräsentierung von Minorisierten (Arts/Nabha 2001; Hoving 2005).

2 Üb.Anm.: Wenn vorhanden und nicht als eigene Übersetzung gekennzeichnet, verwendet diese Übersetzung die bestehenden deutschsprachigen Texte und Übersetzungen. Andernfalls beruht die Übersetzung auf Fatima El-Tayebs englischsprachiger Übersetzung und Interpretation – wie hier aus dem Niederländischen.

3 Dieses Buch befasst sich mit Kontinentaleuropa. Während der britische Diskurs einige allgemeine europäische Erzählmotive teilt, behandelt er Rassifizierung auf andere und ausdrücklichere Weise als die Debatten auf dem Kontinent. Er ist Teil eines anglophonen Diskurses, dem sich der Rest Europas erst kürzlich geöffnet hat. Dies soll jedoch nicht bedeuten, dass die beiden Diskursräume scharf voneinander trennbar sind. Zum britischen Diskurs, siehe z.B. Baker/Diawara/Lindeborg 1996.

Seit ihrer verstärkten Ankunft in den 1950er Nachkriegsjahren stehen Migrant_innen und ihre bestrittene Fähigkeit, sich europäischen Gesellschaften anzupassen, im Zentrum öffentlicher und politischer Debatten. Paradoxerweise haben sich diese Debatten in den letzten 50 Jahren wenig verändert – ihr Fokus liegt oft noch immer auf dem Moment der Ankunft und »Was wenn«-Szenarien, nämlich: Was geschieht mit Europa, wenn diese Menschen bleiben (siehe u.a. Schramma 2001)? Ein halbes Jahrhundert später sollte es ziemlich offensichtlich sein, dass die große Mehrheit der Immigrierten geblieben ist und sich das Gesicht Europas entsprechend verändert hat. Die logische Schlussfolgerung, dass sie nun ebenso europäisch sind wie jene, die sich ihretwegen sorgen, wird jedoch selten gezogen. Sie wird von einem oft unausgesprochenen, und dennoch scheinbar sehr präzisen, rassifizierten Verständnis echten Europäischseins verhindert, das weiterhin bestimmte Migrant_innen und ihre Nachfahren ausschließt.[4]

4 Es scheint an dieser Stelle wichtig, die Konnotationen des Begriffs *Migrant_in* im kontinentaleuropäischen Kontext explizit anzusprechen, obwohl oder gerade weil meine Analyse rassifizierte *Minderheiten bzw. Migrantisierte* statt Migrant_innen (und den kontinuierlichen Ausschluss Ersterer aus der Gemeinschaft der Europäer_innen) in den Blick nimmt. Insbesondere in diesem Kontext ist es jedoch unmöglich, die eine Frage ohne die andere zu besprechen. Das rassifizierte europäische Verständnis von »MigrantInnen« hat eine Schlüsselfunktion für den Ausschluss rassifizierter Bevölkerungen aus der Nation, für ihre Definition als Außenstehende. Im Gegensatz zu seiner US-Verwendung, impliziert der Begriff eine nur vorübergehende Anwesenheit – was sich am deutlichsten im Konzept der »Gastarbeit« ausdrückt –, kennzeichnet aber zugleich einen dauerhaften Zustand über Generationen hinweg. Das heißt, wer auch immer als rassifizierte_r oder religiöse_r Andere_r identifiziert wird, wird zwangsweise als Migrant_in, d.h. als von außerhalb Europas kommend, konzeptualisiert; auch wenn diese Herkunft zwei, drei oder mehr Generationen zurückliegt. Der Begriff bezieht sich also weniger auf einen rechtlichen Status oder Geburtsort, sondern auf eine wahrgenommene unveränderliche Abweichung vom »Europäischsein«. Die Assimilierung der zweiten und nachfolgender Generationen in die Nation hängt noch immer in einem sehr wörtlichen Sinne von der Fähigkeit ab, als Mitglied der nationalen Mehrheit durchzugehen [*to pass*] (auch wenn dieses ideale Mitglied der nationalen Gemeinschaft, an dem Assimilierung gemessen wird, selbst ein künstliches Konstrukt ist, das vielmehr auf der nationalen Vorstellungswelt basiert als auf deren Wirklichkeit). Dies produziert unlösbare Spannungen für jene, die Zeichen der Differenz tragen, die als nicht assimilierbar erachtet werden. Abgesehen von der offensichtlichen Rassifizierung, die in diesem Konstrukt zum Tragen kommt, vernachlässigt es die bedeutenden Unterschiede zwischen einer ersten Generation, die tatsächlich physisch migrierte, und deren Nachfahren, die faktisch minorisierte Bürger_innen sind. Doch in Kontinentaleuropa bleiben auch sie durch das Paradigma der Migration definiert: Die Kinder (und Enkel) von Migrant_innen of Color werden als Migrant_innen der zweiten

Als Ergebnis hieraus entstanden seit Mitte der 1980er Jahre in den Metropolen des Kontinents neue Netzwerke, die auf der Erfahrung einer zunehmend jüngeren, ethnisch diversen, städtischen Bevölkerung basieren. Diese ist mit widersprüchlichen Projektionen, Anforderungen und Zuschreibungen hinsichtlich nationaler und ethnisierter Identifikationen konfrontiert, die oft in starkem Gegensatz zu ihren komplexen Lebensrealitäten stehen. In Reaktion auf die spezifischen Formen ihrer Exklusion und Marginalisierung, beziehen sich migrantisierte[5] Bevölkerungen regelmäßig auf Widerstands- und Analyseformen von außerhalb Europas, die in transnationalen Diaspora-Diskursen kursieren – von Hip-Hop-Kultur bis Frauen-of-Color-Feminismus[6] –, und verändern sie.[7] *Anders Europä-*

---

oder dritten Generation betrachtet, anstatt zu Bürger_innen der ersten oder zweiten Generation zu werden [– sie werden migrantisiert].

5 Üb.Anm.: *Migrantisiert* steht für die Erfahrung von Nachfahren von Migrant_innen, die zweite und dritte Generation, die in dominanten Diskursen anhand von rassistischen und kulturalistischen Grenzziehungen als migrantisch definiert werden. Der Begriff der Migrantisierung soll verdeutlichen, dass Menschen die Migration zugeschrieben wird, die sie nicht erfahren haben, da Rassifizierung im europäischen Kontext mit Externalisierung – statt etwa mit Minorisierung – einhergeht: Menschen of Color werden als nicht-europäisch ausgegrenzt, statt als minorisierte Europäer_innen – als »anders europäisch«. Im englischsprachigen Buch wurde mit dem Begriff der Minderheit [*minority*] gearbeitet, der an vielen Stellen im deutschsprachigen Kontext nicht funktioniert. Die Übersetzung arbeitet nun mit mehreren Begriffen: »europäische rassifizierte Minderheiten« und »minorisierte Gemeinschaften«, aber vor allem mit »Migrantisierung« und »migrantisiert«.

6 Üb.Anm.: Als *Women of Color Feminism* wird in den USA eine intersektionale, praxisbezogene Form des Feminismus bezeichnet, die in den 1970er Jahren als Reaktion auf Ausschlussmechanismen innerhalb radikaler Bewegungen entstand und bis heute akademisch und politisch einflussreich ist. *Women of Color Feminism* ist konzeptionell durch Koalitionsbildung bestimmt, primär zwischen verschieden rassifizierten Frauen of Color, aber auch zwischen rassifizierten Communitys im Allgemeinen, und fokussiert analytisch unter anderem auf das produktive Potenzial von Differenz. Als stehender Begriff sollte der englischsprachige Wortlaut eigentlich stehen bleiben. In diesem Buch geht es jedoch sowohl um diesen US-amerikanischen feministischen Diskurs von Frauen of Color als auch um dessen Wechselwirkung mit den Politiken von europäischen Frauen of Color. Das Buch will ausdrücklich hiesige Diskurse thematisieren und untermauern. Die Verwendung beider Begriffe verwirrt leider, deshalb wird auch *Women of Color Feminism* als »Frauen-of-Color-Feminismus« übersetzt.

7 Die Begriffe der *Migrant_in der zweiten* und der *dritten Generation* werden in ganz Europa, von Schweden bis Italien, von Rumänien bis Spanien für minorisierte Bürger_innen benutzt. Zusätzlich gibt es spezifische Konzepte, wie das oben erwähnte niederländische *allochthon*, das sich auf jene bezieht, die als niederländische Staatsbürger_innen geboren werden, aber nicht von autochthonen Eltern stammen,

isch erkundet diese Widerstandskulturen und ihre kreative Kreolisierung politischer Bewegungen mithilfe einer innovativen theoretischen Linse. Ich schöpfe aus einer Reihe von Methodologien, die üblicherweise in und auf Europa nicht angewendet werden, wie Kritische Rassismustheorie (Critical Race Theory), Queer-of-Color-Kritik, karibische Créolité. Dies ist dementsprechend ein Buch, das Rassismus, Identität und Widerstand thematisiert und dabei eine Gruppe in den Blick nimmt, die in öffentlichen und akademischen Diskursen weitgehend unsichtbar ist, nämlich Europäer_innen of Color.

Die Begriffe »of Color« und »Europa« bedürfen der Klärung und da beide für meine Studie zentral sind, will ich mich bemühen, sie exakt zu verwenden. Dennoch beansprucht meine Definition von »Europäer_innen of Color« keine wissenschaftliche Präzision. Obwohl Rassifizierungen immer vorgeben, natürliche, unveränderliche, offensichtliche Tatsachen zu benennen, sind sie immer uneindeutig, veränderlich und instabil. Dies wird durch etwas versteckt, das Étienne Balibar die »fiktive Ethnizität« nennt, auf der alle Nationalstaaten aufgebaut sind:

> »Keine Nation besitzt eine natürliche ethnische Grundlage. Vielmehr werden in der Nationalisierung sozialer Formationen die Bevölkerungen, die in ihnen eingeschlossen, zwischen ihnen aufgeteilt oder von ihnen beherrscht werden, ethnisiert – d.h. in der Vergangenheit oder Zukunft so repräsentiert, *als ob* sie eine natürliche Gemeinschaft bildeten, die von sich selbst eine Identität der Ursprünge, Kultur und Interessen besitzt, die individuelle und gesellschaftliche Bedingungen transzendiert.« (Balibar 1994, 224)

Balibar zufolge wird fiktive Ethnizität durch zwei primäre Werkzeuge konstruiert, Sprache und Rassifizierung [*race*][8], die beide durch meine Studie hindurch zentral bleiben. Denn ich untersuche ihre Bedeutung in der

---

was in der Praxis auf niederländische Bürger_innen of Color angewandt wird. Die aktuelle deutsche Kategorie des *Bürgers mit Migrationshintergrund* hat eine ähnliche Funktion in ihrer ausschließlichen Anwendung auf »rassifiziert andere« Deutsche und nicht etwa auf »ethnisch deutsche« weiße Immigrant_innen. (Letztere sind Nachfahren von Deutschen, die im 18. Jahrhundert nach Osteuropa und Russland migrierten, und haben aufgrund des national-ethnischen Verständnisses von Zugehörigkeit privilegierten Zugang zu deutscher Staatsbürgerschaft. Siehe Brubaker 1992).

8 Üb.Anm.: *race* bzw. *racial* wird in dieser Übersetzung situativ als »Rassifizierung«, »Konzept von Rasse« sowie »Rassismus« übersetzt, je nach inhaltlichem Kontext. Der Begriff ist in den USA anders konstruktivistisch umgearbeitet worden als im

Schaffung sowie in der Unterwanderung [*queering*] und Destabilisierung der fiktiven europäischen Ethnizität.[9]

Die Geschichte der Rassifizierung in Europa betont Rasse mehr als soziales denn als biologisches Konstrukt (Mosse 1978; Gilroy 2000) und in ihrer aktuellen Konfiguration ist sie eng verwandt mit dem, was Rey Chow im US-Kontext »die Ethnisierung von Arbeit« nennt (Chow 2000). Dies ist »ein flexibler sozialer Mechanismus zur Herstellung einer internen Grenzziehung zwischen dem, was auf der einen Seite als richtig und wertvoll gilt und auf der anderen Seite als fremd und minderwertig« (Adelson 2005, 8). Chow meint weiter, dass »die Erfahrung der Migration [...] schlicht die Verbindung zwischen kommodifizierter Arbeit und Ethnisierung hervorhebt und verstärkt, die in einer Gesellschaft hergestellt wird, sogar wenn es keine Migrant_innen gibt, sogar wenn Migrant_innen Staatsbürger_innen geworden sind« (Chow 2002, 34). Das »Ethnische« ist somit das Ergebnis hierarchisierter Strukturen der Arbeit, die »ethnische Differenz« nicht einfach verwenden, sondern sie herstellen. Das »Ethnische« ist somit nicht, wie oft im neoliberalen Diskurs vorgegeben, eine neutrale, genaue und nicht-binäre Begrifflichkeit für eine weitgehend objektifizierbare regionale Differenz, die den aufgeladenen und uneindeutigen Begriff der »Rasse« ersetzt (Hong 2008). Stattdessen ist es genau der Prozess der Ethnisierung, der ethnisierte Bürger_innen permanent als »Migrant_innen« definiert – sie migrantisiert. So entsteht eine Sackgasse, die unvermeidbar

> »die positivistische Ansicht [verstärkt], dass Ethnisierte tatsächlich Fremde von anderswo sind, und schließlich ein Konzept von Ethnizität als a priori, essenzialistischen Zustand der Fremdheit unterstützt [...]. [D]as Ethnische als solches steht in der Moderne als Stätte einer Fremdheit, die von innerhalb privilegierter Gesellschaften hergestellt wird und durch die hierarchischen Arbeitsteilungen dieser Gesellschaft bestimmt wird und zugleich für sie konstitutiv ist.« (Chow 2002, 34)

Wie Leslie Adelson für den deutschen Kontext gezeigt hat (Adelson 2005), kann Chows Definition enorm hilfreich sein, um zu untersuchen, wie

deutschsprachigen Raum, hat aber dort wie hier verschiedene Bedeutungsebenen, die durch Übersetzungsentscheidungen lesbar sein sollen.

9 Durch universalisierte Bildung schafft Sprache Ethnizität als linguistische Gemeinschaft. Der potenziellen Offenheit von Sprachgemeinschaften steht jedoch in unterschiedlichem Maße Rassifizierung entgegen, die Ethnizität als geschlossene, biologische Gemeinschaft herstellt (Balibar 1994).

Arbeitsmigration nach dem Zweiten Weltkrieg eine ethnisierte Bevölkerung produzierte, die trotz ihres häufigen Erwerbs der Staatsangehörigkeit weiterhin als migrantisch, als »Fremde von woanders« wahrgenommen wird. Im Folgenden schlage ich vor, dass dieses Argument auf Nachkriegsprozesse der Ethnisierung in ganz Europa ausgeweitet werden kann, die sich eng mit längerfristigen, teilweise vorkapitalistischen Prozessen der Rassifizierung überlappen (Balibar 2004; Goldberg 2006; wird später genauer besprochen).

Der geographische Fokus dieser Studie auf Kontinentaleuropa beinhaltet in seiner üblichen Verwendung die Nationen westlich des Urals. Alle Teile Europas setzen auf »Weißsein« als Norm, für die Ethnisierung als Werkzeug der Unterscheidung zwischen Zugehörigen und Ausgeschlossenen fungiert – das ist eine Schlüsselthese dieses Buchs. Was dieses Verständnis von Weißsein im europäischen Kontext ausmacht, kann jedoch nicht vorausgesetzt werden. Wie die sich entwickelnde europäische Weißseinsforschung gezeigt hat, unterscheiden sich die rassistischen Paradigmen Kontinentaleuropas in einer Reihe von noch weiter zu untersuchenden Aspekten vom US-Kontext, aus dem Weißseinsforschung stammt.[10] Es ist

10 Während die Weißseinsforschung auf den afroamerikanischen Diskurs des frühen 20. Jahrhunderts und W.E.B. Du Bois Aufsatz von 1910 »The Souls of White Folk« zurückgeführt werden kann (siehe Rabaka 2007), wird sie häufiger mit Veröffentlichungen der 1990er Jahre, wie Toni Morrisons *Playing in the Dark*, Ruth Frankenbergs *White Women, Race Matters* oder, im britischen Kontext, Richard Dryers *White* assoziiert. Die Rezeption von Weißseinsforschung in Kontinentaleuropa ist ein neueres Phänomen, gerade wegen einer weit verbreiteten Skepsis gegenüber der Nützlichkeit einer Analyse anhand rassifizierter Kategorien im kontinentaleuropäischen Kontext; siehe beispielsweise Gabriele Griffins und Rosi Braidottis Aufsatz von 2002 »Whiteness and European Situatedness«. Nachdem sie für eine europäische Weißseinsforschung plädieren, indem sie formulieren, dass »der kulturell konstruierte und biologisch scheinbar validierte Rassismus, der in den letzten zweihundert Jahren, zumindest zeitweise, die Politik der meisten, wenn nicht aller, europäischen Länder durchdrang, eine Angelegenheit [ist], die wir als Europäer_innen noch nicht einmal begonnen haben, angemessen anzugehen« (226), weisen sie jedoch darauf hin, dass die »Rassifizierung von Kultur« (229) im europäischen Kontext zum gewaltvollen Ausschluss von Gruppen geführt hat, die in die Kategorie »weiß« fallen (wofür der Holocaust und die Balkankriege als Beispiele dienen). Während dies eine wichtige Beobachtung ist – eine, die meine eigene Forschung durch ihren Blick auf die Wechselwirkung von Ethnisierung und Rassifizierung und auf die Rassifizierung von Religion einbeziehen möchte –, wird sie von den Autorinnen leider einem vereinfachten Modell einer »schwarz-weiß-Binarität« gegenübergestellt, das als symptomatisch für rassifizierte Beziehungen in den USA gehalten wird. Diese Sichtweise nimmt fälschlicherweise an, dass ein kompliziertes, kultur-basiertes statt biologisches Konzept von »Rasse« spezifisch

nichtsdestotrotz offenbar, dass der Anspruch auf dieses Weißsein durch Ost- und Südeuropa uneindeutiger ist als im Nordwesten des Kontinents. Seit dem Ende des Staatssozialismus sind Migrationsmuster zunehmend durch die Ungleichheit zwischen reichem Westen und armem Osten strukturiert. Und Zentral- und Osteuropäer_innen bilden die bei Weitem größte migrierte Gruppe in Westeuropa (Europäische Kommission 2008). Osteuropäische Immigration, besonders aus Noch-nicht-EU-Ländern, lässt sich selbstverständlich als ethnisierte Arbeit fassen. Und während sie durch die aktuelle Hervorhebung einer kulturell-religiösen Rahmung von Ausschlüssen eine gewisse Zugehörigkeit als »christlich« gewannen, leiden Südeuropäer_innen, die im Rahmen von Gastarbeitsprogrammen der Nachkriegszeit in großen Zahlen nach Norden kamen, oft noch immer an den Effekten von Rassifizierung (siehe z.B. Klimt, in: Eder 2003). Wenn ich also von rassifizierten Minderheiten in Westeuropa spreche, sind Gruppen mit ost- und südeuropäischem Hintergrund somit meist eingeschlossen. Dies soll aufzeigen, dass das *Othering*[11] dieser Gruppen, obgleich eng verknüpft mit der Ethnisierung von Arbeit, Teil eines größeren Wissenssystems ist, das über den Kontext kapitalistischer Arbeitsproduktion hinausgeht (siehe Gutiérrez Rodríguez/Steyerl 2002; Ha, Lauré al-Samarai/Mysorekar 2007).[12]

---

für Europa sei, im Gegensatz zu den USA. Sie vernachlässigt sowohl die wichtigen Beiträge, beispielsweise der Asian American bzw. Asian Diaspora Forschung, zu einem differenzierteren Bild als auch die der Weißseinsforschung selbst für das Aufbrechen der homogenisierenden Funktion der Kategorie weiß (siehe, z.B. Lowe 1996 oder Eng 2000). Dieses einfache Schwarz-Weiß-Modell von rassifizierten Beziehungen in den USA wird oft in Argumentationen gegen die Notwendigkeit europäischer Weißseinsforschung angebracht (siehe z.B. Kerner 2007), anstelle einer gründlichen Auseinandersetzung mit anglophonen Theoretisierungen von Rassismus – die faktisch oft zu den gleichen Schlüssen kommen, die ihre Kritiker_innen zu ihrer Ablehnung verwenden.

11 Üb.Anm.: *Othering* ist ein soziologischer Fachbegriff aus der Kolonialismus- und Rassismusforschung, der deutschsprachig übernommen wurde; dt. etwa: Zu-Anderen-Gemacht-Werden, Andern bzw. Geandert-Werden. Es geht hier um die Herstellung des kolonialen Selbst durch die Konstruktion der Kolonisierten als anders, d.h. Othering ist konstitutiv für die Konstruktion des autonomen Subjekts.

12 Besonders seit dem Aufschwung des (natur)wissenschaftlichen Rassismus im späten 19. Jahrhundert, beinhaltete dieses System der Rassifizierung die explizite Unterteilung von Europäer_innen in drei »Unterrassen«, von denen nur die »Nordischen« als gänzlich weiß angenommen wurden. Osteuropäer_innen galten als »verunreinigt« mit »asiatischem« Blut, Südeuropäer_innen mit »semitischem« und »schwarzem Blut« (siehe El-Tayeb 2001).

Doch gängige Diskurse über Migration – insbesondere wenn sie in negativen Begriffen formuliert sind – zielen weitgehend auf »sichtbare Minderheiten«, vertreten durch Menschen mit nicht-europäischem Hintergrund und Muslim_innen (einschließlich jener mit osteuropäischem Hintergrund), deren Situation sich daher in mancher Hinsicht deutlich von jener von Migrant_innen und Migrantisierten aus der europäischen »Peripherie« unterscheidet. Der Begriff »Europäer_innen of Color« soll sich daher auf jene Bevölkerungsgruppen beziehen, die aufgrund einer rassifizierten und kulturalisierten Differenz, die an einen nicht-europäischen Ursprung geknüpft wird (einen Ursprung, der, wie im Fall der Rrom_nja, Jahrhunderte in der Vergangenheit liegen mag), als inhärent »uneuropäisch« definiert werden.[13] Wie ich im nächsten Abschnitt genauer bespreche, beziehen sich die Mittel, durch die Migrantisierte – oft mit Migrationsgeschichten aus Afrika, Asien und dem Nahen Osten – von »echten« Europäer_innen unterschieden werden, auf vorgeblich angeborene, sichtbare, unveränderliche Differenzen von dem, was die verbreitete Vorstellungswelt als europäisch betrachtet. Es handelt sich hierbei um eine Wahrnehmung, die ein essenzialistisches Verständnis von Kultur zugrunde legt, das weitgehend den früheren Zuschreibungen ähnlicher Eigenschaften zu denselben Gruppen unter der Rubrik ›Rasse‹ folgt.

Sich auf Rassifizierung als heimisch im zeitgenössischen europäischen Denken zu beziehen, widerspricht jedoch dem machtvollen Narrativ von Europa als ›farbenblindem‹ [*colorblind*] Kontinent, der weitgehend von der zerstörerischen Ideologie unberührt geblieben sei, die er in die ganze Welt exportierte. Dieses Narrativ, das Kontinentaleuropa als einen Raum einfasst, der frei von »Rasse« (und darin impliziert auch von Rassismus) sei, ist nicht nur zentral für die Selbstwahrnehmung von Europäer_innen, sondern hat auch nahezu globale Akzeptanz gewonnen. Trotz des geogra-

13 Sowohl »Ethnisierung« als auch »Rassifizierung« legen den analytischen Fokus auf den Prozess des Otherings statt auf vermeintliche Eigenschaften, die den Objekten ihrer Zuschreibung angeboren sind. Während diese Begriffe die Kategorisierungen nächstmöglich widerspiegeln, die in europäischen Gesellschaften verwendet werden, um scheinbar eindeutige Grenzen zwischen Dazugehörenden und Ausgeschlossenen zu ziehen, sollen sie nicht implizieren, dass die ethnisierten und rassifizierten Gruppen stabil wären oder alle mit den gleichen Bedingungen konfrontiert wären. Genau diese gleichzeitige Behauptung der Offensichtlichkeit und Statik rassistischer Kategorien und ihre andauernde Neu- und Umordnung, charakterisiert die Prozesse der Rassifizierung und Ethnisierung (siehe z.B. Gualtieri 2001; Koshy 2001; Bayoumi 2006).

phischen und intellektuellen Ursprungs des Konzeptes von Rasse in Europa – ganz abgesehen von den explizit rassistisch begründeten Strukturen, die sowohl seine faschistischen Regimes als auch seine kolonialen Imperien charakterisierten – ist der Kontinent in Diskursen über Rassifizierung und Rassismus oft bestenfalls am Rande des Blickfelds. Insbesondere hinsichtlich zeitgenössischer Konfigurationen, die oft eng mit den USA als einem Zentrum expliziten Rassismus-Diskurses und des Widerstands dagegen identifiziert werden.

Diese Position ist beispielsweise in Pierre Bourdieus und Loïc Wacquants einflussreichem und umstrittenem Aufsatz »Die List der imperialistischen Vernunft« (1998) nachdrücklich vertreten worden. Hierin wird behauptet, dass die gegenwärtige US-Dominanz auf jeder Ebene internationaler Beziehungen, einschließlich akademischer Diskurse, weltweit Konzepte und Themen auferlegt, die eigentlich nur für diesen US-Kontext spezifisch seien, was eine »›Globalisierung‹ amerikanischer Problematiken« verursache (Bourdieu/Wacquant 1998, 11). Eines der zentralen Beispiele der Autoren ist die schädliche Einführung von »Theorien der Rassenbeziehungen« [sic] als analytischem Rahmen in Kontexte, wie dem Europäischen oder Lateinamerikanischen, denen er fremd sei. In starkem Kontrast zu Chows Theorie einer Ethnisierung von Arbeit, präsentieren Bourdieu und Wacquant »Rasse« und »Klasse« als Alternativen zueinander und beenden ihren Text in einer Bekräftigung von Klasse als universell relevanter Kategorie gesellschaftlicher Analyse, während sie Rasse auf den minderen Status des (US-)Partikularismus verweisen (Bourdieu/Wacquant 1998, 19).[14]

Die polemische Beschaffenheit des Essays unterscheidet ihn von differenzierteren Abwägungen der Nützlichkeit der Kategorien der Rassifizierung für kontinentaleuropäische Forschung insbesondere zu Migration (genauer in Kapitel 2). Nichtsdestotrotz drückt er eine Reihe von Annahmen, Haltungen und Strategien aus, die vor allem im politischen Diskurs gängig sind, aber auch in der kontinentaleuropäischen Forschung. Darunter sind: der Verdacht, dass »rassismuskritische Analytik« nicht viel mehr leistet als den relevanteren Blick auf »Klasse« zu trüben; die Idee, dass der US-Kulturimperialismus organische, authentische und formal vollständige

14 Eine Kritik dieser Position und des ihr innewohnenden Ethnoimperialismus – etwa in ihrem völlig unangemessenen Verständnis der brasilianischen Situation, insbesondere deren langer Geschichte interner, nicht US-auferlegter Debatten über Rassifizierung – findet sich beispielsweise bei Merchant, in: Lionnet und Shih 2005.

analytische Konzepte zerstört, die den betroffenen Regionen inhärent sind, indem er unorganische Kategorien wie »Rasse« aufzwingt; die Diskreditierung von Vertreter_innen der Nützlichkeit von Rassismusanalysen auch außerhalb der USA als Kollaborateure mit dem US-Imperialismus, (was ihnen eine stellvertretende Macht zugesteht, die sie nicht innehaben, wenn wir nicht die volle Kraft der einzigen Supermacht hinter ihnen wähnen); und ein Verständnis von US-Theoretisierungen von Rassismus, das – insbesondere in seiner Erfassung der Forschung von Autor_innen of Color – meist oberflächlich ist (und etwa etablierte Konzepte wie Intersektionalität, Crenshaw 1991, zugunsten einer vereinfachten Binarität von Rasse und Klasse ignoriert; siehe z.B. Griffin/Braidotti 2002).[15]

Des Weiteren produziert Bourdieus und Wacquants defensiver Tenor – »Das Konzept des Rassismus wird so also nicht zu einem analytischen Werkzeug, sondern zu einem simplen Anklageinstrument; unter dem Deckmantel der Wissenschaft wird der Prozeß gemacht [...]« (Bourdieu/Wacquant 1998, 9) – das Gefühl einer Belagerung, eines enorm ungleichen Kampfes, in dem intellektuelle Ehrlichkeit und Wissenschaft gegen den Angriff einer US-basierten »political correctness« verteidigt werden muss, die sich oft in einer Terminologie über Rassismus ausdrückt, die jeglicher feministischen und queeren Kritik an migrantischen Gruppen den Mund verbietet (ebd., 6). Dieser Tenor und die Vorstellung von Europa als bedroht – durch kulturelle und intellektuelle »Amerikanisierung« sowie politische Korrektheit auf der einen Seite und durch migrantischen Anti-Aufklärungs-Fundamentalismus auf der anderen – platziert den Kontinent in der Position des Opfers, das viel mehr mit der Verteidigung

15 Nachträgliche Fußnote an Übersetzung: Während Intersektionalität in der Forschung zu Migration und europäischem Rassismus nach wie vor randständig ist, hat sich das Konzept im kontinentalen feministischen Diskurs inzwischen etabliert – allerdings nicht ohne an europäische Verhältnisse »angepasst« worden zu sein, indem die analytische Kategorie »Rasse« durch angeblich passendere Konzepte wie »Alter« oder »Region« ersetzt wird. Dieser Ansatz ignoriert nicht nur die Relevanz von Rassifizierung als globalem Ordnungsprinzip, von dem Europa nicht ausgenommen ist, sondern negiert auch Intersektionalität als theoretisches Konzept, das untrennbar mit Schwarzem Feminismus verbunden ist. Stattdessen wird es, in langer Tradition, als Rohmaterial behandelt, das erst durch europäische Bearbeitung zur »echten« Theorie wird. Siehe etwa Winkler/Degele 2007: »Was also fehlt, ist eine Theorie der Unterscheidung: Wann sind welche Differenzkategorien relevant. Das Konzept der Intersektionalität liefert keine theoretische Begründung, warum gerade die Faktoren Rasse, Klasse und Geschlecht die zentralen Linien der Differenz markieren.«

seiner Werte beschäftigt ist als damit, diese anderen aufzuerlegen. Das Bild einer europäischen Kultur, die von möglicher Auslöschung oder zumindest Verwässerung bedroht ist, erlaubt eine binäre statt interaktive Sicht auf kulturellen Austausch und ist ein gängiger Grundzug im europäischen Diskurs geworden; insbesondere über die muslimischen Bevölkerungen des Kontinents, wie in den Kapiteln dieses Buches genauer besprochen wird.

Statt einer völligen Ablehnung von begrenzten US-fokussierten Theorien zu Rassifizierung haben David Roediger und andere betont, dass ein kontextualisiertes Verständnis dieser Prozesse eine konstruktivere Antwort wäre (Roediger 2006; Patterson/Kelley 2000). David Theo Goldberg verwendet den europäischen Fall als Paradebeispiel für die Notwendigkeit dieses Paradigmenwechsels, wenn er für ein Konzept miteinander verwandter, aber spezifischer »Regionalisierungen von Rassismus« argumentiert. Er erörtert die Abwesenheit eines Diskurses über Rassifizierung nicht als Zeichen der Abwesenheit von Rassismus, sondern als massives Hindernis für dessen wirksame Adressierung. Goldberg zufolge

> »beginnt Europa als Beispiel dafür zu dienen, was geschieht, wenn keine Kategorie verfügbar ist, um eine Reihe von Erfahrungen zu benennen, die in ihrer Herstellung oder zumindest Flexion, historisch und symbolisch, empirisch und politisch, mit rassifizierten Ordnungen und Verbindlichkeiten [*racial arrangements and engagements*] verknüpft sind. Die europäische Erfahrung ist eine Fallstudie der Frustrationen, Begrenzungen und Ungerechtigkeiten der politischen Rassenlosigkeit [*racelessness*][16].« (Goldberg 2006, 335)

Die kontinentaleuropäische Form der Rassifizierung erfährt relativ wenig akademische Aufmerksamkeit, zum einen, weil sie von traditionell dominanten Modellen im Diskurs über Rassifizierung abweicht, und zum anderen, weil ihre Strategie der Verleugnung besonders schwierig anzufechten ist: Statt expliziter Mechanismen, durch die Rassifizierung in politischen, gesellschaftlichen und ökonomischen Interaktionen innerhalb und zwischen Gemeinschaften implementiert oder stabilisiert wird, werden im Prozess der Ideologie der »Rassenlosigkeit« rassistisches Denken und dessen Aus-

16 Üb.Anm.: *Politische Rassenlosigkeit* meint hier eine Ideologie, die es unmöglich macht, Rassismus anzugehen, da sie die Existenz und Wirkmacht von Rassifizierung verleugnet und eine gesellschaftliche (weiße) Homogenität behauptet, die es nie gegeben hat. Im Folgenden wird *racelessness* situativ als »politische ›Rassenlosigkeit‹« oder als »Ideologie der Rassismuslosigkeit [*racelessness*]« oder »vermeintliche Rassismuslosigkeit [*racelessness*]« übersetzt.

wirkungen unsichtbar gemacht. Zuweilen scheint das Konzept Rasse überall sonst zu existieren – außer in Europa, wo rassifizierte Gemeinschaften traditionell außerhalb der nationalen und infolgedessen der kontinentalen Gemeinschaft platziert worden sind. Europa kann somit im breiteren Kontext von Ideologien der Rassismusverleugnung [*colorblindness*][17] verortet werden, die Diskurse über rassistische Unterdrückung unterbinden (siehe z.B. Marchant, in Lionnet/Shih 2005; Langfur 2006 über Brasilien; Torres-Saillant 2000 über die Dominikanische Republik). In ihrer europäischen Version ist diese Ideologie durch das Zusammengehen von Rassifizierung und Religion sowie durch die Externalisierung rassifizierter Bevölkerungsgruppen (statt deren Verbannung in den Status von Bürger_innen zweiter Klasse) gekennzeichnet. Aktuelle Paniken über die Inkompatibilität des Islam mit modernen Gesellschaften, die französischen »Unruhen« von 2005 oder die terroristische Bedrohung durch »Migranten der zweiten Generation« zeigen, dass es noch immer deutliche Investitionen in das von Stuart Hall so benannte »internalistische« Narrativ von europäischer Identität gibt. Hierin tritt Europa als weitgehend homogene Einheit auf,

17 Üb.Anm.: *Colorblindness* ist ein gängiges Konzept der liberalen US-amerikanischen Rassismuskritik. Es geht davon aus, dass die Verleugnung rassifizierter Unterschiede – die Gleichbehandlung aller, ohne Berücksichtigung ihrer Herkunft oder rassifizierten Identität – automatisch gesellschaftlichen Rassismus beendet. Sie ist der Versuch, einen Idealzustand – die Abwesenheit von Rassismus – dadurch zu erreichen, dass alle aufgefordert werden, so zu tun, als sei er schon gegeben. Die Verleugnung der Existenz von Rassifizierung bedeutet aber auch die Verleugnung von Rassismus in seinen historischen Dimensionen und sozio-politischen wie ökonomischen Strukturen und Auswirkungen in der Gegenwart (siehe auch »postracial«). Aus der radikalen aktivistischen Rassismuskritik und -forschung ist dieses Konzept daher scharf angegriffen worden, weil es die strukturelle Basis von Rassismus ignoriert (indem es zwischenmenschliche Interaktionen priorisiert, ohne weiße Privilegien zu theoretisieren, die unabhängig von persönlichen Überzeugungen bestehen) und jeglichen Entschädigungsforderungen für koloniale und rassistische Gewalt und Benachteiligung den Boden entzieht und diese sogar als »umgekehrten Rassismus« diskreditiert. Das erlaubte unter anderem den beinahe vollständigen Abbau von Maßnahmen wie »affirmative action«, d.h. ausgleichende Quoten, die es in Europa nie gegeben hat. Positiv besetzte Verwendungen von »colorblindness« und »postracial« stellen die Notwendigkeit von anhaltender Rassismuskritik infrage. Auch in Europa und Deutschland sind diese Verständnisse und Vorstellungen sehr gängig und in progressiven Kreisen noch deutlicher als in den USA, siehe z.B. AntiRa- und AntiFa-Kontexte. Obwohl beide Übersetzungen entscheidende Aspekte des Konzeptes überspringen (daher das Original in der Klammer), sind situative Begriffe hier: »Rassismusverleugnung [*colorblindness*]« sowie »farbenblind [*colorblind*]«.

ist völlig unabhängig, selbstgenügsam und in seiner Entwicklung unbeeinflusst von äußeren Kräften oder vom Kontakt mit anderen Teilen der Welt (Hall 1991). Entsprechend ist innerhalb dieses Narrativs die europäische rassifizierte und religiöse Vielfalt weniger eine Realität als eine Bedrohung der Essenz des Kontinents.

Aufbauend auf Audre Lordes Erkenntnis, dass die Werkzeuge des Unterdrückers nicht dessen Haus zerlegen können [*the master's tools cannot dismantle the master's house*] (Lorde, in Anzaldúa/Moraga 1981), nehme ich in diesem Buch eine Haltung ein, die jener im Argument von Bourdieu und Wacquant für die Reinheit regional authentischer Theoriebildung direkt widerspricht. Ich schlage stattdessen vor, dass das dominante internalistische Narrativ Europas nicht mit dessen internen Methodologien allein dekonstruiert werden kann; auch wenn sie – wie Kosmopolitismus, Kritische Theorie oder Poststrukturalismus – eine mehr globale als eurozentrische Perspektive einnehmen wollen. In ihrem Sammelband *The Creolization of Theory* (2011) bieten Françoise Lionnet und Shu-mei Shih einen alternativen Ansatz an. Sie stellen eine im karibischen Kontext unter anderem von Stuart Hall und Édouard Glissant entwickelte Methodologie vor und schlagen deren vorsichtige Anwendung auf andere Positionalitäten vor:

> »[A]lle Lebensgeschichten theoretischer Konzepte beginnen als regionale Konzepte und sie sind alle einmal historisch und kontextuell spezifisch, bevor sie weit verbreitet, angewendet oder als universell angenommen werden. Wie Palmié anmerkt, ist es einerseits eine Frage der ›konzeptuellen Politiken‹, dass bestimmte Konzepte ihre Partikularität überwinden können, während andere dies nicht können oder diese Chance nicht erhalten. Andererseits geht es auch um den Grad der Anmaßungen [*pretensions*], den wir einer bestimmten Theorie zuschreiben.« (Shih/Lionnet 2011, 23)

Kreolisierung befreit Theorie also von ihren Anmaßungen, indem sie das manchmal gespannte Verhältnis zwischen spezifischen Umständen und universellen Bedingungen, lokalen Anwendungen und globalen Verbindungen erkundet, ohne dessen Auflösung durch ein allumfassendes, vereinigtes Modell zum Ziel zu haben. Stattdessen trägt sie den intersektionalen, manchmal widersprüchlichen, Funktionsweisen von Machtstrukturen und den von ihnen geprägten, aber nicht determinierten, Subjektpositionen Rechnung

In den folgenden Abschnitten setze ich eine solche Kreolisierung von Theorie in die Praxis um, indem ich eine Reihe von – weitgehend in US-amerikanischen und karibischen Diskursen über Rassifizierung, Nation, Geschlecht und/oder Sexualität entwickelten – Ansätzen verwende, um die Funktionsweisen der vermeintlichen europäischen Rassismuslosigkeit [*racelessness*] zu begreifen. Dieses Buch kreolisiert, nutzt und erweitert theoretische Konzepte aus unter anderem Frauen-of-Color-Feminismus, afrodiasporischer Forschung und Queer-of-Color-Kritik. So versuche ich einzufangen, was Avery Gordon in *Ghostly Matters* – inzwischen ein Schlüsseltext US-amerikanischer Forschung über die Nachbeben der Sklaverei – als »Heimsuchung [*haunting*]« bezeichnet, d.h. die »Weise, auf die missbrauchende Machtsysteme sich selbst kenntlich machen, und deren alltäglich spürbare Auswirkungen, insbesondere wenn sie vermeintlich vergangen und abgeschlossen sind« (Gordon 1997, xvi). Im europäischen Fall meint das die unsichtbare, unsprechbare Präsenz von Rassifizierung, die unzähligen Weisen, auf die sie sich fühlbar macht, von Alltagsinteraktionen bis zu transkontinentalen politischen Strukturen, während sie zugleich als nicht-existent im europäischen Denken erachtet wird. Mein Nachspüren dieser Heimsuchung baut auf der Pionierarbeit über europäischen Rassismus durch Autor_innen wie Essed, Balibar und Goldberg auf. Doch unterscheidet sich mein Ansatz radikal von früherer Forschung; denn ich stelle rassifizierte, migrantisierte Menschen selbst, ihre Widerstandsstrategien und deren zunehmende Wirkung darauf, was es heißt, »Europäischsein« zu denken, ins Zentrum der Analyse.

In der zirkulären Logik, die Rassismus als inhärent uneuropäisch verkennt, wie etwa in der Polemik von Bourdieu und Wacquant, kann Rassifizierung als etwas betrachtet werden, das schlicht nicht da ist, sofern es nicht durch uneuropäische Theorien und Körper hereingebracht wird. Und deren Präsenz wiederum erscheint so immer als ebenso plötzlich wie marginal.[18] Die vorliegende Studie ist durch eben jene marginalisierten Bevölkerungen und ihre neuen und spannenden Definitionen von Eu-

18 Meist erkennt kontinentaleuropäische akademische Arbeit über Rassismus und Migration nicht, was Stuart Hall »induktiven Rassismus« nennt, d.h. strukturelle Muster, die die Wiederholung rassistischer Annahmen und Verhalten ermöglicht oder verstärkt, ohne dies zwangsweise zu intendieren. Während explizit rassistische Positionen abgelehnt und absichtliche Diskriminierung ausdrücklich als unerwünscht definiert wird, bleibt regelmäßig die grundlegende Annahme unhinterfragt, dass rassistische Haltungen und Gesetze in europäischen Gesellschaften durch die Anwesenheit rassifizierter Bevölkerungsgruppen begründet sind (Hall 2003; für ein Beispiel siehe Weigl 2009).

ropäischsein inspiriert. Sie kreolisieren genau jene Räume, Geschichten und Sprachen, von denen Diskurse der Authentizität und organischen Identität sie ausschließen. Die Verbundenheit europäischer rassifizierter Migrantisierter mit US-amerikanischen und insbesondere afroamerikanischen Diskursen und Schwarzen diasporischen kulturellen Formen könnte als ein weiterer Erfolg des von Bourdieu und Wacquant beklagten »Kulturimperialismus« klassifiziert werden. Es mag jedoch sinnvoller sein, sie als Anzeichen dafür zu lesen, dass Mechanismen rassistischer Ausschlüsse in den USA und im Rest der Welt nicht so völlig verschiedenartig sind, wie die beiden Autoren behaupten; und dafür, dass Klassenanalyse nicht ausreicht, um diese Ausschlüsse in Europa zu thematisieren. Die Arbeiten von Wissenschaftler_innen wie Philomena Essed, Françoise Lionnet oder Kien Nghi Ha sowie der Künstler_innen und Aktivist_innen, mit denen sich diese Studie befasst, legen nahe, dass eine Fusion, eine Hybridisierung dieser US-amerikanischen Modelle, die auf der Arbeit europäischer Migrationsforschung zu Klasse aufbaut, ein vielversprechenderer Ausweg aus einer ungemilderten Auferlegung US-zentrischer Theorien einerseits und einer völligen Ablehnung der Relevanz von Rassismus für den europäischen Kontext andererseits ist.

Es ist eine meiner Kernannahmen, dass das grenzüberschreitende Herangehen an Identität, das den hier untersuchten neuen Aktivismus kennzeichnet, direkt mit den Besonderheiten der europäischen Situation zusammenhängt: Die gängige Konfiguration von Migrantisierten als illegitim und der Nation fremd fördert Kooperationen zwischen verschiedenen rassifizierten Gruppen und ermöglicht so ein »postethnisches« Verständnis von Identität. Statt rassifizierte Identifizierungen zu naturalisieren, ficht dieser Ansatz das europäische Dogma der Rassismusverleugnung [*colorblindness*] an, indem er Prozesse der Rassifizierung *und* die Formen der Unsichtbarmachung dieser Prozesse dekonstruiert. »Heimsuchung«, argumentiert Gordon, »zeichnet sich, anders als Trauma, dadurch aus, dass es ein Etwas-Muss-Getan-Werden [*something-to-be-done*] produziert« (Gordon 1997, xvi). Heimsuchung impliziert also eine Wechselwirkung zwischen Vergangenheit und Gegenwart, Sichtbarem und Unsichtbarem, Hier und Dort – eine Verbindung, die durch binäre, lineare Modelle von Zeit, Raum und Identität eher versteckt als aufgedeckt wird. Wie ich in den Buchkapiteln nahelegen werde, macht Heimsuchung historisches Erinnern als einen kontinuierlich (re)konstruierten Prozess sichtbar, der von Interventionen in die Gegenwart geprägt ist, die immer auch Vorstellungen von Vergangenheit anfechten. In der aktuellen Konstruktion einer europäischen Identität und Geschichte werden Menschen of Color fortwährend außerhalb der Grenzen der neuen, inklusiven, »postnationalen« Gemeinschaft platziert – mithilfe der Heimsuchungen Europas verschwiegener Rassifizierungen und Ethnisierungen, die jedoch zugleich von den Ausgeschlossenen als Anreiz genutzt werden, dass etwas getan werden muss. In einem Netzwerk, das Rapper_innen, feministische Kollektive, queere Gruppen und Migrationsaktivist_innen beinhaltet, treten Afroniederländer_innen, Schweizer Rrom_nja und belgische Muslim_innen nicht als klar voneinander getrennte Gruppen auf, sondern als Beitragende zu einem Ganzen, das nie bloß die Summe seiner Teile war. Euro-Hip-Hop, Spoken-Word-Poesie, Performance-Kunst, Video und Graffiti produzieren eine Fusion, die mit dem Versuch einhergeht, Ethnizität bzw. Ethnisierung zu »queeren«, sie zu unterlaufen. Denn ihre wichtigste Eigenschaft ist die Nutzung des performativen Wesens von Populärkultur, um das performative, konstruierte Wesen von stillschweigenden rassifizierten und kulturellen gesellschaftlichen Zuordnungen zu betonen.[19] Diese Strategie resultiert in einer situativen, potenziell inklusiven Identität und schafft Verbindungen zwischen verschiedenen ethnisierten und marginalisierten Gruppen.

Solche Verbindungen scheinen umso wichtiger, als es nur wenige Anzeichen dafür gibt, dass die nicht-weiße europäische Präsenz in der Mehrheitswahrnehmung normalisiert wird. Stattdessen werden rassifizierte Bevölkerungsgruppen, obwohl ihre Zahl substanziell ist und zunimmt, noch immer regelmäßig als inkompatibel mit dem Wesen des Europäischseins dargestellt. Mein Fokus auf Kontinentaleuropa statt auf bestimmte nationale Konfigurationen stellt mich vor methodologische Herausforderungen, scheint aber aus mehreren wichtigen Gründen dennoch sinnvoll.

---

19 Dies soll nicht die wichtigen Unterschiede zwischen den Konzepten zu Performance und Performativität verleugnen, insbesondere hinsichtlich Handlungsfähigkeit [*agency*] – die in Ersterer (beinahe) zwangsweise präsent ist und in Letzterer abwesend. Es ist jedoch genau die Überschneidung zwischen den beiden, die zu einigen der produktivsten Erkundungen vielschichtiger Identitätsformationen geführt hat. Siehe etwa die Argumentationen postkolonialer Forschung gegen ein zelebrierendes Verständnis von Performance, Mimikry und Inszenierungen einer anderen Identität als ermächtigend oder befreiend für marginalisierte Gruppen (Fanon 1965; Fuss 1994; Bhabha 1996); sowie Queer-of-Color-Kritik, die queere Forschung dazu anstößt, die Verknüpfung zwischen kollektiver Performance und (individualisierter) Performativität zu reflektieren (Muñoz 1999; Johnson 2005).

Das Nationale ist oft die Ebene, auf der Ausschluss stattfindet: Minorisierte werden außerhalb des Horizonts nationaler Politik, Kultur und Geschichte positioniert, eingefroren im Zustand der Einwanderung durch die permanente Benennung einer anderen, fremden, nationalen Identität, die ihre Definition als nicht dänisch, spanisch, ungarisch, etc. erlaubt. Ein Blick in verschiedene europäische Länder zeigt jedoch, dass dies ein kontinentweites Muster ist, das auf Überzeugungen und Strategien basiert, die nicht gänzlich innerhalb des nationalen Kontextes erklärt werden können. Obwohl es Unterschiede gibt, zeigt die Wahrnehmung von Migrantisierten im europäischen öffentlichen Diskurs wichtige Gemeinsamkeiten. Arbeiten über französische, niederländische, deutsche, schwedische, rumänische und andere nationale Kontexte zeigen, dass über den Kontinent hinweg wenig Bewusstsein über die tatsächliche ethnische Diversität nicht nur des zeitgenössischen, sondern auch des historischen Europas besteht. Differenzierteren Ansätzen zum Trotz: Wenn es hart auf hart kommt, scheint »weiß und christlich« der kleinste gemeinsame Nenner zu sein, auf den Debatten über europäische Identität reduziert werden. Alle, die nicht in diese Beschreibung passen, bleiben ewige Neuankömmlinge, ohne Zugang zu den Rechten, die nur jene genießen, die ›wirklich‹ dazugehören.[20]

Hieraus resultiert, dass sowohl öffentlichen als auch politischen Debatten ein Konzept von minorisierter Identität fehlt und folglich auch von europäischer, ethnischer Diversität. Während die Migrationsproblematik, die so routiniert in aktuellen Debatten über die Zukunft Europas beschworen

20 In den letzten Jahren hat sich eine wachsende Zahl jüngerer Autor_innen den Wegbereiter_innen wie Stuart Hall und Philomena Essed in deren Anfechtung der Vorstellung angeschlossen, dass Rassismus im prägenden ideologischen Rahmen Europas keinen Platz habe. Und es scheint nicht zufällig, dass diese Literatur – oft von Autor_innen of Color geschrieben – sich auf postkoloniale und diasporische Theorien bezieht, die in europäischer Mainstream-Literatur über Migrant_innen weitgehend ignoriert werden (Essed 1991). Diese neue Forschung gewinnt langsam an Boden. Dennoch macht es der Konsens, dass Europas ›Andere‹ von außerhalb kommen (wohin sie idealerweise zurückkehren) besonders schwer für migrantisierte Stimmen, in öffentliche und akademische Debatten einzusteigen. So bleibt europäische Migrationsforschung als weitgehend weißes Feld bestehen. Siehe etwa Ha 1999; Gelbin/Konuk/Piesche 1999; Gutiérrez Rodríguez/Steyerl 2002 für Deutschland; King 2001; Amiraux 2004; Keaton 2006 für Frankreich; Arts und Nabha 2001; Hoving 2005; Ghorashi 2007 für die Niederlande; Gheorghe und Acton 1999; Grigore 2003; Mudure 2005 für Rumänien; Rooth und Ekberg 2003; Sawyer 2000 für Schweden; oder Card and Schmidt 2003, Crul und Vermeulen für einen europäischen Fokus.

wird, sich üblicherweise mit gebürtigen Europäer_innen, d.h. der zweiten und dritten Generation, und ihrer vermeintlich misslungenen Integration befasst, bleiben diese sichtbaren Minderheiten [*visible minorities*] in der eindeutigen diskursiven Trennung von Europäer_innen und Migrant_innen unsichtbar. Diese Auslassung findet sich auch in aktuellen Debatten über postnationale Identitäten, die von der wachsenden Bedeutung der Europäischen Union angespornt wird. Folglich werden die verschiedenen migrantisierten Bevölkerungen Europas zunehmend den gleichen Bedingungen ausgesetzt und stehen einem immer homogeneren Bild eines Kontinents gegenüber, der daran scheitert, seine Bewohner_innen of Color mit einzuschließen. Die Europäisierung von Exklusion bedeutet jedoch auch, dass Identifikationsmuster zwischen Migrantisierten nicht notwendigerweise nationalen oder ethnischen Grenzen folgen.

Interaktionen zwischen verschiedenen rassifizierten Gemeinschaften in Kontinentaleuropa sind von der gemeinsamen Erfahrung der Migration und oft auch der europäischen Kolonisierung geprägt – geteilt von Bevölkerungen mit Ursprung in Afrika, Asien, dem Nahen Osten (und sogar Osteuropa, wenn wir die – historischen– kontinentalen Imperien Österreichs, Russlands und der Türkei einbeziehen[21]). Für viele schafft der Islam eine weitere Verbindung zu einer transnationalen Gemeinschaft, die ethnisch divers, aber weitgehend nicht-weiß ist. Folglich funktionieren Reaktionen auf kontinentale Ausschlussmuster oft außerhalb der Logiken von Ethnizität und Nation, die einen Großteil der europäischen Migrationsforschung noch immer bestimmen. Diese definiert migrantische Identitäten entlang von ethnischen Klassifizierungen und gruppiert verschiedene Generationen einer bestimmten Ethnizität zusammen, während die Gemeinsamkeiten zwischen Bevölkerungsgruppen verschiedener Ursprünge vernachlässigt

21 Ich behaupte nicht, dass diese Imperien mit kolonialen Annexionen in Übersee gleichgesetzt werden können. Ich glaube aber, dass sie eine Form räumlicher und ideologischer Herrschaft [*governance*] darstellten, die viel näher am Kolonialismus liegt, wie er von anderen europäischen Nationen praktiziert wurde, als an den zeitgenössischen innereuropäischen Grenzziehungen. Eine anderes wichtiges Thema bezüglich innereuropäischer Teilungen, die der weiteren Auseinandersetzung bedarf, ist die zentrale und komplizierte Rolle der ehemaligen »Zweiten Welt« – d.h. Osteuropa – und ihres Prozesses, Erste-Klasse-Mitglied des Westens zu werden, sowie der Bedeutung von Weißsein darin. Es gibt einen wachsenden Literaturbestand, der Osteuropa aus einer postkolonialen Perspektive betrachtet. Für eine Theoretisierung dieser Entwicklung, siehe etwa Kania 2009; Korek 2009.

werden.[22] Zudem hat der nahezu ausschließliche Fokus europäischer Migrationsforschung auf die erste Generation von Migrant_innen einen Mangel umfassender Studien zur zweiten und dritten Generation zur Folge, sowohl auf nationaler wie auf kontinentaler Ebene (Crul/Vermeulen 2003). Deren Nicht-Repräsentation wird noch durch Forschung zu Ethnizität in Europa unterstützt, die auf Prozesse der Migration fokussiert anstatt auf die Entstehung einheimischer Minderheiten, was eine unüberwindbare Trennung zwischen (weißen) Europäer_innen und Migrant_innen (of Color) impliziert.[23] Wie ein wachsender Bestand kritischer Literatur aufzeigt, ist dies eine Auslassung, die den Glauben sowohl widerspiegelt als auch verstärkt, dass es in Europa nur Migrant_innen und keine rassifizierten Minderheiten gibt (Gutiérrez Rodríguez/Steyerl 2003; Crul 2003; Terkessidis 2000; Hargreaves/McKinney 1997).[24]

Rassifizierte Bevölkerungsgruppen werden so vom zeitgenössischen Europa externalisiert – d.h. zu Migrant_innen erklärt, migrantisiert –, woraus auch folgt, dass ihre lange Anwesenheit auf dem Kontinent in historischen Darstellungen fehlt.[25] Die gegenwärtige einheimische Bevölkerung mit nicht-europäischen Ursprüngen, großteils Produkt angestiegener Arbeits- und (post)kolonialer Migrationen seit den 1950er Jahren, scheint völlig abgetrennt von Entwicklungen vor ihrer Ankunft, ausgeschlossen aus Europas Geschichte und somit von jeglichem legitimen Anspruch der Zugehörigkeit zu dessen Gegenwart. Dies ist besonders deutlich in der Behandlung von Kolonialismus (siehe Kapitel 1), der in einem offiziellen Narrativ von

22 Dies liegt teilweise an den soziologischen Ansätzen, die die Migrationsforschung dominieren. Sie erfordern Klassifizierungen und Teilungen von Bevölkerungen in eindeutige Gruppen, die nicht unbedingt deren Realität widerspiegeln. Diese Wahrnehmung wird jedoch innerhalb der Soziolinguistik infrage gestellt, wenn sie die Zunahme von Multi-Ethnolekten nachverfolgt, die den zunehmend kreolisierten Charakter europäischer urbaner Räume widerspiegeln (Quist 2000; Wiese 2009).

23 Es geht hier nicht darum, einen Keil zwischen migrantische und migrantisierte Bevölkerungen zu treiben; es gibt offensichtliche Überschneidungen und gemeinsame Interessen der beiden Gruppen. Dennoch ist die Definition von Menschen als Migrant_innen, deren Großeltern schon in dem Land geboren wurden, in das sie vermeintlich »einwanderten«, nicht nur methodologisch fragwürdig, sondern auch politisch gefährlich.

24 Die europäische Definition »nationaler« Minderheiten bezieht sich weitgehend auf Bevölkerungen, die in einer anderen, oft benachbarten, europäischen Nation ihren Ursprung haben; Bevölkerungen, die oft durch die Verschiebung von Grenzen zu Minderheiten wurden.

25 Für ein Beispiel siehe das EU-finanzierte »Museum der europäischen Geschichte«, das ich im Schlussteil genauer bespreche.

kolonialer Herrschaft als weitgehend mildtätig, für Europa randständig und – am allerwichtigsten – ohne negative Nachwirkungen für die Gegenwart verhandelt wird. Dieses Fehlen von Kontextualisierung und Historisierung führt zu einer Unfähigkeit, diejenigen existierenden Machtverhältnisse zu verstehen oder auch bloß anzuerkennen, die die Interaktionen zwischen Mehrheitseuropäer_innen und rassifizierten Minderheiten bzw. Migrantisierten prägen. Stattdessen legen Begriffe wie »Migranten der dritten Generation«, »Integration« und »Xenophobie« nahe, dass diese Bevölkerungen für immer »Fremde von woanders« bleiben. Sie stehen anstelle eines Vokabulars und konzeptuellen Rahmens, die nötig sind, um Prozesse der internen Rassifizierung angemessen zu analysieren und um aufzuzeigen, dass diese Rassifizierung integraler Bestandteil globaler Wirtschaftspolitik ist, die wiederum untrennbar von den Nachwirkungen des europäischen Kolonialismus ist. Diese Wahrnehmung wird durch ökonomische Entwicklungen des späten zwanzigsten Jahrhunderts verstärkt: Die Unsichtbarkeit von migrantisierten Gemeinschaften in offiziellen Erzählungen eines sich vereinigenden Europa spiegelt deren Nutzlosigkeit in einer postindustriellen Ökonomie, die jene billige Arbeit zunehmend auslagert, die die erste Generation von Nachkriegsmigrant_innen auf den Kontinent holte. Das Fehlen eines Vokabulars, das die wachsende migrantisierte Bevölkerung angemessen anspricht, spiegelt keineswegs die behauptete europäische Indifferenz gegenüber rassifizierter Differenz wider. Stattdessen spiegelt und stabilisiert es ein gemeinsames rassistisches Archiv, während es zugleich dessen Funktionsweisen unbenennbar macht.

Um mein Argument auf spezifische Thesen zu stützen, werde ich eine Reihe von grenzüberschreitenden Fallstudien mit Schwerpunkt auf Westeuropa vorstellen. Die ungleiche Repräsentation der verschiedenen Regionen Europas – teilweise aufgrund meiner regionalen Expertise und linguistischen Beschränkungen – ist selbstredend nicht ideal. Was folgt, ist dementsprechend weniger eine erschöpfende Studie der europäischen Situation als vielmehr ein Argument dafür, dass eine solche Situation existiert: Ich hoffe, durch das Nachvollziehen eines aufkommenden postethnischen und translokalen Diskurses Entwicklungen hervorzuheben, die ich in ihrem Wesen für europäisch statt national halte, und die auf wichtige Weisen die Begrenzungen des Nationalstaats und – ebenso wichtig – jene von ethnisierten Identifikationen überschreiten. Auf der Grundlage von Arbeiten zu spezifischen nationalen Kontexten, schlage ich vor, dass die komplexen

Wechselwirkungen zwischen Rassifizierung, Religion, Migration und Kolonialismus, die die Anwesenheit von Migrantisierten of Color in Europa heimsuchen, womöglich am besten durch eine analytische Verschiebung zu untersuchen sind: weg von einem vertikalen Blick auf eine ethnische Gruppe, der mehrere Generationen und deren Bewegung von Herkunfts- zu Aufenthaltsland umfasst, hin zu einer horizontalen Perspektive, die sich über verschiedene ethnisierte und nationale Grenzziehungen erstreckt. Gemeinsam können diese Perspektiven genutzt werden, um ein rhizomatisches Netzwerk zu kartieren, das über die Begrenzungen eines statischen Gitters hinausgeht, das in der Mainstream-Migrationsforschung häufig noch verwendet wird. Solch eine Erkundung wird meines Erachtens Identifikationen aufdecken, die eher translokal als binational sind und die Formen von Widerstand produzieren, die das Bild von der zweiten Generation als weitgehend passiv und isoliert, als mittendrin steckengeblieben zwischen Ursprung und Bestimmung [*destiny*], widerlegen (Soysal 2000). In solch einer Wahrnehmung gehen Prozesse verloren, die außerhalb traditioneller Rahmen von Identifikation liegen, die aber für die Bedingungen dieser wachsenden Bevölkerungsgruppe angemessen sind, die aktiv Netzwerke etabliert, die nicht primär durch nationale Zugehörigkeiten und Grenzen geprägt sind. Während die Unsichtbarkeit von Migrantisierten innerhalb der Nation in Europa eine Reihe von Problemen mit sich bringt, bietet sie paradoxerweise auch eine gewisse Freiheit von vorschreibenden Identitätsmodellen, die eklektische und subversive Aneignungen verschiedener Traditionen zulässt. Die daraus hervorgehende Fusion stellt vielschichtige Herausforderungen an etablierte Normen und Konzepte und bietet neue Mittel des Widerstands gegen dominante, scheinbar natürliche Formen von Identität – einschließlich der minoritären. Dieser Widerstand macht die aufkommende postethnische, translokale europäische Identität aus, auf deren Spur ich mich in diesem Buch begebe. Und ich argumentiere, dass die Herausforderungen, die diese Aktivist_innen dem System der vermeintlichen Rassismuslosigkeit [*racelessness*] stellen, über den europäischen Kontext hinaus von Bedeutung sind. Sie bieten Einsichten in neue postethnische Konfigurationen von Identität, die auf sich weltweit verändernde sozioökonomische Bedingungen reagieren.

> »Ich bin in Deutschland geboren und aufgewachsen, spreche entsprechend einheimisches Deutsch, und habe die deutsche Staatsbürgerschaft. Für die Deutschen war es schon immer schwierig, diese Realität zu akzeptieren, und in Hamburg als ›chinesisch‹ aufzuwachsen, bot mir meine eigene Version der ›Nicht-Deutsch-Aussehen‹-Episode. Die Begebenheit spielte sich eines Tages in den 1970er Jahren ab, als mein Bruder und ich mit der U-Bahn nach Hause fuhren. Wir unterhielten uns angeregt auf Deutsch und bemerkten einen älteren deutschen Mann kaum, der eine Reihe hinter uns saß. Er hatte uns offenbar eine Weile lang zugehört, als er plötzlich von seinem Sitz aufstand, herüberkam und unsere lebendige, wenn auch selbst-vertiefte Unterhaltung unterbrach. ›Entschuldigung‹, fragte er und sein Tonfall offenbarte eine Mischung aus Neugier und Verärgerung, ›wieso sprecht ihr so fließend deutsch?‹ Ich war völlig unvorbereitet auf diese Unterbrechung, doch während ich noch über eine angemessene Antwort nachdachte, hörte ich meinen Bruder sagen: ›Na ja, das ist so, weil wir es gelernt haben.‹ Worauf der Mann in einem feindseligeren Ton antwortete: ›Aber wie lange lebt ihr denn schon hier?‹ Bevor ich über eine Antwort nachdenken konnte, hörte ich meinen Bruder mit einem Lächeln sagen: ›Oh, wir sind hier erst ungefähr ein Jahr. Wissen Sie, Deutsch ist solch eine einfache Sprache!‹ Von allen möglichen Antworten war dies sicher die letzte, die der Mann erwartet hatte, insbesondere da Deutsche ihre Sprache für besonders schwierig halten. Das Gesicht des Mannes erblasste augenblicklich, und ohne ein weiteres Wort zu verlieren, drehte er sich um und zog sich ans andere Ende des U-Bahn-Wagens zurück.« (Yue 2000, 175)

Diese Szene, entnommen aus Ming-Bao Yues Ausführungen über das Visuelle und die Nation in ihrem Artikel »On Not Looking German«[26], bedarf sicher keiner weiteren Erklärung – weder für die europäische noch für die US-amerikanische Leser_in. Was dieses Verhör zweier deutscher Kinder durch einen deutschen Erwachsenen veranlasste, scheint offenbar: es war das »falsche« Aussehen der Kinder, ihre rassifizierte Markierung als nicht-weiß, die der weiße deutsche Passagier einer Hamburger U-Bahn als deren »Nicht-Deutsch«-Sein interpretierte. Mit anderen Worten gab es hier scheinbar eine Unvereinbarkeit, wenn nicht gar einen unüberwindba-

26 Vielen Dank an Lisa Yoneyama für den Hinweis auf diesen Artikel. Für andere nationale Variationen der »Nicht-Europäisch-Aussehen«-Erfahrung, siehe beispielsweise Ahmed 2006; Keaton 2006; Khemiri 2006; Kantara 2000.

ren Widerspruch, zwischen einer akustischen Wahrheit – dem Klang von muttersprachlichem Deutsch – und einer visuellen Wahrheit – der Ansicht von etwas Chinesischem. Während der Fall eindeutig erscheint, bedarf er doch weiterer Fragen: Warum war das perfekte Deutsch der Kinder nicht ausreichend, um sie als (minorisierte) Deutsche lesbar zu machen? Warum machte ihre Antwort, die scheinbar die Annahme des Mannes bestätigte (dass sie nicht deutsch sein könnten) diesen wütend? Warum hatte die vermeintliche visuelle Realität Vorrang vor der akustischen? Und warum gingen die Kinder davon aus, dass eine einfache Bestätigung ihres Deutschseins die Neugier des Mannes nicht befriedigen und die Unterhaltung nicht beenden würde? Dieses Buch will die genannten Fragen beantworten, indem es sie in einen breiteren Kontext dessen stellt, was ich als spezifische europäische Form »unsichtbarer« Rassifizierung erachte. Hiermit meine ich die sonderbare Koexistenz von einerseits einem Regime kontinentweit anerkannter visueller Markierungen, die Nicht-Weißsein als Nicht-Europäischsein konstruieren, und andererseits einem Diskurs der Rassismusverleugnung [*colorblindness*], der behauptet, rassifizierte Differenz nicht zu »sehen«.[27]

Diese Ideologie der Farbenblindheit [*colorblindness*] ist keine passive Haltung, sondern ein aktiver Prozess der Verdrängung, d.h. die Art von Interaktion, die Avery Gordon zufolge »Heimsuchung [*haunting*]« hervorbringt. Begegnungen mit der verdrängten Präsenz nicht-weißer Europäer_innen – sei es durch ein zufälliges Treffen in der U-Bahn oder durch Fernsehbilder von brennenden Autos in Wohnvierteln, die durchschnittliche Europäer_innen nie betreten haben – werden nicht notwendigerweise vergessen, sondern eher dekontextualisiert. Ihre Relevanz und Verbindung zueinander wird verleugnet, indem sie als strikte Einzelfälle definiert werden. In diesem aktiven Prozess des »Vergessens« werden Ereignisse bedeutungslos gemacht – ohne Bezug und damit ohne Ort im kollektiven Gedächtnis. Dies bedeutet, dass jede Anerkennung einer nicht-weißen Präsenz immer scheinbar zum allerersten Mal geschieht, was jeder Begebenheit einen spektakulären Charakter verleiht. Dieser kennzeichnet

27 Während dieses Regime durch bedeutende nationale und regionale Differenzen strukturiert wird, legen vergleichende Studien zu Migrantisierten in Europa trotz unterschiedlicher nationaler Rhetoriken und Politiken deren Ähnlichkeiten nahe (Crul 2003; Rooth/Ekberg 2003). Diese zugrundeliegende gemeinsame Haltung, die die Behandlung rassifizierter Gruppen prägt, macht es möglich – und faktisch notwendig –, über eine europäische Ideologie zu sprechen.

sie als bedrohlichen Ausnahmezustand, entleert sie aber zugleich jeder bleibenden Konsequenz: Aufstände in den französischen *Banlieues* entzünden Debatten über das Ende Europas (Baudrillard 2006), aber keine Strategieänderungen (stattdessen wird dem nächsten Vorfall erneut mit äußerstem Unverständnis begegnet). Nicht-weiße Muttersprachler_innen des Dänischen, Polnischen oder Griechischen erscheinen wieder und wieder als kurioser Widerspruch in sich und werden nie ganz unspektakulär oder alltäglich. Europäer_innen, die die (visuellen) Markierungen der Andersheit [*otherness*] tragen, sind somit die ewigen Neuankömmlinge, in der Zeit stehen geblieben, immer »gerade angekommen«, definiert durch ein statisches Fremdsein, das sich sowohl über individuelle Erfahrungen als auch über historische Tatsachen hinwegsetzt.[28]

Die fortwährende Unfähigkeit oder vielmehr Unwilligkeit, dem eklatanten Weißsein ins Auge zu sehen, das Europas Selbstbild zugrunde liegt – geschweige denn, es zu überwinden –, hat drastische Konsequenzen für Migrant_innen und migrantisierte Gemeinschaften, die routinemäßig ignoriert, marginalisiert und als Bedrohung für eben das Europa definiert werden, dessen Teil sie sind. Ihre Anwesenheit wird üblicherweise nur als Zeichen der Krise anerkannt und in der fortwährenden Konstruktion einer neuen europäischen Identität wieder vergessen. Ich argumentiere, dass diese Dialektik von Erinnerung und Amnesie – in Form eines leicht aktivierbaren Archivs rassistischer Bilder, deren Präsenz standhaft verleugnet wird – für den Kontinent grundlegend ist und in Teilen konstituiert, was »Europa« bedeutet: Obwohl selten erwähnt, ist die Idee von Rasse immer präsent, wenn Europa gedacht wird, was an eine Dynamik erinnert, die Susan Suleiman in der europäischen historischen (Nicht-)Erinnerung des Holocaust ausmacht:

> »Vergessen ist menschlich, doch Amnesie ist eine Krankheit – oder noch schlimmer, ein Alibi. Die Frage kann also folgendermaßen formuliert werden: Wenn Vergessen, individuell wie kollektiv, sowohl heilsam als auch unvermeidbar ist, unter welchen Bedingungen wird es dann eine verwerfliche Amnesie?« (Suleiman 2006, 217)

28 Obwohl die Behauptung ziemlich gängig ist, dass Migrant_innen of Color ein neues Phänomen in Europa seien, gibt es zahlreiche Gegenbeispiele: Jüd_innen, Muslim_innen und Rrom_nja haben seit dem Mittelalter in beträchtlichen Zahlen auf dem Kontinent gelebt. Auch die Präsenz von Asiatischen und Schwarzen Bevölkerungen ist kein Phänomen des 21. oder des 20. Jahrhunderts. Siehe etwa Mosse 1978; Mudure 2005; Eder 2006.

Mensch könnte eine Reihe genauerer Fragen hinzufügen: Wenn diese Amnesie ein aktiver statt passiver Prozess ist, wie wird sie implementiert, welchen Zweck erfüllt sie, und was sind die beabsichtigten und unbeabsichtigten Auswirkungen für das heutige Europa? Die folgenden Kapitel gehen diesen Fragen nach, was das Thema der historischen Erinnerung, deren Konstruktion und Verdrängung, zu einem der wiederkehrenden Motive dieses Buchs macht.

Es scheint deutlich, dass, entgegen gängiger europäischer Meinung, die Verdrängung des Rassifizierungsdiskurses seine Mobilisierung in verschiedenen Kontexten nicht verhindert: in unspektakulären Alltagsinteraktionen, die zu Identitätsüberwachungen werden (»Wieso sprecht ihr so fließend deutsch?«), in der Normalisierung solch suggestiver Begriffe wie »Ehrenmorde« (siehe Kapitel 3) oder in der unmittelbaren Lesbarkeit eines Posters der Schweizerischen Volkspartei (SVP), das während der Schweizer Wahlen 2007 erfolgreich eingesetzt wurde (das Poster zeigt eine Gruppe weißer Schafe, die ein schwarzes Schaf von der Schweizer Fahne herunter stoßen – der Titel: »Sicherheit schaffen«).[29]

Abb. 1: Schweizerische Volkspartei, »Sicherheit schaffen«, 2007.

29 Die Plakatkampagne wurde von einem Online-Spiel auf der Partei-Webseite begleitet, in dem Besucher_innen persönlich schwarze Schafe »raus schmeißen« konnten (Haegler 2007). Die SVP stand auch hinter der erfolgreichen Kampagne im Jahr 2009 für ein Minarett-Verbot in der Schweiz. Die Kampagne wurde von ähnlich provokanten Plakaten begleitet, auf denen hinter einer dunkelhäutigen, in eine Burka gekleideten Frau Minarette wie Geschosse aus einer Schweizer Flagge aufsteigen (Jakobs 2009).

In allen Fällen wird Rasse nicht erwähnt, dient aber implizit als Bezugspunkt einer Markierung des Nicht-Dazugehörens – eine Strategie, die auf einer gemeinsamen Ikonographie beruht, die unausgesprochen bleibt.

Postkoloniale Bevölkerungen in Europa fordern das europäische Narrativ der Rassismuslosigkeit [*racelessness*] heraus, indem sie kontinuierlich die vergessene Geschichte in den Vordergrund stellen. Ihre Perspektive einzubeziehen, ihnen eine Stimme in den Debatten um Europas Identität und Zukunft zuzugestehen, würde einen breiteren Kontext für aktuelle innereuropäische Entwicklungen bieten und so die internalistische Position infrage stellen und die Subjektivität der dominanten europäischen Haltung verdeutlichen.[30] Um das europäische Interesse am Erhalt des internalistischen Narrativs zu verstehen, muss in Betracht gezogen werden, wie wichtig Konstruktionen der Vergangenheit für die Wahrnehmung der Gegenwart sind. Die verweigerte Anerkennung der »unreinen« rassifizierten Geschichte Europas deutet einen anderen Aspekt des »Aufkommens von Fundamentalismus« an, der so oft im Zusammenhang mit Europas migrantisierten Bevölkerungen thematisiert wird. Wie Stuart Hall vor zwei Jahrzehnten anmerkte:

> »Wenn das, was wir mit ›Fundamentalismus‹ meinen, ein defensiver und ausschließender Rückzug in eine rigide und unveränderliche Version der Vergangenheit ist, die als Wahrheit angenommen wird, dann gibt es davon eine Menge, nicht zuletzt im sogenannten ›modernen Westen‹« (Hall 1991, 19).

Es scheint, als ob Europa seine langzeitigen Bewohner_innen of Color weder einfach ignoriert noch schlicht vergisst. Stattdessen arbeiten die Strukturen, entlang derer kontinentaleuropäische Identität geformt wird, kontinuierlich daran, rassifizierte Bevölkerungen zu externalisieren und zu verfremden.

---

30 Abgesehen von der offensichtlicheren Leugnung der Auswirkungen des Kolonialismus auf die Kolonisierten, beinhaltet diese Geschichte auch innereuropäische Episoden, wie die massive Zwangsumsiedlung mehrerer Millionen Menschen in Südosteuropa nach dem Ersten Weltkrieg, die sich in noch größerem Ausmaß nach dem nächsten Krieg wiederholte (Aly 2003). Diese strukturellen Interventionen könnten als Zeichen für das »Weiterbestehen von Methoden und Gewohnheiten der Behörden« gesehen werden, »die im Umgang mit den ›Eingeborenen‹ erworben und nach ihrer ›Projektion‹ in den kolonialen Raum in der entscheidenden Formierungsphase des republikanischen Staatsapparats ins Mutterland reimportiert und dort ›naturalisiert‹, wurden […]« (Balibar 2003, 84).

Es gibt zahlreiche Beispiele für diese Dynamik, von denen einige in den folgenden Kapiteln analysiert werden. Unter den offenkundigsten und symptomatischsten ist die Situation der Rrom_nja-Bevölkerungen des Kontinents, die – seit einem halben Jahrtausend Teil Europas – die europäische rassifizierte Minderheit schlechthin darstellen. Nichtsdestotrotz bleiben sie in Diskursen über Europäischsein beinahe unsichtbar.[31] Wie durch die Massenvertreibungen in Frankreich 2010 und die Pogrome in Italien im Sommer 2008 drastisch gezeigt wurde, haben weder langzeitiger Aufenthalt noch Staatsbürgerschaft etwas damit zu tun, wie »Fremde« klassifiziert werden, deren Recht, in Europa zu bleiben, gänzlich vom guten Willen der Mehrheit abhängt.[32] Wenn Europa es sich leisten kann, sich selbst als weiß und von Angelegenheiten der Rassifizierung [*race matters*] unberührt zu definieren – trotz der Existenz dieser rassifizierten einheimischen Bevölkerungsgruppe von etwa zehn Millionen Menschen, die in der Realität und Imagination jeder einzelnen europäischen Nation präsent ist (siehe z.B. Breger 1998); wenn eine Geschichte rassistischer Unterwerfung, einschließlich Versklavung und Genozid, gravierend untererforscht bleibt, während der rassistische Ausschluss selbst nahezu unvermindert weitergeht; wenn Rrom_nja, die seit dem Mittelalter in Europa leben, in all ihren Heimatländern verachtete und marginalisierte »Fremde« bleiben, wie aktuelle UN- und EU-Berichte nahelegen – dann scheint es wenig Hoffnung für Europas Fähigkeit zu geben, ohne eine drastische diskursive Verschiebung ein inklusives, nicht-rassifiziertes Modell der Zugehörigkeit zu erlangen

31 Stattdessen erscheinen Rrom_nja vor allem im Kontext der Gefahren von »Migration« oder als Opfer eines osteuropäischen »Demokratiedefizits« aufgrund der 40 Jahre kommunistischer Herrschaft (Europäische Kommission Generaldirektion für Beschäftigung, Soziales und Integration 2004, Ivanov 2006).

32 Italien erlebte eine Woge rassistischer Gewalt gegen Rrom_nja – sowohl gegen kürzlich, meist aus Rumänien, Immigrierte als auch gegen italienische Staatsbürger_innen –, die sich stark aus jahrhundertealten Stereotypen nährte. Im Mai 2008 wurde etwa ein Rrom_nja-Camp nahe Neapel in Brand gesetzt, nachdem eine Rromni beschuldigt worden war, ein italienisches Baby gestohlen zu haben. Das Motiv des »Kindesdiebstahls« durch Rrom_nja ist gängig und ebenso nutzbar als Auslöser von Pogromen in Europa wie jenes vom jüdischen Ritualmord an christlichen Jungfrauen bis zum Ende des Zweiten Weltkriegs und jenes vom Schwarzen Vergewaltiger bis heute. Anstatt etwas gegen die Gewalt zu unternehmen, beteiligte sich die populistische rechte Koalition des damaligen Ministerpräsidenten Silvio Berlusconi an einer Politik, die die Opfer anschuldigte, indem sie obligatorische Fingerabdrücke von Rrom_nja (einschließlich der Kinder) anordnete. Siehe Popham 2008; Povoledo 2008; Owen 2008.

(Europäische Kommission Generaldirektion für Beschäftigung, Soziales und Integration 2004, Ivanov 2006, European Roma Rights Centre 2007).

Auch die aktuelle Rassifizierung und Externalisierung muslimischer Bevölkerungsgruppen ist eine Variation des potenziell explosiven europäischen Verhältnisses zwischen rassifiziertem Gedächtnis und Amnesie: Während der Diskurs gewohnten Mustern folgt, wird er nur selten in Beziehung zur langen Geschichte der Rassifizierung von Religion in Europa gesetzt. Diese Einsicht würde die Quelle der derzeitigen »Kampf der Kulturen«-Szenarien innerhalb einer eigenen Tradition verorten – und nicht in irgendeiner inhärenten, grundlegenden Andersartigkeit der muslimischen Gemeinschaften Europas. Stattdessen verhindert angeblich diese vermeintliche Andersheit, die sich in religiöser Intoleranz, Sexismus und Homophobie ausdrückt, dass Muslime jemals Teil des toleranten säkularen europäischen »Wir« werden können. Migrationsforscher_innen, wie Leo Lucassen, hinterfragen zunehmend den gegenwärtigen Diskurs über »neue«, d.h. nicht-europäische, Immigrant_innen als kulturell im Widerspruch zur europäischen Tradition der religiösen Toleranz und Geschlechtergleichheit, indem sie aufzeigen, wie Europäer_innen bequemerweise die lange Geschichte des kontinentaleuropäischen Antisemitismus vergessen (Lucassen 2005).[33] Es gibt auch eine lange Geschichte des Rassismus und der Islamophobie, die traditionell gegen genau jene Gruppen gerichtet sind,

33 Die Geschichte von Jüd_innen in Europa ist selbstverständlich untrennbar von der Rassifizierung von Religion, die Europas Wahrnehmung marginalisierter Minderheiten kennzeichnet. Trotz des zentralen Stellenwerts des Holocaust in europäischen Ritualen des Erinnerns (Suleiman 2006; Huyssen 2005; Judt 2008), bleiben dessen bleibende Auswirkungen auf europäische Gesellschaften zu wenig erforscht: In einem erstaunlichen Akt der Verdrängung, bleibt die »ethnische Homogenität« des Nachkriegseuropa, die durch den Beginn umfangreicher Arbeitsimmigration gestört wurde, häufig ohne Zusammenhang mit dem unaufgearbeiteten »Verschwinden« der jüdischen Minderheitenbevölkerung. Siehe beispielsweise Amira Hass: »Ich war fünf Jahre alt, als ich sie [meine Eltern] fragte, warum sie nach Israel gekommen waren, obwohl sie niemals Zionisten gewesen waren. Die Antwort auf diese Frage fand ich erst viel später, in den achtziger Jahren, als ich zwei Jahre lang in Amsterdam lebte. Während dieser Zeit spürte ich die Größe der Leere, die 1945 zurückgeblieben war, daß Europa, das jahrhundertelang Heimat von Millionen von Juden gewesen war, diese einfach ausgespien hatte, daß die meisten Leute an der antipluralistischen Psychose im nationalsozialistischen Deutschland teilgehabt und die allmähliche und endgültige Vertreibung der Juden gleichgültig akzeptiert hatten. Aber mehr noch quälte mich die Leichtigkeit, mit der Europa die folgende Leere zur Kenntnis genommen hatte, mit der man die Lücken gefüllt und sich wieder den alltäglichen Geschäften zugewandt hatte« (Hass 2003, 14).

die im Zentrum aktueller Migrationsdiskurse stehen (obwohl die zahlenmäßige Mehrheit derzeitiger Migrant_innen in der EU aus »weißen«, christlichen, süd- und osteuropäischen Nationen kommt). Zudem wird die europäische Geschichte des Antisemitismus (und der Geschlechterungleichheit) womöglich nicht bloß aus Bequemlichkeit vergessen. Stattdessen wird das Bild des fundamentalistischen muslimischen Immigranten instrumentalisiert, um diese Geschichte durchzuarbeiten bzw. sie umzuschreiben und zu verschieben. Das heißt, die vermeintliche zeitgenössische jüdisch-christliche Nähe und Allianz gegen die tödliche Bedrohung des radikalen Islam wird naturalisiert und als traditionell vorhanden dargestellt, trotz aller historischen Belege für das Gegenteil (und trotz der Tatsache, dass im heutigen Europa Antisemitismus keineswegs ein ausschließlich muslimisches Problem ist, sondern im Gegenteil oft mit antimuslimischen und rassistischen Positionen einhergeht).[34] Die muslimische Präsenz in Europa wird also anerkannt, um ein neues vereinigtes Europa zu definieren, das sich durch toleranten Säkularismus auszeichnet – eine Toleranz, die sich paradoxerweise nicht in der Inklusion, sondern im Ausschluss der größten religiösen Minderheit des Kontinents manifestiert.[35]

Somit gleicht »politische Rassenlosigkeit« eben nicht einer erfahrenen oder gesellschaftlichen Rassismuslosigkeit, d.h. der Abwesenheit

34 Der britische Romanautor Martin Amis gab kürzlich in einem Interview ein bizarres und zugleich repräsentatives Beispiel dieses Revisionismus, als er über den Libanon-Krieg sprach: »Für Nasrallah ist es ein Machtspiel; für Israel ist es Überleben. Und das hängt immer über ihnen. Es ist unsere Schuld, weil wir sie in diese Lage gebracht haben. Es könnte keinen schlimmeren Ort geben, als der, am dem sie sind. Sie hätten in Bayern sein sollen und dann würden sie ab und zu von ein paar Lederhosen tragenden Pfadfindern [...] mit Molotowcocktails beworfen [...], zumindest wären sie nicht von Millionen von Menschen umgeben, die nach ihrem Tod dürsten. Ich denke, das sollte man im Kopf behalten« (Amis 2006). Eine Reihe von Forscher_innen haben argumentiert, dass sich Jüd_innen im US-Kontext im 20. Jahrhundert erfolgreich in Richtung von Weißsein bewegt haben (Brodkin 1998; Jacobson 1998; Novik 1999). Zu einem gewissen Grad stimmt dies auch für Europa, insbesondere im Zusammenhang der zunehmenden Rassifizierung von Muslim_innen (wie das obige Zitat zeigt, dem es gelingt, die Tatsache zu tilgen und zu verdrehen, dass Bayer_innen und andere Deutsche, und nicht die Menschen im Nahen Osten, *in der Tat* Millionen von Jüd_innen ermordet haben), aber die europäische Situation ist auch von signifikant anderen historischen und gegenwärtigen Parametern geprägt.

35 Einer viel zitierten Umfrage von 2006 zufolge, glauben etwa 63 Prozent der Niederländer_innen, dass der Islam mit Europa »inkompatibel« ist – trotz einer europäischen muslimischen Bevölkerung von mindestens 15 Millionen Menschen (Angus Reid, *Global Monitor*, 7. Juni 2006).

rassistischen Denkens. Stattdessen schafft sie eine Form der Rassifizierung, die als spezifisch europäisch definiert werden kann – sowohl in ihrem erzwungenen Verschweigen als auch in der expliziten Kategorisierung als nicht-europäisch all derer, die gegen Europas implizites, aber normatives Weißsein verstoßen. So wird es möglich, die »Rassismusfrage« ewig als von außen auferlegt (und damit als vorübergehend) zu betrachten. Das Ergebnis ist das Bild eines hermetisch abgeschlossenen und homogenen Europas, in dem rassifizierte Minderheiten dauerhaft Außenseiter bleiben. Ihre Präsenz wird kontinuierlich delegitimiert durch die Funktionsweisen »politischer Rassenlosigkeit«, die sich teilweise durch die von Suleiman so benannte »verwerfliche Amnesie« manifestiert: Diese Amnesie ist verwerflich, eben weil sie von Strategien der Verdrängung abhängt, die darauf abzielen, die Begebenheiten zu verringern, in denen »die Risse und Manipulationen [*rigging*] offenliegen, wenn die Menschen, die unsichtbar sein sollen, auftauchen und ohne Anzeichen des Gehens bleiben« (Gordon 1997, xvi). Diese Begebenheiten und ihre strukturelle Einbettung in Europas Geschichte und Gegenwart sind genau das, was mich hier interessiert. Insbesondere insofern sie in etwas münden, das Lisa Yoneyama »konter-amnes(t)ische Praktiken« nennt: d.h. »ein kritisches Gedächtnis, in dem vergangene Erinnerungen zurückgeholt werden, um in gegenwärtigen Bemühungen um gesellschaftliche und kulturelle Veränderungen dringend relevant zu werden« (Yoneyama 2003, 61).

Um diese besondere Konfiguration zu begreifen, folge ich Hall, Balibar, Goldberg und anderen in der Argumentation, dass paradigmatische Modelle von Rassifizierung für die Analyse des europäischen Falls ungeeignet sind; dass sie im Gegenteil sogar dessen rassismusverleugnenden [*colorblind*] Status unterstützen, indem sie zeigen, wie sehr sich Europa von »normativen« rassifizierten Nationen wie den USA unterscheidet, während sie die spezifischen Mobilisierungen von Rassifizierung in europäischen Prozessen der Exklusion und Hierarchisierung unerforscht lassen (Hall 1991; Balibar 2004; Goldberg 2006). Das Schlüsselproblem in der Analyse und potenziellen Dekonstruktion von Europas Ideologie der ›Rassenlosigkeit‹ ist vielleicht tatsächlich folgendes: Während die implizite – wenn auch ganz und gar nicht subtile – Rassifizierung von Europäischsein als weiß und christlich und somit von rassifizierten Minderheiten als nicht-europäisch unstrittig erscheint, lehnt der öffentliche – und zu oft auch akademische – Diskurs diese Beobachtung trotzdem als bedeutungslos ab. Denn dieser

Diskurs findet innerhalb eines intellektuellen Rahmens statt, der von einem Aufklärungsuniversalismus geprägt ist, der es über Jahrhunderte hinweg geschafft hat, Rassifizierung gleichzeitig als irrelevant und zentral zu behandeln (siehe Goldberg 1993).

Wie kann dieses System dann wirksam angefochten werden? Das Verbalisieren unausgesprochener Ausschlussmechanismen scheint ein offensichtlicher erster Schritt zu sein, doch für sich genommen ist er nicht unbedingt ausreichend. Zu leicht werden diese Versuche, das System auseinanderzunehmen, in eben dieses System integriert: entweder indem die Identifizierung rassistischer Strukturen selbst als rassistische Handlung definiert werden (du bist rassistisch, wenn du Rasse »siehst«, und kannst somit nicht rassistisch sein, wenn du behauptest, »farbenblind« [*colorblind*] zu sein); durch die Behauptung, dass Diskurse über Rassismus grundlegend an die US-Erfahrung gebunden und somit in Europa ohne Kontext sind; oder durch die ausschließliche Assoziation der Debatten um Rassifizierung mit einem rechten Rand, der mit dem europäischen Mainstream vermeintlich unverbunden ist.[36] Deshalb möchte ich hier »politische Rassenlosigkeit« kontextualisieren und für ein intensiviertes analytisches Interesse an dieser spezifischen Konfiguration plädieren. Ich zeige einerseits, wie sie unsere Definition von Rassifizierung infrage stellt, und andererseits, wie sie in ihren Auswirkungen von eben jenen hinterfragt wird, die im europäischen Modell unrepräsentierbar sind.

Ethnizität queeren

Bis in die 1980er Jahre hinein waren Diskurse über Arbeitsmigration von der Überzeugung geprägt, dass die große Mehrheit der Migrant_innen schlichtweg wieder »nach Hause« zurückkehren würde. Die gleiche Rhetorik klingt zunehmend hohler, wenn sie sich auf eine Bevölkerung bezieht, deren einziges Zuhause Europa *ist*. Die Tatsache, dass zweite und dritte Generationen in ihre Aufenthaltsländer hineingeboren wurden und ihre Erfahrungen, wenn nicht auch ihr Pass, sie als europäisch definieren,

36 Dies soll keineswegs den beunruhigenden Anstieg rechter Gewalt seit den 1990er Jahren oder den kontinuierlichen Erfolg und die gesamtgesellschaftliche Ausbreitung extrem rechter Organisationen und Parteien herunterspielen (siehe Thalhammer 2001). Eben die Unfähigkeit, Rassifizierung, ihre Konsequenzen und ihre materiellen Auswirkungen zu thematisieren, schafft ein diskursives Vakuum, dass diese Gruppen mit einem explizit rassistischen Diskurs zu füllen versuchen.

macht ihre fortwährende Kategorisierung als außerhalb dieses Kontinents stehend zunehmend fraglich. Es erscheint daher nicht zufällig, dass in den letzten Jahren ihre Differenz als grundlegender kultureller Gegensatz zu allem formuliert wird, für das Europa steht. Implizit in dieser Annahme ist natürlich die Idee, dass es distinkte und unveränderliche Kulturen *gibt*, die die Europäer_innen und die ewigen Neuankömmlinge trennen, als die rassifizierte migrantische und postmigrantische Bevölkerungsgruppen wahrgenommen werden. Wie ich genauer in Kapitel 3 diskutiere, wird ›der Islam‹ zunehmend zum Inbegriff für die implizierte dauerhafte Differenz von Migrantisierten: Während Migrant_innen sich seit dem Beginn massiver Immigrationen in den späten 1950er Jahren in Kontinentaleuropa in einer prekären Position befinden, hat im vergangenen Jahrzehnt »Muslim« den »Südländer« als generischen Begriff abgelöst, der es erlaubt, Europas interne Andere zu überwachen und dauerhaft zu kontrollieren. Dies bietet zugleich eine Bedrohung von Außen, die bei der Schaffung der begehrten europäischen Identität hilft. »Islam« erscheint manchmal als ebenso leerer Signifikant wie »Rasse« – und kann genau deshalb so wirksam mobilisiert werden. »Muslimen« wird eine Kombination naturalisierter kultureller Attribute zugeschrieben, die wenig mit religiösen Überzeugungen oder auch nur mit Gläubigkeit zu tun haben. Stattdessen bietet die Trope vom Muslimischen als Anderem ein scheinbar einfaches und eindeutiges Mittel, um »Europäer_innen« und »Migrant_innen« voneinander zu trennen. Die diskursive Zentralität des (zur zweiten Generation gehörenden) Muslims als kulturellem Anderen kann aber auch als Resultat eines paradigmenverschiebenden Wandels gelesen werden, den sie zugleich verdeckt: nämlich die kontinentweite demographische Bewegung zu einer vermeintlich migrantischen Bevölkerung, die vornehmlich migrantisiert ist, d.h. die aus »Migrant_innen« besteht, die in ihren Aufenthaltsländern geboren und aufgewachsen sind.

Aufgrund des unhörbar-machenden [*silencing*] Effekts der Ideologie der Rassismuslosigkeit [*racelessness*] ist die Verankerung dieser migrantisierten Bevölkerungen in Europa weder Teil dominanter Narrative noch alternativer Debatten. Eine Erinnerung ihrer jahrhundertelangen Geschichte geht also nicht organisch damit einher, eine Europäer_in of Color zu sein (siehe Campt 2005). Es wäre nichtsdestotrotz falsch, diese Gruppe als »Volk ohne Geschichte« zu betrachten. Doch die Schaffung von Identitätsnarrativen, sowohl für Gemeinschaften als auch für Individuen, ist kein linearer, affirmativer Prozess der Authentifizierung, sondern stattdessen eher rhizomatisch und vorläufig. Das gebrochene Wesen europäischer migrantisierter Gemeinschaften resultiert in komplexen, zuweilen zirkulären Prozessen, in denen Wissen produziert und unterdrückt, wieder aufgedeckt und angeeignet wird. Das geschieht fortwährend durch eine wachsende Zahl von Künstler_innen, Aktivist_innen und Akademiker_innen, die durch grenzüberschreitende Strukturen miteinander verbunden sind, sichtbar etwa im Schweizer *Urban Skillz Hip Hop Festival* ebenso wie der *Black Women Summer School* oder dem *Frassanito Netzwerk* europäischer Migrationsaktivist_innen. Diese vorläufigen Kollektive unterlaufen die Strukturen, die sie ausschließen, und nutzen Medien und Alltagskultur, um europäische Geschichte radikal umzuschreiben – durch eine queere Praxis, eine überarbeitete Definition politischer Handlungsfähigkeit und nationaler Identifikation sowie eine Umwertung der Beziehung zwischen Gemeinschaft, Raum und Identität in einem postethnischen und translokalen Kontext.

Dieser Prozess der Bildung alternativer Gemeinschaften kann womöglich am besten als ›Queeren von Ethnizität‹[37] definiert werden, d.h. als eine Bewegung, in der »auch Identität ein Nomen des Prozesses wird« (Gilroy 2000, 252). Das konstante Vermischen von Genres und Stilen in diesem Prozess spiegelt einen Widerstand zu Konzepten der Reinheit und unkomplizierten Zugehörigkeit. Dieser Widerstand basiert auf der Positionalität rassifizierter Europäer_innen, berührt aber größere Fragen, denen sich migrantisierte und minorisierte Gemeinschaften und Aktivist_innen weltweit gegenübersehen. Zugleich sind die rigiden Konzepte der Zugehörigkeit auch die Quelle der dominanten Wahrnehmung von der zweiten Generation als »zwischen Kulturen verloren«, als ewig heimatlos und ohne Anspruch auf die Art stabiler – sowohl nationaler als auch ethnischer – Identität, wie sie durch die dominante Gesellschaft ebenso wie durch Migrant_innen der ersten Generation naturalisiert wird. Diese statische, eindeutige Identität wird im Diskurs über Integration regelmäßig unkritisch

37 Üb.Anm.: *Queering of Ethnicity*, das ›Queeren von Ethnizität‹, ist eine konzeptuelle Wendung El-Tayebs, die in der Übersetzung nur schwierig zugänglich bleibt, die wir aber nicht weg-übersetzen möchten. *To queer* als Verb bedeutet unter anderem dekonstruieren, unterwandern, durchkreuzen. *Ethnicity* verwendet El-Tayeb in Anlehnung an Étienne Balibars nationalistische »fiktive Ethnizität« sowie an Rey Chows Analyse eines Systems kapitalistischer Arbeitsteilung und Ausbeutung, das Ethnisierung – im europäischen Kontext auch Migrantisierung – benutzt und sie dabei zugleich hervorbringt.

als normativ und wünschenswert gesetzt. Sie ist aber keine bloße Reflexion von Wirklichkeit, sondern ein Modell, in dessen Herstellung beträchtliche Energie investiert wird. Von seiner Internalisierung durch jene, auf die es abzielt, hängt das System der »politischen Rassenlosigkeit« grundlegend ab: Es bleibt stabil, solange die Struktur als Ganzes unhinterfragt bleibt und der »Fehler« stattdessen in jenen verortet wird, die die Grenzen normativer Identifizierung überschreiten.

Die Unfähigkeit dazuzugehören wird dann als individuelles und kulturelles Scheitern gerahmt, statt als Ergebnis struktureller Ausschlüsse. Das entmächtigt und entfremdet jene Gruppen, die die binären Identifikationen bedrohen, auf denen Europäischsein weiterhin aufgebaut wird. Aus dieser Perspektive können spektakuläre Ereignisse wie die französischen Aufstände von 2005, die scheinbar die selbsterfüllende Prophezeiung der bedrohlichen und unüberwindlichen Differenz migrantisierter Jugendlicher bestätigten, auch als Teil eines komplizierten und dichten Prozesses der Verhandlung von Graden der Zugehörigkeit gelesen werden. Die vermeintlich mangelnde Integration der Migrantisierten of Color ist womöglich auf eine Situation zurückzuführen, die weder durch konventionelle Methoden der aufsuchenden Sozialarbeit noch durch die traditionelle Methodologie der Migrationsforschung wirksam bearbeitet werden kann: und zwar auf die Gleichzeitigkeit der restriktiven, essenzialistischen Modelle von Europäischsein mit der Existenz der multi-ethnischen migrantisierten Gemeinschaften, die sich über die Grenzen dieser Modelle hinwegsetzen.

Während sie nicht unbedingt dazu in der Lage sind, diese Projektion direkt anzufechten, scheinen die in Trica Keatons einsichtsvoller Studie über muslimische Mädchen im zeitgenössischen Frankreich interviewten Jugendlichen sich sehr wohl über diesen Prozess im Klaren zu sein. So lautet eine Aussage:

> »Zu sagen, dass wir französisch sind, bedeutet viele verschiedene Dinge; es ist beinahe, als sagten wir, dass wir christlich sind, beinahe, weil französische Leute meistens christlich sind. Vielleicht sind wir außen französisch und innen arabisch. Aber in Wirklichkeit ist unser Problem, dass unsere Eltern MigrantInnen sind, und wenn wir nach Algerien gehen, sind wir immer noch MigrantInnen. Also sind wir irgendwo in der Mitte.« (Keaton 2006, 32)

Der scheinbare Konsens über das »Scheitern des Multikulturalismus«, der auf die sogenannten zweiten und dritten Generationen abzielt, setzt »irgendwo in der Mitte« sein mit ›nicht richtig dazugehören‹ und somit mit ›außerhalb der Gesellschaft sein‹ gleich. In diesem Buch argumentiere ich, dass dieser Diskurs mit einem Anwachsen der einheimischen migrantisierten Bevölkerungen einherging. Denn deren bloße Anwesenheit macht den bestehenden Kategorien Schwierigkeiten und produziert ein ›Queeren von Ethnizität‹, welches vor allem in den urbanen Zentren des Kontinents zunehmend in einen aktiven Prozess kulturellen Widerstands gewandelt wird.

Während die delegitimierende Differenz sichtbarer Minderheiten [*visible minorities*] noch immer in ländlichen Gegenden am offensichtlichsten ist, ist ihre Präsenz in städtischen Räumen am meisten umkämpft – deutlich im regelmäßigen Vorwurf, sie würden diese Räume kontaminieren oder »überfremden« (Buruma 2005; Bruckner 2007). Diskurse der ›Rassenlosigkeit‹ konstruieren das homogene Weißsein Europas auf der nationalen und kontinentalen Ebene. So wird die Stadt zum Endlager dessen, was nicht benannt werden kann: die sichtbare Präsenz rassifizierter Bevölkerungen, deren geballte Anwesenheit zwangsweise eine bedrohliche Verletzung des »Normalen« impliziert. Diese Wahrnehmung wird benutzt, um eine Reihe von Kontrollmechanismen zu rechtfertigen und zugleich Wirtschafts- und Gesellschaftspolitiken zu leugnen, die migrantische Bevölkerungen in Großstadtgebieten in segregierte Nachbarschaften zwingen. Diese städtischen Bevölkerungen könnten zu jenen Gruppen gezählt werden, die Étienne Balibar als

> »qualitativ in einem intensiven statt extensiven Sinne [...] ›enträumlicht‹ [definiert]; sie ›leben‹ am Rande der Stadt, unter permanenter Bedrohung der Vernichtung; aber im Gegenzug leben sie auch und werden wahrgenommen als ›Nomaden, sogar wenn sie in ihren Heimatländern ortsfest sind; d.h. ihre bloße Existenz, ihre Anzahl, ihre Bewegungen, ihre eigentlichen Ansprüche an Rechte und Staatsbürgerschaft werden als Bedrohung für die ›Zivilisation‹ wahrgenommen.« (Balibar 2004, 129)

Die unleugbare Präsenz minoritärer Europäer_innen wird also zur Bedrohung der Fundamente des Kontinents umformuliert, die durch neue Formen räumlicher Ordnung [*governance*] kontrolliert werden muss. Während Grenzen innerhalb Europas mit der fortschreitenden Vereinigung immer diffuser werden, wird die Teilung zwischen »Europäer_innen« und »Nicht-Europäer_innen« entlang der Grenzziehungen von Rassifizierung und Religion wieder verstärkt: Der aktuelle Fokus auf eine gemeinsame kontinentaleuropäische Identität betont eine kulturelle Differenz marginalisierter Gemeinschaften über Generationen hinweg – eine Differenz, die auf eindeutigste Weise rassifiziert ist, während sie nie explizit als solche definiert wird. In diesem Kontext fungiert das postnationale Motiv des vereinten Europas als Weg, die Konsequenzen der wachsenden einheimischen nationalen Präsenz von Europäer_innen of Color zu umgehen.

Der Prozess der Umgestaltung externer sowie interner Unterscheidungen spielt sich auf wohlbekannte Weise ab, und während die Europäische Union für einige größere Mobilität bedeutet, ist für andere die Grenze nun überall. In der Folge müssen jene Europäer_innen, die als uneuropäisch wahrgenommen werden, andauernd beweisen, dass ihre Anwesenheit legitim ist, da es innerhalb der Begrenzungen Europas keinen Raum gibt, den sie als den ihren beanspruchen können, in dem ihr Status der Zugehörigkeit unangefochten ist.[38] Aus der Perspektive der Nachfahren der Arbeits- und postkolonialen Immigrant_innen, die seit den 1950er Jahren ankamen, erscheint das sich vereinigende Europa weniger als offen und pluralistisch denn durch ethnonationalistische Strukturen geprägt, die rassifizierte und religiöse Minderheiten ausschließen, indem sie ihnen einen dauerhaft vorübergehenden Status der Migration zuweisen. Mit der Verschiebung zur zahlenmäßigen Überlegenheit der zweiten und dritten Generationen von Migrant_innen bestätigen Ereignisse wie die Londoner Bombenanschläge und Symbole wie das Kopftuch diese fortgesetzte gefährliche Differenz vom europäischen Mainstream; sie bezeichnen eine Krise der Migration. Diese Krise ist jedoch in Wahrheit vielmehr dadurch verursacht, dass die Ideologie politischer Rassenlosigkeit strukturellen Rassismus nicht ansprechen kann.

Um methodologische Ansätze zu erarbeiten, die diese komplizierten Prozesse erfassen können, bedarf es meines Erachtens der Neuuntersuchung und kreativen Kombination bestehender theoretischer Rahmen zu Migration, Rassismus und Nation. In ihrem zusammenführenden Ansatz könnte meine Analyse im flügge werdenden Feld der Queer-of-Color-Kritik verortet werden, das unter anderem von José Esteban Muñoz vorbereitet

38 Der erweiterte Rechtsbereich der Grenzpolizei beinhaltet jetzt die Möglichkeit von »verdachtsunabhängigen Kontrollen«, wenn Beamte eine Verletzung der Einwanderungsgesetze vermuten. Zahlreiche Beschwerden zeigen an, das dies in ein Profiling von Menschen of Color und Muslim_innen umgesetzt wird – obwohl faktisch die Mehrheit der illegalisiert in die Union Eingewanderten weiße, christliche Osteuropäer_innen sowie Menschen aus der Ukraine und Russland sind. Siehe Becker 1998; Thalhammer 2001.

wurde (siehe auch Eng 2001; Ferguson 2004) und von Roderick Ferguson folgendermaßen definiert wird:

> »Queer-of-Color-Analyse [...] untersucht gesellschaftliche Gefüge wie die Verschränkungen [*intersections*] von Rassifizierung, Vergeschlechtlichung, Sexualität und Klasse mit besonderem Interesse daran, wie diese Formationen mit nationalistischen Idealen und Praktiken korrespondieren und von ihnen abweichen. Queer-of-Color-Analyse ist ein heterogenes Unterfangen, das sich aus Women-of-Color-Feminismus, materialistischer Analyse, poststrukturalistischer Theorie und queerer Kritik zusammensetzt.« (Ferguson 2004, 149n)

Die Rückkehr zur Schwarzen feministischen Analytik der Intersektionalität, ein Fokus auf Klasse als zentraler Kategorie in der Herstellung queerer Subjekte und ein Verständnis von Queerness, das nicht auf sexuelle Identitäten beschränkt ist, macht Queer-of-Color-Kritik im Kontext europäischer Rassifizierungen und Widerstandskulturen ungemein anwendbar. Insbesondere der Prozess der Desidentifikation, wie ihn Muñoz in seiner Studie über »Queers of Color und die Performance von Politik« beschreibt, scheint einfach anwendbar auf diese minoritäre Strategie des ›Queerens von Ethnizität‹, da »Desidentifikation eine Beschreibung der Überlebensstrategien sein soll, die das minorisierte Subjekt praktiziert, um mit einer phobischen Sphäre der Mehrheitsöffentlichkeit umzugehen, die kontinuierlich die Existenz von Subjekten auslässt oder bestraft, die nicht dem Phantasma normativer Staatsbürgerschaft entsprechen« (Muñoz 1999, 4). Aufbauend auf Judith Butlers Konzept von Desidentifikation – nicht als Konteridentifikation oder Verwerfung eines dominanten Narrativs, sondern stattdessen als ein destabilisierendes »Misslingen [*slippage*]«, als »Scheitern der Identifikation«, das potenziell einen Moment der Störung und Neuorientierung eröffnet – formuliert Muñoz Desidentifikation als eine politische Strategie mit dem Ziel der Schaffung eines diskursiven Netzwerks marginalisierter Positionalitäten.[39] Indem er zu Schlüsselautorinnen des Frauen-of-Color-Feminismus wie Audre Lorde und Cherríe Moraga zurückkehrt, beansprucht er Queere Theorie als Teil dieses Netzwerks, nicht

39 Siehe Butler 1993, 299-300: »Welche Möglichkeiten gibt es, *Des*identifizierung zu politisieren? Diese Erfahrung der *Verkennung* zu politisieren, dieses angestrengte Gefühl, unter einem Zeichen zu stehen, zu dem man gehört und doch nicht gehört? [...] wäre es möglich, daß die Bejahung dieses Entgleitens, das Fehlschlagen der Identifizierung selbst der Ausgangspunkt für eine stärker demokratisierende Bejahung interner Differenz ist.«

(nur) weil minorisierte Subjekte von ihr lernen können, sondern auch weil sie von deren Theoretisierungen gelernt hat: es gäbe keine Queere Theorie ohne Barthes und Foucault, aber auch nicht ohne Lorde und Anzaldúa. Diese Verbundenheit drückt sich auch in Werken wie Paul Gilroys *Black Atlantic* (1993) aus, das uns daran erinnert, dass es ohne die Beiträge von Menschen of Color keine Westliche Moderne gäbe – sie fehlt hingegen in Europas internalistischen Narrativen.

Desidentifikation ermöglicht also die Konstruktion eines Narrativs, das weniger rigide und exklusiv ist als die dominante Sichtweise sowie jene Positionalitäten, die in direktem Gegensatz zu ihr konstruiert werden. Desidentifikation impliziert keinen klaren Bruch mit der Mehrheitskultur, erkennt aber die Notwendigkeit einer kontinuierlichen Auseinandersetzung und Verhandlung mit einer oft feindseligen dominanten Gesellschaft. Und sie ermöglicht im gleichen Moment die Erkundung von Spannungen und Differenzen innerhalb von minorisierten Gemeinschaften, die dennoch die Mittel zum Überleben in dieser Gesellschaft bieten.[40] Während Queer-of-Color-Kritik bisher – wenn auch aus transnationaler Perspektive – weitgehend auf die US-Situation fokussierte, schlage ich vor, dass sie wichtige Einsichten in die europäische Situation bietet, insbesondere wenn das nah verwandte Feld Queerer Diasporaforschung einbezogen wird (Shah 2001; Manalansan 2003; Luibhéid and Cantú 2005; Gopinath 2006). Letztere wurde bisher nicht auf die kontinentaleuropäische Situation angewandt, noch hat Queer-of-Color-Kritik sich bisher viel mit community-übergreifendem Aktivismus befasst (Hong 2005). Nichtsdestotrotz erlaubt mir die Verwendung der wichtigen Arbeiten in diesem Feld die Kombination von Elementen der Performance-Forschung, von Herausforderungen Queerer Theorie an Identitätspolitik, der Aufmerksamkeit der Diaspora-Forschung für die beweglichen Konfigurationen von Gemeinschaften of Color sowie des Bewusstseins des transnationalen Feminismus für verschränkte Unterdrückungsformen.

Ich glaube, es ist trotz der inflationären Verwendung des Begriffs im aktuellen akademischen Diskurs wichtig, »Diaspora« hier mit einzubeziehen, da Diaspora – im Gegensatz zum Konzept der Migration – die Binarität von Staatsbürger_in und Ausländer_in und das lineare Modell

40 Desidentifikation lehnt Separatismus als politische Strategie nicht unbedingt ab, erkennt aber an, dass sie häufig der rassistischen und kapitalistischen Privilegien bedarf.

der Bewegung von einem Herkunftsort zu einem Zielort überwindet. Die im ›Queeren von Ethnizität‹ praktizierte Strategie, einen Raum innerhalb der Nation durch die Bewegung über sie hinaus zu beanspruchen, bezieht sich auf Identifikationen und Identitätsmodelle, die Paul Gilroy zufolge »außerhalb von und manchmal im Gegensatz zu den politischen Formen und Codes moderner Staatsbürgerschaft« existieren (Gilroy 2000, 252). Da ihr Ausschluss in eben jenen Formen und Codes moderner Staatsbürgerschaft formuliert ist, erscheint diese fundamental diasporische Strategie notwendig für europäische Migrantisierte. Während »Migration« die Erfahrung einer Bevölkerung nicht erfassen kann, die in eine Nation hineingeboren ist, aber nie vollständig Teil von ihr wird, und »Minderheit« die transnationalen Verbindungen dieser Bevölkerung nicht wirklich umfasst, kann »Diaspora« beide Aspekte zusammenbringen. Diaspora kann wie Desidentifikation als ein »dritter Modus des Umgangs mit dominanter Ideologie [fungieren], als einer, der weder für ein Assimilieren innerhalb einer solchen Struktur optiert, noch in striktem Gegensatz dazu steht [...] eine Strategie, die an und gegen dominante Ideologie arbeitet« (Muñoz 1999, 11).

In dieser Studie dehne ich den Begriff der Diaspora, um eine Bevölkerung zu beschreiben, die keine gemeinsame Herkunft teilt – wie imaginär diese auch immer sein mag –, sondern einen gegenwärtigen Zustand. In diesem erweiterten Verständnis von Diaspora verändert sich das Konzept von einem Begriff der zeitlichen und räumlichen Verdrängung [*displacement*] hin zur permanenten produktiven Verschiebung [*dislocation*] in Richtung Zukunft – was das Potenzial eines ›Queerens von Ethnizität‹ als nicht-essenzialistische und oft nicht-lineare politische Strategie widerspiegelt:

> »›Queer‹ mit ›Diaspora‹ zu vernähen [...], lässt jene Begehren, Praktiken und Subjektivitäten wieder zu Kräften kommen, die innerhalb konventioneller diasporischer und nationalistischer Vorstellungswelten unmöglich und unvorstellbar gemacht wurden. Eine Betrachtung von Queerness wird, in anderen Worten, ein Weg, nationalistische Ideologien herauszufordern, indem sie das unreine unauthentische, nicht-reproduktive Potenzial der Vorstellung von Diaspora wiederherstellt.« (Gopinath 2006, 11)

Gayatri Gopinaths Verwendung von Queerness in ihrer Forschung zur indischen Diaspora würde nicht unbedingt die migrantisierte Identität einschließen, mit der ich mich hier beschäftige, weil deren queere Elemente

Sexualität zwar beinhalten können, aber dies nicht notwendigerweise tun. Dennoch ist Gopinaths Verbindung von Queer und Diaspora in diesem Kontext relevant. Schließlich ist einer der interessantesten Aspekte von Queer-of-Color-Kritik deren Wiedererwecken von »queer« als einem Begriff, der nicht bloß mit »homosexuell« synonym ist, sondern sich auf Prozesse der Konstruktion normativer und nicht-normativer Verhalten und Bevölkerungen bezieht. Die Interaktion von Rassifizierung, Klasse und Vergeschlechtlichung in Konstruktionen abweichender [*deviant*] Sexualitäten schafft kompliziertere Gruppierungen und Hierarchien, als die einfache Dichotomie zwischen homosexuell vs. heterosexuell vorgibt, sodass queer auch im Gegensatz zu *homonormativen* Formationen stehen mag (siehe Kapitel 4). Aus dieser Perspektive scheint es nicht nur möglich, sondern auch sinnvoll zu argumentieren, dass Europäer_innen of Color in den heteronormativen Diskursen der Nation und der Migration als »queere«, »unmögliche« Subjekte hergestellt werden. Ohne dies notwendigerweise theoretisch zu untermauern, nutzen migrantisierte Subjekte in ihrer Reaktion queere Strategien der Performance, wenn sie die Komponenten der ihnen zugewiesenen, vorgeblich stabilen, aber inkompatiblen, Identitäten kontinuierlich neu arrangieren, indem sie deren »unreines, unauthentisches, nicht-reproduktives Potenzial« erkunden und Risse in der zirkulären Logik normativer europäischer Identitäten schaffen.

Ich verwende »queer« hier als Verb statt als Adjektiv, um eine Praxis der Identitäts-(De)Konstruktion zu beschreiben, die in einer neuen Art diasporischen Bewusstseins mündet, die weder in ethnischen Identifikationen begründet ist, noch auf ein – wenn auch mythisches – Heimatland Bezug nimmt. Stattdessen nutzt diese Praxis die Spannung des ErLebens [*living*] von einander vermeintlich ausschließenden Identitäten und transformiert sie in ein kreatives Potenzial. So wird Gemeinschaft auf der geteilten Erfahrung multipler, widersprüchlicher Positionalitäten aufgebaut. Dieser neue europäische Aktivismus weist eine queere Praxis auf, indem er darauf beharrt, dass Identität instabil, strategisch, veränderlich und immer performativ ist. Diese Praxis ist weniger in Theorie begründet als in Alltagserfahrungen der migrantisierten Generationen, die zwischen die saubere europäische Teilung der Dazugehörigen und der Fremden fallen. Ihre Überlebensstrategien – in dominanten Diskursen weitgehend unsichtbar – sind Formen des Widerstands, die die ihnen zugeschriebenen essenzialistischen Identitäten destabilisieren. Nicht nur, indem sie

sie verwerfen, sondern auch durch eine strategische und kreative (Fehl) Verwendung, ein Neuarrangement einer ganzen Reihe von Konzepten und deren Beziehungen untereinander: darunter Zeit, Raum, Erinnerung sowie Rassifizierung, Klasse, Nation, Vergeschlechtlichung und Sexualität. Und während die Anmerkung wichtig ist, dass dieser subversive Ansatz sich nicht immer in progressive Politik umsetzt, stellt er einen mehrstimmigen Angriff auf den Mythos der Farbenblindheit [*colorblindness*] dar. Ein solcher Angriff ist lange überfällig in einem Europa, das sich zwischen Vereinigung, Globalisierung und Ethnisierung bewegt und in dem sich wettstreitende Diskurse um nationale und kontinentale Identitäten allzu oft um die Trope des bedrohlichen Immigranten drehen.

Der Krise aufgrund des Zusammenpralls des internalistischen europäischen Narrativs der ›Rassenlosigkeit‹ mit einer wachsenden Bevölkerung of Color könnte nachgesagt werden, sie produziere Muñoz' »Identitäten in Differenz, die aus einer gescheiterten Anrufung innerhalb der dominanten öffentlichen Sphäre hervorgehen. Ihr Hervortreten basiert auf ihrer Fähigkeit, sich mit der Massenöffentlichkeit zu desidentifizieren und stattdessen durch diese Desidentifikation zu der Sphäre einer Gegenöffentlichkeit beizutragen« (Muñoz 1999, 7). Diese Identitäten spiegeln eine Reaktion auf den Prozess des Otherings europäischer migrantischer und migrantisierter Gemeinschaften wider, indem sie aus der Position der ethnisierten und rassifizierten Subjekte sprechen und genau dieses Zu-Anderen-Gemacht-Werden betonen, anstatt es als ein Abbild essenzieller Wahrheit zu akzeptieren. Als individuelle sowie gemeinsame Strategie, resultierte dies in der Entstehung eines losen europaweiten postethnischen aktivistischen Netzwerks, das eine solche Gegenöffentlichkeit schafft.

Das Auftreten von migrantisierten Jugendlichen als Handlungstragende im europäischen öffentlichen Raum, wo sie mit oft innovativen Taktiken gegen ihr Unhörbar-Gemacht-Werden [*silencing*] Widerstand leisten (auch wenn diese Taktiken nicht zwangsweise alle Formen von Unterdrückung unterminieren oder auch nur hinterfragen, sondern sie manchmal sogar verstärken), ist eine der wichtigsten Veränderungen in der europäischen Landschaft seit dem Fall des Sowjetischen Imperiums. Und es ist eine neue Entwicklung, die neuer Analysemodi bedarf, die an den Schnittstellen von Konzepten und Disziplinen arbeiten. Solch eine Kreolisierung von Theorie hat das Potenzial, eben jenen Positionalitäten Ausdruck zu verleihen, die in dominanten Diskursen für unmöglich gehalten werden, nämlich jenen von Europäer_innen of Color. Und sie rückt zugleich die ökonomischen Analysen in den Vordergrund, die im kulturalistischen Diskurs über Europas »Migrationsproblem« oft heruntergespielt werden. In meiner Analyse beziehe ich mich also auf eine Reihe von Theorien, die üblicherweise nicht zusammengedacht werden. Die Anpassung der Theorien an die Konfigurationen, die ich als ›Queeren von Ethnizität‹ zusammenfasse, bedarf der Verwendung eines neuen Vokabulars, das die lange unhörbar gemachten Identitäten angemessen ausdrücken kann. Das ›Queeren von Ethnizität‹ durch Europas Migrantisierte ist ein komplexes Wechselspiel von Kunst und Aktivismus. Um es einzufangen, statt zu domestizieren – durch das Privilegieren einzelner Fragestellungen und das Verdrängen der Gleichzeitigkeit von Themen und Formen, die eines seiner Hauptmerkmale ist –, ist es nicht nur nötig, diverse theoretischen Ansätze und Methodologien zu kombinieren, sondern auch, eine Struktur zu verwenden, die dem Gegenstand angemessen ist.

Meine Diskussion ist um ein paar zentrale Konzepte herum aufgebaut. Das Erste ist die Idee einer postethnischen migrantisierten Identität. In einer Zeit des erneuerten Essenzialismus und der Kampf-der-Kulturen-Szenarien erscheint es wichtig, eine Tradition des radikalen, postnationalen und postethnischen kulturellen Aktivismus um Fragen der sexuellen, ethnischen, geschlechtlichen und nationalen Identität aufzuzeigen, die von genau jenen Gruppen hervorgebracht wurde, die in aktuellen europäischen Diskursen um kulturelle Identitäten als natürlicherweise balkanisiert erscheinen – als unfähig, eine beschränkte und rückschrittliche ethnische Perspektive zu überwinden. Migrantisierte Jugendliche sind Außenseiter_innen innerhalb der starren Identitätszuweisungen, die das zeitgenössische Europa charakterisieren, da sie weder die Kriterien »echten Europäischseins« erfüllen, noch authentische Migrant_innen sind, da sie nie tatsächlich immigrierten. Sie umgehen die komplizierte Frage nationaler Zugehörigkeit, indem sie eine verortete, multizentrische, horizontale Gemeinschaft herstellen, in der sich eine größere diasporische Perspektive mit einer starken Identifikation mit Städten und Stadtteilen verbindet. Letztere werden als Räume wahrgenommen, die zwar durch nationale und ethnische Begrenzungen geschaffen wurden, sie aber zugleich überwinden.

Ich verwende in meiner Diskussion der Interaktion zwischen urbanem und diasporischem Raum den Begriff der »Translokalität«. Saskia Sassen, Étienne Balibar, Achille Mbembe und andere haben auf die wichtige

Rolle städtischer Räume hingewiesen: da sie sowohl grenzüberschreitende transnationale Netzwerkpunkte für globale Ökonomien bieten als auch aufgrund ihrer Einfassung von Bevölkerungen, denen Bewegung schon auf nationaler Ebene verwehrt wird, was zunehmend lokalisierte Grenzzonen schafft (Sassen 2001, 2006; Mbembe 2003; Balibar 2004). Und während die Behauptung, dass derzeitige neoliberale Globalisierungsprozesse den Nationalstaat schwächen oder gar verdrängen, richtigerweise infrage gestellt wurde (z.B. McNevin 2006), scheint es unleugbar, dass Modi der Staatsbürgerschaft, Souveränität, Bewegung und Zugehörigkeit nicht mehr durch einen primären Fokus auf die Nation begriffen werden können (soweit sie das überhaupt je konnten). Zugleich schaffen rapide wachsende Stadtbevölkerungen Megastädte auf allen Kontinenten – und damit einhergehend neue Formen der räumlichen Kontrolle. Die »städtische Zersplitterung«, die die Spätmoderne auszeichnet (Mbembe 2003), nimmt für verschiedene Gruppen verschiedene Formen an, die immer weniger durch nationale und ethnische Kennzeichen allein klassifiziert werden können.

Für die Bevölkerung, mit der ich mich hier befasse, ist die Stadt die Hauptquelle räumlicher Identifikation, sie markiert den Ursprung und die Begrenzung von Souveränität.[41] Bewegung – von Menschen, Informationen, kulturellen Symbolen – findet in einem Netzwerk von Städten statt, das aufgrund translokaler Strukturen zugänglich ist, die jene allgegenwärtigen Kontrollmodi umgehen, die europäische Migrantisierte primär im Zusammenhang von illegitimer Anwesenheit und Bewegung wahrnehmen. Translokale Mobilität besteht hier also in einem Kontext, der sich sowohl von den rechtlichen Privilegien unterscheidet, die mit Kosmopolitismus verbunden sind (Benhabib 2006), als auch von den formalen Netzwerken transnationaler Bewegungen, wie sie Sidney Tarrow beschreibt (2005).

Zusätzlich zu diesen zwei Schlüsselbegriffen – postethnisch und translokal –, verwendet das Buch eine Reihe von Konzepten, die sich in allen vier Kapiteln überschneiden. Jedes fokussiert verschiedene Aspekte der Beziehung zwischen (öffentlichem) Raum und (nationaler und diasporischer) Zeit, Erinnerung, Identität, Gemeinschaft und Handlungsfähigkeit, und setzt sie mit verschiedenen Formen populärer Kultur in Beziehung – nämlich Musik, Literatur, Performance und Videokunst. Die öffentliche Wahrnehmung der kulturellen Produktion von Migrantisierten im

41 Dies bedeutet, dass meine Analyse auf städtische Räume fokussiert, wo die große Mehrheit migrantisierter Bevölkerungen lebt (siehe UCEU 2004).

europäischen Kontext hat sich größtenteils auf Mainstream-Kunstformen konzentriert; es gibt z.B. einen beträchtlichen Forschungsbestand über »migrantische Literatur«, neuerdings auch ein Interesse an Film (siehe u.a. Adelson 2005; Göktürk 2001; Hargreaves/McKinney 1997). Doch viele der spannendsten und interessantesten Arbeiten von migrantisierten Künstler_innen finden im weniger wohldefinierten, weniger angesehenen Feld der lokalen Alltagssubkultur [*vernacular*] oder öffentlichen Kunst verschiedener Formen statt, von Safer-Sex-Performances in schwulen Clubs zu illegalen Plakatwänden und Veranstaltungsflyern. Diese minoritären Interventionen schaffen eine neue Art kultureller Archive und schreiben die Präsenz rassifizierter Gemeinschaften (wieder) in die europäische Landschaft ein. Die Verwendung von alltäglichen, oft kurzlebigen Formen durch die Künstler_innen und Aktivist_innen ermöglicht es ihnen, den institutionalisierten Mechanismen der ›Rassenlosigkeit‹ zu entkommen, die so gestaltet sind, dass sie Positionalitäten außerhalb der Dichotomie von weiß, christlich, europäisch vs. migrantisch unhörbar machen [*silence*]. Doch gerade ihre Fähigkeit, binäre Modelle von Identität zu unterwandern, stellt auch Herausforderungen an die Theoretisierung des situativen ›Queerens von Ethnizität‹. Um den alternativen Archiven nachzuspüren, die derzeit in ganz Europa geschaffen werden, biete ich dichte Lektüren einer Reihe nicht-traditioneller kultureller (Kon)Texte, die von Spoken-Word-Poetry zu Drag-Performances bis zum Hijab reichen, den manche europäische Musliminnen tragen.

Die Hip-Hop-Künstler_innen, Feministinnen, queeren Performance-Künstler_innen und Migrationsaktivist_innen, die im Zentrum dieser Studie stehen, verkörpern die ersten konzertierten Bemühungen rassifizierter Migrantisierter, als Europäer_innen in die Debatte einzutreten und zu bestimmen, was es bedeutet, europäisch zu sein. Sie verwenden ein Konzept von Kultur, das bewusst oder unbewusst aufbaut auf dem multidirektionalen Widerstand des US-amerikanischen Frauen-of-Color-Feminismus der 1970er Jahre gegen den Ausschluss weiblicher und queerer Subjekte aus den liberalen, nationalistischen sowie antiimperialistischen Bewegungen (Ferguson 2003). Ein zentrales Anliegen dieser Gruppen war und ist es, eine andere Geschichte der Rassifizierung in Europa aufzudecken, eine in der Menschen of Color als Zugehörige [*insiders*] und Handlungstragende auftreten. Dieses Buch will zu diesem Anliegen beitragen, indem es die Entstehungsbedingungen dieses Aktivismus kartiert und seine vielfältigen aber verbundenen Zielvorstellungen theoretisiert. Gemeinsam repäsentieren Letztere einen Ansatz zu zentralen Fragen unseres postnationalen Zeitalters, der andere Antworten auf dringende Probleme von Identität, Lokalität, Handlungsfähigkeit und Erinnerung bietet – und in jedem Fall die Sicherheit eindeutiger Identitäten erschüttert und so Hoffnung bietet, dass alternative Weltsichten möglich und lebbar sind.

Kapitelübersicht

Kapitel 1, *»Fremd im eigenen Land«: Europäische Identitäten, Migration und diasporische Klanglandschaften*, erkundet die Vorstellung eines europäischen öffentlichen Raums und dessen Abhängigkeit von der Schaffung einer gemeinsamen kontinentaleuropäischen Geschichte. Um die spezifischen Formen der Rassifizierung zu dekonstruieren, die in ihren kontinentalen Gemeinsamkeiten und nationalen Unterschieden das zeitgenössische Europa prägen, ist es nötig, sich über die historischen Formationen bewusst zu sein, die zur gegenwärtigen Situation hinführten. Seit die ökonomische und politische Vereinigung implementiert wurde, rückt zunehmend das Bedürfnis ins Zentrum politischer Debatten, zu definieren, was eine_n Europäer_in ausmacht. Für den Gewinn einer breiten Unterstützung der neuen kontinentalen Ordnung bedarf es auch der Erschaffung gemeinsamer Symbole und einer gemeinsamen Geschichte. Daher beginne ich dieses Kapitel mit dem aktuellen Streben nach einer postnationalen europäischen Identität. Ich reflektiere die komplexen ökonomischen, politischen, kulturellen und sozialen Prozesse, die Europa in den letzten zwei Dekaden über den Nationalstaat hinaus bewegt haben, und erkunde deren Beziehung zum übergreifenden Diskurs der ›Rassenlosigkeit‹ und dessen Rolle in der Formung von Narrativen über die Zukunft und Vergangenheit des Kontinents und in der Konzeptualisierung transnationaler Räume.

Meine Untersuchung beginnt mit zwei Vorfällen, die als exemplarisch für das Aufkommen einer transnationalen europäischen Öffentlichkeit gelten können: der weit verbreitete Protest gegen den Irakkrieg im Frühjahr 2003 und der Widerstand in den französischen Banlieues Ende 2005. Diese Ereignisse und ihre Rezeption ermöglichen es mir, die Parameter europäischer Diskurse des Selbst und des Anderen zu kartieren, wo sie die Position rassifizierter Minderheiten betreffen. Ich nähere mich ihnen am Anfang von Kapitel 1 durch die Linse zweier der wichtigsten öffentlichen Intellektuellen Europas, Jürgen Habermas und Jean Baudrillard. In ihren Reaktionen auf die Proteste lehnen beide Autoren Eurozentrismus ausdrücklich ab und kritisieren ihn zugunsten einer universalistischeren, kosmopolitischen Perspektive. Doch verbleiben sie nichtsdestotrotz innerhalb eurozentrischer Parameter und sind meiner Argumentation zufolge durch die unsichtbare kontinentaleuropäische »Grammatik der Rassifizierung [*grammar of race*]« (Hall, in Dines/Humez 1994) in ihrer Fähigkeit begrenzt, über diese Parameter hinauszugehen: So verschieden ihre Positionen ansonsten auch sind, scheinen beide Philosophen in ihrer Einschätzung von Europas internen und externen Beziehungen in einer Perspektive gefangen, die weiterhin rassifizierte migrantische und minoritäre Bevölkerungen außerhalb der Begrenzungen Europas verortet.

Der zweite Teil von Kapitel 1 widmet sich den Konzeptualisierungen von Europäischsein, wie sie innerhalb der davon ausgeschlossenen Bevölkerungsgruppen zu finden sind. Ich betrachte die materiellen Konsequenzen dieses Ausschlusses genauer und insbesondere seine Auswirkungen auf räumliche Verhältnisse. Indem ich die schwerwiegenden Beschränkungen der Mobilität von migrantisierten Jugendlichen und die Rolle lokaler Räume in deren Identifizierungsprozessen anspreche, biete ich einen anderen Kontext für die städtischen Widerstände, die mit den Aufständen 2005 weder begannen noch endeten. Des Weiteren setzte ich die vorhergehende Auseinandersetzung mit der (Un)Fähigkeit des Kosmopolitismus, Rassismus und Migration zu analysieren, fort, indem ich dessen Fokus auf staatenlose Migrant_innen als die paradigmatische Bevölkerung, die der Kant'schen Gastfreundlichkeit sowie Arendts »Recht, Rechte zu haben« (Arendt 1951) bedarf, aufgreife. Ich richte ihn auf [jene] rassifizierten Jugendlichen, die als weitgehend rechtlose Bürgerkriegsgeflüchtete in europäischen Städten leben. Auf diese Weise drehe ich dominante Diskurse über rechtliche und kulturelle Zugehörigkeit herum und platziere die darin am meisten marginalisierte und externalisierte Gruppe im Zentrum meiner Untersuchung von Europäischsein; auch, indem ich die Frage der Rechtstheoretikerin Bonnie Honig aufgreife: »Was wäre, wenn Geflüchtete, statt die Ausnahmen des juridischen staatlichen (oder kontinentalen) Systems zu sein (oder zusätzlich dazu), metaphorisch dessen Norm sind: die exemplarischen Objekte der Machtform, die das staatliche System und seine souveräne Gesetzlichkeit vertritt aber versteckt – Biomacht und deren Herrschaft über alle/s als bloßes Leben?« (Honig, in: Benhabib 2006, 115).

Das Kapitel schließt mit Europas wohl wichtigster grenzüberschreitender Praktizierung von Gegenöffentlichkeit, der Hip-Hop-Kultur. Als sie Mitte der 1980er Jahre in Europa ankam, hatte die großstädtische Erfahrung einer Desintegration (räumlicher) ethnischer Einheit in Kombination mit einer zunehmenden Ethnisierung durch die Mehrheitsgesellschaft bereits community-übergreifende Identifizierungen unter städtischen Jugendlichen befördert. Hip-Hop zog europäische migrantisierte und migrantische Jugendliche auf der Suche nach einer Sprache, in der sie sich als eigenständige [*distinct*] Subjekte ausdrücken konnten, sofort an:

> »Wir sind dann auch in die Schweiz gefahren und haben dort die gleichen Leute getroffen, die wir schon von hier kannten [...] Das waren Afroschweizer, Schweizer Türken, portugiesische Schweizer oder Vietnamesen – genau die gleiche Klientel wie bei uns. Wir sind zusammengekommen und haben einfach mit der gleichen Sprache einer gemeinsamen Kultur kommuniziert.« (Linguist von *Advanced Chemistry*, in Loh/Güngor 2002, 132).

Diese Entdeckung einer gemeinsamen Sprache quer durch Communitys und über Grenzen hinweg kam für die jungen Künstler_innen oft einer Offenbarung gleich. Sie begannen, Hip-Hop als Werkzeug zur Analyse und Benennung ihrer Positionalität als minorisierte Europäer_innen innerhalb eines kontinentalen Systems zu nutzen, das sie fortwährend als Fremde definierte. Es war die Aneignung dieser in den USA geborenen afrodiasporischen Kunstform, die es Europäer_innen of Color erstmals ermöglichte, eine Sprache zu erschaffen, in der sie sich selbst als zu Europa zugehörig definieren konnten. Mein Interesse an früher europäischer Hip-Hop-Kultur liegt daher primär darauf, auf welche Weise diese »gemeinsame Kultur« half, eine neue Art postethnischer, translokaler Identität zu formulieren und zu kreieren. Diese konnte dem kontinentalen Diskurs des Ausschlusses entgegenstehen, der sich gegen rassifizierte Bevölkerungen richtet – insbesondere gegen junge Männer of Color, wie jene im Zentrum der französischen Aufstände von 2005 (für die von Presse und Politik schnell »Rapper« verantwortlich gemacht wurden).

Während ich nicht das subversive, befreiende oder antiessenzialistische Potenzial von Hip-Hop überbetonen möchte, ist es wichtig und der Untersuchung wert, dass es diese Kultur war, untrennbar von der afrikanischen Diaspora der Amerikas, die zum ersten Mal ein Forum des Austauschs bot für eine multiethnische, marginalisierte einheimische Bevölkerung, die wirksam unhörbar gemacht worden war, indem ihr die Zeichen essenzieller ethnischer und kultureller Andersheit eingeschrieben wurden.[42] Als Abschluss von Kapitel 1, erläutere ich, wie die Rolle von Hip-Hop für die Schaffung einer translokalen Gegenöffentlichkeit, die minorisierte Bevölkerungen einbezieht, mit der Dekonstruktion internalistischer Vorstellungen von europäischer Zeit und Raum in Beziehung steht – insbesondere mit der Frage, ob Kolonialismus in einen europäischen Erinnerungsdiskurs aufgenommen werden sollte. Hierzu wende ich mich einem Rechtsstreit zwischen der französischen Regierung und einem Underground-Rapper mit algerischem Familienhintergrund über die Frage (post)kolonialer staatlicher Gewalt gegen urbane minorisierte Gemeinschaften zu.

Kapitel 2, *Dimensionen von Diaspora: Frauen-of-Color-Feminismus, Schwarzes Europa und queere Erinnerungsdiskurse*, spricht die mangelnde Theoretisierung von Rassifizierung in der europäischen Migrationsforschung an. Zudem diskutiere ich das Potential einer Neubewertung von »Diaspora« – wie es in transnationalen Schwarzen Diskursen verwendet wird – für eine Analyse der migrantisierten Gemeinschaften des Kontinents sowie den Einfluss von [US-amerikanischem] Frauen-of-Color-Feminismus auf Schwarze diasporische Identitäten, insbesondere jenen in Europa.[43] Untrennbar von einer solchen Auseinandersetzung sind die Fragen,

---

42 Diese Identität und das neue von ihr geschaffene Vokabular findet langsam Eingang in den Mainstream, etwa im niederländischen Diskurs über *Straattaal*, und dieses Mainstreaming wird von zunehmender Kommerzialisierung und Aneignung begleitet. Eine Beziehung zwischen Hip-Hop und »queeren Ethnizitäten« mag in Anbetracht der routinemäßigen Assoziation von Hip-Hop mit Misogynie und Homophobie in US-amerikanischen sowie europäischen Medien wie ein weiter Griff erscheinen. Doch während dieser Diskurs sich sicherlich auf eine gewisse Grundlage bezieht, versteckt er in der Folge eine weit kompliziertere und anspruchsvollere Auseinandersetzung mit Identität und Gemeinschaft in den Wurzeln der Hip-Hop-Kultur. Diese Auseinandersetzung setzt Hip-Hop-Kultur in eine lange Tradition kultureller Antiessenzialismen und Posthumanismen, die von Afrofuturismen bis zur feministischen Cyborg reicht (siehe z.B. Rose 1994).

43 Angesichts der fortwährenden Marginalisierung und Unhörbarmachung Schwarzer Bevölkerungen in europäischen, akademischen ebenso wie politischen und alltäglichen, Mainstream-Diskursen, ist die Anmerkung wichtig, dass das Schwarze Andere ein Schlüsselmotiv im europäischen Migrationsdiskurs ist – einem Diskurs, der in Wahrheit oft vielmehr einer der internen rassistischen Kontrolle ist. Diese Rolle hat sehr reale Konsequenzen: unter anderem die unverhältnismäßig hohe Zahl Schwarzer Opfer von institutionellem sowie »informellem« Rassismus; eine Tatsache, die im europäischen öffentlichen Diskurs auf routinierte Weise verleugnet wird. Der Grad dieser Verleugnung offenbarte sich etwa nach einem Vorfall 2006, bei dem ein Schwarzer deutscher Mann mittleren Alters in Potsdam von zwei weißen

warum das Schwarze Europa innerhalb der afrikanischen Diaspora lange randständig war und was seine vollere Einbeziehung zu einer Internationalisierung und Verkomplizierung von »Schwarzsein« beitragen kann.[44] Diese Vernachlässigung Kontinentaleuropas liegt in hohem Maße an dessen vermeintlich zweitrangiger Bedeutung für den zentralen Ursprung der afrikanischen Diaspora im Westen, den transatlantischen Sklavenhandel. Der Fokus hierauf lässt Bevölkerungen, die auf anderen Wegen in den Westen kamen, zwangsweise als weniger repräsentativ für die Diaspora erscheinen. Entsprechend hat die Forschung zur afrikanischen Diaspora überwiegend auf die Schwarze Erfahrung in den Amerikas fokussiert und der für die Besonderheiten dieser Situation entwickelte methodologische Rahmen kann nicht unbedingt auf andere Teile der Welt übertragen werden. Dennoch kann er eine wichtige Grundlage für weitere Auseinandersetzungen mit Schwarzen Communitys – einschließlich jenen in Kontinentaleuropa – bieten, die eben wegen ihres Abweichens von der US-Norm bisher eine so kleine Rolle in der transnationalen Diaspora-Forschung gespielt haben.

In Kapitel 2 erkunde ich, wie die nicht-normativen Elemente der Schwarzen europäischen Erfahrung genutzt werden können, um bestehende Binaritäten und ausgeblendete Aspekte zu verkomplizieren und herauszufordern. Hierfür dezentriere ich die US-amerikanische Diaspora-Erfahrung, indem ich ihre Theoretisierung auf den europäischen Kontext anwende. Aufbauend auf der kritischen Untersuchung Schwarzer diasporischer Identität durch Frauen-of-Color-Feminismus und Queer-of-Color-Kritik,

---

Angreifern fast zu Tode geprügelt wurde. Seine Handy-Mailbox zeichnete einen Teil des Angriffs auf und dokumentiert, dass er unter anderem als »dreckiger Nigger...« beschimpft wurde. Trotzdem kritisierte Deutschlands damaliger Innenminister, Wolfgang Schäuble, öffentlich den Bundesstaatsanwalt dafür, den Fall als Hassverbrechen zu behandeln (was ohnehin schon eine extrem seltene Anklage ist, die vom Gericht später auch wieder fallen gelassen wurde). In seinem Versuch, zu beweisen, dass die Motive des Angriffs völlig unklar seien, fügte Schäuble wie zum Hohn noch hinzu, dass »blonde und blauäugige Leute angegriffen würden, und das manchmal von Ausländern«. Diese Reaktion ist ein Beispiel der hartnäckigen Gleichsetzung von Menschen of Color mit »Ausländern« und illustriert ein strukturelles europäisches Beharren darauf, Rassismus als Erklärung für Gewalt gegen Minorisierte abzulehnen. Siehe »›Blonde Opfer‹ Empörung über Schäuble«, *Spiegel Online*, 20.4.2006: [http://www.spiegel.de/politik/deutschland/blonde-opfer-empoerung-ueber-schaeuble-a-412195.html] letzter Zugriff: 10.2.2015.

44 Es gibt jedoch einen wachsenden Literaturbestand über Schwarze Erfahrungen in Europa. Siehe etwa Essed 1991; El-Tayeb 2001; Lemke Muniz de Faria 2002; Campt 2003; Edwards 2003 [und seither viele mehr].

beschäftige ich mich mit den potenziell produktiven Komplikationen, die der europäische Fall mit seinen besonderen Konfigurationen rassifizierter, ethnisierter und religiöser Zuschreibungen darstellt. Darunter sind die Überschneidungen von muslimischer und afrikanischer Diaspora, die die Frage aufwerfen, wie Rassifizierung in einer transnationalen Gemeinschaft verhandelt wird, die großteils nicht-weiß und nicht-westlich ist; oder die Beziehung zwischen »Afrikanischsein« und Schwarzsein, etwa hinsichtlich der europäischen Bevölkerung mit nordafrikanischem Hintergrund sowie hinsichtlich der (Selbst)Definition osteuropäischer Rrom_nja als schwarz. Diese Beispiele erinnern uns daran, dass Schwarz kein Begriff ist, der mit einer absoluten und essenziellen Bedeutung versehen ist, sondern das Ergebnis eines komplizierten und fortlaufenden Prozesses von oft asymmetrischen Interaktionen und Verhandlungen.

Eine neue Phase in diesen Verhandlungen wurde in den 1980er Jahren als direktes Ergebnis transnationaler feministischer Netzwerke erreicht, die US-Diskurse über Rassismus in die europäische feministische Bewegung einführten: US-amerikanischer Frauen-of-Color-Feminismus bot eine Theoretisierung zusammenhängender Unterdrückungen, was weltweite Verbindungen mit »Dritte-Welt-Frauen« schuf und so die Grundlage für postethnische Koalitionen zwischen Frauen of Color in Europa in feministischen ebenso wie in migrantischen Organisationen legte. Insbesondere Audre Lorde, die viel Zeit in Europa verbrachte, hatte einen gewaltigen Einfluss auf die Schwarzen Feministinnen des Kontinents. Und damit auch auf die afroeuropäischen Bewegungen, die in den 1980er Jahren besonders in Deutschland und den Niederlanden an Einfluss gewannen, was diesen frisch gebackenen Bewegungen recht einzigartige Geschlechterdynamiken gab.

Die Unsichtbarkeit wenn nicht Unmöglichkeit Schwarzer europäischer Communitys, ihr Mangel an räumlicher und zeitlicher Verankerung in nationalen oder in diasporischen Narrativen, ermöglichte ein weiteres Infragestellen heteronormativer, linearer Narrative von Schwarzer Identität, das von feministischen Diskursen initiiert worden war und diese Narrative durch eine gebrochene, dialogische Subjektivität ersetzte. Diese fand ihren primären künstlerischen Ausdruck in (gesprochener) Poesie und bot ebenso wie Hip-Hop eine adäquate Ausdrucksform für eine postindustrielle urbane Erfahrung, die etwas repräsentierte, das im linearen Narrativ einer immerzu fortschreitenden Modernität unbenennbar ist. Anhand zweier bahnbrechender feministischer Sammelbände, *Farbe bekennen*, 1986 in Berlin veröffentlicht, und *Talking Home*, Amsterdam 1999, argumentiere ich, dass die Kombination aus – gesprochener und geschriebener – Poesie und Autobiographie in der frühen Schwarzen feministischen Bewegung in Deutschland und den Niederlanden eine breitere Kritik (patri-)linearer (National)Zeit ermöglichte, die in einer alternativen Genealogie sowohl diasporischer als auch nationaler Zugehörigkeit resultierte. Diese Genealogie ermöglichte die Aushandlung veränderlicher Positionen in dem komplexen Feld, das von Rassifizierung, Vergeschlechtlichung, Klasse, Sexualität und Nation eingerahmt und grundlegend durch Europas Begegnung mit Frauen-of-Color-Feminismus geprägt war. Das daraus hervorgehende Modell Schwarzer europäischer Identität reagierte auf den Prozess der Rassifizierung selbst, anstatt darauf abzuzielen, eine legitime rassifizierte oder nationale Identität herzustellen. Dies fordert die Idee normativer, exklusiver Identitätsformationen an sich heraus und eröffnet so einen Raum für postethnische Identifikationen unter Communitys of Color in Europa (und darüber hinaus).

Kapitel 3, *Säkulare Unterwerfungen: muslimische Europäer_innen, weibliche Körper und performative Politiken*, erkundet wie die vorherigen Kapitel Konzepte von Zeit und Raum in ihrer Beziehung zu europäischen migrantisierten Gemeinschaften und ihrem ›Queeren von Ethnizität‹. Hier ist das Ziel, die Dichotomie zu dekonstruieren, durch die europäische Muslim_innen als ›queer‹ hergestellt werden – als konzeptueller Widerspruch, räumlich und zeitlich deplatziert in einem heteronormativen Diskurs zu Nation und Religion. Dieser interagiert und überschneidet sich insofern mit supranationalen, liberalen Kosmopolitismen, als dass Muslim_innen eine Position außerhalb Europas und außerhalb der Modernität zugewiesen wird – insbesondere durch den Fokus auf die europäische Muslima und ihren ent- und bedeckten Körper. Das dritte Kapitel verbindet Diskurse über (nicht-)normative Sexualitäten und Geschlechterperformanzen mit der Rolle des weiblichen Körpers in der (Post-)Nation. Es fokussiert hierfür auf die Überschneidung zweier Erzählbilder, die in westlichen säkularen Diskursen als zwangsweise und symptomatisch inkompatibel etabliert wurden: eine europäische muslimische Identität und fortschrittlicher Aktivismus um Geschlecht und Sexualität. Dies erlaubt mir eine weitere Untersuchung dessen, was zweifellos *der* Kontext geworden ist, in dem Fragen der Migration und Assimilation in ganz Europa debattiert werden: Islam, oder spezifischer, die zunehmend rhetorische Frage, ob Muslimischsein mit Europäischsein kompatibel ist.

Ich werde mich daher aus einem anderen Winkel dem Streben nach einer europäischen Identität und ihrer Begründung in einer problematischen universalistischen Tradition nähern, die ich in Kapitel 1 besprochen habe. Ich beginne mit einer Diskussion der historischen Verknüpfungen zwischen Europa, Kosmopolitismus, Säkularismus und Christentum, die »europäisch« und »muslimisch« wirksam als Oxymoron konstruieren. Ich wende mich dann dem explizit säkularen Nordwesten des Kontinents zu, wo die diskursive Gleichsetzung von Minorisierten mit Migrant_innen, von Migrant_innen mit Muslim_innen und von Muslim_innen mit gewalttätigen, fundamentalistischen jungen Männern und entrechteten, unterdrückten Frauen und Mädchen infolge des dänischen Karikaturen-Streits und der Ermordung Theo van Goghs in den Niederlanden fest etabliert wurde.

Die in Kapitel 1 betrachteten Diskurse über Europäischsein haben den männlichen muslimischen »Migranten der zweiten Generation« als Verkörperung essenzialistischer Positionen zu Geschlecht, Sexualität, nationaler und ethnischer Identität konstruiert; als Bedrohung sowohl für migrantisierte Frauen als auch für aufgeklärte europäische Männlichkeit. Diese Konfiguration ist in den Debatten um Kopftuchverbote und Ehrenmorde noch präsent, aber der Schwerpunkt verschiebt sich auf muslimische Mädchen und Frauen als passive und stille Opfer ihrer Kultur, deren einziges verfügbares mögliches Bekenntnis zur Unabhängigkeit die Flucht in die dominante Gesellschaft ist.[45] Während Spivaks Bild der ›weißen Männer, die braune Frauen vor braunen Männern retten‹ hier sicherlich erkennbar ist (Spivak 1988, 296), erscheint es in seiner europäisch liberalen, säkularen Version in zwei leicht unterschiedlichen Variationen. Diese betonen die Rolle weißer Feministinnen als Vermittlerinnen und Retterinnen und – was noch wichtiger ist – gestehen (einigen) Musliminnen die Fähigkeit zu,

45 Westeuropäische Gastarbeitsprogramme seit den 1950er Jahren waren zum Teil Ergebnis eines internen Konflikts über Geschlechterrollen: Immigrierte Arbeitskräfte wurden dem massiven Einstieg westeuropäischer Frauen in die Erwerbsarbeit vorgezogen. Diese und weitere Fragen, auch über weibliche Migration – einschließlich der komplizierten Auswirkungen auf Geschlechterwahrnehmungen innerhalb und von minorisierten Gemeinschaften –, zunehmende weibliche Einwanderung aus Osteuropa, Sexarbeit, »Katalogbräute« und Hausarbeit, sind in diesen Debatten üblicherweise unsichtbar (siehe z.B. Brussa, in: Domenig et al. 2007, 1-13).

alleine zu entkommen (jedoch erst nach einem intellektuellen Erwachen, das durch die Begegnung mit westlichem Säkularismus angestoßen wird).

In Kapitel 3 folge ich diesem Diskurs von seiner Bestätigung sowohl im liberalen Feminismus, am Beispiel der Arbeit der niederländischen Dramatikerin Adelheid Roosen, als auch in den Ausbruchsnarrativen von Ex-Muslim_innen wie Ayaan Hirsi Ali, bis hin zu deren Dekonstruktion durch muslimische feministische Aktivistinnen wie die Dänin Asmaa Abdol-Hamid. Mein Fokus liegt durchgängig auf der Nutzung performativer Strategien in der Konstruktion ebenso wie in der Destabilisierung binärer Vorstellungen von Bewegung und Mobilität, Fortschritt und Stagnation im Verhältnis zu Kategorien wie Westen und Globaler Süden, Orient und Okzident, Islam und (säkulares) Christentum, muslimische Männer und Frauen. Das heißt, ich folge Diana Taylor in der Verwendung von Performance als »methodologischer Linse, die es ermöglicht, Ereignisse *in* ihrer Performanz [*as performances*] zu analysieren« (Taylor 2003, 3). Gemeinsam ist diesen sehr verschiedenen Typen performativer Politik die Zentralität des Bildes der (verschleierten) muslimischen Frau, das als Zeichen viel breiterer Annahmen über kulturelle (Im)Mobilitäten und (Un)Möglichkeiten steht. Mein Konzept von Performance setzt in diesem Kontext bei Frantz Fanons Bewertung des Nationalismus als einer Blickpolitik [*scopic politics*] an, die oft in der Bekleidung weiblicher Körper symbolisiert ist. Ich bewege mich von traditionellen Formen der Performance, die diese Ansicht illustrieren, wie Roosens Theaterstücke, hin zu den performativen Interventionen politischer Aktivist_innen wie Hirsi Ali. Beide erhalten eine Hierarchie, in der die Autorinnen ›für‹ Musliminnen ›sprechen‹, und im wörtlichen Sinne ihre Perspektive in generische, entindividualisierte weibliche Körper einschreiben. Ich ende mit der feministischen Sozialistin Abdol-Hamid, die einen grundlegend anderen Ansatz verfolgt: Sie nutzt ihren eigenen Körper, um auf der Kompatibilität einander vermeintlich ausschließender Positionalitäten zu beharren – und vor allem auf dem Recht und der Fähigkeit europäischer Musliminnen, für sich selbst zu sprechen.

Der erste Teil von Kapitel 4, *»Weil es unser Stiefvaterland ist«: europäische öffentliche Räume queeren*, setzt die Auseinandersetzung mit Diskursen um (nicht-)normative Sexualitäten fort und in Beziehung zu Performance und Körper, insbesondere mit der Performanz Schwarzen und muslimischen Queerseins. Meine Erkundung der impliziten Verknüpfung zwischen universalistischem Humanismus und Christentum in der Konstruktion eines postnationalen Europas in Kapitel 3 basiert auf der Annahme, dass dieser Diskurs – während er in seiner derzeitigen Version muslimische Europäer_innen zwangsweise und explizit externalisiert – Teil eines größeren heteronormativen Systems ist, das alle rassifizierten Minderheiten aus dem Bereich echten Europäischseins ausschließt. Nach der Analyse der Rolle von Geschlecht im Othering von Muslim_innen im vorangegangenen Kapitel nehme ich nun Sexualität hinzu. So kommt in den Fokus, wie die Positionierung sowohl hetero- als auch homosexueller Muslim_innen als »queer« im Verhältnis zu einem heteronormativen Modell von Europäischsein durch ein homonormatives neoliberales Modell sexueller Identität ergänzt wird. Dieses Modell, das sich in den verräumlichten Hierarchien der postindustriellen »kreativen Stadt« ausdrückt, ist ausdrücklich rassifiziert und verwendet wieder das Kultur-Motiv, um eine weiße Mittelschicht schwuler und lesbischer Positionalität zum Mainstream zu machen und zu depolitisieren, während es Communitys of Color und deren alternative Modelle von (queerer) Identität unhörbar macht.

Kapitel 4 befasst sich mit eben diesen alternativen Modellen – wieder mit Blick auf städtische Räume und deren neoliberale Neuordnung. Ich beginne mit einer Analyse des Einflusses des niederländischen Queer of Color Kollektivs *Strange Fruit*, 1989 in Amsterdam gegründet, dessen Aktivismus feministische und queere Politiken mit einer Fundierung in muslimischen und afrikanischen diasporischen Kulturen kombinierte. *Strange Fruit* verwarf die Normativität eines weißen westlichen Modells homosexueller Identität und jonglierte kontinuierlich Fragen von Rassifizierung, Klasse, Geschlecht und Sexualität, ohne hierbei Priorisierungen vorzunehmen. Die Gruppe war länger als ein Jahrzehnt aktiv und schaffte ein Netzwerk, das sich über ganz Europa und bis nach Afrika, Asien und Nordamerika erstreckte. Einer dieser Verbindungen kann zum *Salon Oriental* nachgespürt werden, einem türkisch-deutschen aktivistischen und Performance-Kollektiv, das durch seine radikalen Drag-Shows ein ›Queeren‹ von Ethnisierung, Geschlecht, Sexualität und Nation betrieb. Wie der Aktivismus von *Strange Fruit* forderte *Salon Oriental* die Tendenz in weißen lesbischen, schwulen, bisexuellen und transgeschlechtlichen (LSBT) Organisationen zu einer homonormativen Assimilation in einen neoliberalen Mainstream heraus, der Queers of Color auf verschiedenen Ebenen marginalisiert. Inmitten von Berlins großteils von rassifizierten Bevölkerungen bewohntem Stadtteil Kreuzberg verortet, war die Gruppe – ebenso wie die mit ihr arbeitenden

Hip-Hop-Künstler_innen – direkt von der Umstrukturierung deindustrialisierter städtischer Gegenden betroffen. Diese wurde durch Diskurse der »kreativen Stadt« gerechtfertigt, die die Marginalisierung und Verobjektivierung von Communities of Color als Zeichen der Integration feierten. Die Verwendung kultureller Formen des Widerstands, wie jenen von *Salon Oriental*, die in radikalen marxistischen Kritiken postindustrieller urbaner Räume ignoriert wurden, wurde durch *Kanak Attak* Teil eines nationalen Diskurses. *Kanak Attak* war eine explizit antiessenzialistische, translokal strukturierte migrationsaktivistische Gruppe, die zum größten Teil aus Mitgliedern der migrantisierten zweiten Generation bestand. Seit der Gründung infolge des Urban Skillz Hip-Hop-Festivals 1997 streute *Kanak Attak* seine Botschaft vom »Ende der Dialogkultur« und bezog sich auf so vielfältige Quellen wie die Black Panther Party, Operaismus, Giorgio Agamben, Hip-Hop und queere Theorie.

Des Weiteren befasst sich Kapitel 4 mit der Bedeutung von Visualität im ›Queeren von Ethnizität‹ und besonders in der Schaffung alternativer öffentlicher Archive. Ich nutze den Aktivismus von *Kanak Attak*, wie er sich in Performances und Videoarbeiten ausdrückt, um die Motivstränge aus den vorherigen Kapiteln zu verbinden: lokale und translokale öffentliche Räume, Migration und Erinnerung, Performance und Körperpolitiken waren alle zentral für den Angriff der Gruppe auf dominante Wahrnehmungen von der zweiten Generation und von deren Platz in der europäischen Gesellschaft. Die antiessenzialistische Strategie von *Kanak Attak* stieß schließlich an ihre Grenzen, da sie den Spannungen nicht Rechnung trug, die aus den unterschiedlichen Positionalitäten von Migrantisierten und Migrant_innen hervorgingen und aus denen die Gruppe ursprünglich entstanden war. Dennoch war diese Strategie nützlich bzw. tatsächlich notwendig, um eine minoritäre Stimme zu schaffen, die die ethnischen, kulturellen und religiösen Markierungen des liberalen Multikulturalismus ebenso durchkreuzte [*queer*] wie eine Identitätspolitik, die solche Quer-Identifikationen verhindert. *Kanak Attak* kann als erste Gruppe betrachtet werden, die ihren Aktivismus ausdrücklich um jenes Etikett des »Unauthentischen« herum bildete, mit dem Europäer_innen of Color in kontinentaleuropäischen Identitätsdiskursen beständig konfrontiert sind. Das heißt, die Aktivist_innen beanspruchten auf aggressive Weise einen Platz in öffentlichen Diskursen, zielten dabei aber nicht auf die Schaffung einer legitimen Positionalität, von der aus sie mitsprechen konnten, sondern attackierten und unterminierten kontinuierlich das Konzept authentischer Zugehörigkeit selbst.

Die drei Abschnitte im Schlusskapitel spiegeln die drei Analyseebenen, die sich durch das Buch ziehen und die vorangegangenen Kapitel rahmen. Die dominanten Vorstellungen von europäischer Identität bauen auf einem internalistischen, ausschließenden Konzept von Europäischsein auf, das wiederum auf der Ideologie der ›Rassenlosigkeit‹ bzw. der Externalisierung von Rassifizierung basiert (wie hier nun noch das Beispiel des EU-finanzierten Museum Europas in Brüssel deutlich zeigt). Diesen Vorstellungen stelle ich jene »unauthentische«, inklusive Identität gegenüber, die durch das ›Queeren von Ethnizität‹ geschaffen wird. So versuche ich abschließend eine vorläufige Theoretisierung europäischer migrantisierter Identität aus einer Queer-of-Color-Perspektive.

»Fremd im eigenen Land«
Europäische Identitäten, Migration und diasporische Klanglandschaften

»Jedenfalls ist die Zivilisation, die man als die ›europäische‹, die ›westliche‹ bezeichnet, so wie zwei Jahrhunderte bürgerlicher Herrschaft sie geprägt haben, unfähig, die beiden größten, durch ihre Existenz entstandenen Probleme zu lösen: das Problem des Proletariats und das koloniale Problem; [...]«
Aimé Césaire, Über den Kolonialismus, 1968 [Discours sur le colonialisme, 1955]

»Die harte Wirklichkeit ist genau das Gegenteil der Rhetorik. Und sie ist zäh. Tatsache ist, dass das heutige Leben in unseren Nachbarschaften die Wahrscheinlichkeit erhöht, mit ökonomischer Mittellosigkeit, psychologischer Instabilität, Diskriminierung auf dem Arbeitsmarkt, prekären Wohnsituationen, regelmäßiger Demütigung durch die Polizei, verpfuschter Bildung, Erfahrungen der Inhaftierung, Mangel an Perspektiven und individuellen Möglichkeiten, Versuchungen des Gesetzesbruchs zu leben... Es bedeutet, sich ein wenig schneller als die anderen aufs Gefängnis oder den Tod hinzubewegen...«
MC Hamé, Insécurité sous la plume d'un barbare, 2002

Rassismus, Religion und die Konstruktion einer kollektiven kontinentaleuropäischen Vergangenheit

Nach dem Kalten Krieg und nach dem 11. September scheint Europa sowohl hinsichtlich seines internen Wiederaufbaus als auch hinsichtlich seiner Rolle in der aktuellen Weltpolitik eine einzigartige Position einzunehmen. Nach seiner scheinbaren Überwindung des Nachkriegskrisenzustands, den Césaire in seinem *Discours sur le Colonialisme* analysierte, und zu einer Zeit, in der »postnational« und »das Ende des Nationalstaats« beliebte Schlagwörter in akademischen und außer-akademischen Diskursen geworden sind, scheint Europa – und nur Europa – eine materielle Manifestation dieser neuen Weltordnung geschaffen zu haben: Die Europäische Union tritt als erstes supranationales System auf, das dem 21. Jahrhundert gewachsen ist – aufbauend auf den Stärken der Nationalstaaten, die es ausmachen, aber deren Schwächen überwindend. Mit der zunehmenden Besorgnis über die unilateralen Politiken der einen verbleibenden Supermacht, über die Ineffizienz der Vereinten Nationen und über die scheinbare Zunahme antidemokratischer Bewegungen und Regimes weltweit, gewinnt die Wahrnehmung der Europäischen Union als Avantgarde-Form von (Post)Staatlichkeit an Boden (Beck/Giddens 2005; Judt 2005). Dies rückt Europa oft in die gewohnte Rolle als Trägerin globalen Fortschritts und Bewahrerin humanitärer Werte. Jeremy Rifkin bringt dies enthusiastisch zum Ausdruck: »Der europäische Traum ist ein Funke des Lichts in einer Welt voller Schwierigkeiten. Er führt uns zu einer neuen Ära der Inklusivität, der Diversität, der Lebensqualität, des Existenziellen, der Nachhaltigkeit, der universellen Menschenrechte, der Rechte der Natur und des Friedens auf Erden« (Rifkin 2004, 385). Dieses Modell der »europäischen Vorreiterrolle« hat sowohl zeitliche als auch räumliche Dimensionen, die die Position des Kontinents geografisch sowie bezüglich seiner eigenen Geschichte bestimmen. Debatten über den Zustand Europas betonen, dass für den Erfolg der kontinentalen Vereinigung, über die ökonomische und bürokratische Zentralisierung hinaus, ein Gefühl der transnationalen europäischen Identität wesentlich ist. Diese Identität soll auf gemeinsamen Werten basieren, in einer gemeinsamen Geschichte wurzeln, Europa vom Rest der Welt unterscheiden und Nationen mit sehr unterschiedlichen Kulturen miteinander verbinden.[46]

Derzeit braucht der Versuch, diese europäische Identität mit Bedeutung zu füllen und interne Verbindungen zu stärken, die Trope des Anderen, des Nicht-Europäischen. Doch diese Fortführung eines europaweiten kulturalistischen Diskurses der Exklusion wäre vermeidbar gewesen. Wenn die diskursive Homogenisierung des modernen Europa hauptsächlich mittels Nationalstaatlichkeit verwaltet wurde, d.h. wenn rassifizierte Minderheiten darin als Nicht-Bürger_innen statt als Zweite-Klasse-Bürger_innen gerahmt wurden, dann hätte die europäische Vereinigung auch einen Wendepunkt dieses Motivs eines konstitutiven Außen im Innern darstellen können. Der sich einende Kontinent wird weithin als wegweisend für einen postnationalen Gesellschaftstypus wahrgenommen und die Verschiebung von einer nationalen zu einer europäischen politischen Ordnung und Identität bietet potenziell eine einzigartige Gelegenheit: nicht nur, um die Position migrantischer und minorisierter Bevölkerungsgruppen in der hervortretenden europäischen Gemeinschaft neu zu betrachten, sondern

46 Siehe beispielhaft »Constitution ›key for EU success‹«, BBC News, 17.1.2007 [http://news.bbc.co.uk/2/hi/europe/6269349.stm] letzter Zugriff: 13.10.2014.

auch deren Beiträge zu den nationalen Geschichten, die das europäische Narrativ zugleich aufnehmen und überwinden soll. Beispielsweise hätten die trans-europäischen Gemeinschaftsstrukturen der Rrom_nja-Bevölkerungen potenziell zu ihrem Vorteil wirken können, da sie im europäischen Kontext ein Modell der »Postnationalität« darstellen. Wie die jüngsten Ereignisse zeigen, ist dies definitiv nicht geschehen.[47] In der Tat produziert der Blick auf die postnationale Wende des Kontinents aus minorisierter Perspektive eine eher pessimistische Interpretation. Anstatt einer Neukonzeptualisierung Europas, in der rassifizierte Minderheiten eingeschlossen werden, scheint der Vereinigungsprozess ein Narrativ zu schaffen, das deren Ausschluss nicht nur fortsetzt, sondern sie stattdessen zusätzlich als Essenz des Nicht-Europäischseins definiert. Dies geschieht durch Konzepte und Begriffe, die Migration mit vermeintlich unüberwindbaren Differenzen der Rassifizierung, Kultur und Religion verknüpfen.

Während Änderungen nationaler Gesetze und die Einführung der europäischen Währung relativ reibungslos über die Bühne gingen, führte die Ablehnung der europäischen Verfassung in einer Reihe von nationalen Volksentscheiden zu neuerlichen Debatten über das Wesen des Kontinents, zu einer verstärkten Suche nach der Existenz eines »europäischen Geistes«, der die rund 500 Millionen EU-Bürger_innen miteinander verbindet (Judt 2005; Anderson 2007). Allzu oft gehen diese Debatten jedoch in eine Festschreibung dessen über, was – oder vielmehr wer – *nicht* europäisch ist. Migration erhält hier eine zentrale Position, indem sie zugleich als Bedrohung fungiert, die die belagerten europäischen Nationen eint, wie auch als Motiv, das den Blick von der ungelösten Identitätskrise des Kontinents ablenkt. Gegenwärtige Debatten deuten an, dass die Trennung zwischen Dazugehörigen und Ausgeschlossenen, die auf dem Nationalstaatsmodell basiert, mit der europäischen Vereinigung nicht unbedingt vermindert wird. Stattdessen scheint sie sich oft nur zu verschieben: Migration wird wieder als Problem konfiguriert, das nun europäische sowie nationale Identitäten bedroht.[48] Statt Neuland zu beschreiten, wird durch Diskussionen

47 Siehe die pessimistische Bewertung des ersten »Europäischen Roma Gipfel« am 16. September 2008 in Brüssel. Der vom EU-Kommissar für Soziales, Vladimír Špidla, organisierte Kongress scheiterte jedoch daran, irgendwelche konkreten Ergebnisse hervorzubringen [http://www.euractiv.com/en/socialeurope/eu-roma-summit-draws-crowds-controversy/article-175463] letzter Zugriff: 13.10.2014.

48 Es ist sicherlich kein Zufall, dass – Stand August 2008 – keine einzige europäische Nation die »Internationale Konvention zum Schutz der Rechte aller Wanderarbeit-

über die Europa-Tauglichkeit bestimmter rassifizierter Gruppen regelmäßig von den notwendigen Debatten um Identität und politische Rechte abgelenkt. Als ob Minorisierte an ihre Herkunftsorte zurückgeschickt werden könnten, wenn sie den Kompatibilitätstest nicht bestehen (was in dieser Diskursordnung unvermeidbar erscheint).

Weltweite Migrationsbewegungen sind bereits als eines der zentralen Themen des neuen Jahrtausend hervorgetreten. Neben der materiellen Realität schwindender Rohstoffe, ökonomischer Globalisierung und internationaler Finanzzusammenbrüche, hat Immigration Bedeutung erhalten als Symbol für verschiedene soziale, ökonomische und politische Ängste, die westliche Gesellschaften gegenwärtig plagen. Migration ist in ihrer materiellen ebenso wie in ihrer diskursiven Verkörperung [*incarnation*] von zusätzlicher Relevanz im europäischen Kontext, wo der Prozess der ökonomischen und politischen Vereinigung eine massive Neubestimmung und Rekonstruktion von Grenzen beinhaltet. Europa ist ein dicht besiedelter Kontinent mit angeblich klar getrennten nationalen und kulturellen – und oft impliziert: ethnischen – Räumen. Die Spannung zwischen jenen als rein imaginierten Sphären nationaler Identität und tatsächlichen kulturellen und ethnischen Vielheiten ist bei Weitem kein neues Phänomen und könnte stattdessen als ein Charakteristikum der modernen europäischen Geschichte betrachtet werden (Anderson 1983; Balibar/Wallerstein 1991; Brubaker 1992; Aly 2003). Diese Spannung wurde jedoch im Kontext jüngster Entwicklungen verstärkt, sowohl innerhalb der europäischen Grenzen als auch über sie hinaus, sodass die Bedeutung von »Europa« neu definiert werden muss.[49]

Rassifizierung und Religion fungieren in diesem Setup als zentrale aber unsichtbare Faktoren. Besonders auf Erstere wird in öffentlichen Debatten

---

nehmer und ihrer Familienangehörigen« unterzeichnet hat. [Die deutschsprachige Bezeichnung des Abkommens verschiebt den Inhalt bezüglich dessen, was migrantisch heißt und vergeschlechtlicht Migration reduzierend als männliches Phänomen. Hier der englischsprachige Name: *International Convention on the Protection of the Rights of All Migrant Workers and Members of Their Families*].

49 Eine zentrale Entwicklung unter ihnen war der Zusammenbruch des Sowjetischen Imperiums, der zur (Wieder-)Entstehung einer Reihe neuer Nationen in Europas Osten führte. Diese Staaten konstruieren nationale Erinnerung und Identität, wobei sie ihre kommunistische Vergangenheit dabei weitgehend externalisieren und stattdessen ihr »Europäischsein« betonen (zumindest teilweise; um ihre Inklusion in einer Europäischen Union zu ermöglichen, deren Identität noch immer vornehmlich von Westeuropa geprägt ist).

kaum ausdrücklich Bezug genommen, dennoch fehlt sie selten. Möglicherweise offenbart der aktuelle Exklusionsdiskurs in seiner Mobilisierung von Bildern, die für die Konstruktion europäischer Identität schon seit dem frühen Mittelalter zentral sind, in der Tat ein spezifisches europäisches Bewusstsein: Die ›rassische‹ Bedrohung durch Afrika und die religiöse und kulturelle Bedrohung durch den Islam kehren als Schlüsselmotive im zeitgenössischen Europa wieder und stellen eine Gemeinsamkeit dar, die tatsächlich alle nationalen Differenzen zu überwinden scheint (es ist wohl kein Zufall, dass verschärfte Einwanderungsgesetzgebungen zu den ersten Elementen des werdenden europäischen Rechtssystems gehörten, über die sich die Mitgliedsstaaten einig werden konnten).[50] Es gibt wenig bis gar keine öffentliche Anerkennung der tatsächlichen ethnischen und religiösen Diversität nicht nur des gegenwärtigen, sondern auch des historischen, Europas. Stattdessen dient die vermeintliche ethnische Homogenität des historischen Europas als Erklärung für die beharrliche Abwehr einer multiethnischen und multireligiösen Konzeptualisierung des heutigen Europas.[51] Das Begehren nach der Schaffung eindeutiger europäischer Räume – sowohl durch verstärkte äußere Grenzen als auch zunehmend durch interne Segregationen, die klar trennbare Zonen des Zugangs schaffen –, ist grundlegend mit einer Rekonstruktion nationaler Gedächtnisse innerhalb des aufkommenden europäischen Narrativs verknüpft.

---

50 Siehe den Schengen-Vertrag von 1985 und seine Implementierung als EU-Gesetz durch den Vertrag von Amsterdam von 1997 [http://old.eur-lex.europa.eu/LexUriServ/LexUriServ.do?uri=OJ:C:1997:340:SOM:EN:HTML] letzter Zugriff: 13.10.2014.

51 Die Annahme eines lange bestehenden, »natürlichen«, ethnischen Gleichgewichts in Europa, die nur durch die massive Ankunft von »Gastarbeitern« seit den 1950er Jahren durcheinandergebracht wurde, basiert auf einer überaus strapazierten Rekonstruktion europäischer Geschichte. Sie unterdrückt nicht nur Jahrhunderte des massiven muslimischen Einflusses und bagatellisiert die langfristigen Auswirkungen der beinahe vollständigen Vernichtung der jüdischen Bevölkerung des Kontinents sowie die fortwährende Marginalisierung der Rrom_nja. Sie ignoriert zudem die systematische »ethnische Säuberung«, die seit Ende des Ersten Weltkriegs in Europa stattfindet und zu der erzwungenen Migration von mehr als vierzig Millionen Europäer_innen führte (Aly 2003, 28-34). Dieser Versuch, Europa nach ethnischen Kriterien neu zu ordnen, erforderte die Anwendung eines essenzialistischen Konzeptes von Identität, mit dem heterogenen Bevölkerungen einzelne ethnisch-religiöse Zeichen [*signifiers*] zugewiesen wurden, um zum Beispiel nach dem Abkommen von Lausanne 1923 die »Rücksiedlung« von 50.000 muslimischen Griech_innen und Albaner_innen in die Türkei oder von 350.000 christlichen Türk_innen nach Griechenland zu ermöglichen (ebd.).

Nationale Identität basiert auf der Produktion und Institutionalisierung einer gemeinsamen Vergangenheit. Ob Minderheiten einen Platz in der größeren Gemeinschaft finden, hängt also auch von ihrer Beziehung zu deren Erzählung vom nationalen Ursprung ab.[52] In Europa wird Migrant_innen und ihren Nachfahren routinemäßig der Zugang zu dieser gemeinsamen Geschichte verwehrt.[53] Sie leben jedoch ebenso sehr mit der nationalen Vergangenheit wie die ›einheimische‹ Bevölkerung, fungieren aber regelmäßig gleichzeitig als deren Anderes. Diese komplexe Position wird durch den ausschließenden Ansatz nationaler Geschichtsschreibung getilgt, die – sowohl in populistischen wie anspruchsvollen Versionen – dazu neigt, rassifizierte Migrant_innen außerhalb von Europas Vergangenheit und Gegenwart zu platzieren. Geschichtsschreibung weist »den Migranten« (einschließlich nachfolgender Generationen bis zur n-ten Ebene) eine platte, eindimensionale Existenz zu, in der sie immer gerade erst angekommen sind und somit nur in der Gegenwart existieren; aber zugleich wie Zeitreisende einer Kultur entstammen, die Jahrhunderte (oder im Falle Afrikas Jahrtausende) zurück erscheint. So werden sie zu Vertreter_innen einer Vergangenheit gemacht, die ohne Verbindung mit und Einfluss auf die Gesellschaft, in der sie leben, bleibt (Fabian 1983; Crul 2003; Terkessidis 2004).

Das »europäische Gedächtnis«, das derzeit hergestellt und als Grundlage für eine transnationale kontinentale Identität debattiert wird, könnte eine perfekte Gelegenheit bieten, diesen Prozess und den strukturellen (Selbst-)Ausschluss von Migrant_innen und Minderheiten aus der Nation zu überwinden, der so oft in dominanten Diskursen beklagt wird. So könnte neu geschrieben werden, was »seit geraumer Zeit das dominante Narrativ der Moderne ist – eine ›internalistische‹ Geschichte, in der Kapitalismus aus dem Schoß des Feudalismus wächst und in der Europa die selbst-erzeugende Fähigkeit hat, wie eine Seidenraupe aus dem eigenen Körper heraus die Umstände der eigenen Entwicklung zu produzieren« (Hall 1991, 18). Trotz des erklärten Wunsches, unwillige und feindselige »Ausländer« zu

52 Dieses Narrativ hat auch in postnationalen Zeiten nichts von seiner Wichtigkeit verloren: Es taucht teilweise in Debatten um europäische Identität wieder auf. Balibar zufolge ist der Diskurs über das Ende des Nationalstaats in Wirklichkeit zuweilen einer über dessen Ursprünge (Balibar 2004, 14).

53 Zafer Şenoçak schreibt über die Situation türkischer Deutscher: »Du kannst in ein Land immigrieren, aber nicht in seine Vergangenheit. In Deutschland wird Geschichte als Tagebuch der ›Schicksalsgemeinschaft‹ verstanden, als persönliche Erfahrung der Nation, zu der Andere keinen Zugang haben« (Şenoçak 1995, 53).

integrieren, scheint der internalistische Blick der Nationalgeschichten in die postnationalen Diskurse des einundzwanzigsten Jahrhunderts wieder eingeschrieben zu werden. So bleiben die unzähligen Beteiligungen Minorisierter und Immigrierter an dieser Geschichte unbeleuchtet. Die Französische Revolution, der Zweite Weltkrieg, die totalitären Systeme des Faschismus und Stalinismus, mit ihren Implikationen, die offensichtlich über den Nationalstaat hinausgehen, werden als Grundlagen eine kontinentalen europäischen Identität gesehen, die nationale Erfahrungen sowohl einbindet als auch überwindet. Deren postnationale Europäisierung kann jedoch auch als Fortführung von Ausschlüssen gelesen werden, die schon in der Ära des Nationalstaates »Weltgeschichte« prägen. Auf Grundlage der vom haitianischen Anthropologen Michel-Rolph Trouillot so benannten »Archivmacht« – d.h. der »Macht, zu definieren, was ein seriöses Forschungsobjekt und somit erwähnenswert ist und was nicht« (Trouillot 1995, 99) – wird die Involviertheit in und die Auswirkungen der zwei Weltkriege auf nicht-westliche und nicht-weiße Bevölkerungen als irrelevant erachtet. Ereignisse von globaler Wichtigkeit werden so dargestellt, als fänden sie im Westen allein statt, und westliche Ignoranz gegenüber dem Rest der Welt wird permanent entschuldigt. Folglich produziert dieses Modell die Behauptung, dass migrantische Kulturen und europäische Kulturen sich bis zur Nachkriegszeit nicht begegnet seien und somit keine gemeinsame und verflochtene Geschichte teilten.

Während eine gründliche Auseinandersetzung mit dem oben skizzierten Prozess den Umfang dieser Studie überschreiten würde, bietet die Trope einer aufkommenden »europäischen Identität« in ihrer Beziehung zum Nationalen sowie zum Globalen einen günstigen Brennpunkt für eine Analyse, die jene Aspekte in den Vordergrund rückt, die hier besonders relevant sind. Die Notwendigkeit, jahrhundertealte nationale Rivalitäten zu überwinden und die westeuropäischen Bürger_innen von den Vorteilen eines ökonomischen und sozialen Systems zu überzeugen, dessen Einführung mit dem rapiden Abbau des Wohlfahrtsstaates der Nachkriegszeit zusammenfällt, schafft beträchtlichen Druck auf das kontinentale politische System. Dies ist erst Recht der Fall, da die Notwendigkeit hinzukommt, regionale Rivalitäten und nationale Mythen herunterzuspielen, die zur Schaffung verschiedenartiger Völker konstruiert worden sind, und diese mit einer europäischen Identität zu kombinieren – oder sie durch diese zu ersetzen –, der noch nicht die gleiche ideologische und emotionale Macht innewohnt.

In den folgenden Abschnitten folge ich der Spur einiger der komplizierten Wechselwirkungen, die aus der gleichzeitigen Herstellung eines normativen europäischen historischen Gedächtnisses sowie eines europäischen Raums – sowohl materiell als auch diskursiv – in der gegenwärtigen globalen Landschaft resultieren. Mein Ausgangspunkt sind zwei Begebenheiten dessen, was als Aufkommen eines transnationalen europäischen öffentlichen Raums benannt werden könnte. Beide Ereignisse hängen direkt damit zusammen, wie der Zweite Weltkrieg und Kolonialismus in diesem Prozess (nicht) explizit verhandelt werden: die europaweiten Antikriegsdemonstrationen im Frühjahr 2003 und die Aufstände in den französischen *Banlieues* im Winter 2005. Zumal diese Ereignisse die europäische Öffentlichkeit innerhalb des diskursiven Raumes zweier dominanter Erzählstränge gegenwärtiger globaler Politik mit tiefen historischen Wurzeln platzieren: dem ›Krieg gegen den Terror‹ und dem ›Kampf der Kulturen‹. Ich werde mich den beiden Ereignissen teilweise durch deren Beurteilung durch zwei der führenden öffentlichen Intellektuellen Europas nähern, Jürgen Habermas und Jean Baudrillard. Habermas' Überlegungen zur Bedeutung des westeuropäischen Widerstands gegen den Irakkrieg und Baudrillards Sicht auf die Aufstände an den Rändern der französischen Gesellschaft können als emblematisch für zwei Versionen des Nachkriegseuropa gesehen werden. In der einen steht die Europäische Union für den erfolgreichen Aufbau einer Zivilgesellschaft aus den Ruinen des Zweiten Weltkriegs, die andere dokumentiert das Scheitern dieses Versuchs. Ich argumentiere, dass schlussendlich aber beide Interpretationen unzureichend sind, da sie beide in einer eurozentrischen Perspektive gefangen bleiben, der es nicht gelingt, Europas Nach- und Vorkriegsgeschichte in einen wahrhaft transnationalen globalen Kontext zu stellen.

In Texten wie dem von Habermas – die die Aufklärung und die Französische Revolution zentrieren, aber bis zu den antiken griechischen und römischen Imperien zurückgreifen, um dann vorzuspulen, um auch die weniger feierlichen Realitäten des Zweiten Weltkriegs, des Faschismus und des Stalinismus mit einzuschließen – wird ein lineares Narrativ konstruiert und als Grundlage einer europäischen Identität verwendet, die nationale Abweichungen überwindet und doch fest in internen Grenzen verbleibt. Dies wird am offensichtlichsten im Ausschluss von Kolonialismus aus der Geschichte Europas. »Rasse« steht somit im Zentrum der europäischen Nachkriegsidentität und wird zugleich doppelt unsichtbar gemacht: Einerseits wird das Konzept ausschließlich mit Europas Außen und nicht-weißen Bevölkerungen in Verbindung gebracht. In der Folge wird Rassismus, und damit auch die Geschichte des Kolonialismus, externalisiert und als randständig für europäische Identität erachtet. Andererseits sind der Holocaust und die mit ihm zusammenhängenden Politiken der »ethnischen Säuberungen«, die während des Zweiten Weltkriegs auf diverse europäische Bevölkerungen angewandt wurden, zentral für die Selbstdefinition des Kontinents, jedoch völlig »entrassifiziert [*deracialized*]« – und schließlich ebenso vom Nachkriegseuropa losgelöst wie der Kolonialismus. So produziert die Vorstellung von ›Rassenlosigkeit‹ bzw. Rassismuslosigkeit eine Heimsuchung: Diese Ideologie stellt einen aktiven, nie vollends erfolgreichen Versuch dar, »Rasse« zu verdrängen – sie spiegelt nicht deren Abwesenheit wider. Diese Verdrängung basiert unausweichlich auf Gewalt.

Nichts hat diesen Prozess und seine Gefahren sichtbarer gemacht als die französischen Aufstände von 2005. Die Auswirkung des Kolonialismus auf kontinentaleuropäische Gesellschaften bleibt sowohl in der Migrationsforschung als auch in Postkolonialer Forschung untertheoretisiert. So auch die teilweise Prägung der Beziehungen zwischen verschiedenen Gemeinschaften of Color in Kontinentaleuropa durch die gemeinsame Erfahrung der Kolonisierung. Als Folge erkunden Politik, öffentlicher Diskurs und regelmäßig auch die Wissenschaft die »Differenz« von minorisierten Bevölkerungen, anstelle des Prozesses, durch den sie wieder und wieder als Andere hergestellt werden. Die Erfahrung jener, die das Bild europäischer ethnischer Homogenität verletzen, hat weder einen Platz in den verschiedenen nationalen Narrativen noch in dem europäischen, das diese langsam ersetzt. Dies ermöglicht nicht nur den Erhalt illusorischer Vorstellungen von eindeutigen, reinen und unveränderlichen nationalen Identitäten, sondern verhindert auch ein konstruktives Herangehen an die irreversible multiethnische Wirklichkeit im zeitgenössischen Europa. Dies ist besonders problematisch, da das vereinte Europa eine Position der moralischen Autorität einnimmt, die auf vermeintlich aus den Fehlern der Vergangenheit gelernten Lehren basieren.

Die Schaffung eines internationalen Menschenrechtsregimes als Konsequenz aus den Schrecken des Zweiten Weltkriegs und Europas Schlüsselrolle in diesem Prozess ist zentral für kritische Theoretiker_innen wie Habermas oder Seyla Benhabib. Mein Verständnis von Translokalität arbeitet mit deren Konzepten von Kosmopolitismus (aber auch gegen sie). In den kommenden Abschnitten des Kapitels setze ich Diskurse zu Universalismus mit den Stimmen jener in Beziehung, die durch sie und in ihnen unhörbar gemacht werden, und zwar marginalisierte urbane Jugendliche of Color, die in dominanten Debatten prominent als Europas interne Andere figurieren. Ich erkunde, wie diese marginalisierten Jugendlichen ein Queeren von Ethnizität praktizieren, indem sie sich einen Raum innerhalb der europäischen Landschaft schaffen. Dabei richte ich besondere Aufmerksamkeit darauf, wie dominante Konzepte nicht-weißer Männlichkeit nicht nur die Wahrnehmung der französischen Aufstände prägten, sondern auch, wie sie genereller den Rahmen bieten, durch den junge Männer of Color kategorisch als abweichend und bedrohlich bestimmt werden. Mein Begriff von *queer* in Kapitel 1 ist somit einer, der sich auf Positionalitäten bezieht, die im Gegensatz zu heteronormativen Modellen weißer europäischer Männlichkeit platziert werden und die sich ihnen widersetzen.

Ich untersuche die ökonomischen Wurzeln des zunehmenden Ausschlusses migrantisierter Jugendlicher aus der Nation, während neoliberale Ideologien sich im vereinenden Europa etablieren. Außerdem analysiere ich, wie das Lokale, die Stadt oder die Nachbarschaft, ein alternativer öffentlicher Raum wird, der teilweise nationale Verbundenheiten ersetzt und stattdessen grenzüberschreitende translokale Netzwerke schafft. Eines der interessantesten Beispiele hierfür ist die europäische Hip-Hop-Gemeinschaft, die ich als zentrale Quelle einer postethnischen Identität von Europäer_innen of Color sehe. Sie wurde von urbanen Jugendlichen der zweiten und dritten Generation genutzt, um eine gemeinsame Sprache zu schaffen, die es ihnen ermöglichte, ihre strukturelle Unsichtbarmachung in Mainstream-Debatten anzufechten. Die Kreolisierung einer Kultur, die aus den multiethnischen Nachbarschaften in den postindustriellen USA stammt, generierte Austausch zwischen minorisierten Gemeinschaften in ganz Europa. Die so gebildeten translokalen Verbindungen boten ein alternatives Verständnis von Zugehörigkeit, indem sie eine flexible Gruppenidentität aufbauten. Diese basiert auf gemeinsamen Interessen und Erfahrungen statt einer geteilten ethnischen oder nationalen Herkunft. So entstand erstmalig eine gemeinsame europäische Minderheitenidentität.

Wie ich in den abschließenden Abschnitten zeigen werde, bot Hip-Hop nicht nur einen Raum für minoritäre Stimmen. Er war auch ein Mittel, mit dem die gebrochenen Teile europäischer Nachkriegsidentität verbunden werden konnten, die Heimsuchungen, »wenn das, was mit Schlussstrich abgeschlossen erscheint, lebendig wird, wenn ins Sichtfeld rückt, was ausgeblendet war« (Gordon 1997, xvi). Ich verwende als Beispiel Hamé, ein Mitglied der unterschiedlich rassifizierten französischen Hip-Hop-Crew *La Rumeur*, der die von jungen Menschen in den Pariser Banlieues erfahrene Polizeigewalt, 2001 mit dem Pariser Massaker von 1961 in Verbindung brachte, in dem die französische Polizei mehrere Hundert unbewaffnete Algerier_innen umbrachte. So machte Hamé die Verbindung zwischen der europäischen Geschichte von Rassismus, Kolonialismus, Arbeitsmigration und den zeitgenössischen Ausschlüssen deutlich. Diese Verbindung wird routinemäßig durch die Ideologie der Rassenlosigkeit sowie durch die Reaktion des Staates verleugnet. Diese Reaktion verkörperte in diesem Fall der damalige Innenminister Nicolas Sarkozy, sie resultierte in einem jahrelangen Rechtsstreit. Dies macht die kontinuierliche disziplinarische Gewalt offenbar, die notwendig ist, um Momente der Heimsuchung, die nicht dauerhaft verdrängt werden können, unhörbar zu machen.

Nachkriegsvereinigung, Humanismus und das koloniale Erbe

Diskurse über europäische Migration werden üblicherweise in den chronologischen Kontext Europas nach 1945 gesetzt, wobei der Zweite Weltkrieg als Bruch dient, der homogene Vorkriegs- und multikulturelle Nachkriegsgesellschaften voneinander trennt. Diese Unterscheidung ist auf mehreren Ebenen offensichtlich problematisch, nicht zuletzt in ihrer grundlegend falschen Darstellung des Europas des frühen bis mittleren zwanzigsten Jahrhunderts. Was sie jedoch akkurat darstellt, ist die noch immer zentrale Rolle des Zweiten Weltkriegs in der Wahrnehmung des gegenwärtigen Europas. Nach dem Zusammenbruch der Sowjetunion und dem Verschwinden des kommunistischen Anderen innerhalb der Grenzen Europas wird zunehmend offenbar, wie sehr die ideologischen Debatten des Kalten Krieges in Wirklichkeit eine Aufarbeitung der Erfahrung des Zweiten Weltkriegs waren (Evans 2006; Judt 2005). Unterstützung für den europäischen Vereinigungsprozess wird häufig innerhalb eines älteren Modells eines Nachkriegswesteuropas formuliert, das den Zweiten Weltkrieg im Allgemeinen und den Holocaust im Besonderen als das »Ende der Unschuld« der Moderne sieht, als den (vorübergehenden) Zusammenbruch der Westlichen Zivilisation.[54] Der Nachkriegs-Westen war also mit der Herausforderung und moralischen Verpflichtung konfrontiert, das Projekt der Aufklärung auf eine Weise wiederzuerwecken, die es als Grundlage eines internationalen Regimes universeller Menschenrechte re-etablieren würde.

Innerhalb dieser Sichtweise erscheint Europa als treibende Kraft hinter der Schaffung eines Netzwerks internationaler Beziehungen und Verträge, die eine Rückkehr zu jenem Zustand des »absoluten Krieges« verhinderten, der die Geburt des (post)modernen Europa kennzeichnete. Es ist diese, paradigmatische, spezifisch europäische Erfahrung, die in vieler Augen die Europäische Union für eine globale Schlüsselrolle vorbestimmt (Žižek 2001; Judt 2005; Anderson 2007). Dieses Argument zielt darauf ab, eine führende Rolle des vereinten Europas in der Weltpolitik des einundzwanzigsten Jahrhunderts zu begründen. Gleichzeitig reagiert es auf Einschätzungen des zeitgenössischen europäischen Humanismus und seiner Kritik am US-amerikanischen Unilateralismus nicht als überlegene ethische Position, sondern als Ergebnis eines Verlusts politischen Einflusses, der es den USA überlassen habe, die globale Implementierung dieser humanistischen Werte sicherzustellen (Kagan 2002). Stattdessen beansprucht das Argument den Zweiten Weltkrieg als Quelle der europäischen Besonderheit und schließlich Überlegenheit: Es war letztendlich genau der Abstieg in (anti-aufklärerischen und somit uneuropäischen) Barbarismus, der die einzigartige Erfolgsgeschichte der Europäischen Union motivierte; während der zweiten Hälfte des zwanzigsten Jahrhunderts hat Europa dann Buße geleistet und bewiesen, dass es aus seinen Fehlern gelernt hat; jetzt tritt es außerordentlich qualifiziert für erneute Weltführung wieder hervor.

Während diese Position zunehmend geläufig wird, kommt sie womöglich am stärksten in einem Beitrag von Jürgen Habermas und Jacques

54 Dieses Verständnis von Modernität wird schon lange in der Diaspora-Forschung kritisiert. Siehe z.B. Paul Gilroy: »Das Konzept der Postmoderne wird oft benutzt, um die radikale oder sogar katastrophale Beschaffenheit des Bruchs zwischen heutigen Bedingungen und der Epoche der Moderne zu betonen. Somit kommt der Möglichkeit wenig Aufmerksamkeit zu, dass vieles von dem, was als postmodern bezeichnet wird, in den Charakterzügen der Moderne selbst seinen Schatten vorauswarf oder sich ankündigte. Verteidiger_innen und Kritiker_innen der Moderne scheinen der Tatsache gleichermaßen unbedacht, dass die Geschichte und Kultur der afrikanischen Diaspora, die Praxis der rassistischen Versklavung oder die Narrative der europäischen imperialen Eroberung und Unterwerfung es nötig machen, alle einfachen Periodisierungen von Moderne und Postmoderne drastisch zu überdenken« (Gilroy 1993, 420).

Derrida aus dem Jahr 2003 zum Ausdruck, der Teil einer konzertierten Reaktion europäischer Intellektueller auf den Irakkrieg und die breite westeuropäische Opposition dazu war.[55] Die beiden Philosophen formulieren diese Opposition als Wendepunkt, der gute und schlechte Europäer_innen voneinander trennt und zweifelsfrei beweist, dass (das gute) Europa seine Lektion aus dem Zweiten Weltkrieg gelernt hat. Dieser Moment markiert somit die finale Abzahlung der moralischen Kriegsschuld durch die Völker Europas, was ihnen einen Neuanfang und einen neuen Versuch der Weltführung ermöglicht:

> »Zwei Daten sollten wir nicht vergessen: nicht den Tag, an dem die Zeitungen ihren verblüfften Lesern von jener Loyalitätsbekundung gegenüber Bush Mitteilung machten, zu der der spanische Ministerpräsident die kriegswilligen europäischen Regierungen hinter dem Rücken der anderen EU-Kollegen eingeladen hatte; aber ebenso wenig den 15. Februar 2003, als die demonstrierenden Massen in London und Rom, Madrid und Barcelona, Berlin und Paris auf diesen Handstreich reagierten. Die Gleichzeitigkeit dieser überwältigenden Demonstrationen – de[n] größten seit dem Ende des Zweiten Weltkrieges – könnte rückblickend als Signal für die Geburt einer europäischen Öffentlichkeit in die Geschichtsbücher eingehen.« (Habermas/Derrida 2003, 33)

Die in den Antikriegsdemonstrationen hergestellte europäische Öffentlichkeit war eine, die sich in ihrer Rhetorik explizit auf den Zweiten Weltkrieg (nicht auf Vietnam) bezog und hierin eine Stimme der Autorität für sich beanspruchte, die auf der Erfahrung mit »totalem Krieg« basiert, die Europäer_innen (aber nicht US-Amerikaner_innen) miteinander teilen. Diese Position impliziert eine überlegene moralische Autorität, die in dem Text von Habermas und Derrida tatsächlich ziemlich ausdrücklich wird. Das Argument für eine europäische (intellektuelle) Intervention gewann sicherlich an Gewicht, nachdem sie von zwei der einflussreichsten europäischen Philosophen geäußert wurde, die unterschiedliche Denkschulen vertreten und dafür bekannt sind, über quasi jede philosophische Frage uneins zu sein, doch nun durch die Dringlichkeit der Sache vereint sind: Europa muss die Welt retten. Wieder mal. Derrida charakterisiert den

55 Jürgen Habermas und Jacques Derrida: »Unsere Erneuerung. Nach dem Krieg. Europas Wiedergeburt«, *Frankfurter Allgemeine Zeitung*, 31.5.2003. Zeitgleich erschienen Artikel von Umberto Eco in *La Repubblica*, Adolf Muschg in *Neue Zürcher Zeitung*, Fernando Savater in *El País*, Gianni Vattimo in *La Stampa* und Richard Rorty in *Süddeutsche Zeitung*.

Essay, den er mitveröffentlichte, der aber von Habermas geschrieben war, als »Bestimmung von neuen europäischen politischen Verantwortungen jenseits jeden Eurozentrismus, den Aufruf zu einer abermaligen Bestätigung und effektiven Veränderung des internationalen Rechts und seiner Institutionen, insbesondere der Vereinten Nationen, eine neue Konzeption und eine neue Praxis der Verteilung der Staatsgewalten et cetera in einem Geist, wenn nicht gar in einem Sinn, die auf die kantische Tradition verweisen« (Derrida einleitend in: Habermas/Derrida 2003, 33).

Zusätzlich zu einer solchen Zuschreibung der zentralen Rolle Europas in neuerdings populären kosmopolitischen Diskursen berührt der Text viele der Schlüsselargumente, die für die Europäische Union als Modell einer zukünftigen Weltordnung angeführt werden. In einer scheinbar großzügigen Geste werden Europas Errungenschaften mit der Welt geteilt, die hiermit effektiv entlang der gewohnten Grenzziehungen aufgeteilt wird – schwerlich eine Abkehr von Eurozentrismus:

> »Weil sich Christentum und Kapitalismus, Naturwissenschaft und Technik, römisches Recht und Code Napoléon, die bürgerlich-urbane Lebensform, Demokratie und Menschenrechte, die Säkularisierung von Staat und Gesellschaft über andere Kontinente ausgebreitet haben, bilden diese Errungenschaften kein proprium mehr. Die westliche, in der jüdisch-christlichen Überlieferung wurzelnde Geistesart hat gewiß charakteristische Züge. Aber auch diesen geistigen Habitus, der sich durch Individualismus, Rationalismus und Aktivismus auszeichnet, teilen die europäischen Nationen mit denen der Vereinigten Staaten, Kanadas und Australiens.« (Habermas/Derrida 2003, 33)

Neben der denkwürdigen Verknüpfung der »westlichen Geistesart« mit europäischer Abstammung, wiederholt diese Charakterisierung Europas als immer kreierend und niemals empfangend, eine beliebte Trope des Eurozentrismus: jene des Kontinents, der sich kontinuierlich selbst neu erschafft, andere Kulturen prägt, doch niemals durch sie grundlegend berührt wird; eine Trope, die alle universellen Konzepte an den Westen bindet, Konzepte »anderer« Modernen ablehnt, den Einfluss des Islam auf die europäische Renaissance herunterspielt, kurz, die jegliche Spur einer Welt tilgt, in der nicht Europa das Zentrum allen Fortschritts war. Habermas' Charakterisierung der europäischen Mentalität kann als beispielhaft für dieses Narrativ betrachtet werden, das implizit die Europäer_innen als normativen Typ des Menschlichen setzt:

»Hier betrachten die Bürger Grenzüberschreitungen zwischen Politik und Religion eher mit Argwohn. Europäer haben ein relativ großes Vertrauen in die Organisationsleistungen und Steuerungskapazitäten des Staates, während sie gegenüber der Leistungsfähigkeit des Marktes skeptisch sind. Sie besitzen einen ausgeprägten Sinn für die ›Dialektik der Aufklärung‹, hegen gegenüber technischen Fortschritten keine ungebrochen optimistischen Erwartungen. Sie haben Präferenzen für die Sicherheitsgarantien des Wohlfahrtsstaates und für solidarische Regelungen. Die Schwelle der Toleranz gegenüber der Ausübung von Gewalt gegen Personen liegt vergleichsweise niedrig. Der Wunsch nach einer multilateralen und rechtlich geregelten internationalen Ordnung verbindet sich mit der Hoffnung auf eine effektive Weltinnenpolitik im Rahmen reformierter Vereinter Nationen.« (Habermas/Derrida 2003, 33)

Diese eher idealisierte Darstellung des europäischen öffentlichen Bewusstseins wird direkt auf die Französische Revolution zurückgeführt: »[D]ie ideelle Ausstrahlung der Französischen Revolution über ganz Europa erklärt unter anderem, warum hier die Politik in beiderlei Gestalt – sowohl als Medium der Freiheitssicherung wie als Organisationsmacht – positiv besetzt ist.« (ebd. 34). Die Französische Revolution fungiert also als Quelle des modernen europäischen Exzeptionalismus wie des eurozentrischen Universalismus.

Dieses Narrativ ist aus einer Reihe von Blickwinkeln kritisierbar und kritisiert worden. Ein Argument könnte sein, dass die Versprechen der Französischen Revolution nirgendwo radikaler in die Praxis umgesetzt wurden als auf der französischen Sklaveninsel St. Domingue, die sich selbst in die unabhängige Schwarze Republik Haiti transformierte. Dies wurde gegen den gewaltsamen Widerstand der mächtigsten Nationen Europas und ohne jegliche Unterstützung von den französischen Revolutionären oder jenen Aufklärungsdenkern umgesetzt, deren leidenschaftliche Hingabe für das Menschenrecht auf Freiheit sowohl die Französische als auch die Amerikanische Revolution inspirierte, jedoch auf bizarre Weise gegenüber der zeitgenössischen rassistischen Versklavung leidenschaftslos war (Trouillot 1995; Buck-Morss 2000; Johnson 2009). Der offenbare Doppelstandard hinsichtlich der Schwarzen Befreiungskämpfe ließ Michel-Rolph Trouillot die vernichtende Schlussfolgerung formulieren, dass »die Haitianische Revolution die ultimative Erprobung der universalistischen Behauptungen sowohl der Französischen als auch der Amerikanischen Revolutionen war. Und beide versagten« (Trouillot 1995, 88).

Die unmittelbare Anwendung wie auch die Erweiterung der revolutionären Ideale durch die von Europa kolonisierten und versklavten Subjekte hätten als Zeichen dafür interpretiert werden können, dass die von Habermas referierte »westliche Geistesart« tatsächlich keine europäische Eigenart ist, sowie als Anzeichen der komplexen Verbundenheit von Weltkulturen lange vor der gegenwärtigen Globalisierung. Die zeitgenössischen Reaktionen auf den Aufstand machen andererseits auf die ernsthafte Begrenztheit der europäischen Konzeption universeller Rechte aufmerksam, was auch die Vorstellung in Zweifel zieht, Europa habe sich im zwanzigsten Jahrhundert abrupt von diesen Werten abgewendet. Trotz ihrer weitreichenden Konsequenzen ist die Haitianische Revolution jedoch auffällig abwesend in den Standardbeschreibungen des Zeitalters der Revolutionen, der Napoleonischen Kriege (übrigens erfuhr Napoleon in Haiti mehr als ein Jahrzehnt vor Waterloo eine vernichtende Niederlage, die ihn dazu brachte, alle kolonialen Ambitionen in den Amerikas aufzugeben), oder der westlichen Geschichte im Allgemeinen. Die Bemühung, Narrative unsichtbar zu halten, die grundlegende Glaubenssätze des Aufklärungsdiskurses anfechten, begrenzt weiterhin die Fähigkeit des Westens, sich einen nicht-eurozentrischen Humanismus vorzustellen. Während sie neue politische Formationen ohne Nationalismus vorschlagen wollen, verstärken solche Diskussionen über die Bedeutung von Europas Erbe, wie jene von Habermas, die darauf beharren, dass »Individualismus, Rationalismus und Aktivismus« weiße, westliche Eigenschaften sind, die bestehenden Diskurse mehr als sie sie infrage stellen.

Ebenso wie Haiti aus der Ära der Revolutionen ausgelassen wird – und aus der Liste universell bedeutender Ereignisse, die zufällig überwiegend im Westen stattzufinden scheinen (einem Westen, der sowohl rassifiziert als auch geographisch bestimmt wird) –, werden Menschen of Color aus anderen Marksteinen europäischen historischen Bewusstseins ausgeschlossen. Dies zeigt sich beispielsweise darin, wie die beiden Weltkriege eine komplett westliche Angelegenheit werden, indem die Verbindung zwischen Krieg und Kolonialismus verleugnet wird, obwohl die Kolonien Europa mit Ressourcen, Kriegsschauplätzen und ›Kanonenfutter‹ versorgten. In der Tat ist Kolonialismus selbst der riesige blinde Fleck der europäischen Geschichte, der externalisiert wird, obwohl er unstreitbar als gemeinsame, identitätsstiftende Erfahrung gelten kann – und für einen Großteil von Europas »internem« Fortschritt den Brennstoff bot. Wieder fasst Habermas' Essay eine dominante Haltung zusammen, die Europas koloniale Vergangenheit zugleich anerkennt und ausblendet:

> »Jede der großen europäischen Nationen hat eine Blüte imperialer Machtentfaltung erlebt und, was in unserem Kontext wichtiger ist, die Erfahrung des Verlusts eines Imperiums verarbeiten müssen. Diese Abstiegserfahrung verbindet sich in vielen Fällen mit dem Verlust von Kolonialreichen. Mit dem wachsenden Abstand von imperialer Herrschaft und Kolonialgeschichte haben die europäischen Mächte auch die Chance erhalten, eine reflexive Distanz zu sich einzunehmen. So konnten sie lernen, aus der Perspektive der Besiegten sich selbst in der zweifelhaften Rolle von Siegern wahrzunehmen, die für die Gewalt einer aufgezwungenen und entwurzelnden Modernisierung zur Rechenschaft gezogen werden. Das könnte die Abkehr vom Eurozentrismus befördert und die kantische Hoffnung auf eine Weltinnenpolitik beflügelt haben.« (Habermas/Derrida 2003, 33)

Diese Charakterisierung impliziert eine gewisse Schuld oder vielmehr Reue über den Kolonialismus. Nicht jedoch für Ausbeutung, Versklavung und vorsätzliche Unterentwicklung großer Teile der Welt, sondern für eine »aufgezwungene Moderne«, die vielleicht sanfter hätte eingeführt werden sollen, während sie insgesamt positiv ist. Dieses Bild leugnet oder minimiert nicht nur die katastrophalen Auswirkungen des Kolonialismus auf die Kolonisierten, sondern auch die fortgesetzte post- und neokoloniale Ausbeutung, von der Europa ebenso sehr profitiert wie die USA (Young 2003; Ziegler 2005). Diese zutiefst ambivalente Haltung, die den Kolonialismus zu »retten« sucht, während sie eingesteht, dass er irgendwie falsch war, ist in europäischen Diskursen dominant. Das spiegelt sich unter anderem in der Erklärung zum Kolonialismus der Europäischen Union wider, die als Folge der Weltkonferenz gegen Rassismus 2001 in Durban verfasst wurde, oder auch in einem französischen Gesetz von 2005, das Oberschullehrer_innen auftrug, ihre Schüler_innen über die positiven Auswirkungen des französischen Kolonialismus, insbesondere in Nordafrika, zu belehren.[56]

56 Europäische Kommission, Ratsbeschlüsse 2001. Die Erklärung der EU-Kommission definiert Kolonialismus nicht als Verbrechen gegen die Menschlichkeit, sondern verurteilt stattdessen nur einige Aspekte davon. Das im Februar 2005 verabschiedete französische Gesetz wurde nach massiven Protesten später zurückgezogen (Liauzu 2005). Eine ähnliche Einstellung brachte der französische Präsident Nicolas Sarkozy in einer Rede über Afrikas Zukunft zum Ausdruck, die er im Sommer 2007 in Senegal hielt (Johnson 2007).

Dieses Weiß-Waschen der kolonialen Vergangenheit hat offensichtliche Implikationen für die Wahrnehmung Europas in zeitgenössischer Weltpolitik, in der es als wohlwollende, neutrale Vermittlerin auftritt, die aus vergangenen Fehlern hat und weise geworden ist und in aktuellen Machtkämpfen keine Interessen vertritt. Doch die Auswirkungen dieser verzerrten Darstellung der kolonialen Vergangenheit sind ebenso stark für innereuropäische Entwicklungen: Das internalistische europäische Narrativ könnte einer ehrlichen Untersuchung der Einflüsse des Wissens, der Ressourcen und der Arbeitskräfte aus dem Globalen Süden auf europäischen »Fortschritt« nicht standhalten. Des Weiteren können durch das Auslassen des Kolonialismus aus der Liste von Schlüsselereignissen, die die europäische Identität prägten, die Nachwirkungen kolonialer Herrschaft auf das heutige Europa ignoriert oder externalisiert werden – ebenso wie seine (post)kolonialen Bevölkerungen.

Es ist sicherlich völlig gerechtfertigt und potenziell nützlich, nach der besonderen Rolle zu fragen, die ein vereintes Europa in der aktuellen Weltpolitik spielen könnte – nach einer Rolle, die über die vereinfachten Konzepte von »Macht und Schwäche« hinausgeht, wie sie von Robert Kagan und anderen Neokonservativen auf beiden Seiten des Atlantik propagiert werden (Kagan 2002; Lévi 2008). Auch ist es richtig, nach den Möglichkeiten zu fragen, die durch eine politische und ökonomische Verbindung in Reaktion auf die mehr als offensichtliche Krise des Nationalstaats geschaffen werden. Die vorherrschenden Antworten, wie sie in dem Essay von Habermas und Derrida gegeben werden, werfen jedoch sowohl in ihrer Charakterisierung von Europas Vergangenheit als auch in ihren Vorschlägen für eine zukünftige Weltordnung eine Reihe von Problemen auf. Selbstverständlich wurde das von Habermas und Derrida vorgebrachte Argument bereits infrage gestellt, doch fokussierte die Kritik vor allem auf den Ausschluss Osteuropas und die pauschale Ablehnung der US-Strategie durch die Autoren (siehe etwa Krastev 2003; James 2003).[57] Weniger kritische Aufmerksamkeit richtete sich auf die Selbstverständlichkeit, mit der Europa als völlig autark und als ewiger Motor historischer Entwicklung

57 Für eine sorgfältigere Kritik, siehe Young 2003. Young zeigt unter anderem auf, dass der Ausgangspunkt von Habermas' Argument, nämlich die gewaltigen Antikriegsproteste in ganz Westeuropa am 15. Februar 2003, die er als Geburt einer neuen europäischen Öffentlichkeit ausmacht, eigentlich Teil einer *globalen* Bewegung waren, in der Europa zwar beteiligt, aber nicht zentral war (Young 2003, 2).

erscheint, und die Welt als aufgeteilt in jene, die bereits Teil »des Westens« sind oder es werden wollen, und jene, die dessen Werte ablehnen.

Europa imaginiert sich weiterhin als autonome Entität, zugleich als Teil und Ganzes der Dialektik des Fortschritts – unberührt von Fragen der Rassifizierung; durch den Kontakt mit diversen Anderen, die für immer außerhalb bleiben, zwar gelegentlich klüger gemacht doch grundlegend unverändert – ein rassismusfreier Kontinent, in dem Differenz entlang der Grenzziehungen von Nationalitäten markiert wird. Ethnisierten Anderen wird hierin routinemäßig eine Position außerhalb der Nation zugewiesen, was die dauerhafte Externalisierung und somit Unhörbarmachung einer Debatte über das Erbe von Rassismus und Kolonialismus zur Folge hat. Dass jene, die am emphatischsten als »Andere-von-Außen« dargestellt werden, um Michelle Wrights Terminologie zu verwenden (Wright 2014), Juden_Jüdinnen, Muslim_innen, Rrom_nja, immer in Wirklichkeit (auch) »Andere-von-Innen« sind; dass die ›ethnische Säuberung‹ mit dem Ziel einer bereits proklamierten nationalen Homogenität eine Schlüsseleigenschaft der europäischen Bevölkerungspolitik des zwanzigsten Jahrhunderts war, lange bevor der jugoslawische Krieg den Begriff ins allgemeine europäische Vokabular einbrachte; all das veränderte diese binäre Wahrnehmung von kultureller und nationaler Zugehörigkeit nicht mehr als den naturalisierten Anspruch, den Europäer_innen schon so lange auf andere Teile der Welt erheben.

Stattdessen wird Kolonialismus in öffentlichen Erzählungen als etwas erinnert, das außerhalb Europas stattgefunden hat – wenn er überhaupt erinnert wird. Der Zweite Weltkrieg erscheint als europäisches Ereignis (während es ein trübes Bewusstsein des pazifischen Schauplatzes gibt, gilt dies sicher nicht für die Implikationen des Krieges für kolonisierte Länder und Lateinamerika)[58] und der Kalte Krieg wird als prägender Faktor in

58 Der niederländische Fall verdeutlicht dies beispielhaft: Die Daten sowohl der Invasion durch als auch der Befreiung von den deutschen Besatzern sind Grundpfeiler nationaler Formen des Gedenkens. Im Vergleich ist die Inhaftierung niederländischer Kolonisierer_innen in Indonesien nach der japanischen Invasion randständig, aber nichtsdestotrotz Teil des Mainstream-Narrativs. Surinamesische Kolonialsoldaten, die für die Niederlande gekämpft haben, sind aus diesem Narrativ herausgestrichen worden; erst 1996 wurden sie erstmalig amtlich als Kriegsveteranen anerkannt (und konnten somit Sozialleistungen erhalten). Das Leiden der Indonesier_innen unter der niederländischen Kolonisierung hingegen wird seltenst – wenn überhaupt – mit dem Leiden der Niederländer unter der japanischen Besatzung in Verbindung gebracht (siehe Ministerie van Defensie 2005).

Europas Nachkriegsgeschichte gesehen, doch der Dekolonisierung wird keine vergleichbare Rolle zugeschrieben. Diese scheint wiederum nicht mit Arbeitsmigration verbunden zu sein, die als jüngeres, reversibles Phänomen erscheint. Während die nachteiligen Auswirkungen dieser zwanghaft abgeschotteten Wahrnehmung der europäischen Nachkriegsgeschichte auf vielen Ebenen offensichtlich sind, sind sie in der rechtlichen, sozialen und diskursiven Verhandlung von Migration am dringlichsten spürbar.

Die französischen Aufstände und das Scheitern des Multikulturalismus

Nach dem Tod von zwei Jugendlichen – Zyed Benna und Bouna Traoré, einer mit familiären Wurzeln in Nordafrika, der andere in Westafrika –, die vor der Polizei davonliefen, brachen sich am 27. Oktober 2005 im Pariser Vorort Clichy-sous-Bois langwährende Spannungen und Frustrationen ihre Bahn und mündeten in drei Wochen währenden Unruhen, die sich schnell von Paris über das ganze Land verbreiteten (und in die Nachbarländer, wie Deutschland und Belgien). Gewalt ballte sich in den Banlieues der größeren Städte – offiziell als *zones urbaines sensibles*, als städtische Brennpunkte bekannte, strukturell benachteiligte, isolierte Nachbarschaften mit einem hohen Bevölkerungsanteil aus Frankreichs ehemaligen afrikanischen Kolonien – und resultierte in etwa zehntausend angezündeten Autos und halb so vielen Festnahmen.[59] Die konservative Regierung unter Präsident Chirac reaktivierte ein Notstandsgesetz, das zuerst im Jahr 1955 als Reaktion auf den Kolonialkrieg in Algerien eingeführt worden war. Der spätere Präsident und damalige Innenminister Nicolas Sarkozy verließ sich auf eine Macho-Strategie der Verteidigung der Nation (und Europas) und drohte unter anderem mit der Abschiebung der »Rädelsführer«, als ob nicht die Mehrheit der Protestierenden französisch gewesen wäre (Morice 2006).

Die Aufstände erlangten europaweit mediale Aufmerksamkeit und hallten besonders in westeuropäischen Nationen mit Ängsten vor migrantischen Bevölkerungen wider. »Könnte es auch hier passieren?« war ein kontinuierlicher Refrain in einer Debatte, die sich auf kontinentweit bekannte Bilder von gewalttätigen, kriminellen minorisierten Jugendlichen berief. Die zerstörerischen Ausschreitungen junger Männer of Color in den

59 Es ist nicht Ziel dieses Kapitels, einen umfassenden Überblick der Ereignisse im Dezember 2005 zu bieten. Hierfür siehe etwa Coleman 2006 und Vaterlaus 2006..

Vororten schien diese Wahrnehmung zu bestätigen und bot einen nahezu perfekten Kontrast zu dem öffentlichen Raum, der von vornehmlich weißen Mittelschichts-Protestierenden gegen den Irakkrieg geschaffen wurde: hier die »bürgerlichen« und »zivilisierten«, gewaltfreien Antikriegsdemonstrationen einer liberalen europäischen Bürgerschaft; dort die gewaltvollen, sprachlosen Aufstände einer Schwarzen und muslimischen Unterschicht. Während die europäischen Medien anfangs Probleme hatten, die Aufständigen zu klassifizieren – arabisch, afrikanisch, migrantisch –, fokussierten die meisten Berichte, besonders die außerhalb Frankreichs, schnell auf »muslimisch« als zentrale Eigenschaft, als ob die Religion der jungen Männer ein Anreiz für deren Gewalt wäre (dies war immerhin nur einige Monate nach den Anschlägen in London). Die Suche nach den Wurzeln der Aufstände war offensichtlich von dieser Wahrnehmung geprägt: radikaler Islam, Hip-Hop, Gangs wurden alle als mögliche Schuldige identifiziert (Poggioli 2006). Und während die Marginalisierung Schwarzer und muslimischer französischer Jugendlicher zugegeben wurde, wurden deren eigene Erklärungen für die Aufstände, wie jene des 15-jährigen Mehmet Altun, als unzureichende Rechtfertigung ihrer gewalttätigen Reaktion verworfen:[60]

> »Ständig kommt die Polizei und belästigt uns. Sie fragen uns zehn Mal am Tag nach unseren Papieren. Sie behandeln uns wie Gesetzesbrecher – vor allem Sarkozy. Das ist keine Lösung. Es wäre gut, Jugendclubs und andere Orte zu haben, wo man hingehen kann – dann gäbe es weniger Stress. Es ist nicht gut, Autos zu verbrennen, aber es ist ein Weg, um Aufmerksamkeit zu bekommen, sodass Leute kommen und unsere Probleme hier angehen.«[61]

Die Berichterstattung war symptomatisch in ihrer Homogenisierung einer heterogenen Gruppe. Sie externalisierte Vertreter_innen einer postindustriellen europäischen Urbanität als fremde, feindselige Andere. Obwohl sie in Habermas' Vision eines neuen Europas unsichtbar sind, sind die Banlieues

60 Siehe etwa Smith 2005, das auch in seiner historischen Analyse bezeichnend ist, in der der Marginalisierung von Afroamerikaner_innen, die auf Jahrhunderten der rassistischen Unterdrückung basiert, das »neue« Nachkriegsphänomen der ethnischen Minderheiten in Frankreich gegenübergestellt wird. Dies ignoriert die Auswirkungen von Jahrhunderten der kolonialen Herrschaft auf den strukturellen Rassismus, der die Beziehung zwischen der Mehrheitsgesellschaft und diesen Gruppen prägt.

61 Mehmet Altun aus Clichy-sous-Bois wurde während der Aufstände für die BBC News interviewt: [http://news.bbc.co.uk/2/shared/spl/hi/picture_gallery/05/europe_paris_riot_suburb_residents/html/6.stm] letzter Zugriff: 13.10.2014.

ein öffentlicher Raum, der in vielerlei Hinsicht den europäischen postindustriellen Zustand der räumlichen Segregation und der neuen Grenzen symbolisiert, die durch urbane Zentren verlaufen.[62] Da dort überflüssige Bevölkerungen leben, wurden sie zu fremdem Territorium, zu Enklaven des Nicht-Westens, der auf bedrohliche Weise schließlich in Europa selbst einfällt.[63] Nur wenige, etwa die 1995 in den Sozialbausiedlungen selbst gegründete aktivistische Organisation *Mouvement de l'Immigration et des Banlieues*, setzten diese sensationsheischende Darstellung in einen Kontext:

> »Heute werden uns diese Sachen abfackelnden ›Jugendlichen aus den Vororten‹ (worunter wir ›diese Schwarzen und Araber‹ verstehen sollen) wie Ausländer präsentiert, die gekommen sind, um in Frankreich Unruhe zu stiften. Doch ist die Botschaft von Minguettes (1981) bis Vaulx-en-Velin (1990), von Mantes-la-Jolie (1991) bis Sartrouville (1991), von Dammarie-les-Lys (1997) bis Toulouse (1998), von Lille (2000) bis Clichy einfach und klar: Genug der ungestraften Polizeiverbrechen, genug der rassistischen Gesichtskontrollen, genug der beschissenen Schulen, genug der vorprogrammierten Arbeitslosigkeit, genug der ungesunden Wohnungen, genug der Gefängnisse, genug der Korruption und Demütigung! Und genug des Zwei-Klassen-Rechtssystems, das korrupte Politiker schützt und systematisch die Schwächsten verurteilt.«[64]

Zu großen Teilen jedoch tendierten sogar wohlwollende Analysen dieser jahrzehntelangen Geschichte fehlender Kommunikation und bewusster struktureller Vernachlässigung, die eine einheimische Unterschicht schufen und kontrollierten, dazu, sich auf etablierten Erzählweisen auszuruhen – »Verloren-zwischen-den-Kulturen« und »Nation in der Nation«. In der Beschuldigung des französischen Staates (und europäischer Gesellschaften im Allgemeinen), die »zweite Generation« im Stich gelassen zu haben, wird Letztere nichtsdestotrotz als fremd naturalisiert. Ihr wird durch die

---

62 In seiner Rede »Die Erweiterung des Horizonts« im Jahr 2006 bezieht sich Habermas im Vorbeigehen auf die Aufstände. Er kommentiert, dass Europa Integration als beidseitigen Prozess betrachten muss, um die innere Stärke zu erreichen, die es braucht, um eine entscheidende Rolle auf der globalen Bühne zu spielen.

63 Siehe etwa »Segregatie op basisschool al ver gevorderd«, *Trouw*, 16.11.2007.

64 Die französischsprachige MIB-Erklärung wurde am 9. November 2005 hier online veröffentlicht: [http://lenumerozero.lautre.net/spip.php?article743] letzter Zugriff: 13.10.2014. Die deutschsprachige Übersetzung orientiert sich am französischen Original statt der englischsprachigen Version, die hier online zu finden ist: [http://sketchythoughts.blogspot.com/2005/11/communique-from-mouvement-de.html#jumpto] letzter Zugriff: 13.10.2014.

einzigen Handlungstragenden, die dieses Recht gewähren können, das Recht versagt, europäisch zu werden: durch die Mehrheit »echter« Europäer_innen. Die Kritik an Politiken der europäischen Integration greift also zu kurz, wenn sie die Existenz einer separaten, nicht-europäischen »Kultur der Armut« annimmt, die in minorisierten Gemeinschaften vorherrsche, denen kaum die Fähigkeit zuerkannt wird, einen Platz innerhalb der Nation und des Kontinents zu beanspruchen. Auch zeugt die Berichterstattung von der Unfähigkeit, minorisierte Gemeinschaften im Allgemeinen und die Aufstände im Besonderen in Europas Geschichte zu kontextualisieren Die häufige Bezugnahme auf die Aufstände der 1960er Jahre in den USA spiegelt die fehlende Kenntnis über die, etwa im oben zitierten Statement von MIB angeführte, lange Geschichte des Widerstands gegen rassistische Unterdrückung in Frankreich (und Europa). Diese Bezugnahme wird zudem weder durch einen näheren Blick auf strukturellen Rassismus in den USA noch durch eine Spezifizierung der vermeintlichen Parallelen unterstützt. Stattdessen scheint die Ähnlichkeit von »Schwarzen Aufständen« für sich selbst zu sprechen, wobei die USA als paradigmatische Stätte rassifizierter Konflikte erscheinen, in deren Richtung Europa nun gefährlich treibt.[65]

Die prominenteste selbstkritische Position in dieser europaweiten öffentlichen Debatte, die weitgehend nur Mitgliedern der Mehrheitskultur eine Stimme gewährte, nutzte die Aufstände, um eine ungerechtfertigte europäische Arroganz zu verurteilen, und las sie als endgültigen Beweis des Scheiterns der liberalen Demokratie. Dieser negative Eurozentrismus, der seine Inspiration aus Aimé Césaires vernichtendem Urteil über das bürgerliche Nachkriegseuropa zu ziehen scheint, aber nicht dessen Interesse am Schicksals des Globalen Südens teilt, nimmt die Aufstände als bloßen Hintergrund für das größere Narrativ des Niedergangs des Westens. Diese Haltung vertritt etwa Jean Baudrillard in seinem Anfang 2006 in der *New Left Review* publizierten »The Pyres of Autumn«, in dem er Europa für seine unterdrückenden und ausschließenden Politiken kritisiert. Doch er kann jene, die ausgeschlossen sind, nicht anders denn als grundlegend

65 Siehe etwa Kleeberg 2005: »Was Frankreich also derzeit erlebt, ist ein Problem der Apartheid. Wer studieren will, woher es kommt, wie es sich entwickeln wird, welche guten und schlechten Lösungen es dafür gibt, muss in die USA der sechziger Jahre des vergangenen Jahrhunderts schauen, auf die Situation der farbigen Bevölkerungsgruppe.« Siehe auch Charim 2005; Smith 2005; Baudrillard 2006.

verschiedene Andere sehen, die letztendlich nur in Beziehung zu und zum Nutzen der besseren Selbsterkenntnis der Mehrheit existieren:

> »Diese Gesellschaft steht vor einer viel härteren Prüfung als jeder externen Bedrohung: die der eigenen Abwesenheit, ihr Verlust der Wirklichkeit. Bald wird sie nur noch durch die fremden Körper definiert sein, die ihre Peripherie heimsuchen: jene, die sie verstoßen hat, die sie jedoch nun aus sich selbst ausstoßen. Es ist ihre gewaltvolle Anrufung, die aufdeckt, was auseinandergefallen ist und so die Möglichkeit des Bewusstseins bietet« (Baudrillard, 6).

Aus dieser Perspektive wird der materielle und diskursive Ausschluss von Minorisierten gleichgesetzt mit, und schließlich sekundär zu, der existenziellen Entfremdung einer europäischen Bürgerschaft, der die Nation nicht mehr genug Bedeutung bieten kann und deren einzige verbleibende Handlungsmöglichkeit in der Ablehnung Europas liegt – das heißt der Ablehnung der europäischen Verfassung, nicht ihrer eigentlichen Mitgliedschaft und der dazugehörigen Privilegien (siehe Anderson 2007):

> »Ihr Nein war die Stimme jener, die dem System der Repräsentation über Bord gegangen waren: aus dem Prozess der Sozialisation Exilierte, wie die Immigranten selbst. Es lag die gleiche Gewagtheit, die gleiche Unverantwortlichkeit in dem Akt, die EU zu ruinieren, wie in dem Verbrennen der eigenen Nachbarschaften, der eigenen Schulen, durch die jungen Immigranten; wie die Schwarzen in Watts und Detroit in den 1960er Jahren. Viele leben jetzt kulturell und politisch als Immigranten in einem Land, das ihnen nicht länger eine Definition nationaler Zugehörigkeit bieten kann.« (Baudrillard, 6)

Die hier ausgespielte Vermischung von drastisch verschiedenen Arten der Entrechtung und Heimatlosigkeit ist auf vielen Ebenen problematisch, nicht zuletzt durch den epistemologischen Miss/ge/brauch »des Migranten« als bloße Folie für Ausführungen über das europäische Leiden. Anders als etwa Zafer Şenoçaks Reflexionen darüber, wie die türkische minorisierte Präsenz in Deutschland und ihre Verhandlung eines Platzes in der nationalen Vergangenheit und Gegenwart auf produktive Weise das nationale Gedächtnis neu gestalten könnte (Şenoçak 1998), bleibt die Minderheit hier außerhalb und unberührt. Ihre »Unverantwortlichkeit« beweist vom Rand her einen Argumentationspunkt, während das weiße Zentrum durch ihre provokante – und bequeme – Ablehnung der eigenen Integration intakt bleibt:

»Vielleicht betrachten sie die französische Lebensart mit der gleichen Herablassung oder Indifferenz, mit der es die ihre betrachtet. Vielleicht ziehen sie es vor, Autos brennen zu sehen als davon zu träumen, sie eines Tages zu fahren. Vielleicht wäre ihre Reaktion auf eine übertriebene Fürsorge instinktiv die gleiche wie auf Ausschluss und Unterdrückung« (Baudrillard, 6).

Der Subalterne, der sich als Sündenbock konservativer Migrationsdiskurse stur der Domestizierung verweigert, wird der romantisierte Held dieses linken Eurozentrismus. Doch während er – dies ist definitiv eine männliche Figur – vielleicht existieren mag, ermöglicht der Fokus auf den modernen urbanen Geächteten bequemerweise, die klare Trennung zwischen »französisch« und »fremd« aufrechtzuerhalten und ignoriert den größeren Kontext der Aufstände, die aus der Frustration einer Bevölkerung geboren sind, für die Integration eben keine Option ist. Samia Amara, eine 23-jährige Jugendsozialarbeiterin, sagte während der Aufstände in einem BBC-Interview: »Das Problem mit dem Republikanismus nach französischem Stil ist, dass du akzeptiert wirst, solange du in eine bestimmte Form passt. Sobald du etwas mitbringst, das von außen kommt, wirst du nicht mehr voll als französisch angesehen. Du bist verdächtig.«[66]

Wenn die französischen Aufstände das Scheitern der Politiken europäischer Integration zeigten, dann offenbart die große Mehrheit der Mainstream-Reaktionen die Unfähigkeit, sich jenes postnationale, inklusive Europa vorzustellen, das Habermas und Derrida postulieren. Nach den Ereignissen in Frankreich 2005 richtete sich kurz öffentliche Aufmerksamkeit auf die Konsequenzen der ökonomischen Segregation, die den Diskursen um kulturelle Andersheit und religiöse Differenz zugrunde liegt. Doch noch während der Bedarf an mehr Infrastruktur, Programmen für Erwerbsarbeit etc. zugestanden wurde, wurde die Finanzierung

66 Siehe BBC News Online: »In Quotes: French Muslim Voices« [http://news.bbc.co.uk/2/hi/europe/4376500.stm] letzter Zugriff 13.10.2014. Die Aufstände fanden zweiundzwanzig Jahre nach den *Marches des Beurs* statt (*Marche pour l‹égalité et contre le racisme*, am 15. Oktober und am 3. Dezember 1983), an denen mehr als 100.000 Menschen teilnahmen und die ein Höhepunkt einer gewaltfreien Bewegung waren, die Gleichberechtigung für französische Minderheiten forderte (Ireland 2005). Einer Umfrage von 1995 zufolge, sagten 70 % der zweiten Generation Maghreb-Französ_innen, dass sie sich der französischen Kultur näher fühlten als der ihrer Eltern, 90% wollten in die französische Gesellschaft integriert sein. Zugleich sah weniger als ein Drittel der Mehrheitsgesellschaft die *Beurs* als französisch an und mehr als 80% der rassistischen Gewalttaten und mehr als 90% der rassistischen Morde wurden an Maghreb-Französ_innen verübt (Hargreaves 1997, 19).

für bestehende Maßnahmen gekürzt.[67] Ebenso wie die vorübergehend gewährte Aufmerksamkeit nach dem *Marche des Beurs* 1983 oder nach den Aufständen in Les Minguettes 1996 hatte die (Wieder)Entdeckung der Banlieues durch die Mehrheit keine bleibenden Konsequenzen. Das gewaltsame Vergessen von Rassismus innerhalb der Europäischen Union ist ein Prozess, der nicht nur durch Regierungspolitiken lebendig erhalten wird, sondern auch durch die gewollten blinden Flecken in Analysen der Mainstream-Medien sowie in Diskursen der Linken. Es gibt noch immer keinen europäischen Analyserahmen; stattdessen scheint die Dialektik aus Amnesie und selektiver Erinnerung, die für europäische Rassifizierungen charakteristisch ist, nichts an Einfluss verloren zu haben. Punktuelle Analysen, die vor einer »europäischen Apartheid« warnen, führen zu keiner bleibenden Veränderung in öffentlichen Haltungen oder Politiken gegenüber marginalisierten Minderheiten; stattdessen sind die einzigen Langzeitwirkungen repressive Maßnahmen, die unvermeidlich durch neue gewalttätige Reaktionen beantwortet werden.[68]

Um diese komplexe Wechselwirkung von Gemeinsamkeiten und Ausschlüssen zu begreifen, werden Analysen sich sowohl über das Paradigma der Nation als auch über den Nachkriegsmoment hinausbewegen müssen. Wenn der Prozess der »postnationalen Europäisierung« einen Bruch mit seiner internalistischen Tradition beinhaltet, dann kann er eine Chance bieten, zuvor ausgeschlossene Bevölkerungen und Narrative einzubeziehen. Es scheint jedoch, als würden die Marginalisierungen, die bereits den Nationalstaat prägten, fortgeführt. Und während den Interventionen von Habermas, Derrida und Baudrillard keine übertriebene Bedeutung zuge-

67 Doug Ireland zählt »über die letzten drei Jahre 60 Prozent Kürzungen der Gelder für Stadtteilgruppen, die mit Jugendlichen arbeiten, sowie gestrichene Budgets für Berufsausbildung, Bildung, für den Kampf gegen Analphabetismus und für lokale Polizeikräfte, die die Ghettokids kennenlernen und mit ihnen arbeiten. (Nach den ersten Aufständen in Toulouse sagte Sarkozy zur dortigen Lokalpolizei: ›Es ist nicht euer Job, mit ihnen Fußball zu spielen. Euer Job ist, sie festzunehmen!‹)« (Ireland 2005).

68 Siehe Coleman 2006. Sarkozys »Null-Toleranz«-Haltung während der Aufstände 2005 hatte wohl ihren Anteil an der Eskalation der Situation und verhalf Sarkozy zum Gewinn der Präsidentschaftswahlen. Er befahl eine Razzia des Pariser Vorortes Villiers-le-Bel, dem Zentrum der Unruhen im November 2007, die stattfanden, nachdem zwei Jugendliche von einem Polizeiauto überfahren worden waren. Der Einsatz von mehr als eintausend Polizeikräften, die systematisch den Stadtteil durchsuchten und mehrere Dutzend Menschen festnahmen, kann wohl kaum als veränderte Politik gelten.

wiesen werden sollte, zeigen sie doch die Komplizenschaft europäischer öffentlicher Intellektueller mit ausschließenden staatlichen und gesellschaftlichen Praktiken. Diese verhindern das Aufkommen einer »neuen europäischen Identität«, indem sie genau die Gruppen ausschließen, die für die veränderte, transnationale Kultur des Kontinents zentral sind, und von denen – trotz der scheinbar verschwindend geringen Chancen – am ehesten eine konstruktive Intervention zu erwarten ist. Nur eine europäische Öffentlichkeit, die diese Stimmen sowie die eigene verdrängte Geschichte einbezieht, kann wahrhaft postnational und inklusiv werden.

Trotz dieser fortwährenden Abwehr finden migrantisierte Stimmen zunehmend Wege, sich außerhalb von Mainstream-Diskursen Gehör zu verschaffen. Besonders Hip-Hop ist ein zentraler Schauplatz unautorisierter, aber wirksamer Interventionen in Diskurse über Migration und Zugehörigkeit, wo erfolgreich Erfahrungen eingebunden werden, die üblicherweise als unverständlich und unzugehörig gelten. Ein Beispiel hierfür ist der Track »Monsieur Le President«, in dem der Rapper Axiom First aus Lille die Aufstände von 2005 und die Reaktion der Regierung darauf kommentiert. Er verortet die Ereignisse im Kontext der Geschichten von Kolonisierung und Arbeitsmigration, strukturellem Ausschluss, ökonomischer Ungleichheit und Alltagsrassismus im zeitgenössischen Frankreich, während er entschieden seinen Status als Teil der französischen Gesellschaft beansprucht. Dies tut er nicht nur, indem er die Beiträge französischer kolonisierter Subjekte zu Verteidigung und Wiederaufbau der Nation anführt, sondern auch, indem er stilistisch auf Autoren wie Victor Hugo und Boris Vian Bezug nimmt, was ihn selbst innerhalb einer langen Tradition des Widerstandes französischer Intellektueller gegen den Missbrauch staatlicher Gewalt platziert:

> »Ich bin französisch, in den Vierteln des Volkes groß geworden / Meine Großeltern haben dieses Land im Krieg verteidigt / Meine Eltern haben sie wieder aufgebaut, diese Republik / Erinnert euch, diese Arbeiter, die man aus Afrika hat kommen lassen / Und deren Kinder, die vom Bodenrecht ausgeschlossen wurden / Bürger zweiter Klasse, von der Geburt bis zur Schule.«[69]

69 «Je suis français, ai grandi dans les quartiers populaires/Mes grands-parents ont défendu ce pays pendant la guerre/Mes parents eux aussi l'ont reconstruite cette république/Rappelez vous ces ouvriers qu'on a fait venir d'Afrique/Et leurs enfants ignorés par le droit du sol/Citoyens de seconde zone, de la naissance à l'école.» Der Text geht folgendermaßen weiter: «J'accuse trente ans de racisme et d'ignorance/

Axiom First vertritt eine neue Generation europäischer, minorisierter Aktivist_innen, die sich Hip-Hop als ein Interventionswerkzeug aneigneten, das rassifizierten Gemeinschaften des ganzen Kontinents ermöglicht, eine Identität zu formulieren, die in dominanten Diskursen negiert wird. Eine Identität, die durch ihren multiethnischen und translokalen Bezugsrahmen mononationale Zuordnungen überwindet, die aber nichtsdestotrotz – oder vielleicht gerade deshalb – wirksam den Ausschluss von Minderheiten aus nationalen Diskursen herausfordert. Der Einbezug unhörbar gemachter Stimmen in einen europäischen öffentlichen Diskurs erfordert jedoch nicht nur eine Neubewertung der Frage, wer eine Positionalität als europäisch beanspruchen kann, sondern auch der Frage, worin eine solche Positionalität fußen kann, nämlich in (trans)lokalen statt (trans)nationalen Identifikationen.

In den folgenden zwei Abschnitten werde ich die Rolle der Stadt in minoritären Identifikationen nachvollziehen und erkunden, wie Hip-Hop-Kultur translokale Netzwerke geschaffen hat, die es wiederum Migrantisierten ermöglichte, einen Raum innerhalb der Nation in Anspruch zu nehmen.

Rassifizierte Jugendliche, urbaner Einschluss und das Recht, Rechte zu haben

Die gegenwärtige Externalisierung rassifizierter Minderheiten als Bedrohung für Europas Identität nutzt schon lange bestehende Motive des Ausschlusses, die dazu neigen, zugrundeliegende ökonomische Interessen zu verdecken. Durch diese kulturalistische Rahmung ökonomischer Ausschlüsse im postindustriellen Europa wird Klasse nicht nur rassifiziert, sondern auch (ent)nationalisiert. Durch einen Mechanismus, in dem Grenzen innerhalb von Staaten ebenso wichtig werden wie jene zwischen ihnen, wird eine ethnisierte Unterschicht wortwörtlich außerhalb der Nation platziert. Während Ansprüche der Zugehörigkeit zu Europa symbolisch auf der Ebe-

---

La répression sans prévention en France/J'accuse votre politique, vos méthodes archaïques/La centralisation, la défense unique de la loi du fric/Au lieu de rassembler car tous français/Vous n'avez fait que diviser, laissant l' extrême droite avancer.» (Ich klage an, 30 Jahre des Rassismus und der Ignoranz/Repression ohne Prävention in Frankreich/Ich klage an, eure Politik und archaischen Methoden/Die Zentralisierung, die Verteidigung des Rechts des Geldes/Anstatt alle zu versammeln, weil alle französisch sind/Ihr tatet nichts, außer zu spalten, was die extreme Rechte vorankommen ließ.)

ne von Nation umkämpft werden, sind die tatsächlichen Kampfschauplätze aber die Metropolen des Kontinents. Diese »globalen Städte«, um Saskia Sassens ziemlich überbeanspruchten Begriff zu verwenden, Berlin, Paris, Warschau, Rom, sind Schnittstellen globaler ökonomischer Aktivität und Zentren transnationaler Mobilität, Symbole einer Welt »ohne Grenzen«. Nicht zufällig, sondern zwangsweise sind sie zugleich auch zunehmend verstärkte Grenzzonen, in Bereiche unterteilt, die von Bevölkerungen mit grundlegend unterschiedlichen Positionen und Aussichten in den nationalen Hierarchien bewohnt sind und deren Pfade sich selten kreuzen. Diese lokalisierte Segregation könnte im Rahmen dessen formuliert werden, was Balibar »die Rekolonisierung sozialer Beziehungen« nennt:

> »Eine solche Rekolonialisierung ist auf der Ebene der alltäglichen Realitäten ebenso sichtbar wie auf der Ebene des allgemeinen Menschenbilds. Die Verbindung zwischen beiden stellt mehr und mehr das System der Kommunikation her, das jeder menschlichen Gruppe ein stereotypisiertes Bild ihrer hierarchischen ›Stellung‹ in der Organisation der Welt vermittelt und dieses auf ihre Lebenssituation projiziert. Mitunter schlägt es in nackte Gewalt um, und zwar in jenen Vorstädten und Großstadtghettos, wo die öffentlichen Einrichtungen tendenziell wie in einem besetzten Land agieren und der Feindseligkeit der neuen Barbaren ausgesetzt sind – sofern sie sich nicht einfach zurückziehen.« (Balibar 2003, 87-88)

Die Rekolonisierung europäischer Metropolen kann mit dem globalen Kontext einer immer schnelleren Urbanisierung in Beziehung gesetzt werden. Zum ersten Mal in der Geschichte lebt mehr als die Hälfte der Weltbevölkerung in Städten, oft unter prekären Bedingungen. Ausgeschlossen aus formalen Ökonomien, werden diese Bevölkerungen zunehmend durch Gefängnis- und Militärsysteme verwaltet (Mbembe 2003). Während diese Entwicklung im Globalen Süden und im ehemaligen Sowjetischen Imperium am deutlichsten hervortritt, breitet die Tendenz zu entlokalisiertem Kapital und prekärer Arbeit, die von Donna Haraway und anderen als die »Feminisierung« der Ökonomie bezeichnet wird (Haraway 1995, 55), d.h. eine Verallgemeinerung der Arbeitsbedingungen, die früher charakteristisch für weibliche Erwerbsarbeit war, sich auch in den Westen aus.[70]

70 Nach Mbembe 2003 funktioniert neoliberale Globalisierung durch die räumliche Kontrolle von Leben und Tod nicht so sehr im Sinne des Tötens oder Leben-»Lassens«, sondern vielmehr durch die Schaffung von Bevölkerungen aus »leben-

Die massive Entindustrialisierung europäischer urbaner Zentren seit den 1980er Jahren hat besonders migrantische und minorisierte Gemeinschaften betroffen. Während industrielle Nachkriegsmetropolen auf ungelernte migrantische Arbeitskraft angewiesen waren, sind heutige postindustrielle Zentren zum Dienstleistungssektor übergegangen, der auf einem völlig anderen Pool potenzieller Arbeitnehmer_innen beruht. Im Ergebnis ist eine arbeitende migrantische Bevölkerung, die häufig geballt in armen Vierteln in direkter Nähe der Fabriken lebte, durch eine dauerhaft arbeitslose multiethnische Unterschicht ersetzt worden, die zu großen Teilen aus der zweiten und dritten Generation besteht, sowie aus kürzlich, oft undokumentiert, eingereisten Migrant_innen, die in diesen zunehmend verfallenden Räumen festhängen. Die Aufstände 2005 in Frankreich basierten auf dem ökonomischen Ausschluss einer heterogenen, rassifizierten, überwiegend einheimischen Unterschicht, mit zumeist nord- und westafrikanischer Abstammung, deren Verzweiflung genau durch die Tatsache verursacht war, dass sie französisch sind und nicht die Migrant_innen, als die sie permanent wahrgenommen werden. Diese Gruppe bietet ein perfektes Beispiel »überflüssiger Bevölkerungen« [*disposable population*]: vom Moment ihrer Geburt an als überflüssig betrachtet, ohne realistische Aussichten auf Integration ins System und ohne vollen Zugang zu staatsbürgerlichen Rechten (Mbembe 2003; Balibar 2003).

Diese Bevölkerungen ballen sich in städtischen Räumen, stellen den rassifizierten Rest dar, der aus dem Terrain der kulturellen Homogenität ausgeschlossen ist. Dies geschieht durch das internalistische Narrativ nationalen und supranationalen Europäischseins, in dem »Städte der

den Toten«, denen beinahe alle Privilegien entzogen sind, die Lebendigkeit mit sich bringen. Während Mbembe die (neo)kolonialen Räume Afrikas und Palästinas im Blick hat (und heute sicher auch des Irak), bietet das US-Gefängnissystem ein bemerkenswertes Beispiel eines solchen Systems aus lebenden Toten im Westen. Eine wachsende Zahl von Menschen – derzeit mehr als 1% der Bevölkerung, davon unverhältnismäßig viele Afroamerikaner und Latinos – verbringt einen Teil ihrer Jugend und ihr ganzes oder den Großteil ihres erwachsenen Lebens im Gefängnissystem; viele ohne je mehr als Bagatelldelikte begangen zu haben. Bei diesem System der Inhaftierung geht es, ebenso wie bei der explodierenden Anwendung von Internierungszentren der europäischen Migrationskontrollen, nicht primär um Bestrafung, Besserung oder den Schutz der Gesellschaft vor Kriminellen, sondern um Bevölkerungsverwaltung. Insbesondere geht es um die Verwaltung jener Bevölkerungen, die Mbembe als »überflüssig« bezeichnet – ihr Verbrechen ist vor allem, dass sie unnütz für die globale Ökonomie sind. Ob sie leben oder sterben ist nicht wirklich von Gewicht, also werden sie in einem Zustand dazwischen gehalten.

zentrale Kampfschauplatz bleiben, in dem Gesellschaften ihre Vorstellung von vergangener Zeit und von gegenwärtiger Zeit zum Ausdruck bringen« (Huyssen 2003, 101). Die Erfahrungen des 19-jährigen Mamadou Nyang aus Clichy-sous-Bois erscheinen als repräsentativ für jene, denen paradoxerweise nur eine Stimme im öffentlichen Diskurs gewährt wird (und das auch nur kurz), wenn sie jeden Versuch der Kommunikation aufgeben und stattdessen Gewalt anwenden:

> »Ich habe vor zwei Jahren die Schule abgeschlossen, doch ich hatte nie einen Job. Sobald ich meinen Namen sage und wo ich wohne, sagen sie mir, die freie Stelle gibt es nicht mehr. Ich würde jeden Job machen, außer ein Polizist zu sein. Ich hasse die Polizei. Sobald sie Schwarze oder Araber sehen, versuchen sie, Stress zu machen.«[71]

Trotz regionaler Unterschiede wird marginalisierten Bevölkerungen in Europa nie vollständig ermöglicht, sich in die Nation zu integrieren. Stattdessen werden sie in Orte zusammengedrängt, die zunehmend als »extraterritoriale Räume« erscheinen, während ihnen zugleich vorgeworfen wird, separatistische Nationen in der Nation zu bilden. Ausschluss geschieht sowohl diskursiv durch die beharrliche Definition minorisierter Jugendlicher als Migrant_innen als auch rechtlich durch die Verweigerung der Staatsbürgerschaft für Nachfahren von Migrant_innen, mit all den Auswirkungen, die dies für den Zugang zum Arbeitsmarkt hat, zu Sozialleistungen usw. (Crul 2003; Card/Schmidt 2003).

Arbeitsmigration nach dem Zweiten Weltkrieg wurde als vorübergehende Präsenz konzipiert. Die Idee war, dass Migrant_innen zurückkehren würden, wenn ihre Arbeitskraft nicht mehr gebraucht würde. Nachdem in den frühen 1970er Jahren die westeuropäischen »Gastarbeits«-Programme gestoppt wurden, wurde schnell deutlich, dass es keine massive Rückkehrbewegung geben würde. Diese Erkenntnis produzierte jedoch keine Veränderung der Gesetzgebung, sondern führte stattdessen zur Schaffung eines hierarchischen Systems von Rechten, die direkt an die (immer fernere) nationale Herkunft gebunden waren und deren Missverhältnis zur gelebten Realität mit der fortschreitenden europäischen Vereinigung ausgeprägter statt geringer wurde.

71 Mamadou Nyang, 19 Jahre, Clichy-sous-Bois [http://news.bbc.co.uk/2/shared/spl/hi/picture_gallery/05/europe_paris_riot_suburb_residents/html/2.stm] letzter Zugriff: 13.10.2014.

»Es entwickelt sich ein Zwei-Klassen-Status der Fremdheit: auf der einen Seite gibt es drittstaatsangehörige, ausländische Einwohner europäischer Länder, von denen einige in diesen Ländern geboren und groß geworden sind und keine andere Heimat kennen; andererseits gibt es jene, denen womöglich die Sprache, Sitten und Geschichte ihres Gastlandes völlig fremd sind, die aber speziellen Status und Privilegien genießen, bloß weil sie Staatsangehörige von EU-Mitgliedsländern sind.« (Benhabib 2002, 158)[72]

Dieses rassifizierte Muster zeigt auf drastische Weise, dass postindustriell minorisierte Gemeinschaften in Europas Metropolen wenig Anspruch auf die universellen Menschenrechte haben, den eine optimistischere Migrationsforschung der 1990er Jahre ihnen zuschrieb. Autorinnen wie Yasemin Soysal (1994), Miriam Feldblum (1997) und Seyla Benhabib (2004, 2006) sehen eine zunehmende Aufspaltung staatsbürgerlicher Rechte in verschiedene Ebenen, von denen manche auch für Nicht-Staatsbürger_innen zugänglich sind. Benhabib etwa charakterisiert Staatsbürgerschaft als konstitutiv für kollektive Identität, politische Teilhabe und soziale Rechte (2006, 45). Sie fährt fort: »Der Anspruch auf Rechte hängt nicht mehr vom Status der Staatsbürgerschaft ab; aufenthaltsberechtigte ausländische Einwohner_innen wurden in Systeme des bürgerlichen und sozialen Rechts einbezogen und werden zudem von supranationalen Gesetzgebungen sowie auf Länderebene geschützt« (2006, 46). Während dies in gewissem Maße richtig ist, kehrt es die Tatsache unter den Teppich, dass die Staatsangehörigkeit umgekehrt nicht den vollen Zugang zu staatsbürgerlichen Rechten garantiert. Zudem kann die rechtliche, soziale und politische Charakterisierung einer einheimischen Bevölkerung als »migrantisch« deren Ausschluss von voller Teilhabe hinter der scheinbar großzügigen Gewährung partieller Rechte verstecken.

Es stimmt sicher, dass migrantische und minorisierte Gemeinschaften Strukturen unterhalb und oberhalb der nationalen Ebene geschaffen haben, um ihre Marginalisierung zu umgehen und ihr entgegenzuwirken. Doch

---

72 Die Situation wird durch eine Zwei-Klassen-EU-Mitgliedschaft verkompliziert, die den osteuropäischen Ländern weniger Einfluss in der Union einräumt. Perry Anderson schreibt: »Die Rolle, die der neue Osten in der EU einnimmt, verspricht also, jener zu ähneln, die der neue Süden in der US-amerikanischen Ökonomie seit den 1970er Jahren spielt: eine Zone geschäftsfreundlicher Finanz- und Steuersysteme, schwache oder nicht-existente Arbeitsrechtsbewegungen, niedrige Löhne, und – somit – hohe Investitionen, die schnelleres Wachstum verzeichnen als in den alten Kernregionen des kontinentweiten Kapitals« (Anderson 2007).

macht der Mangel an Anerkennung innerhalb der Nation jeden wirksamen Anspruch an supranationale Rechte schwierig bis unmöglich. Trotz aller postnationalen Rhetorik ist es noch immer weitgehend Vorrecht des Staates, diese Rechte zu gewähren oder zu versagen, und die prekäre Position von Gemeinschaften of Color liegt genau in ihrer unsicheren Position innerhalb der europäischen Nationen. Ihre rassifizierte Differenz versperrt ihnen dauerhaft die volle Mitgliedschaft und schreibt ihnen paradoxerweise einen nomadischen Status zu, während sie ihre Mobilität drastisch verringert.

Als Konsequenz ihrer prekären Position innerhalb der Nation werden städtische Jugendliche of Color durch einen Exzess an Bewegung definiert, während sie zugleich einen extremen Mangel daran erleben. Sie werden wahrgenommen als in Transit, von anderswo kommend, vorübergehend hier, doch ohne jegliche Wurzeln in ihrem ›Gastland‹, stattdessen in einer Parallelgesellschaft lebend, in der sie sowohl Integration als auch ›Rückkehr‹ verweigern.[73] Zugleich ist das Alltagsleben dieser Gruppe oft durch ernsthafte Einschränkungen ihrer Mobilität geprägt – manche davon ökonomisch, manche rechtlich, meistens eine Mischung aus beidem. Das vereinte Europa manifestiert sich zunehmend durch ethnisierte ökonomische Bindungen. Zur EU zu gehören, bedeutet vor allem Zugang zu ökonomischen Privilegien, die für Nicht-Europäer_innen nicht verfügbar sind. Um den Zugang dieser Nicht- (oder im Falle des Ostens, Noch-Nicht-Ganz-) Europäer_innen zu verhindern oder zu kontrollieren, werden die europäischen Außengrenzen zunehmend verstärkt.

»Festung Europa« bedeutet dann, dass Nicht-Europäer_innen womöglich das Gesetz brechen – und entsprechend als Kriminelle behandelt werden können – einfach nur, indem sie anwesend sind.[74] Dies erfordert eine zunehmende Kontrolle der inneren und äußeren Räume Europas, um gesetzwidrige Anwesenheiten aufzuspüren und zu entfernen. Standardmäßig sind mit dieser Kategorie Bevölkerungen of Color gemeint, von denen er-

73 Während diese Position als völlig neues Phänomen definiert wird, das durch eine Globalisierung verursacht wird, die es nie zuvor gegeben habe, passt sie in Wirklichkeit perfekt in eine europäische Tradition der Wahrnehmung von rassifizierten Minderheiten, Juden, Rrom_nja, als »Nomaden ohne Wurzeln«, die nicht dazu im Stande sind, gänzlich europäisch zu werden.

74 Siehe European Council on Refugees and Exiles [ecre.org]: »People Flow: Migration in Europe«, open democracy dossier, [http://www.opendemocracy.net/people-migrationeurope/issue.jsp] letzter Zugriff: 13.10.2014.

wartet wird, dass sie ihre Zugehörigkeit nachweisen können. Dieser Beweis wird durch die Tatsache verkompliziert, dass viele Nachfahren von Arbeitsmigrant_innen keine EU-Staatsbürgerschaft haben, was ihre Lebensrealität als Europäer_innen in starken Kontrast zu den juridischen Systemen setzt, die auf ihrer Fremdheit beharren.[75] Im Alltag bedeutet das unter anderem, dass sie in ihrem Geburtsland immer wieder ihre Aufenthaltsberechtigung neu beantragen müssen – ein Antrag, der theoretisch jederzeit abgelehnt werden kann –, und dass sie jedes Mal ein Visum brauchen, wenn sie eine Grenze ins Nachbarland überqueren wollen. Somit sind diese Gruppen von »Ausländern« und jedes Individuum, dass durch Aussehen oder Wohnort ihnen zugerechnet wird, einer besonderen Form der Kontrolle unterworfen: Ihr Zugang zum europäischen öffentlichen Raum ist durch zahlreiche Beschränkungen geprägt. Sie müssen immer bereit sein, durch eine Reihe von Papieren zu belegen, dass ihre Anwesenheit in einem bestimmten Land, einer bestimmten Stadt, Nachbarschaft oder Straße rechtmäßig ist – eine Situation, die es sicherlich schwierig macht, sich zu Hause oder akzeptiert zu fühlen. Der italienisch-ägyptische Rapper Amir Issa, der einen italienischen Pass besitzt und in Torpignattara lebt, einem einkommensschwachen Vorort Roms, hierzu:

> »Ich fühle mich wie ein Fremder in meiner Nation. Das ist der Titel eines meiner Songs. Fremd in meinem Land. Denn, wenn die Polizei mich mit einem italienischen Freund auf der Straße anhalten würde, hielten sie mich definitiv eine halbe Stunde länger fest und machten Hunderte von Überprüfungen. Dann, nach 9/11, assoziieren sie auch noch einen arabischen Namen mit islamistischem Terrorismus und solchen Sachen« (Interview Gupta, AKI 2008).

Europäische Hierarchien rassifizierter Zugehörigkeit manifestieren sich in unzähligen Alltagsinteraktionen und -erfahrungen in öffentlichen Räumen. Das lastet als enormer Druck auf den Bevölkerungsgruppen ohne unhinterfragbare Bindungen ans »Europäischsein« und wird noch dadurch verschlimmert, dass sie regelmäßig nicht als Opfer, sondern als Täter dieses

75 Deutschland, Österreich, Italien und Schweiz praktizieren traditionell ein *Ius Sanguinis* (Blutrecht), welches »Blut«, d.h. Abstammung, zum einzigen oder primären Faktor für den Erhalt der Staatsbürgerschaft macht, was Einwohner_innen »fremden Blutes« für Generationen ausschließt. Nach dem Zusammenbruch des sowjetischen Imperiums kehrten eine Reihe osteuropäischer Länder zu ähnlichen Gesetzen zurück (Brubaker 1992). [In Deutschland wurde diese Gesetzgebung seit dem Jahr 2000 partiell geöffnet.]

Prozesses dargestellt werden (und dazu aufgefordert werden, sich als solche zu identifizieren). Verschiedene Formen »präventiver« Gewalt gegen die Marginalisierten sind die Folge, die jedoch von der Mehrheitsgesellschaft als Selbstverteidigung statt als Diskriminierung erfahren werden. Trica Keaton beobachtet dies im Zusammenhang mit der französischen Debatte um gewalttätige migrantisierte Jugendliche:

> »Der Diskurs um städtische Gewalt intensiviert diese Spannungen, wenn einer vermeintlich arglosen Öffentlichkeit suggeriert wird, dass sie letztendlich Vorstadt-Jugendlichen zum Opfer fallen werde, wenn diese nicht kontrolliert und in ihrer Bewegungsfreiheit eingeschränkt werden [...] [während] die miserablen Bedingungen, die für die vorstädtischen öffentlichen Wohnungen und Schulen im ›anderen Frankreich‹ typisch sind, nicht als eine Form von Gewalt verstanden werden.« (Keaton 2003, 194)

Strukturelle Gewalt gegen Minderheiten nimmt verschiedene Formen an; einige sind manchmal Thema öffentlicher Debatten, wie etwa rassistische Kontrollen durch die Polizei [*racial profiling*]. Andere bleiben völlig unsichtbar (und sind deshalb wohl noch wirksamer). Oft finden diese Formen der Gewalt im Kontext der Regulierung von Mobilität im »nationalen Interesse« statt. Denn die Kriminalisierung unregulierter Migration normalisiert Inhaftierungen immer mehr als eine rechtmäßige Form der Bevölkerungspolitik. Aus dem Diskurs um die Bedrohung durch illegalisierte Immigration folgt eine Praxis, die ungeniert den Zugang zu vollen Menschenrechten an Westlich- und Weißsein knüpft.[76] Gefangenschaft – sei es in Form von Internierungslagern für undokumentierte Migrant_innen (einschließlich anerkannter Flüchtlinge) oder eines zunehmend privati-

76 Asyl- und Immigrationsgesetze der Europäischen Union sind Teil der zunehmenden Verwendung von Gefängnissen und Internierungslagern als Form des Bevölkerungsmanagements. Inhaftierung basiert hier nicht auf individuellen Straftaten oder Gerichtsurteilen, sondern darauf, zur falschen Gruppe zu gehören, keine »rechtsmäßigen« Verbindungen zu privilegierten Räumen zu haben. Siehe European Council for Refugees and Exiles. 2008 kritisierte die UN-Menschenrechtskommission Deutschland für die Verletzung internationalen Rechts durch die Verweigerung des Rechts auf Bewegungsfreiheit für anerkannte ›Flüchtlinge‹, da es ihnen Unterkünfte zuwies, die sie aufgrund der Residenzplicht nicht verlassen durften. dpa (10.8.2007) »UNCHR wirft Deutschland in Flüchtlingsfrage Völkerrechtsbruch vor« [http://www.unhcr.de/fileadmin/rechtsinfos/fluechtlingsrecht/3_deutschland/3_2_unhcr_stellungnahmen/FR_GER-HCR_Wohnsitzauflage_072007.pdf] letzter Zugriff: 14.10.2014). Für eine Studie über illegalisierte Migrant_innen als postfordistische *homo sacer*, siehe Willenbücher 2007.

sierten europäischen Gefängnissystems, in dem migrantisierte Menschen alarmierend überrepräsentiert sind, oder einfach in der zunehmenden Einhegung von Minderheiten in bestimmten ausgewiesenen, isolierten Nachbarschaften wie den französischen *Cités* – erscheint als zutiefst rassifiziertes, verschwiegenes Gegenstück zu der viel gefeierten Mobilität und Leichtigkeit der Bewegung im neuen Europa.[77]

Dieses Missverhältnis offenbart sich besonders für eine Gruppe, der ein kleiner, aber wichtiger Teil von Europas minorisierter Bevölkerung angehört: Ausländer_innen, die in Europa geduldet sind – nach deutschem Aufenthaltsrecht bedeutet Duldung die »vorübergehende Aussetzung der Abschiebung« (§ 60a Abs. 2 AufenthG). In vielen westeuropäischen Staaten wurde Bürgerkriegsgeflüchteten aus Libanon, Afghanistan, Irak, Bosnien, Somalia oder Kosovo, die ihre Staatsbürgerschaft verloren als ihre Länder zerfielen oder entlang neuer Grenzen wieder zusammengesetzt wurden, häufig ein beschränktes und vorübergehendes Aufenthaltsrecht erteilt. Dieses Recht galt nur solange, bis es möglich wäre, die Menschen in ihre Heimatländer zurückzuschicken. Ihre Integration am vorübergehenden Wohnort wurde entsprechend nicht nur nicht gewollt, sondern aktiv verhindert.[78] Sie werden ausdrücklich im Namen eines Nachkriegskonzeptes kosmopolitischer »Gastfreundlichkeit« nach Europa hineingelassen, das grundlegende Men-

77 Im Juli 2008 vereinheitlichte die EU die Bestimmungen für die Inhaftierung illegalisierter Immigrant_innen (einschließlich Minderjähriger) und führte eine maximale Haftzeit von 18 Monaten in einem der 200 Haftzentren des Kontinents ein, in denen etwa 30.000 Inhaftierte leben (zwei der acht EU-Nationen, die früher keine Haftzeitbegrenzung hatten, Dänemark und Großbritannien, haben dem neuen Gesetz die Zustimmung verweigert). Obwohl Menschenrechtsorganisationen die Maßnahme für ihre Verletzung der Menschenrechte der Inhaftierten kritisieren, gab es wenig öffentliche Debatten darüber (Brothers 2008). In der Schweiz, die nicht Teil der EU ist, werden Asylgesetze regelmäßig verschärft: Bewerber_innen brauchen nun einen gültigen Pass; Geburtsurkunden oder Führerscheine werden nicht mehr akzeptiert. Dies stellt für viele bereits eine unmögliche Anforderung dar. Zusätzlich können »unkooperative« Asylbewerber_innen vor ihrer Abschiebung für bis zu zwei Jahren inhaftiert werden. Während sie Asyl beantragen, erhalten Geflüchtete hier weder staatliche Unterstützung noch dürfen sie arbeiten. In allen 26 Schweizer Kantonen gaben die Bürger_innen den Maßnahmen die nötige Unterstützung – am wenigsten (51%) in Genf, das den höchsten migrantischen Bevölkerungsanteil sowie die höchste Erwerbslosigkeitsrate der Schweiz hat (Zumach 2006, 10).

78 Das heißt, anders als politische Geflüchtete, erhalten Bürgerkriegsgeflüchtete unabhängig von ihrer persönlichen Geschichte Aufenthaltsrechte als Gruppe. Das bedeutet, dass sie keine Verfolgung nachweisen müssen; aber auch, dass sie niemals eine dauerhafte Aufenthaltserlaubnis bekommen können.

schenrechte heraussondern soll – in diesem Fall, das Recht, eine tödliche Kriegszone zu verlassen. Dieses setzt vorübergehend nationale und EU-Gesetze aus, indem der Gruppe ein einziges Recht, das Recht da zu sein, gewährt wird. Andernfalls würde diese Gruppe die Bedingungen, in die EU einreisen zu dürfen, nicht erfüllen. Und ihre vorübergehende Anwesenheit kann ausdrücklich nicht zum Erhalt von irgendetwas führen, das über dieses bloße Recht der Anwesenheit hinausgeht. Selbstredend unterliegt es völlig den empfangenden Staaten, zu entscheiden, was einen ausreichend tödlichen Bürgerkrieg darstellt und wann die Situation so ist, dass Menschen zurückgeschickt bzw. abgeschoben werden können. Trotz der Tatsache, dass die große Mehrheit der (Bürger-)Kriegsgeflüchteten von Ländern außerhalb des Westens aufgenommen wird, ist Europa stolz auf dieses System als eines der offenbarsten Zeichen dafür, dass die internationale Gemeinschaft unter westlicher Führung für das »Recht, Rechte zu haben« einsteht.

Obwohl die Gewährung einer »Aussetzung der Abschiebung« an sogenannte Kontingentflüchtlinge unter der unmittelbaren Bedrohung des Todes selbstverständlich enorm wichtig ist, ist es hilfreich sich den Kontext von Arendts berühmter Formulierung anzuschauen. In ihrem Elemente und Ursprünge totaler Herrschaft (1955), schrieb sie über die »Rechtlosen«:

> »Sein [des Staatenlosen] Leben, das unter Umständen durch private oder öffentliche Wohlfahrtsorganisationen über Jahrzehnte erhalten wird, verdankt er der Mildtätigkeit privater oder der Hilflosigkeit öffentlicher Instanzen, in keinem Falle aber hat er ein Recht darauf, da es kein Gesetz gibt, das die Nationen zwingen könnte, ihn zu ernähren. Seine Bewegungsfreiheit, die ohnehin erheblich eingeschränkt ist, gründet sich auf kein Aufenthaltsrecht, und Bewegungsfreiheit ohne Aufenthaltsrecht hat mit der Hasenfreiheit zu Zeiten der Jagd eine verzweifelte Ähnlichkeit. Seine Meinungsfreiheit erweist sich immer als eine Narrenfreiheit, weil das, was er denkt, für nichts und niemanden von Belang ist. [...] Der Verlust der Menschenrechte findet nicht dann statt, wenn dieses oder jenes Recht, das gewöhnlich unter die Menschenrechte gezählt wird, verlorengeht, sondern nur wenn der Mensch den Standort in der Welt verliert, durch den allein er überhaupt Rechte haben kann und der die Bedingung dafür bildet, daß seine Meinungen Gewicht haben und seine Handlungen von Belang sind.« (Arendt 1955/1986, 613)

Obwohl argumentiert werden könnte, dass Bürgerkriegsgeflüchtete, denen das vorübergehende Bleiberecht in Europa gewährt wird, den Raum absoluter Rechtlosigkeit verlassen, bedeutet dies nicht, dass sie in einen Raum des Rechtsbesitzes eintreten. Tatsächlich scheinen die Bedingungen ihrer vorübergehenden Anwesenheit genau so gestaltet zu sein, um sicherzustellen, dass sie ohne einen Standort in der Welt bleiben, der Meinungen Gewicht und Handlungen Belang verleiht. Dabei wird dafür gesorgt, dass sie völlig von der nationalen Gemeinschaft isoliert bleiben (das Recht, zu einer Form von politischer Gemeinschaft zu gehören, ist übrigens der zweite Aspekt, den Arendt als konstitutiv für das Recht, Rechte zu haben, herausstellte).[79] Obwohl es sich um eine verhältnismäßig kleine Gruppe handelt, ist ihre Situation in diesem Sinne nicht ganz so eine Ausnahme, wie ihr offizieller Status impliziert. Vielmehr symbolisiert ihre Situation in vielerlei Hinsicht den europäischen Versuch, Migrant_innen in einem ganz wörtlichen Sinne außerhalb von Zeit und Raum zu platzieren. Sogar wenn sie sich innerhalb der Nation befinden, verrückt der internalistische Impuls sie nach außerhalb. In der Bundesrepublik Deutschland, die die größten Kontingente aufnimmt, dürfen anerkannte Bürgerkriegsgeflüchtete weder arbeiten noch studieren, sodass Zahlungen des Wohlfahrtsstaates ihre einzige legale Einkommensquelle sind (Martens 2006). Diese Politik schafft schon auf kurzfristige Sicht eine schwierige Situation, doch wird sie unerträglich für jene, die Jahrzehnte mit dem rechtlichen Status der Duldung leben oder als Nachfahren von Bürgerkriegsgeflüchteten in den Flüchtlingsstatus hineingeboren werden und in der Folge staatenlos sind.

Während Kapitel 3 erkundet, wie die Spannungen zwischen Menschenrechtsdiskurs und Europas verdrängter Geschichte des (Neo)Kolonialismus

79 Arendt fährt fort: »Etwas viel Grundlegenderes als die in der Staatsbürgerschaft gesicherte Freiheit und Gleichheit vor dem Gesetz also steht auf dem Spiel, wenn die Zugehörigkeit zu der Gemeinschaft, in die man hineingeboren ist, nicht mehr selbstverständlich und die Nichtzugehörigkeit zu ihr nicht mehr eine Sache der Wahl ist oder wenn Menschen in die Situation gebracht werden, wo ihnen, falls sie sich nicht entschließen, Verbrecher zu werden, dauernd Dinge zustoßen, die ganz unabhängig davon sind, was sie tun oder unterlassen.« (613) »Daß es so etwas gibt wie ein Recht, Rechte zu haben – und dies ist gleichbedeutend damit, in einem Beziehungssystem zu leben, in dem man aufgrund von Handlungen und Meinungen beurteilt wird –, wissen wir erst, seitdem Millionen von Menschen aufgetaucht sind, die dieses Recht verloren haben und zufolge der neuen globalen Organisation der Welt nicht imstande sind, es wiederzugewinnen.« (614). [Üb.Anm.: Hannah Arendt hat ihr Hauptwerk *Elemente und Ursprünge totaler Herrschaft* in ihren beiden Denk-Sprachen verfasst. Die englischsprachige und die deutschsprachige Version unterscheiden sich inhaltlich deutlich mehr als es Übersetzungen ohnehin immer tun. Es handelt sich um zwei verschiedene Schriften.]

die Positionalität der muslimischen Minderheit des Kontinents prägt, möchte ich hier die konkreten Auswirkungen betrachten, die das Festgesetztsein im Niemandsland zwischen Rechten und Rechtlosigkeit auf minorisierte Jugendliche hat, die im (»Ausnahme«)Status der Duldung aufgewachsen sind (oder in ihn hineingeboren wurden). Die einzige Ausnahme der Regel der Nicht-Teilhabe gilt für Minderjährige, denen das internationale Menschenrechtsregime zumindest eine minimalen Schutz bietet, und die die Schule besuchen dürfen – was für sie jedoch nicht unbedingt der Weg in eine bessere Zukunft bedeutet, sondern im besten Fall ein Schritt auf dem Weg zum Erhalt von Sozialleistungen oder im schlimmsten Fall nur eine vorübergehende Unterbrechung vor der schlussendlichen Abschiebung:

> »Zeig mal deinen Pass, hieß es in der Schule. Dann musste ich stattdessen die Duldung vorlegen – ein Din-A4-Blatt, auf das irgendwie ein Foto geklatscht ist. Die Lehrer und Sekretärinnen wussten nicht genau, was sie damit anfangen sollten. Ich musste ihnen erklären, dass ich abgeschoben werden sollte.« (Osman Teken, in Martens 2006).

Jugendliche wie der 18-jährige Osman Teken, mit türkisch-libanesischem Familienhintergrund, leben in einer ausgesetzten Zeit, von Monat zu Monat, bis ihre Duldung wieder verlängert werden muss. Sie können nicht für die Zukunft planen, in die Uni gehen, eine Ausbildung machen, einen Job finden, nichts von dem, was als Teil des Erwachsenwerdens betrachtet wird. Zugleich werden ihnen erwachsene Verantwortlichkeiten aufgebürdet, die die üblichen Fähigkeiten eines Teenagers weit überschreiten. Denn oft bedeutet ihr Zugang zu öffentlichen Schulen, dass sie das einzige Familienmitglied sind, dass die nationale Sprache gut genug beherrscht, um mit den Behörden umzugehen: »Meine Freunde haben draußen Fußball gespielt, und ich war nur mit meinen Papieren beschäftigt, um die Abschiebung zu verhindern« (ebd.).

Die Situation der Jugendlichen beeinflusst zutiefst deren Beziehung zu Zeit, indem sie das normative Konzept der linearen Bewegung durch fortschreitende Phasen der Jugend in Richtung Erwachsensein infrage stellt. So werden sie zwangsläufig zu Abweichungen von dem Modellbürger, an dem alle »Ausländer« gemessen werden – Außenseiter in allen nationalen Kontexten, in denen zwangsläufig normative Zeitschienen für die nationalen Subjekte konstruiert werden. Hinzu kommt, dass es für sie gänzlich unmöglich ist, auf irgendeine Weise ihre Zukunft zu planen:

»Auf der Duldung steht: Darf nicht studieren, darf nicht arbeiten. Führerschein fällt auch weg. Man kann kein Konto eröffnen. Man darf gar nichts. Man darf zur Schule gehen, das ist das Einzige.« (Hassan Akkouch, in Martens 2006).

Auch gibt es eine grundlegende Auswirkung auf räumliche Beziehungen. Die europäischen Staaten versuchen, das Unvermeidbare zu verhindern, nämlich dass Menschen den Raum, in dem sie leben, zu ihrem »Zuhause« machen und somit werden, was sie nicht werden dürfen – Europäer_innen. Dieser Versuch bedeutet paradoxerweise, dass sie in einem sehr wörtlichen Sinne an einen beschränkten, festgesetzten Raum gebunden sind. Während ihres Aufenthalts – wie lang auch immer der sein mag – dürfen Geflüchtete die Grenzen des Landkreises nicht verlassen, dem sie ursprünglich zugewiesen wurden[80]: »Ich darf Berlin nicht verlassen, weil ich nur eine Duldung habe. Und das schon mein ganzes Leben« sagt Akkouch, der seit seinem zweiten Lebensjahr in Deutschland ist. Selbstverständlich ist dieser zugewiesene Ort nicht immer in einer Großstadt und die Isolierung von Geflüchteten in kleinen Dörfern kann verheerend sein (und manchmal unerwartete Solidaritäten schaffen). Doch sind Städte zu einer Quelle neuer Bündnisse zwischen kritischen Massen von Bevölkerungen geworden, die eher überflüssig gemacht werden als dass sie tatsächlich heimatlos sind.

Es ist der lokale Raum, meist die Stadt, der es rassifizierten Jugendlichen ermöglicht, ein Gefühl der Zugehörigkeit zu entwickeln, das eine Alternative zum Bild der Verlorenheit »zwischen den Kulturen« bietet. Das ist ein »desidentifizierender« Ansatz an Identität, in José Esteban Muñoz' Gebrauch des Wortes. Das heißt, es geht nicht um eine einfache Gegenidentifikation, sondern um ein Arbeiten mit den Überschneidungen und Verschiebungen, um »den dritten Modus, mit dominanter Ideologie umzugehen, einen, der sich weder entscheidet, sich in eine solche Struktur zu assimilieren, noch sich ihr völlig zu widersetzen. Vielmehr ist Desidentifikation eine Strategie, die an dominanter Ideologie und gegen sie arbeitet« (Muñoz 1999, 11). Die Positionalität der Jugendlichen außerhalb jeglicher anerkannter Kategorien der Zugehörigkeit gibt Judith Halberstams Konzeptualisierung von »Queerness als Ergebnis merkwürdiger Zeitlichkeiten« (Halberstam 2005, 1) eine neue Wendung. Hassan

80 Üb.Anm.: Aufgrund des enormen Widerstands gegen die Residenzpflicht in Deutschland, gilt sie in den meisten Bundesländern mittlerweile nicht mehr für den jeweiligen Landkreis, sondern für das ganze Bundesland.

Akkouchs Identifizierung mit seiner Heimatstadt Berlin bietet ein Beispiel dieser Strategie, in der ein offensiver Versuch, eine deutsche Identität für sich zu beanspruchen, welche die einzig mögliche, aber zugleich völlig unzugängliche nationale Identifikation darstellt, zugunsten des Anspruchs auf einen lokalen Raum verworfen wird, der weniger überdeterminiert ist als die Nation. Dieser Raum ist stattdessen offen für Anfechtungen und wird von einer Reihe von marginalisierten »Außenseitern« beansprucht, deren Verbindung keine natürliche ist, sondern eine strategische. Sie macht den Anspruch des Staates auf den urbanen Raum weniger verlässlich als seine nationale Hegemonie. So ist Akkouchs Identifizierung überhaupt nicht ungewöhnlich: »Wenn ich Türkiyelis in Berlin frage, wie sie sich identifizieren, dann antworten sie nicht mit ›Türküm‹ (Ich bin türkisch) oder ›Almanim‹ (Ich bin deutsch), sondern oft mit ›Berlinliyim‹ (Ich bin Berliner)« (Petzen 2004, 22).[81] Akkouch lebt in dauerhafter und akuter Gefahr der Abschiebung in den Libanon, ein ihm völlig fremdes Land – das bedeutet eine »merkwürdige Zeitlichkeit« für ihn, wenn es je eine gab. Doch wurde er lokal und mittlerweile national als versierter Hip-Hop-Künstler berühmt, der als talentierter Breakdancer seine Kunst als Mittel nutzte, um eine alternative Form der Gemeinschaft zu schaffen. Diese Gemeinschaft bot wiederum einen Rahmen, durch den er sich, wie Axiom First, in eine nationale Landschaft einfügen konnte, in der Jugendliche wie er noch immer völlig unsichtbar sind.[82]

Ohne damit die spezifischen Schwierigkeiten von Jugendlichen bagatellisieren zu wollen, die unter dem Status der Duldung aufwachsen, denke ich, dass die Situation der jungen Geflüchteten bloß eine extremere Variante des strukturellen Umgangs mit Migration darstellt, der prinzipiell die Situation migrantisierter Jugendlicher im Allgemeinen prägt. Die ärmsten Viertel, ob in den Vororten oder der Innenstadt, werden zunehmend der Bereich jener, die nicht wegkönnen. In den Worten eines Jugendsozialarbeiters

---

81 Eine Studie von 2009 über Muslim_innen in elf europäischen Städten zeigt, dass sie sich deutlich mehr mit ihren Heimatstädten als mit ihren Heimatländern identifizieren.

82 Akkouch und seine Geschwister sind Thema eines Dokumentarfilms, »Neukölln Unlimited«, der vom deutschen und französischen Fernsehen co-produziert wurde. Er hatte bei der Berlinale 2010 Premiere und gewann den »Gläsernen Bären« der Generation 14 Plus (Jugendprogramm) als Bester Dokumentarfilm [http://www.rbb-online.de/unternehmen/der_rbb/profil/preise/preise_2010/glaeserner_baer_fuer.html] letzter Zugriff: 14.10.2014.

in Kirchdorf-Süd, einem von Hamburgs ärmsten und multiethnischsten Stadtteilen: »Wer kann, zieht weg, was bleibt ist die ›Unterschicht aller Nationalitäten‹« (Kahlcke 2006, 24), die sich sowohl aus kürzlich Immigrierten als auch aus rassifizierten Migrantisierten zusammensetzt. In europäischen Diskursen werden urbane Zentren als Orte ethnischen Konflikts und sozialen Zerfalls porträtiert. Diese Viertel werden benutzt, um gängige Ängste um ökonomischen Abstieg und kulturelle Veränderung zu lokalisieren. Sie erscheinen [medial] als unkontrolliert wachsender Fremdkörper, als Vulkan, der immerzu kurz vor der Eruption steht. Aus der Perspektive ihrer jungen Bewohner_innen, scheinen diese Räume jedoch das Gegenteil darzustellen: verlangsamte Zeit, Stagnation, Langeweile, ein Mangel an Möglichkeiten und erdenklichen Zukünften. Ein Hamburger Jugendlicher sagt etwa: »Ghettos sind Orte, wo nie irgendetwas passiert« (Hieronymous 2001, 306). Vor diesem Hintergrund scheinen die französischen Aufstände viel weniger überraschend als die Tatsache, dass sie eine Ausnahme und nicht die Regel darstellen. Routinemäßig beschuldigt, außer Kontrolle, gewalttätig und gefährlich zu sein, internalisieren die meisten urbanen minorisierten Jugendlichen entweder diese ihnen begegnenden Spannungen oder sie drücken sie in weit komplexeren Weisen aus, als der Diskurs über sie es zulassen will.

Möglichkeiten der Erwerbsbeschäftigung sind rar, traditionelle Formen der Organisierung sprechen ihre Situation nicht an und die Herkunftsländer ihrer Vorfahren, die sowohl von Eltern als auch von »empfangenden Gesellschaften« oft als auch ihre Heimat betrachtet werden, sind ihnen weitgehend fremd. So ist die Stadt, das Viertel, weniger Ziel zerstörerischer Jugendgewalt als vielmehr ein Mittel, um Entfremdung und Ausschluss entgegenzuwirken, ein Gefühl von Zugehörigkeit zu schaffen, das zugleich weniger und mehr als die Nation umfasst. Während die Länder, in die sie hineingeboren wurden, sie weiterhin als Ausländer auf dem Weg zurück definieren, wird ihre Heimatstadt, ihr Viertel nicht nur eine alternative, sondern auch die einzig mögliche Quelle der Identifikation. Auf wichtige Weise ist diese lokale Identifikation jedoch ein Sprungbrett zu einem Zugehörigkeitsgefühl, das tatsächlich supranational ist und das erste Forum für den Ausdruck einer europäischen Minderheitenidentität bietet. Sowohl virtuelle als auch reale öffentliche Räume innerhalb lokaler Gemeinschaften bieten Erdung, während sie zugleich ihre Bewohner_innen mit einer größeren diasporischen Kultur verbinden. Dies fand ihren wichtigsten jüngeren Ausdruck in der Hip-Hop-Kultur, die die scheinbar isolierten, migrantisierten Jugendlichen in ganz Europa miteinander verband.

Hip-Hop als diasporische Lingua Franca

Von afroamerikanischen, karibischen und Latin@-Jugendlichen im New York der 1970er Jahre erschaffen, wurde Hip-Hop bald eine weltweite Bewegung. In Europa wurde sie zuerst von minorisierten und migrantischen Teenagern aufgegriffen, die sich leicht mit den US-Raps der alten Schule identifizieren konnten, die sich um Rassismus, Ausschluss und die Suche nach einem eigenen Platz drehten:

> »Als Schwarze amerikanische Künstler, wie NWA oder Run DMC, in unserer Welt einschlugen als wir Teenager waren – mit ihrer Haltung, mit einem gewissen Stolz, gegen das weiße rassistische Amerika, ihre Geschichte zurückforderten, ihren Stolz auf ihre Communitys. Das hat uns erschüttert. Zum ersten Mal waren da Leute, die aussahen wie wir, die frei sprachen [...] es war wie mit einem rot-glühenden Eisen gebrannt zu werden. Wir sind da immer noch nicht drüber weg.« (Hamé, *La Rumeur*, in Werman 2006, Min. 12:00-12:40)

Wie bereits ausgeführt, schuf eine Verbindung aus (post)kolonialen Migrationsmustern, ökonomischer Globalisierung und europäischer Vereinigung eine einheimische, europäische Bevölkerung of Color, die durch die Einschreibung essenzieller und kultureller Andersheit wirksam unhörbar gemacht wurde. Hip-Hop im Besonderen und der Diskurs der afrikanischen Diaspora im Allgemeinen waren unabdingbar für die Schaffung einer postethnischen, europäischen, diasporischen Identität unter ihnen. Der vergebliche Versuch, an etablierten politischen und (gegen)kulturellen Praktiken teilzuhaben, marginalisierte diese scheinbar unintegrierte und unpolitische »verlorene Generation«. In den 1980er Jahren wurde aber deutlich, dass Strategien, die für die Situation dieser urbanen Gemeinschaften relevant waren, weniger in europäischen politischen Traditionen oder postkolonialen Theorien mit ihrem Fokus auf vormals kolonisierte Territorien zu finden waren als in den Überlebensstrategien von Gemeinschaften der afrikanischen Diaspora in den Amerikas. Für die Minorisierten, die jene rassifizierte Andersheit verkörpern, die den automatischen Ausschluss aus den internalistischen Erzählungen Europas bedeutet – unsichtbar in einer fortschrittlichen europäischen Bewegung, deren Marxismus Rassismus nicht theoretisiert, und ausgeschlossen von struktureller Teilhabe in einem System, das sie als Außenseiter definiert –, wurde Alltagskultur, die innerhalb all dieser Diskurse als irrelevant abgetan wurde, zum Ort, an dem neue Formen des Europäischseins geschaffen und verhandelt werden konnten.

Mehr als alles andere, war es Hip-Hop, der als Katalysator europäischen Minorisierten diese Strategien zugänglich machte. Das Aufkommen einer europäischen Hip-Hop-Kultur ermöglichte den Schritt von einem lokalen zu einem translokalen Gemeinschaftsgefühl, indem sie Gemeinsamkeiten zeigte, die nicht auf ethnischen oder nationalen Identifikationen oder Zuschreibungen basierten, sondern stattdessen auf der geteilten Erfahrung rassistischer ökonomischer Ausgrenzung sowie auf ähnlichen Widerstandsstrategien in Europas urbanen Ghettos. Die Identifizierungen europäischer Jugendlicher mit Hip-Hop waren komplex und vielschichtig: von der Identifizierung der europäischen mit den amerikanischen rassistisch Marginalisierten zu der zwischen minorisierten Gemeinschaften in verschiedenen europäischen Ländern sowie zwischen verschiedenen ethnischen Gruppen im gleichen Wohnviertel. Hip-Hop war bereits eine Fusion verschiedener kultureller Traditionen und wurde nun durch Gruppen weiter adaptiert und kreolisiert, die sich unmittelbar mit seiner Botschaft in Beziehung setzten. Wie die französische Gruppe *La Rumeur*, erinnert sich auch Meli, MC der afrodeutschen *Skillz en Masse* an den dramatischen Effekt ihrer ersten Begegnung mit US-amerikanischem Hip-Hop:

> »Das fängt ja schon an, sobald man in Deutschland in die erste Institution reingerät, ob das nun der Kindergarten ist oder die Schule – man ist mit Ausgrenzung, Andersein, Schwarzsein konfrontiert. Und da hab ich Public Enemy gehört, hab mir die T-Shirts geholt – das war für mich eine Befreiung, ein Ventil, die Texte mitzurappen, die Energie zu spüren, die rüberkam, das hat mich einfach berührt. Das waren Leute, die waren neuntausend Kilometer von mir entfernt, und die haben Dinge gesagt, die für mein Leben hier in Deutschland relevant waren.« (Loh/Güngör 2002, 103)

Die Welle rassistischer Gewalt, die in den frühen 1990er Jahren über Europa rollte, politisierte viele junge Menschen of Color, die sich nicht mit den Politiken traditioneller migrantischer und antirassistischer Gruppen identifizieren konnten. Hip-Hop-Kultur schuf einen Rahmen, in dem europäische ethnisierte »(Un)Subjekte« zum ersten Mal eine Sprache schaffen konnten, durch die sie ihre spezifischen Erfahrungen ausdrücken, sich als autonom definieren und sich in Beziehung zu den Kämpfen der US-amerikanischen Gemeinschaften of Color setzen konnten, die die Vorbilder für europäische Rapper_innen, DJs, Breakdancer_innen und Graffiti-Künstler_innen hervorgebracht hatten. Ethnische migrantische Organisationen hatten die Unterschiede zwischen ethnisierten Gemeinschaften betont und homogene Gruppeninteressen geschaffen, die häufig nicht von der zweiten und dritten Generation geteilt wurden. Diese Künstler_innen beanspruchten nun hingegen eine Identität, die von der Mainstream-Gesellschaft völlig ignoriert wurde, die jedoch zu einem wachsenden Teil der Europäer_innen of Color unter 25 gehörte (und sich in der multiethnischen Zusammensetzung vieler früher Crews widerspiegelt): eine Identität von »nicht-traditionellen« Europäer_innen – Muslim_innen, Rrom_nja, asiatische oder Afroeuropäer_innen –, die mit einem sich vereinenden Europa konfrontiert waren, dass sie nicht in seiner neuen Gemeinschaft von Bürger_innen willkommen hieß. Junge europäische Künstler_innen imitierten das amerikanische Modell in Stil, Kleidung und Sprache, doch sie schufen allmählich eine kreolisierte unabhängige Hip-Hop-Kultur. Diese Unabhängigkeit vom US-amerikanischen Original schlug sich im Einbezug neuer musikalischer Traditionen nieder. Es entstanden Subgenres wie Oriental Hip-Hop, aber auch die Erkundung von Themen, die direkt die Situation europäischer migrantisierter Jugendlicher ansprachen. Hier boten geteilte Interessen und Erfahrungen – statt ethnischer Identität – das Material, aus dem Diskurse entstanden, die über Nationengrenzen hinausgingen.

Zentral für das Entstehen einer europäischen Hip-Hop-Community war in den späten 1980er Jahren der Übergang vom Englischen zum Rappen in den jeweiligen Muttersprachen der Künstler_innen. So paradox es scheinen mag, war die Diversifizierung der Sprachen wesentlich dafür, dass Hip-Hop eine europaweite politische Kraft wurde, die in einer Unabhängigkeitserklärung vom überwältigenden US-Paradigma mündete und europäischen Rapper_innen erlaubte, ihre eigenen Stimmen zu finden. Die tägliche Praktizierung von Hip-Hop schaffte Bündnisse innerhalb lokaler Wohnviertel. Regionale und internationale Treffen wie das Schweizer *Urban Skillz Festival* brachten die Erkenntnis, dass multiethnische Gemeinschaften in europäischen Städten einander ähneln. Dies schuf ein Bewusstsein einer entstehenden kontinentweiten Gemeinschaft, die eine legitime Präsenz in Europa darstellt. Was hier so wichtig war und durch Hip-Hop ermöglicht wurde, war ein Dialog, der unter und zwischen Minorisierten stattfand, statt einem, der sich an die Mehrheit richtete. Nachdem und weil dies geschah, konnten sie wiederum unter Anwendung von Hip-Hop als Kommunikationswerkzeug in nationale Diskurse intervenieren und ihren Ausschluss anfechten. Wie Axiom First, sprachen sie hierfür zudem aus der Position von Dazugehörigen, die das Recht haben, gehört zu werden. Der Rapper Black Tiger in Basel – der erste, der 1991 den Schritt zu schweizerdeutschem Rap machte – erinnert sich an die grenzüberschreitende linguistische wie geographische Dynamik, die in den frühen 1990ern zu einem fast vollständigen Wechsel zu muttersprachlichem Rap führte:

> »Frankreich war auch massgebend für uns. Ich war in Paris in 1987/88, da habe ich in einer Disco eine Rapgruppe gesehen, die hat auf französisch gerappt. Und das Publikum hat mitgerappt. Das war das Erlebnis. Die können die Texte – Wow! Das ist doch, was Rap sein sollte. Deshalb rappen wir ja, damit es das Publikum versteht – und reagiert – mit einem Gegenrap, wenn jemand nicht einig ist.« (Khazaleh 2000)

Das Auftreten von migrantisierten MCs, die auf Französisch, Italienisch oder Griechisch rappten, war auch ein pointierter Kommentar zu europaweiten Diskursen über die vermeintliche Unfähigkeit oder Unwilligkeit der zweiten Generation, die Sprache der Dominanzkultur zu sprechen. Die Aneignung der »Sprache der Unterdrücker« veränderte diese unwiederbringlich. Diese »Hybridisierung«, »Bastardisierung« europäischer Sprachen wurde von der Dominanzgesellschaft mit tiefster Ambivalenz aufgenommen (als ob Sprache nicht immer im Wandel wäre, veränderlich, neue Ausdrucksweisen aufnehmend und alte verwerfend). In jüngsten Diskussionen, wie der niederländischen über *Straattaal*, kehrt diese Ambivalenz wieder zu ihrem Ausgangspunkt zurück.

Hip-Hop fungierte als Lingua Franca, die es Migrantisierten ermöglichte, über ethnische Unterschiede und Sprachbarrieren hinweg ihre Gemeinsamkeiten zu erkunden. Zugleich ermöglichte der Schritt weg vom Englischen einen Fokus auf die europäische Situation, die sich teilweise grundlegend von der US-amerikanischen unterschied, aber vormals unbemerkte Ähnlichkeiten zwischen den europäischen Ländern aufzeigte. Dass Hip-Hop über das Verbale hinaus eine Sprache darstellt, spiegelt sich in den vielzähligen europäischen Kooperationen zwischen Crews, die sich nicht immer mit Worten verständigen konnten, sich aber mit denselben Themen beschäftigen. Der türkisch-deutsche Tachi von *Fresh Familee*, der den ersten je veröffentlichten deutschsprachigen Rap »Ahmed Gündüz« schrieb, erinnert sich, wie Europäer_innen of Color schon immer von Hip-Hop angesprochen wurden, selbst wenn sie den Text nicht verstanden:[83]

> »Ich denke, dass man sich gerade als Ausländer in einem sozialen Brennpunkt automatisch mit Hip-Hop identifiziert hat, allein wenn man nur den Rhythmus von Rap hört und merkt: da labert sich einer was von der Seele runter. Das hört man bei ›The Message‹ zum Beispiel sofort, auch wenn man kein einziges Wort verstehen konnte.« (Loh/Güngör 2002, 92)

Der kollektive kreative Prozess resultierte schließlich in einem Euro-Hip-Hop, der musikalische Einflüsse aus den USA und der Karibik mit jenen des Mittleren Ostens, Südasiens und Nordafrikas verband, der aber in Berlin, Belgrad oder Barcelona entstand und einen thematischen Fokus auf nationale Zugehörigkeit einführte, der als europäische Eigenart hervortritt.

Während die Mainstream-Zuhörer_innen europäischen Hip-Hop lange ausschließlich mit dessen »weiß-gewaschener«, kommerziell erfolgreicher Version in Verbindung brachten, gab es fortwährend eine lebendige Subkultur außerhalb des medialen Hypes. Deren Zentren lagen oft in der Nähe von US-Armee-Stützpunkten, wo die neuesten Importe zu hören waren. Ein Beispiel ist das Mitte der 1980er Jahre als eine der ersten deutschen Crews in Heidelberg gegründete Trio *Advanced Chemistry*, dessen Mitglieder haitianisch-, italienisch- und ghanaisch-deutsch waren und wahrscheinlich als Erste auf deutsch rappten (Loh/Güngör 2002). Ihr 1992 veröffentlichtes »Fremd im eigenen Land« ist ein Meilenstein in der Artikulierung einer europäischen Minderheitenidentität, die sie zu wichtigen Vertretern einer Version von Hip-Hop macht, die über die apolitische Spaßbotschaft kommerzieller europäischer Raps hinausgeht. Der Track, der von den Alltagserfahrungen von Deutschen mit afrikanischem oder migrantischem Hintergrund in einem wiedervereinigten Deutschland handelt, bleibt bis

83 »Ahmed Gündüz« von *Fresh Familee* wurde 1990 veröffentlicht. Das Lied reflektiert die Erfahrungen der ersten Generation Migrant_innen, ist von einem Mitglied der zweiten Generation geschrieben und führt eine dezidiert minorisierte deutsche Perspektive ein. Während des Großteils der 1980er Jahre rappten deutsche Hip-Hop-Crews ausschließlich auf Englisch. Die Einführung von deutschsprachigem Rap 1989 kann wohl der afro- und italienisch-deutschen Crew *Advanced Chemistry* zugeschrieben werden. Aber »Ahmed Gündüz« von *Fresh Familee* war der erste veröffentlichte und somit breit zugängliche Rap auf Deutsch. Siehe Loh und Güngör 2002.

heute eine der schärfsten und pointiertesten Reflexionen der Situation von Deutschen of Color:

> »All das Gerede von europäischem Zusammenschluss/fahr' ich zur Grenze mit dem Zug oder einem Bus/frag' ich mich warum ich der Einzige bin, der sich ausweisen muss,/Identität beweisen muss! [...] Das Problem sind die Ideen im System:/ein echter Deutscher muss auch richtig deutsch aussehen.« (Advanced Chemistry, »Fremd im eigenen Land«)

»Fremd im eigenen Land« zum ersten Mal zu hören, taucht wieder und wieder in den Erzählungen junger deutscher Rapper_innen of Color als Moment des Erwachens und der Inspiration für ihre eigenen Karrieren auf (Loh/Güngör 2002; Krekow/Steiner 2000). Für viele von ihnen zeigte *Advanced Chemistry*, dass Rap eine Form von politischem Aktivismus sein konnte; und zwar eine, die genau zu ihrer Situation passte: Hip-Hop schuf zum ersten Mal ein breites Forum des Ausdrucks und des Austauschs, das Interaktionen zwischen Minorisierten förderte, die sich ihrer Situation bewusst wurden. Linguist von *Advanced Chemistry* formulierte das 1993 folgendermaßen:

> »In Deutschland gibt es Minderheiten. Es gibt Minderheiten mit einem deutschen Pass. Ich zum Beispiel, ein Schwarzer Deutscher. Es gibt in diesem Land Minderheiten ohne deutschen Pass. Das sind Türkisch-Deutsche – ich sage bewusst Türkisch-Deutsche – das sind Jugoslawisch-Deutsche, Marokkanisch-Deutsche, wer auch immer. Aber wir gehören alle zusammen. Uns begegnet allen Rassismus, doch ich habe Glück, weil ich nicht aus dem Land geschmissen werden kann. Andererseits gibt es keine Gesetze, die meine Rechte als Minderheitenangehöriger schützen.« (Linguist 1993, 16)

Diese Aussage mag simpel erscheinen, doch war sie in deutschen Diskussionen sowohl neu als auch überaus umstritten. *Advanced Chemistry* – deren Praxis von der afrodeutschen Bewegung der 1980er Jahre geprägt war, auf die ich im nächsten Kapitel eingehe – handelte sich Angriffe von allen Seiten ein mit der Behauptung, dass es nach 1945 deutschen Rassismus gab, dass Deutschland überhaupt Minderheitenbevölkerungen hatte und dass diese Minderheiten ähnliche Bedingungen (und womöglich einen gemeinsamen Kampf) teilten:

> »Das Verrückte ist, dass wir natürlich von Leuten kritisiert werden, die uns ideologisch widersprechen, Konservative. Klar kommen die nicht darauf klar,

einen Schwarzen Typ zu sehen, der seinen grünen Pass hochhält und offensiv behauptet, deutsch zu sein. Andererseits, und das ist das Verrückte, glauben Leute, die sich für fortschrittlich halten, dass wir uns von jenen Minderheiten distanzieren wollen, die keinen grünen Pass haben. Diese Anschuldigung kam sehr oft.« (Linguist 1993, 16)

Das Einvernehmen zwischen Konservativen, für die nicht-weiße Menschen zwangsweise aus der deutschen Kategorie heraus- und in die migrantische Kategorie hineinfielen, und einer Linken, deren Solidarität mit »Migranten« keine Reflexion über ihre eigene essenzialistische Definition von Deutschsein beinhaltete, wurde durch die Ideologie der Rassenlosigkeit ermöglicht. Diese ließ nicht nur die geteilten rassifizierten Konzepte von nationaler Zugehörigkeit ununtersucht, sondern machte auch Verletzungen des Schweigekodexes, wie jene durch *Advanced Chemistry*, unakzeptierbar – gerade weil sie ein Paradox schufen: Ausgeschlossene, die darauf beharren, aus der Position von Dazugehörigen zu sprechen. Zugleich zeugt der Kultstatus, den »Fremd im eigenen Land« in der Hip-Hop-Gemeinschaft erlangte, und die Zahl der Lieder zu ähnlichen Themen von der wachsenden Anfechtung der Ideologie der Rassenlosigkeit – und vom Erfolg der Schaffung einer Gegenöffentlichkeit durch Hip-Hop, in der Probleme erkundet werden konnten, die in Mainstream-Diskursen unsprechbar waren bzw. gemacht wurden.

Dies war zudem kein ausschließlich deutsches Phänomen, wie ähnliche Diskurse in ganz Europa zeigen. 2006 veröffentlichte der italienische Rapper Amir ein Stück mit dem gleichen Titel »Straniero nella mia nazione«, das mehr als ein Jahrzehnt nach der Veröffentlichung von *Advanced Chemistrys* »Fremd im eigenen Land« ähnliche Empfindungen zum Ausdruck bringt. Auch für Amir beginnt die Identifikation mit dem Land in einer lokalen Gemeinschaft, die alles repräsentiert, was in dominanten Konzepten von Zugehörigkeit abwesend ist:[84]

»Es gibt eine Mischung in dieser Wohngegend, die mich wirklich beeinflusst und inspiriert hat. Ich fühle mich in gewisser Weise als Vertreter dieser Realität. Ein Sprecher für die Kinder von Immigrierten, für die zweite Generation, die in Italien geboren ist. Wir sind italienisch. Wir fühlen italienisch. Doch wegen unserer Nachnamen, wegen unseres Äußeren, werden wir von Italiener_innen nicht als hundertprozentig italienisch behandelt.« (Interview Gupta, AKI 2008)

84 Vielen Dank an Alessandra di Maio für den Hinweis auf diesen Künstler.

Und Mike Samaniego, italienischer MC mit chinesisch-philippinischem Familienhintergrund, fügt hinzu: »Amir und ich haben Dinge gemeinsam. Er ist der Sohn eines Immigrierten und ich bin der Sohn von zweien. Was uns verbindet, ist Rap und dessen Botschaft. Auch wenn wir unterschiedlich aufgewachsen sind, arbeiten wir dennoch zusammen, weil wir Dinge gemeinsam haben« (ebd.). Über den Kontinent hinweg erreichte Hip-Hop einen großen Teil der zweiten und dritten Generation, die nicht durch traditionellen politischen Aktivismus mobilisiert wurde. Und der verspätete Medien-Boom über Rap in den frühen 1990er Jahren brachte diese Gruppe und ihre Ansichten zum ersten Mal ins Bewusstsein der Dominanzgesellschaft.

Die zentrale Rolle afroamerikanischer Produktionen in der internationalen Popkultur des zwanzigsten Jahrhunderts ermöglichte die Übersetzung und Aneignung von Codes, die innerhalb der US-Gemeinschaften entwickelt worden waren. Diese Aneignung der US-Erfahrung bringt jedoch auch Probleme mit sich. Die Gefahr eines, von George Lipsitz so genannten, strategischen Antiessenzialismus (Lipsitz 1994) liegt in der Verwendung afroamerikanischer Kultur als bloßer Folie, gegen die eine neue europäische Minderheitenidentität konstruiert werden kann. Erstere wird so auf einen essenzialistischen Zustand reduziert, von dem aus keine Weiterentwicklung oder interne Widersprüchlichkeit möglich ist. Zudem ist die Solidarität, die Hip-Hop zwischen verschiedenen rassifizierten Gemeinschaften hergestellt hat bestenfalls fragil – wie Oliver Wang für die US-Situation beobachtet:

> »Der Wunsch, sich mit den expliziten Identitätspolitiken des Hip-Hops zu identifizieren, kann Grundlage für den *Anfang* eines potenziellen Dialogs zwischen verschiedenen Gruppen bieten. Er hat das *Potenzial*, die Kluft zu überbrücken, die durch historische Strukturen der Ungleichheit zwischenmenschlicher Konflikte entstanden sind. Offensichtlich garantieren diese Dialoge nicht das Erreichen ›emanzipatorischer Zwecke‹, einfach auf der Grundlage der Absicht. Doch sie sind ein Versuch, Brücken zwischen den Gemeinsamkeiten von Gemeinschaften zu bauen, die lange Geschichten der Entrechtung und Marginalisierung teilen.« (Wang, in Raphael-Hernandez/Steen 2006, 158)[85]

85 Für ein europäisches Beispiel dieser Dynamik siehe etwa die Kontroverse um die deutschen *Brothers Keepers*, ein Kollektiv erfolgreicher Hip-Hop-Künstler, die explizit als Schwarze deutsche Aktionsgruppe gegründet wurden, die ihre Musik nutzt, um auf rassistische Gewalt in Deutschland aufmerksam zu machen und

Einige Crews von minorisierten Europäer_innen bemühten sich wenig, sich mit den Gemeinschaften zu verbinden, aus denen Hip-Hop stammt. Für andere ist die Wiederaneignung einer verdrängten Vergangenheit entscheidend in der Konstruktion einer offenen, inklusiven Gruppenidentität, die auf gemeinsamen Interessen und Erfahrungen basiert statt auf gemeinsamem ethnischen Ursprung. Für sie ist ein Verständnis von Geschichte notwendig, um sich der Marginalisierung und Stereotypisierung durch die Mehrheit entgegenzustellen. *Advanced Chemistry* verbinden sich im Umschlagtext zu ihrer zweiten Single »Welcher Pfad führt zur Geschichte« von 1993 ausdrücklich mit einer städtischen US-diasporischen Tradition, der sie neue Mitglieder hinzufügen:

> »Alle Aktiven im heutigen Hip-Hop, ob in Bremerhaven oder Brooklyn, handeln in der Tradition der Zulu Nation, egal ob er oder sie das zugeben oder nicht [...] In New York wurde diese Kultur vor allem von AfroamerikanerInnen, JamaikanerInnen, HaitianerInnen, PuertorikanerInnen initiiert [...]
> Es ist kein Zufall, sondern liegt an ihrem rebellischen Inhalt, dass sich in Deutschland viele Schwarze Deutsche, türkische und kurdische, jugoslawische, Roma und Sinti, von dieser Kultur angezogen fühlen und Hip-Hop machen [...] Die Botschaft sollte klar sein: [...] Wir gehen unseren eigenen Weg!«[86]

---

antirassistische Netzwerke zu unterstützen. Die klare Identifikation der Gruppe mit einer Schwarzen deutschen Position wurde nicht nur von weißen Kritiker_innen hinterfragt, sondern auch von nicht-Schwarzen Hip-Hop-Künstler_innen of Color, was Spannungen zwischen verschiedenen minorisierten Gemeinschaften in der deutschen Hip-Hop-Szene und der Gesamtgesellschaft widerspiegelt (El-Tayeb 2004).

86 Die *Zulu Nation* wurde 1973 vom Hip-Hop-Aktivisten Afrika Bambaataa als Jugend-Selbsthilfe-Organisation in der New Yorker South Bronx gegründet. Ihre Botschaft verbreitete sich mit dem internationalen Aufstieg des Hip-Hop und die *Zulu Nation* hat heute weltweit Ortsgruppen, die versuchen, unter heutigen Hip-Hop-Fans ein Bewusstsein für die Geschichte und politische Botschaft dieser Kultur zu schaffen. Die *Zulu Nation* bot ein Mittel für Schwarze europäische Hip-Hop-Aktivist_innen, sich mit der transnationalen Schwarzen Diaspora und mit ihrem afrikanischen Erbe in Beziehung zu setzen. Doch schien sie es auch für Muslim_innen einfacher zu machen, ihren Glauben in die Hip-Hop-Kultur einzubringen. Cozkun (aka Tuff Kid), Breakdancer der *Baseler City Attack*, formuliert ein nicht ungewöhnliches Gefühl: »Die Zulu-Nation ist auch vom Islam beeinflusst und wendet sich dagegen, dass man nur ans Business denkt. Africa Bambaata holte früher mit Hip-Hop Leute von der Straße. Statt mit Fäusten sollte man sich im DJ-en, Rappen, Breaken und Sprühen messen. Man sollte positiv denken, kein Schweinefleisch essen, nicht lügen, kein Alkohol und keine Drogen nehmen. Da gibt es viele Ähnlichkeiten mit dem Islam.« (Khazaleh 2000).

Die Aneignung von Hip-Hop in Europa ermöglichte die Schaffung einer bemerkenswert fließenden Bewegung, die eine Gemeinschaft bildete, die den scheinbar unvermeidlichen Rückzug in einen Essenzialismus zwischen »wir« und »sie« vermeidet. Dies tut sie nicht durch die Verleugnung grundlegender Unterschiede, die durch europäische Gesellschaften verlaufen, sondern durch das Beharren darauf, dass diese Unterschiede benannt und aufgedeckt werden können. Hip-Hop wurde für marginalisierte Jugendliche zum Mittel, um die Straßen der von ihnen bewohnten Städte für sich einzufordern – in einem ziemlich wörtlichen Sinne, durch Breakdance und Graffiti, jenen Elementen von Hip-Hop, die am wenigsten kommerzielle Anerkennung erfuhren und in denen die Überzahl minorisierter Jugendlicher besonders deutlich war (Khazaleh 2000). Diese Bewegung bot einen Weg außerhalb der Dichotomie von Kulturen und Nationalitäten, die Diskurse um Migration bis dahin geprägt hatte. Und sie schuf einen Raum für jene, die »lange Geschichten der Entrechtung und Marginalisierung teilen« – die innerhalb dieser binären Strukturen unhörbar gemacht wurden, weil sie sie durch ihre bloße Existenz infrage stellen. Um Kapitel 1 abzuschließen, werde ich zu den Dynamiken zwischen Erinnerung und Amnesie, umkämpften öffentlichen Räumen und Konzepten europäischer Vergangenheit und Identität zurückkehren, die die übergreifenden Motive dieses Kapitels waren. Ich untersuche ihr Potenzial im Kontext europäischer Hip-Hop-Kultur, indem ich eine Perspektive anbiete, die die oft gewollt fragmentierten Elemente europäischer Nachkriegsgeschichte verknüpft und mit deren internalistischer Konzeption bricht, indem ich gegenwärtige minorisierte Identität an der Schnittstelle von Zweitem Weltkrieg, Kolonialismus, Arbeitsmigration und Politiken des Kalten Krieges situiere.

Das Pariser Massaker 1961 und seine Nachwehen

Im oft proklamierten Streben nach einer europäischen Identität des einundzwanzigsten Jahrhunderts erscheint es als dringende Aufgabe, den Einfluss vernachlässigter Aspekte von Europas Geschichte zu erkunden – und mehr noch deren untrennbare Verknüpfungen mit den grundlegenden Elementen von Europäischsein. Eine solche Untersuchung würde zwangsweise erfordern, nationale Geschichten aus eben jener transnationalen und interdisziplinären Perspektive neu zu bewerten, derer es für die Schaffung einer »postnationalen« Positionalität bedarf. Obwohl ich diese Neubewertung hier nicht vornehmen kann, möchte ich kurz ihr Potenzial verdeutlichen, indem ich verschiedene mögliche Einstiegsmomente in diese Geschichte im vergangenen Dreiviertel-Jahrhundert aufzeige: etwa 1945, 1989, 2001, und – vielleicht weniger offenbar – 1961. 1961 war das Jahr des Eichmann-Prozesses in Jerusalem und markierte das Ende der »Nachkriegs«zeit und den Beginn einer Neubewertung des Holocaust; es war auch der Anfang der heißen Phase des Kalten Krieges, symbolisiert im Bau der Berliner Mauer und in der gescheiterten Schweinebucht-Invasion. Auch unterzeichnete im selben Jahr die westdeutsche Regierung einen »Gastarbeiter«vertrag mit der Türkei, der die heute größte ethnische und religiöse minorisierte Gruppe nach Europa brachte – eine Gruppe, die dennoch als Repräsentantin von allem wahrgenommen wird, das *nicht* europäisch ist. Schließlich war 1961 das Jahr, in dem mehr als einhundert protestierende Algerier in den Straßen von Paris von der französischen Polizei ermordet wurden (ein Ereignis, in dem das Massaker der französischen Armee an algerischen Zivilisten am 8. Mai 1945 widerhallt). Dem Massaker wird selten gedacht, was für die Verdrängung europäischer Kolonialgeschichte kennzeichnend ist. Die Ereignisse im Jahr 1961, die alle in verschiedenem Maße – aber nie gemeinsam – erinnert werden, könnten als Symbol der Verknüpfung zwischen Kolonialismus, Zweitem Weltkrieg, Politiken des Kalten Krieges, Kosmopolitanismus und Migration gesehen werden, die in Diskussionen über die einzelnen Themen regelmäßig ausgelassen wird. Ich werde kurz erörtern, wie ein solcher inklusiver Ansatz in Bezug auf die Nachkriegsgeschichte konzeptualisiert werden könnte, indem ich ein unwahrscheinliches Beispiel in den Blick nehme: Ein acht Jahre währendes Gerichtsverfahren, das Nicolas Sarkozy gegen die Hip-Hop-Gruppe *La Rumeur* anstrengte, die er der öffentlichen Diffamierung der französischen Polizei in Verbindung mit dem Massaker von 1961 beschuldigte.

1961 hatte der Unabhängigkeitskrieg in Algerien bereits sieben Jahre lang gewütet. Die französische Unterdrückung der Zivilbevölkerung wurde zunehmend brutaler. Trotz des weit verbreiteten Widerstands gegen die französische koloniale Besatzung, weigerte sich die französische Regierung in Paris, den Konflikt als Krieg zu betrachten und stellte ihn stattdessen als eine »Operation öffentlicher Ordnung« gegen eine terroristische Gruppe dar. Eine der Auswirkungen dieser Strategie war das französische Beharren, dass gefangene »Terroristen« nicht durch die Genfer Konvention geschützt seien, was Frankreich ein zunehmend normalisiertes Folterregime ermöglichte.[87] Dieses Regime hatte nicht nur in ihrer Heimat direkte Auswirkungen auf Algerier, sondern auch in Frankreich. In Reaktion auf einen Angriff der *Front de Libération Nationale* (FLN), der drei Pariser Polizisten tötete, nahm die französische Polizei im Jahr 1958 mehr als 5.000 in Frankreich lebende Algerier_innen (oder Menschen, die dafür gehalten wurden, einschließlich Marokkaner_innen, Tunesier_innen oder südeuropäischer Immigrant_innen) fest und inhaftierte sie in Zentren, die während des Zweiten Weltkriegs zum gleichen Zweck von der Vichy-Regierung genutzt wurden. Die Razzien und Inhaftierungen wurden über die kommenden Jahre fortgesetzt. Schließlich waren mehr als 11.000 Menschen vorübergehend inhaftiert, und im Oktober 1961 wurde in Paris eine spezielle Ausgangssperre für Algerier_innen eingeführt. Die Maßnahme veranlasste einen Protest am 17. Oktober, an dem geschätzte 30.000 Menschen teilnahmen, die meisten davon Algerier_innen. Die Polizei griff die Demonstration an, schoss in die Menge und warf Hunderte von Teilnehmenden in die Seine (oft, nachdem sie sie ohnmächtig geschlagen oder ihnen Handschellen angelegt hatte). Andere wurden in Polizeistationen zusammengetrieben und geprügelt, viele zu Tode. Die Zahlen sind noch immer umstritten, doch mindestens 200 tote Zivilist_innen scheint eine sichere Schätzung zu sein (Greisalmer 2002).

Die Polizeikräfte, die diese Gräuel verübten, handelten auf Anweisung von Maurice Papon, der von 1949 bis 1958 Polizeipräfekt der algerischen Provinz Constantine gewesen war.[88] 1958 wurde Papon zum Polizeichef von Paris ernannt, wo er schnell ein Zentrum zur Identifizierung in Algerien geborener französischer Staatsbürger sowie eine Spezialeinheit einrichtete. Diese bestand großteils aus gegen die FLN gerichteten Algeriern, die unter Papons Befehl Folter durchführten und Menschen »verschwinden« ließen (das »Verschwinden« des marokkanischen Oppositionsführers Mehdi Ben Barka führte 1967 schließlich zu Papons erzwungenem Rücktritt; siehe Gallisot 2005). Papon wurde für seine Rolle als Polizeipräfekt in Algerien oder Polizeichef in Paris nie strafrechtlich verfolgt. Im Gegenteil erhielt er als Protégé von Charles de Gaulle 1958 die *Médaille de la Résistance* und

87 Die Strategie, kolonialen Konflikten den Status offizieller Kriege und den damit einhergehenden Verhaltenskodex zu verweigern, verfolgt(e) nicht nur Frankreich (und nicht nur zur Kolonialzeit).

88 Ausgenommen hiervon ist der Zeitraum von 1954 bis 1956, als Papon Generalsekretär des Protektorats Marokko war.

wurde 1961 Mitglied der Ehrenlegion. Nach seinem erzwungenen Rücktritt als Polizeichef setzte Papon erfolgreich seine Karriere fort – sowohl politisch als Provinzbürgermeister als auch im Privatsektor als Präsident der Firma, die das erste Concorde-Flugzeug baute. Bis im Jahr 1981 schließlich bestätigt wurde, dass die Verbindung zwischen kolonialer und Metropolen-Gewalt, die Papon personifizierte, nicht erst nach dem Zweiten Weltkrieg in Algerien begann, sondern vielmehr bereits im französischen Vichy in den 1940er Jahren. Als Generalsekretär der Präfektur von Gironde und Inspektor des dortigen ›Dienst für Jüdische Fragen‹ war Papon für die Deportation von mehr als 1.500 jüdischen Männern, Frauen und Kindern verantwortlich (Whitney 2007).

Papons Fähigkeit, bis 1997 den Prozess zu vermeiden, sein Schutz durch hochrangige französische Politiker, seine Freilassung aus dem Gefängnis nach weniger als drei Jahren, nachdem er dann schließlich 1999 verurteilt worden war (in einem Prozess, in dem er sich beharrlich selbst als Opfer darstellte), und seine Beerdigung 2007 mit vollen Ehren der französischen Legion zeigen auf drastische Weise eine »verwerfliche Amnesie«. Diese, so beharrt Susan Suleiman richtigerweise, besteht in Europa hinsichtlich der Verbrechen des Holocaust fort, obwohl dieser eine zentrale Rolle im europäischen »kollektiven Gedächtnis« einnimmt (Huyssen 2005; Assmann 2007; Novick 2007). Und auch wenn Papons Karriere extrem gewesen sein mag, so war sie keineswegs ein Einzelfall. Viele der Polizisten, die am Massaker 1961 beteiligt waren, hatten tatsächlich bereits im Vichy-Frankreich gedient. Im extrem antikommunistischen Klima des Kalten Krieges schien es einem Nachkriegsfrankreich, das ein Bild nationalen Widerstands kultivierte, sicherer, sich auf Kollaborateure mit Nazideutschland zu verlassen als auf Widerstandskämpfer, die oft auch Mitglieder der Kommunistischen Partei gewesen waren (de Gaulle war sich über Papons Vergangenheit völlig im Klaren, als er ihm die Médaille de la Résistance verlieh).

Maurice Papons Karriere liefert ein besonders deutliches Argument gegen das internalistische Narrativ Europas: Wie am prominentesten Arendt und Césaire argumentiert haben, wurde die entmenschlichende Gewalt aus dem kolonialen Kontext durch den Nazistaat nach Europa zurückgebracht (und die weit verbreitete Kollaboration mit den deutschen Besatzern in vielen europäischen Ländern – noch immer ein großes Tabuthema – wurzelte nicht nur in heimischem Antisemitismus, sondern zudem in einem wissenschaftlichen Rassismus, den der Kolonialismus populär gemacht hatte).

Diese Gewalt wurde als Reaktion auf die Unabhängigkeitsbewegungen, die nach Kriegsende an Boden gewannen, in den kolonialen Kontext zurückgetragen (durch amtliche Politiken sowie die weit verbreitete Nutzung der französischen Fremdenlegion, einer Söldner-Armee, die einen sicheren Hafen für viele ehemalige Nazis und Kollaborateure bot; siehe Baer 1999). Sie kehrte dann durch die Art der Behandlung (post)kolonialer migrantischer Bevölkerungen wieder in die Metropole zurück. Diese Verbindungen werden in europäischen Diskursen noch immer beharrlich verdrängt. Jedoch steigt der Druck mit dem Wachsen einer migrantisierten Bevölkerung, die daran interessiert ist, ihren marginalisierten Status mit der Behandlung ihrer migrantischen Eltern und Großeltern in Beziehung zu setzen. In den letzten Jahren fordert eine multiethnische, »konter-amnestische« (Yoneyama 2003) Bewegung die Weißwaschung von Europas Geschichte heraus. Im Falle Frankreichs und der Ereignisse von 1961 besteht dieses Kollektiv aus jüdischen, maghreb-französischen [*beur*] und algerischen Aktivist_innen, Historiker_innen, kommunistischen und sozialistischen Parlamentarier_innen sowie Hip-Hop-Aktivist_innen.

2002 – drei Jahre nachdem die französische Regierung schließlich anerkannte, dass der algerische »Konflikt« tatsächlich ein Krieg gewesen war (was implizit auch die Möglichkeit zulässt, dass Kriegsverbrechen begangen wurden); Jahrzehnte nachdem Tausende algerischer Arbeiter_innen und ihre Familien nach Frankreich gezogen waren, wo sie in provisorischen Wohnsiedlungen untergebracht wurden, die zu dauerhaften Ghettos wurden; und wenige Monate, nachdem der sozialistische Pariser Bürgermeister Bertrand Delanoë eine Plakette zum Gedenken des Massakers von 1961 enthüllte (Mitglieder der konservativen Parteien und der Polizeikräfte boykottierten die Veranstaltung) – veröffentlichte die Hip-Hop-Crew *La Rumeur* aus dem Pariser Vorort Élancourt ihre erste CD, »L'Ombre sur la Mesure«. Die CD wurde von einem Zine begleitet, in dem eines der Gruppenmitglieder, MC Hamé (aka Mohamed Bourokba), den Artikel »Insécurité sous la plume d'un barbare« (Unsicherheit unter der Feder eines Barbaren) publizierte. Es handelt sich um eine anspruchsvolle Analyse, die koloniale Unterdrückung, Ausbeutung migrantischer Arbeitskraft, Polizeigewalt und das Sündenbockprinzip, das im Namen der »Null-Toleranz-Politik« und des »Kriegs gegen den Terror« gegen verarmte urbane Gemeinschaften of Color genutzt wird, miteinander verknüpft und ein raues Bild des Lebens in den *Cités* zeichnet. Der Vorwurf der Polizeigewalt und der Bezug zu den

Ermordungen von 1961, die im Text beide als Ausdruck von strukturellem Rassismus beschrieben werden, motivierte den damaligen Innenminister Nicolas Sarkozy, ein Gerichtsverfahren wegen »Verleumdung der nationalen Polizei« gegen Hamé einzuleiten (Brown 2008).

Während Hamé nicht der einzige französische Rapper of Color ist, der für die Beschmutzung von Frankreichs Image vor Gericht gebracht wurde (Brown 2008), scheint dies hier sehr eindeutig eine Angelegenheit der »Archivmacht« zu sein. Das heißt, der »Macht, zu definieren, was ein seriöses Forschungsobjekt und somit erwähnenswert ist und was nicht« (Trouillot 1995, 99). Hamés Verteidigung agierte entsprechend und bat Historiker_innen und Soziolog_innen, über die Ereignisse des 17.Oktober 1961, die Verbindungen zwischen Vichy und den Polizeikräften der Fünften Republik sowie über die Verdrängung beider Geschichten auszusagen; ein Lehrer aus den *Cités* sprach über die täglichen Polizeischikanen, denen seine Schüler_innen ausgesetzt waren; Crew-Kollege Ekoué betonte, dass Hamé für alle von *La Rumeur* sprach und ein »Rap-Experte« verortete den politischen Rap der Gruppe in einer französischen Tradition von Protestmusik (Brown 2008). Die Staatsanwaltschaft tat nicht viel, um den Aussagen der Verteidigung etwas entgegenzusetzen (außer sie verleumderisch zu nennen) und Hamé wurde 2003 freigesprochen. Das Innenministerium, nun von Dominic de Villepain geführt, legte jedoch Rechtsmittel ein und so fand 2004 bereits der Berufungsprozess statt. Die Richter bestätigten das Urteil, doch die Regierung entschied sich, in die nächste Instanz zu gehen. Als 2006 der nächste Prozess stattfand, hatte es die Aufstände von 2005 gegeben und Nicolas Sarkozy war Präsident der französischen Republik geworden. Die Staatsanwaltschaft hob in der Anklage darauf ab, dass *La Rumeur* gewalttätiges Verhalten unter ihren jungen Zuhörer_innen in den Vororten anfachen würden, und spiegelten so die in der Öffentlichkeit gängige Meinung. Diese Strategie änderte jedoch weder das Prozessergebnis noch die Entschlossenheit des Staates, bis ans bittere Ende zu gehen. 2010 wurde Hamé, dessen Aussagen mit den wachsenden Beweisen seit Prozessbeginn an Substanz gewonnen hatten, endgültig freigesprochen. Da hatte der Prozess den Rapper allerdings bereits mehr als 20.000 Euro gekostet.

Die Ereignisse um die Veröffentlichung von *La Rumeur* im Jahr 2002 sind nicht nur wegen des Beharrens der Regierung bemerkenswert, eine Strafsache gegen den MC einer Untergrund-Hip-Hop-Crew durchzudrücken. Auch können sie nicht ausreichend durch Sarkozys offenbare Gleichsetzung arabischer sowie muslimischer Jugendlicher mit »Staatsfeinden« erklärt werden. Ich glaube stattdessen, dass sie einen Wendepunkt in Europas Selbstrepräsentation andeuten. Die europäische Vereinigung brachte eine neue Untersuchung der Bedeutung der Nation im zwanzigsten Jahrhundert mit sich. Debatten über eine gemeinsame Geschichte gaben einer sehr verspäteten und partiellen Untersuchung von Kollaborationen während des Zweiten Weltkriegs sowie der entstehenden Auseinandersetzung mit der Langzeitauswirkung des Kolonialismus Schwung. Dies ist jedoch keine lineare Entwicklung, sondern ein umkämpfter Prozess, in dem Positionen aufeinanderprallen und rassifizierte Bevölkerungen eine wohlbekannte Sündenbock-Rolle einnehmen. Neu in dieser Konstellation ist das Ausmaß, in dem diese Bevölkerungen ihren Widerstand zu diesem Sündenbockprinzip zum Ausdruck bringen und koordinieren. Dies ist zum Teil aufgrund der wachsenden Bevölkerungen der zweiten und dritten Generation möglich, sowohl hinsichtlich ihrer Zahl als auch ihres Einflusses. Sie – die nicht aus Entscheidung, sondern aus Erfahrung europäisch sind – wählen den einzigen Kampfschauplatz, den sie haben, und werden zunehmend zu einer Stimme in den fortwährenden Auseinandersetzungen um die Bedeutung von »Europa«. Handlungen, wie jene Sarkozys, veranschaulichen einen letzten Versuch, diese Bevölkerungen und die von ihnen repräsentierte Vergangenheit aus dem sauberen Image einer (post)nationalen Identität zu verbannen, das aus seiner Sicht durch ihre Präsenz beschmutzt wird. Hip-Hop wird logischerweise beschuldigt, weil er einerseits die Herausforderungen von den Rändern an das gesäuberte Selbstbild des Zentrums mit mehr Kraft als jedes andere Medium zum Ausdruck bringt und weil zugleich seine gewaltvolle Rhetorik und Macho-Vorstellungswelt die Mainstream-Ängste vor gewalttätigen Männern of Color nährt (und sich aus diesen Ängsten speist).

Europäische Hip-Hop-Kultur ist zweifelsohne die wichtigste zeitgenössische translokale Minderheitenstruktur. Sie verändert die Repräsentation rassifizierter Gemeinschaften in der europäischen Landschaft dramatisch; bietet einen dringend benötigten Sammelpunkt, um ökonomischem Ausschluss, moralischen Paniken um gewalttätige, terroristische, männliche Jugendliche of Color und neoliberalen Gesetzgebungen zur Kontrolle überflüssiger Bevölkerungen entgegenzutreten. Trotz der Diskurse um Farbenblindheit [*colorblindness*] und Multikulturalismus sind Jugendliche of Color in der Schule benachteiligt, in Gefängnissen überrepräsentiert und unverhältnismäßig von Arbeitslosigkeit betroffen (OECD 2003; Ivanov 2006; Keaton 2006). Während er nachhaltig die Starre von nationalen und ethnischen Zuschreibungen stören konnte, scheiterte Euro-Hip-Hop jedoch daran, dasselbe mit Konzepten von geschlechtlicher und sexueller Identität zu tun. Das bedeutet nicht, dass es keine weibliche Präsenz gäbe. Ebenso wie seit den Tagen der *Rock Steady Crew* und Philadelphias Lady B in den USA spielten Frauen auch eine zentrale Rolle in der europäischen Hip-Hop-Kultur –, zu nennen sind hier Frauen of Color, wie die türkisch-deutsche Aziza A oder die marokkanisch-schwedische Lila K..[89] Jedoch folgte die diskursive Konstruktion von Hip-Hop-Identität und Community ähnlichen Ausschlussmustern wie in den USA. Hier wird Tim'm Wests Diskussion der Konstitution der »Hip-Hop-Nation« in den 1990er Jahren und deren Implikationen für die Performanz und Kontrolle von geschlechtlichen und sexuellen Identitäten besonders relevant (West 2005). Und dies besonders wegen der Zentralität der kritischen Auseinandersetzung mit dem Nationalstaat in dem Segment von Euro-Hip-Hop, das sich dem Queeren von Ethnizität widmet: Während die Hip-Hop-Gemeinschaft erfolgreich ausschließende Konzepte europäischer nationaler Einheit dekonstruierte, konstruierte sie ihre eigene »fiktive Ethnizität«. Diese wurde durch die Kontrolle nicht-normativer Ausdrucksweisen von Geschlecht und Sexualität umgesetzt, die als Verletzungen von Authentizität und »realness« betrachtet wurden. Doch wie West sagt:

> »Paradoxerweise, ist ›keepin' it real‹ eine eigene Echtheitsprüfung der Loyalität zu einer Norm, die mit sich selbst zu kämpfen scheint; Realness wird nie ein für allemal bewiesen, sondern muss zwingend immer wieder bestätigt werden. Es gibt Angst um Authentizität, weil – ironischerweise – die Illusion der Dauerhaftigkeit immer wieder und wieder stabilisiert werden muss.« (West 2005, 169)

Entsprechend wurde die Disziplinierung queerer und feministischer Stimmen durch das Konzept der Echtheit innerhalb des Euro-Hip-Hop-Akti-

89 Die in Schweden geborene Leila El Khalifi wurde 1989 Europas erster Crossover-Rap-Star, als ihr (völlig apolitisches) »Got to Get« in mehreren Ländern die Top 10 Charts erreichte. Aziza A (Alev Azize Yıldırım) ist von einem anderen Kaliber. Ihre Raps – in den 1990ern vornehmlich auf deutsch, seither meist auf Türkisch – beschäftigen sich mit Nation, Geschlecht und Sexualität und haben wesentlich zum Oriental als Genre beigetragen. Zudem war sie stark in deutschem Minderheitenaktivismus involviert. Mehr über sie in Kapitel 4.

vismus sowohl bestätigt als auch kontinuierlich angefochten. Dies geschah auch von außen, aber – und das ist viel wichtiger – vor allem innerhalb kollaborativer Prozesse, die Aktivist_innen of Color mit verschiedenen Hintergründen zusammenbrachten. Einer der Hauptschauplätze dieser Interaktion war die Schwarze europäische Bewegung, die Schwerpunkt des nächsten Kapitels ist.

Dimensionen von Diaspora
Frauen-of-Color-Feminismus, Schwarzes Europa und Queere Erinnerungsdiskurse

»Für Frauen ist Dichten [...] kein Luxus. Es ist eine Lebensnotwendigkeit für uns. Es bestimmt die Qualität des Lichtes, in dem wir unsere Hoffnungen und Träume vom Überleben und von der Veränderung behaupten, um sie zunächst in Sprache, dann in Konzepte und schließlich in handfestere Taten zu verwandeln.«

Audre Lorde, Dichten ist kein Luxus

»[Beziehung] lehrt uns mehr und mehr, über Beurteilungen hinauszugehen, hinein in das unerwartete Dunkel der Aufwallungen der Kunst. Ihre Schönheit entspringt dem Stabilen und dem Instabilen, der Abweichung der besonderen Poetiken und der Hellsicht einer relationalen Poetik. Je mehr sie in Lethargie vereinheitlicht, desto mehr sorgt sie für rebellisches Bewusstsein.«

Édouard Glissant, Poétique de la Relation

Von den Rändern her die afrikanische Diaspora neu denken

In Kapitel 1 habe ich Diaspora als alternativen Rahmen der Identifikation für rassifizierte Europäer_innen nahegelegt, indem ich dominante Erzählungen europäischer Identität und deren Herausforderungen durch migrantisierte Jugendliche, insbesondere durch Hip-Hop und mittels eines Schwerpunkts auf Raum erkundete. Kapitel 2 setzt an dieser Vorstellung von Diaspora und an deren Anwendung durch Aktivist_innen of Color an. Die räumliche Situiertheit von Identitätsdiskursen um den Schwarzen Atlantik bleibt hier zentral, doch gibt es einen zusätzlichen Fokus auf die zeitliche Dimension der Entstehung von Gemeinschaften [*community building*]. Genauer gesagt befasse ich mich mit der Konstruktion eines queeren diasporischen Gedächtnis' innerhalb der Schwarzen europäischen Bewegung. Es handelt sich hier um einen Erinnerungsdiskurs, der nicht auf dem linearen Konzept von Wurzeln und authentischen Ursprüngen basiert, sondern aus einer Gemeinschaft kommt, die ihr »unauthentisches«, gebrochenes

Wesen benutzt, anstatt es durch eine projizierte, eindeutige Vergangenheit aufzulösen. Mit diesem Schwerpunkt verschiebe ich meine Aufmerksamkeit außerdem deutlich von städtischen migrantisierten Jugendlichen hin zu feministischen Aktivist_innen of Color. Besonders interessieren mich die Kritik an diasporischem Nationalismus durch Frauen of Color in den 1970er Jahren und die Räume, die diese Kritik für alternative Konzeptualisierungen von Diaspora und Nation eröffnete. Beide spiegeln sich im Schwarzen feministischen Aktivismus im Europa der 1980er Jahre wider.

Im Folgenden untersuche ich die potenziell fruchtbare Beziehung zwischen afrodiasporischen Diskursen und europäischen minorisierten Gemeinschaften und frage, warum theoretische Konzepte, die in Ersteren entwickelt wurden, selten auf Analysen Letzterer angewendet werden. Auch setze ich die von queeren und feministischen Autor_innen in den USA und anderswo begonnene Auseinandersetzung mit den Grenzen Schwarzer Identität fort, indem ich erkunde, wie eine Betrachtung des »Schwarzen Europas« unser Verständnis von diasporischer Identität erweitern könnte. Wie zahlreiche Autor_innen angemerkt haben, stellte die Forschung der afrikanischen Diaspora lange die US-Erfahrung in den Mittelpunkt (Gilroy 1993; Patterson/Kelley 2000; Edwards 2003; Wright 2004). Viele legen auch nahe, dass transnationale Schwarze Diaspora-Forschung nicht bloß einen additiven Ansatz vertreten sollte und kann, sondern dass die geografische Erweiterung unserer Definition der afrikanischen Diaspora mit einem erweiterten Verständnis eben der Beschaffenheit dieser Diaspora einhergehen muss. Der dominante methodologische Rahmen, der zum Begreifen der spezifischen amerikanischen Erfahrung entwickelt wurde, kann nicht unbedingt auf andere Teile der Welt angewendet werden. Auch könnte das wachsende Wissen über die Situation Schwarzer Menschen anderswo wiederum unser Verständnis der Diasporas in den Amerikas verändern. Deshalb argumentieren Theoretiker_innen der Black Studies zunehmend, dass diasporisches Denken über das nationale Paradigma hinaus eine notwendige Vorbedingung für eine inklusive Schwarze Subjektivität ist, d.h. eine, die nicht ihre eigenen internen Anderen herstellt.

Während eine verallgemeinerte Definition von »Schwarz« sowohl methodologisch gerechtfertigt als auch politisch notwendig ist, produziert der Diaspora-Diskurs in gewissem Maße sein eigenes Subjekt. Diese Macht der Repräsentation muss untersucht werden: Wer gilt als akzeptables Schwarzes Subjekt und warum? Eine Verschiebung vom nationalen Blick zu einer transnationalen Perspektive erfordert, dass die spezifischen kulturellen, historischen und politischen Bedingungen explizit gemacht und wenn nötig hinterfragt werden, die dominante Konzepte des Schwarzen Subjektes innerhalb der Forschung dazu [*Africana Studies*] hervorgebracht haben.[90] Ich argumentiere, dass dies in mancher Hinsicht sogar erfordert, über das Paradigma von Schwarzsein, wie wir es jetzt verstehen, hinauszudenken. Dies soll in keiner Weise die Gültigkeit oder Notwendigkeit nationaler Black Studies infrage stellen. Es bringt jedoch die Frage auf, ob eine wachsende Zahl derselben bloß nebeneinander existieren wird und ab und zu unter dem Schirm der afrikanischen Diaspora miteinander interagiert oder ob hieraus eine wahrlich transnationale und interdisziplinäre Diaspora-Forschung hervorgehen wird.

Eine solche erscheint mir als konstruktivere Reaktion auf ein geopolitisches Klima, in dem Gräben-Mentalitäten gedeihen, während alte Binaritäten in Kampf-der-Kulturen-Szenarios erfolgreich wiederbelebt werden und akademische Diskurse zunehmend beeinflussen. Zwischen diesen ausschließenden binären Konstruktionen finden sich rassifizierte Bevölkerungen, deren Recht auf Selbstbestimmung durch den Versuch angefochten wird, dauerhaft ihren Zugang zu den Privilegien der Staatsbürgerschaft und zu jenen des »universellen Menschseins« (Soysal 1994) zu beschränken. Zu ihnen gehören Gemeinschaften of Color in einem Westen, der sich noch stets als Schöpfer und Pförtner des Engagements für universelle Menschenrechte sieht. Durch ihr Beharren auf dem Recht der Selbstbezeichnung stellen diese Gruppen eine Reihe dominanter Annahmen infrage, darunter auch traditionelle Konzepte von Schwarzsein. Eine Erkundung der anhaltenden Bedeutung von Kolonialismus für diasporische Identitäten könnte beispielsweise wirksam die Marginalisierung des Schwarzen Europas in Africana Studies herausfordern. Diese Randposition wird oft auf die vermeintliche Irrelevanz Europas für die zentrale Thematik der afrikanischen Diaspora zurückgeführt: den transatlantischen Sklavenhandel (der natürlich eng mit Kolonialismus verknüpft ist).

90 Dies bedeutet nicht, dass solch eine Auseinandersetzung nicht bereits stattfindet; in gewissem Sinne könnte sie sogar als das Kernthema des afrodiasporischen Diskurses betrachtet werden. Die Grenzen Schwarzer Identität, wie sie in diesem Diskurs konstruiert werden, werden seit Langem durch feministische und queere Autor_innen herausgefordert. Siehe etwa Hull/Scott/Smith 1982; Johnson/Henderson 2005.

Die Mehrheit der Theoretiker_innen der afrikanischen Diaspora definiert die *Middle Passage* als zentrales Moment des Bewusstseins um den Schwarzen Atlantik. Hierfür gibt es selbstverständlich gute Gründe: Wie unter anderem Paul Gilroy argumentiert, prägte der transatlantische Sklavenhandel nicht nur die Geschichte und Identität Schwarzer Menschen im Westen (unabhängig davon, ob sie Nachfahren versklavter Afrikaner_Innen sind), sondern auch die Geschichte und Identität des modernen Westens selbst. Während der überwältigende Einfluss rassifizierter Sklaverei unleugbar ist, wurde nichtsdestotrotz deren Dominanz in Theoretisierungen diasporischer Identität in den Africana Studies hinterfragt. Manche Kritik befasste sich mit den problematischen Auswirkungen einer essenziellen und ewigen Definition der afrikanischen Diaspora durch die Versklavung; andere hinterfragten die Nützlichkeit des Versuchs, Identitäten an ein einzelnes zentrales Ereignis zu knüpfen (siehe z.B. Blyfield 2000).

Wenn aber weder die Middle Passage noch irgendein anderes historisches Ereignis eine afrodiasporische Identität verankern kann, wie kann diese Identität dann definiert werden – jenseits der weit zweifelhafteren Vorstellung von biologischer Rasse? Eine der interessantesten Antworten kommt von Michelle Wright, die diese Identität eher in einer spezifischen Form von Diskurs einbettet als in einem geteilten historischen oder kulturellen Motiv (Wright 2004). Wright geht davon aus, dass ein Schwarzes diasporisches Bewusstsein tatsächlich existiert, während sie zugleich anerkennt, dass diasporische Gemeinschaften verschiedene Traditionen haben und mit unterschiedlichen Bedingungen konfrontiert sind. Sie behauptet, dass »[eine] wahrlich akkurate Definition afrodiasporischer Identität [...] zugleich die Diversität Schwarzer Identitäten in der Diaspora beinhalten und doch all diese Identitäten miteinander verknüpfen [muss], um zu zeigen, dass sie tatsächlich eine Diaspora darstellen und nicht ein unverbundenes Aggregat verschiedener Gruppen, die nur dem Namen nach eins sind« (Wright 2004, 2). Wright identifiziert dann eine intellektuelle Tradition, die verschiedene Positionen beinhaltet, die nichtsdestotrotz ein Verständnis von Schwarzer Subjektivität gemeinsam haben – als »einer [Subjektivität], die zwischen dem Abstrakten und dem Wirklichen verhandelt werden muss, bzw. theoretisch gesprochen, zwischen dem Ideellen und dem Materiellen« (ebd. 3).

Dieser dialektische Diskurs bleibt jedoch an die Norm der Nation gebunden und reproduziert so deren Modi des Ausschlusses: Um als

Bürger existent zu werden, musste das Schwarze männliche Subjekt die dialektische Ordnung reproduzieren, die ihn als Anderen hergestellt hatte, indem er seine eigene Andere schuf. Im nationalistischen Rahmen dieses dialektischen Diskurses ist Subjektivität männlich kodiert. Die Schwarze Frau bleibt darin notwendigerweise ein »(Un)Subjekt«.[91] Wright zufolge müssen sich Theoretiker_innen über die Nation hinausbewegen und Geschlecht und Sexualität als untrennbar von Konzepten der Rassifizierung diskutieren, um dieses Ausschlussprinzip zu überwinden. So können sie zu einem Bakthin'schen dialogischen Modell gelangen, das eine »diasporische Intersubjektivität« ermöglicht. Diese, und nicht ein bestimmtes Ereignis oder eine spezifische Erfahrung, konstituiert die afrikanische Diaspora »als ein dialogisches Gebilde, in dem viele Subjektivitäten existieren, die nicht in thetische und antithetische Kategorien eingeordnet werden können« (ebd. 3). Wright schließt, dass die erste Bewegung in diese Richtung im Kontext der Befreiungsbewegungen der 1960er Jahre stattfand. Beispielhaft sind die Schwarzen feministischen Dichter_innen Carolyn Rogers und Audre Lorde, die eine weibliche Schwarze Subjektivität etablierten, die dialogisch statt dialektisch war und so die Notwendigkeit der Herstellung interner Anderer überwand. Die Verbindung, die Wright zwischen einem dialogischen Verständnis von Diaspora und der Nutzung von Poesie im Schwarzen Feminismus zieht, führt uns direkt zu den Herausforderungen essenzialistischer Identitätsmodelle durch US-amerikanischen Frauen-of-Color-Feminismus und dessen Anwendung durch Schwarze europäische Feminist_innen.

Grob zur gleichen Zeit, als »Wild Style«, »Beat Street« und »The Message« in Europa ankamen und eine Grundlage für die translokale Hip-Hop-Bewegung schufen, die mich im letzten Kapitel beschäftigt hat, wurde eine weitere US-basierte Bewegung enorm einflussreich für rassifizierte Europäer_innen: Frauen-of-Color-Feminismus. Dies ist sowohl ein historischer Zufall als auch ein Zeugnis des enormen Einflusses der Befreiungsbewegungen der 1960er und 70er Jahre. Frauen-of-Color-Feminismus und die darin anvisierte Gemeinschaft sind – ebenso wie Hip-Hop – in

91 Für eine Diskussion der Beziehung zwischen Patriarchat und Nation, siehe Kap. 3. Die von Wright skizzierte Schwarze weibliche »Nicht-Subjektivität« ist insofern eine andere, als dass sie durch die Verleugnung jeglicher Handlungsfähigkeit unsichtbar gemacht wird, statt durch die Zuschreibung einer anderen »akzeptierbaren« Identität, wie es für Europäer_innen of Color der Fall ist (oder, in Butlers ursprünglicher Verwendung des Begriffs, für Lesben).

afroamerikanischen Diskursen verwurzelt und zugleich zutiefst durch den gemeinsamen Aktivismus verschiedener minorisierter Gruppen geprägt. In vielen anderen Hinsichten, könnte diese Bewegung den Identitäten und Ideologien der Hip-Hop-Szene kaum ferner sein. Die Tatsache jedoch, dass die beiden Bewegungen im Queer-of-Color-Aktivismus zusammenkommen, der in Kapitel 4 das Thema wird, deutet an, dass es womöglich mehr Gemeinsamkeiten zwischen transnationalem Feminismus und Hip-Hop-Kultur gibt, als auf den ersten Blick offensichtlich ist.

Eine dieser Gemeinsamkeiten, um die es in diesem Kapitel geht, ist die Verwendung nicht-essenzialistischer, intersubjektiver Modelle diasporischer Identität in der Schaffung einer transnationalen Gemeinschaft. Diese Gemeinschaft speist sich aus verschiedenen kulturellen Traditionen, die in dominanten Diskursen nicht nur als miteinander unverbunden wahrgenommen werden, sondern auch als politisch irrelevant. Musik fällt ebenso in diese Kategorie wie Poesie als Werkzeug für die Schaffung von Gemeinschaften. Zugänglich und mit mündlichen Traditionen verwandt, war Poesie – ob geschrieben oder gesprochen – wohl *die* Kunstform des Frauen-of-Color-Feminismus. In europäischen Literaturwissenschaften üblicherweise abgewertet, bietet Poesie in ihrer Alltagsform [*vernacular*], wo sie als Anfechtung von Ausschlüssen praktiziert wird, eine Offenheit der Form, die sich im Inhalt erweitern kann. Sie ermöglicht die Kombination des Alltäglichen und des Politischen und die Vermittlung der Erfahrung von Gruppen, deren Unterdrückung in den dominanten Narrativen politischen Widerstands für irrelevant gehalten wird.

Wenige haben diese Widerstandsform wirksamer analysiert und praktiziert als die queere, Schwarze, feministische Dichterin und Aktivistin Audre Lorde – Tochter karibischer Immigrierter in den USA. Sie definierte Poesie als das alltägliche Überlebenswerkzeug jener Gruppen, die durch ihre vermeintliche Unfähigkeit, die Werkzeuge etablierter politischer Analyse zu benutzen, zum Schweigen gebracht werden. Lorde argumentierte, dass die Lösung nicht in der Anwendung der »Werkzeuge des Unterdrückers [*master's tools*]« liegt, sondern in der Verwendung von Poesie, die einen alternativen Wortschatz der Befreiung bietet: »[W]o diese Sprache noch nicht existiert, tragen unsere Gedichte zu ihrer Gestaltung bei. Dichtung ist nicht nur Traum oder Vision, sondern die angedeutete Architektur unseres Lebens. Sie legt die Grundlage für eine veränderte Zukunft, eine Brücke über unsere Ängste vor dem, was noch nie gewesen ist« (Lorde

1993, 89; der letzte Satz fehlt in der deutschen Übersetzung, er ist entsprechend neu übersetzt).

Lorde beanspruchte Dichtung als eine radikale, feministische Ausdrucksform, eben wegen ihrer Assoziation mit Eigenschaften, die in der Westlichen intellektuellen Tradition abgewertet werden: Gefühl, Intuition, Kollektivität, Nicht-Linearität, das Mündliche. Das sind Eigenschaften, die auch Menschen of Color – insbesondere Frauen of Color – zugeschrieben wurden. Im Kontext der Befreiungsbewegungen der 1970er Jahre, in denen das dialektische Modell eines revolutionären Nationalismus vorherrschte, das Wright beschreibt, wurde Poesie ein subversives Werkzeug für Feminist_innen of Color. Sie schuf einen diskursiven Raum, der die Koexistenz verschiedener Identitäten, Orte, Stimmen, Ideen erlaubte. So eröffnete sie Möglichkeiten für intersektionale Positionalitäten, die in zeitgenössischen Aufrufen zu *Black*, *Brown* und *Feminist Unity* in den USA meist unterdrückt wurden. Die Neubewertung von Differenz als einer Quelle der Stärke statt der Uneinigkeit in und zwischen diesen Gemeinschaften – Differenz als etwas, das es zu erkunden galt, statt es zu vermeiden und zu verleugnen – stand im Zentrum der Ansätze von Identität und Gemeinschaft im US-amerikanischen Frauen-of-Color-Feminismus. So wurden durch die Verwendung von Dichtung neue Wege des Dialogs eröffnet, um »das Namenlose zu benennen, so daß es denkbar wird« (Lorde 1993, 89).

Durch das Pochen auf Identitätskonzepte jenseits von Binarität und Essenzialismus initiierte Frauen-of-Color-Feminismus einen Paradigmenwechsel, der nachhaltig die Suche nach methodologischen Werkzeugen prägte, welche »fransige Ränder« und Überschneidungen [*intersections*] anstelle der Schaffung von Grenzziehungen zuließen. Das ermöglichte die Erkundung von Gemeinsamkeiten, ohne spezifische Umstände verleugnen zu müssen. Frauen-of-Color-Feminismus theoretisierte erstmalig systematisch intersektionale Identitäten und Machtstrukturen (Crenshaw 1991) und

> »stellte einen entscheidenden Bruch im Diskurs der Geschlechterforschung dar, indem jegliche naive Setzung von Geschlecht als primärem und einzigem Knoten der Differenz innerhalb feministischer Theorie und Politik unwiederbringlich angefochten wurde [...]. [E]r hat es dem Diskurs der Geschlechterforschung ermöglicht, sich über Politiken der Identifikation und Konteridentifikation

hinauszubewegen und hat uns geholfen, zu einer Politik der Desidentifikation zu gelangen.« (Muñoz 1999, 22)[92]

Frauen-of-Color-Feminismus war zentral für Muñoz und andere Vertreter_innen der Queer-of-Color-Kritik, die auf einer kontinuierlichen Aufmerksamkeit für die Wechselbeziehungen von Klasse, Vergeschlechtlichung, Rassifizierung und Sexualität beharren, aber – aus den gleichen Gründen – auch für die Schwarzen europäischen Bewegungen, was im afrodeutschen und Schwarzen niederländischen Aktivismus der 1980er Jahre seinen offensichtlichsten Ausdruck findet.

Dem europäischen Kontext fehlt es maßgeblich an theoretischen Werkzeugen, die es ermöglichen, Europäer_innen of Color nicht als Andere und ihre Kunst- und Aktivismusformen nicht als trivial zu präsentieren. Auch müssen diese Werkzeuge widerspiegeln können, wie diese Formen die manichäischen Dichotomien infrage stellen, die fast den gesamten politischen Diskurs in Europa (und anderswo) prägen. Sie müssen die flüchtigen Heimsuchungen aufgreifen können, die von den binären und unbeweglichen Identitätsmodellen am Rande von Europas Selbstbild gehalten werden. Dichtung, mit ihrer Fähigkeit »das Namenlose zu benennen«, ist zu einem Befreiungswerkzeug für europäische Migrantisierte geworden – sowohl im Kontext von Hip-Hop als auch im Schwarzen feministischen Aktivismus. Hip-Hop bot eine gemeinsame Sprache für verschiedenste Jugendliche of Color, die die Erfahrung des Ausschlusses aus der Bürger_innenschaft und der damit einhergehenden Unhörbarmachung teilten. Ebenso bot Frauen-of-Color-Feminismus eine Position der Handlungsfähigkeit für migrantische und minorisierte Frauen, deren Marginalisierung im Mainstream der feministischen Bewegung oft mit einer pauschalen Ablehnung ihres kulturellen Wissens einherging. Dieses Bewusstsein der Verdrängung [*dislocation*] bietet in einem diasporischen Kontext wichtige Werkzeuge für die Kritik eben jener Ausschlüsse, die den Funktionsweisen des modernen Nationalstaats inhärent sind – ebenso wie den Bewegungen gegen dessen

92 Muñoz weist jedoch auch darauf hin, dass dominante queere und feministische Theorie sich meist nur symbolisch mit Frauen-of-Color-Feminismus auseinandersetzt: »Die starken queer-feministischen Theoretiker_innen und Aktivist_innen, die am häufigsten zitiert werden – Lorde, Barbara Smith, Anzaldúa und Moraga und weitere – werden seltenst kritisch eingebunden, sondern stattdessen eher, wie die von Riggs erwähnten Disko-Diven, bloß von Weitem bewundert« (Muñoz 1999, 11).

Ausschlüsse, wie etwa Zweite-Welle-Feminismus und diasporischer Nationalismus. Denn, wie Grace Hong uns erinnert:

»Während die Schwarze feministische intersektionale Analyse der 1960er und 1970er Jahre eine Kritik des Sexismus innerhalb Schwarzer nationalistischer Bewegungen und des Rassismus innerhalb des weißen Feminismus war, müssen wir auch die größeren Implikationen von Intersektionalität verstehen: Es war eine *umfassende* Kritik der epistemologischen Formation des Moments weißer Vorherrschaft im kolonial-kapitalistisch geordneten globalen Kapital.« (Hong 2008, 101)

Die Aufmerksamkeit von Frauen-of-Color-Feminismus für global verschränkte Machtstrukturen, die die Kämpfe von Minorisierten im Westen mit antikolonialen Kämpfen im Globalen Süden verknüpfte, eröffnete neue Perspektiven auf diese Probleme. Diese zeigten die möglichen Beiträge »randständiger« Schwarzer Gemeinschaften zum aufkommenden Verständnis einer transnationalen Schwarzen Gemeinschaft, die durch ihre diasporische Intersubjektivität bestimmt ist statt durch ein einzelnes prägendes Ereignis. Die augenscheinlichen ideologischen Unterschiede führen dazu, dass schnell vergessen wird, dass die subversive Verwendung von Dichtung durch Feminist_innen of Color und durch Hip-Hopper_innen aus den gleichen sozialen Kontexten und kulturellen Traditionen entspringt. Somit teilen sie eine Übersetzbarkeit, die in ihrer kontinent- und sprachübergreifenden Aneignung zum Ausdruck kommt.

Die afrodeutsche Spoken-Word-Dichterin und Mitherausgeberin des Queer-of-Color-Sammelbands *Talking Home* (den ich später genauer bespreche), Olumide Popoola, beschreibt ihre Entwicklung als Dichterin und Aktivistin auf eine Weise, die mit jenen der Hip-Hop-Künstler_innen in Kapitel 1 verwandt zu sein scheint:

»Ehrlich gesagt, wollte ich schon immer Schriftstellerin sein, seit ich mit 6 Jahren schreiben lernte. Ich schrieb also kleine Geschichten, in meiner frühen Jugend wurden es dann Gedichte. Mein erstes Gedicht veröffentlichte ich mit 13 in einer afrodeutschen Zeitschrift namens *Afro-Look*. Das Gedicht handelte von den Auswirkungen, die Neonazis auf mein Leben hatten; wir hatten ein großes Problem in der Stadt, in der ich aufwuchs, sodass in dieser Zeit Poesie gewissermaßen ein Raum wurde, in dem ich mich stark fühlen konnte, sie war meine Stimme in einer rassistischen Umgebung.« (Chauke 2009, Original englischsprachig)

In diesem Kapitel beleuchte ich zwei feministische, queere Bücher, die Poesie nutzen, um Definitionen von Europäischsein und von Schwarzsein zu erweitern. Beide versammeln autobiographisches Schreiben verschiedener Genres – Memoiren im weitesten Sinne – und verhandeln die sich verändernden Positionen der Autor_innen in dem komplexen Feld von Rassifizierung, Klasse, Nation, Sexualität und Geschlecht. Beide sind grundlegend von Europas Begegnung mit US-amerikanischem Frauen-of-Color-Feminismus geprägt. Meines Erachtens ermöglichte eben diese Kombination von Form und Genre – von Poesie und Autobiographie – den Texten, einen Diskurs der Gegenerinnerung zu schaffen. Dieser ist in einer transnationalen diasporischen Gemeinschaft geerdet, fordert aber direkt die Amnesie heraus, die die Präsenz der Autor_innen in der Nation ausblendet.

Das erste Buch, *Farbe bekennen: Afro-deutsche Frauen auf den Spuren ihrer Geschichte* (1986), das von vielen als Gründungstext der Schwarzen deutschen Bewegung betrachtet wird, ist mit der Aneignung eines transnationalen diasporischen Diskurses befasst und platziert Schwarze Europäer_innen darin. Der zweite Band, *Talking Home – Heimat aus unserer eigenen Feder. Frauen of Color in Deutschland* (1999), stellt dreizehn Jahre später in vielerlei Hinsicht eine Antwort auf den ersten Band dar. Er versammelt Texte queerer Frauen of Color und zeigt sowohl die Veränderungen auf, die durch *Farbe bekennen* angestoßen wurden, als auch die verbleibenden Ähnlichkeiten der Situationen. Während sie das Nationale in vielerlei Hinsicht überschreiten – ein Sammelband wurde in Berlin, der andere in Amsterdam verlegt –, fokussieren beide Bücher auf Deutschland. Dieses Land im Zentrum Europas repräsentiert zugleich die Probleme und die Erfolge in der Schaffung einer europäischen Identität aus der zerrütteten Geschichte des Kontinents. Die BRD bietet mit dem Aufkommen einer afrodeutschen Bewegung in den 1980er Jahren ein besonders interessantes Beispiel der transnationalen Basis [*grounding*] zeitgenössischer Gemeinschaften-im-Entstehen. Diese Bewegung beanspruchte eine Identität als Schwarz *und* deutsch (für weiße Deutsche das perfekte Beispiel eines Oxymorons) sowie als Teil einer größeren afrikanischen Diaspora. Afrodeutsche stellen eine Schwarze europäische Bevölkerung dar, die zu großen Teilen nicht aus einer gewaltvollen Massenzwangsmigration und den spezifischen damit einhergehenden Gruppenerfahrungen hervorging, sondern aus direkten und indirekten Wegen infolge des Kolonialismus.

Schwarze Europäer_innen blieben aufgrund ihrer heterogenen Zusammensetzung, ihrer ambivalenten Beziehung zu Entstehungsnarrativen der afrikanischen Diaspora sowie ihrer komplizierten Beziehung und Überlappung mit anderen Gemeinschaften of Color am Rande von Diaspora-Diskursen. Ich argumentiere jedoch, dass genau diese »Unordnung [*messiness*]« Schwarzer europäischer Identitäten und Verbindungen ihnen ein Potenzial verleiht. Europa erscheint als vielversprechender Boden, um die Möglichkeiten neuer Konzeptualisierungen von minorisierter Identität zu erkunden und zu stärken – einschließlich, aber nicht nur, jener von Schwarzen Europäer_innen. In ihrer Gesamtheit betrachtet und unter Anerkennung nationaler Unterschiede zeigen Schwarze europäische Gemeinschaften wichtige Gemeinsamkeiten, die in der hegemonialen Wahrnehmung von Europa als weißem Kontinent wurzeln, die in aktuellen Debatten über postnationale Identitäten weiterlebt. In der Folge sind die Schwarzen Bevölkerungen Europas zunehmend ähnlichen Bedingungen ausgesetzt und mit einem noch homogeneren Bild eines Kontinents konfrontiert, das bis heute seine Bewohner_innen of Color ausschließt. Ein vergleichender Ansatz zu diesen Gruppen scheint daher wichtig. Um die Idee eines Schwarzen Europas angemessen diskutieren zu können, muss ich vorab systematisch die Bedingungen erkunden, unter denen nicht nur Konzepte der Rasse, sondern auch rassifizierte Minderheiten selbst entstanden.

Rassifizierte Europäer_innen, Migrationsforschung und afrodiasporische Theorie

Auf die Affinität europäischer migrantisierter Gemeinschaften mit afrodiasporischen kulturellen Produktionen ist vielfach hingewiesen worden (Hargreaves/McKinney 1997; Diedrichsen 1998). Es überrascht daher, dass es nichtsdestotrotz wenig Überlappung zwischen Ideen aus dem Diskurs zur Schwarzen Diaspora und den Debatten über die potenzielle Nützlichkeit des Diaspora-Modells im europäischen Kontext gibt. Bevor ich die Wechselwirkungen von afrodiasporischen Diskursen, transnationalem Feminismus und Schwarzem europäischem Aktivismus untersuche, ist es daher notwendig, die Weigerung europäischer Theoretiker_innen anzusprechen, sich mit diesen intellektuellen Traditionen zu beschäftigen. Insbesondere in jüngster Zeit ist Diaspora ein beinahe allgegenwärtiges

Konzept in vielen Disziplinen geworden.[93] Diasporaforschung zählt mittlerweile mehr oder weniger alle Bevölkerungen, die der Migration entstammen, zu ihren Untersuchungsobjekten und bezieht sich nur noch lose auf die ursprüngliche Verwendung des Konzepts in der jüdischen Erfahrung (Clifford 2004). Tatsächlich ist *Diaspora* derart in der Migrationsforschung angekommen, dass es als eines der Hauptmotive gelten kann, die zur Beschreibung zeitgenössischer migrantischer Gruppen verwendet werden (Soysal 2000). Genau wegen dieser beinahe inflationären Verwendung von Diaspora können die in Diaspora-Theorien ausgedrückten Haltungen gegenüber dem Nationalstaat breit variieren: vom Versuch, das nationale Modell völlig hinter sich zu lassen, bis zum Begehren nach einer »Rückkehr in die Heimat«, in einen ethnischen Nationalstaat.

Ich glaube, dass der erstere, postnationale Ansatz für ein Verständnis europäischer migrantisierter Gemeinschaften extrem nützlich sein könnte; doch dominiert die letztere, migrantisierende Definition von Diaspora derzeit die Debatten in der europäischen Migrationsforschung: das zumeist vertretene Modell von Diaspora dreht sich um das Bild der »verlorenen Heimat«, in dem die Existenz der Migrant_in völlig unter dem Fokus auf ein Herkunftsland gesehen wird. Die Rückkehr dorthin figuriert als *das* vorherrschende Lebensziel, auf das alle Aktivitäten im vorübergehenden Lebensort abzuzielen scheinen. Des Weiteren wird angenommen, dass dieser Fokus nicht nur das Leben der Immigrierten selbst, sondern auch ihrer (Enkel-)Kinder prägt. Deren Identifizierung mit einer Heimat, die sie oft kaum kennen, wird nicht als Reaktion auf ihre Lebensbedingungen im Hier-und-Jetzt anerkannt, sondern als eine geteilte Nostalgie für das Dann-und-Dort (Şenocak 2000). Anders gesagt, handelt es sich um ein Verständnis von Diaspora, das perfekt zu dem internalistischen Narrativ im Kern der Ideologie europäischer Rassenlosigkeit passt. Denn es platziert diasporische Bevölkerungen dauerhaft außerhalb der nationalen Gemeinschaft, zu der sie gehören.

Dieses in der Migrationsforschung bestehende Konzept von Diaspora ist in den letzten Jahrzehnten dafür kritisiert worden, die Bedeutung des Herkunftslandes für migrantische Bevölkerungen der ersten und späterer

93 Siehe Baumann 2001: »Phil Cohen stellt heraus, dass Schwarze und jüdische Geschichte und Kultur als dominanter Bezugspunkt der Diasporaforschung überwiegen.« Nichtsdestotrotz gibt es meist wenig Interesse an den methodologischen Inhalten afrodiasporischer Forschung.

Generationen zu überschätzen und die Investitionen dieser Bevölkerungen in die Gesellschaften, in denen sie leben, zu unterschätzen. Jene, die der Verwendung von Diaspora in der Migrationsforschung kritisch gegenüberstehen, reproduzieren aber oft ungewollt die richtigerweise von ihnen kritisierte enge Perspektive, indem sie die afrikanische Diaspora und ihre Theoretisierungen völlig ignorieren.[94] Transnationale Bewegungen von Menschen, Ideen und Technologien sind zentral für Schwarze Kultur rund um den Atlantik, aber es wird allzu oft angenommen, dass theoretische und methodologische Entwicklungen Schwarzer Forschung gar nicht oder wenig relevant für Disziplinen seien, die sich nicht hauptsächlich mit Rassifizierung beschäftigen – oder aber mit Regionen wie Europa, die vermeintlich davon unberührt sind. Folglich gilt der bedeutende Theoriebestand, der aus der Erfahrung Schwarzer Minderheiten im Westen hervorgegangen ist, als weitgehend irrelevant für ein Verständnis der kontinentaleuropäischen migrantischen und migrantisierten Bevölkerungen. Dies liegt womöglich an der allgemeinen Weigerung, die zweiten und dritten Generationen als einheimische Minderheiten zu konzeptualisieren (die somit mit anderen minorisierten Gruppen im Westen verglichen werden könnten), sowie an dem Glauben, dass die Schwarze Erfahrung sich primär um Rasse dreht, während dieses Konzept für alle anderen Gruppen nur zweitrangig sei (insbesondere für jene, die sich selbst als weiß betrachten oder so gesehen werden).[95]

---

94 Siehe Soysals Zusammenfassung der Begriffsverwendung: »Diaspora ist kein neues Konzept. In seiner klassischen Verwendung bietet es normative Modelle für jüdische Geschichte und Erfahrung, die als Zustand der ›Weltlosigkeit‹ erlebt werden. Jüngst hat das Konzept jedoch in dem breiten Literaturbestand zur globalen Zerstreuung migrierter und migrantischer Bevölkerungen viel Verwendung als analytische Kategorie gefunden. Es greift einiges von unserer analytischen und populären Vorstellung auf und versteht sich als erklärungsstark im Erzählen der Gegenwart und Situation migrantischer Bevölkerungen« (2000, 2). Siehe auch Huyssens Überblick vom »klassischen Fall der jüdischen Diaspora zu dem ganzen Spektrum an Expats, Exilierten, Vertriebenen, Immigrierten oder politisch verfolgten Flüchtlingen« (Huyssen 2003, 159). Der durchgehende Ausschluss Schwarzer Forschung [*Africana Studies*] aus der modernen Genese der Verwendungen von Diaspora trotz ihrer zugleich bestätigten Schlüsselrolle, zeigt das Maß der akademischen (und außerakademischen) Ignoranz gegenüber Schwarzen Beiträgen zu modernen Diskursen.

95 Die einzige systematische Analyse von Rassifizierungen in Europa wurde im Kontext der Holocaust-Forschung erstellt, die jedoch dazu neigt, streng zwischen Antisemitismus und Rassismus zu unterscheiden. Das bedeutet, dass in den Theorien über

Die Soziologin Yasemin Soysal, eine der profiliertesten Kritiker_innen des Diaspora-Modells innerhalb der Migrationsforschung, zeichnet ein Bild, das in der Tat wenig Ähnlichkeit mit der afrodiasporischen Erfahrung hat:

> »Die dominante Konzeptualisierung von Diaspora setzt die Bildung eng gebundener Gemeinschaften (auf der Grundlage gemeinsamer Kultur und ethnischer Bezüge) und Solidaritäten zwischen Orten der Herkunft und der Ankunft voraus [...] Diasporas entstehen, wenn Bevölkerungen sich von ihrer Heimat in fremde Länder verstreuen, Bewegungen zwischen Herkunfts- und Zielort anstellen, und Transaktionen in beide Richtungen vornehmen – ökonomisch, politisch und kulturell. In dieser Formulierung besteht die primäre Orientierung und Anbindung diasporischer Bevölkerungen zu ihren Heimatländern und -kulturen; und ihre Ansprüche und bürgerschaftlichen Praktiken entspringen aus dieser heimatgebundenen, ethnisch begründeten Orientierung« (Soysal 2000, 2)

In diesem Verständnis bietet Diaspora wenig mehr als einen neuen Namen für die alte Idee, dass Migrant_innen den Zeitraum der Migration als eine Aussetzung ihres wirklichen Lebens erfahren, das nach der schlussendlichen Rückkehr in die Heimat fortgesetzt wird. Dieser Theorie folgend verbleibt der Moment der Rückkehr im Zentrum migrantischer Identität, sogar dann, wenn er in Wirklichkeit endlos aufgeschoben wird; was Migrant_innen davon abhält, sich richtig mit der Gesellschaft zu beschäftigen, in der sie leben, obwohl sie am Ende womöglich den größeren Teil ihres Lebens dort verbringen (Hage 2003). Soysal und andere halten diesem Modell die vielfältigen Formen des Engagements von Migrant_innen in den empfangenden Nationen entgegen. Ein Engagement, das den binationalen Fokus überwindet und das durch die vermeintliche Obsession der diasporischen Gemeinschaft mit der Vergangenheit unkenntlich wird. Andreas Huyssen behauptet etwa, dass »heutige Bindestrich- und migrantische Kulturen andere Erfahrungsstrukturen entwickeln, die das traditionelle Verständnis von Diaspora mit seiner Verknüpfung zu Wurzeln, Boden und Verwandtschaft höchst zweifelhaft werden lassen« (Huyssen 2003, 151). Dieses traditionelle Verständnis schließt Migrant_innen aus der Nation aus und in der Vergangenheit ein. Entsprechend ist dieses Konzept kaum nützlich, um zu erfassen, wie Migrant_innen in einer zunehmend postnationalen

---

Antisemitismus selten Schlüsseltexte der Rassismusforschung einbezogen werden (Mosse 1979).

Welt nationale Zugehörigkeit(en) verhandeln. Stattdessen wird nach Soysal »eine herausfordernde und produktivere Perspektive erreicht, wenn wir unsere analytische Weitsicht auf die wuchernden Stätten des Entstehens und Umsetzens von Bürgerschaft richten. In einer Welt anhaltender Migrationen erkennen wir in diesen neuen Geographien der Bürgerschaft die Dynamiken und Verteilung von Rechten und Identitäten sowie die Muster von Einschluss und Ausschluss« (Soysal 2000, 3).

Die kritische Untersuchung jener Migrationsforschung, die ihre Forschungsobjekte als immer rückwärtsgewandt charakterisiert – als unfähig oder unwillig, die ausschließliche Identifikation mit der Herkunftskultur zu überwinden –, verlangt auch eine andere Bewertung der Gesetzgebungen der empfangenden Nationen. Soysal, Benhabib und anderen zufolge schließen diese Nationen Nicht-Staatsbürger_innen nicht von allen Formen der Teilhabe aus, die mit StaatsBürgerschaft [*citizenship*] verbunden sind, was die vermeintliche Integrationsverweigerung der Migrant_innen spiegeln würde. Stattdessen verhandeln sie fortwährend die Zugehörigkeiten, die das vertragsbasierte Wesen des Nationalstaats widerspiegeln und in einem Modell von StaatsBürgerschaft münden, dass auf dem universellen Menschsein [*universal personhood*] des Individuums basiert und nicht auf dessen Pass (Soysal 1994). Während der analytische Fokus auf Konzeptualisierungen von StaatsBürgerschaft auf wichtige Weise das Zentrum des Lebens von Migrant_innen in ihre gegenwärtige Umgebung verschiebt, hat das vorangegangene Kapitel einige der Schwierigkeiten aufgezeigt, mit denen diasporische Bevölkerungen in diesen Verhandlungen über nationale Zugehörigkeit konfrontiert sind. Insbesondere, wenn sie in einem Kontext wie der Europäischen Union stattfinden, in dem StaatsBürgerschaft ein vielschichtiges Konzept ist, zu dem nicht alle Migrant_innen denselben Zugang haben. Stattdessen sind sie mit einer impliziten aber strengen Hierarchie der Zugehörigkeit konfrontiert, die viele von ihnen mit wenig Verhandlungsmacht und folglich verringertem universellem Menschsein ausstattet.

Die Grenzen von Ansätzen wie Soysals – die nicht die Mittel bieten, um die Mechanismen von Rassismusverleugnung [*colorblindness*] zu dekonstruieren, aus denen sich die Ungleichheit im Zugang zu staatsbürgerschaftlichen Rechten speist – werden noch offensichtlicher, wenn wir Bevölkerungen in den Blick nehmen, die theoretisch seit Generationen Staatsbürger_innen sind, aber nichtsdestotrotz von vielen Rechten ausgeschlossen bleiben, die dem Status als solchem zugerechnet werden. Dies trifft auch auf verschiedene europäische Bevölkerungen zu, wie Rrom_nja, jüdische und afrikanische Diasporas. Deren Geschichten zeigen, dass es unmöglich ist, heutige Verhandlungen über Zugehörigkeit zu bewerten, ohne zu beachten, wie Darstellungen der Vergangenheit unausweichlich in zeitgenössische Verständnisse von Bürgerschaft hineinspielen. Denn ihr beharrlicher Ausschluss aus Europas Geschichte macht es für europäische Minderheiten unmöglich, im jetzigen Moment volle staatsbürgerliche Rechte zu erreichen. Dessen ungeachtet, rückt Soysals Kritik der Verwendung des Diaspora-Konzepts in der Migrationsforschung dennoch eine zentrale Problematik der Disziplin in den Vordergrund, nämlich die folgende Frage: Wie können migrantische und minorisierte Bevölkerungen als integraler Bestandteil nationaler Geschichten und zeitgenössischer Politik theoretisiert werden, während zugleich ihre transnationalen Bezüge anerkannt werden?

Ich meine (ungeachtet der berechtigten Skepsis Soysals und anderer), dass die Antwort im Diaspora-Konzept selbst liegt, wenn auch in einem eher unorthodoxen Ansatz. Die in der Migrationsforschung angewendeten konservativen Modelle von Diaspora und deren Kritiker_innen haben oft den Wunsch gemeinsam, die von migrantischen und minorisierten Bevölkerungen im Nationalstaat verursachte Spannung aufzulösen, indem diese entweder nachdrücklich außerhalb oder nachdrücklich innerhalb der Nation platziert werden. Beide Positionen verdrängen, was für diese Gemeinschaften zentral ist: ihre transnationalen Verbindungen, die sie zu etwas anderem als nur Dazugehörigen oder Außenstehenden machen und somit auch zu einer konstanten Erinnerung an die Beschränkungen des Modells der Nation. Diaspora ist ein Konzept, dass idealerweise, wenn auch längst nicht automatisch, diese Spannung ohne das implizite Bedürfnis ihrer Auflösung zum Ausdruck bringen kann. In diesem Sinne und im Gegensatz zur Perspektive der Migration überwindet Diaspora die Binarität von Staatsbürger_in und Ausländer_in und das lineare Modell der Bewegung von einem Herkunfts- zu einem Zielort. Diaspora benennt die Tatsache der Veränderung und des Verlusts einer Reinheit, die es nie gab. Sie bietet somit eine Grundlage für eine situative Gemeinschaft rassifizierter europäischer Subjekte, die durch ihre nicht-linearen und nicht-binären Formen des künstlerischen Ausdrucks Ethnizität unterwandern.

Während »Migration« nicht die Erfahrung einer Bevölkerung erfassen kann, die in ein Land hineingeboren und dennoch nie völlig dessen

Teil wird, und »Minderheit« nicht wirklich die transnationalen Bezüge eben dieser Bevölkerung einbezieht, kann Diaspora die beiden Aspekte zusammenbringen – und tut dies am ausdrücklichsten in afrodiasporischen Diskursen. Die einzigartige Position von Schwarzen Menschen in der Moderne hat nicht nur besondere kulturelle Formationen hervorgebracht, die offensichtlich für andere Kontexte adaptierbar sind, sondern auch zu intellektuellen Diskursen über Rassifizierung, Klasse, Kultur, Sexualität und Geschlecht geführt, die in vielerlei Hinsicht relevanter für zeitgenössische europäische Gesellschaften sind als Kritische oder Postkoloniale Theorie. Wie eine Reihe von Autor_innen festgestellt hat, spricht Postkoloniale Theorie zwar Fragen an, die von Kritischer Theorie oft ignoriert werden, sie wirkt aber nichtsdestotrotz auf merkwürdige Weise unverbunden mit Minorisierten im Westen.[96] Ein Beispiel dieser Vernachlässigung bietet Arjun Appadurais Paradigmen verschiebendes Buch *Modernity at Large*, das einen möglichen Weg zu einem postnationalen globalen System aufzeigt, in seiner Analyse der Auswirkungen des Zusammentreffens moderner Massenmedien und Massenmigration. Dieses Zusammenkommen hat diasporische öffentliche Sphären hergestellt, die neue transnationale Gemeinschaften und neue Mittel für soziales Handeln schaffen: »[D]ie Imagination ist aus dem speziellen Raum der Kunst, des Mythos und Rituals ausgebrochen und ist jetzt ein Teil der alltäglichen mentalen Arbeit normaler Leute in vielen Gesellschaften geworden [...]. Normale Leute haben angefangen, ihre Imaginationen in ihren Alltagspraktiken anzuwenden« (Appadurai 1996, 5).

96 Siehe etwa Wright: »Während prominente postkoloniale Wissenschaftler_innen wie Gayatri Spivak und Homi Bhabha zahlreiche Möglichkeiten eines postkolonialen Subjekts angeboten haben, ignorieren ihre Überlegungen all jene, die keinen südasiatischen Ursprung haben. Sie ›erfinden das Rad von Neuem‹, indem sie zugunsten des Austauschs mit ihren poststrukturalistischen Kolleg_innen jene theoretisch bedeutenden afrodiasporischen Werke übergehen. Wie ihre postkoloniale Schwester ist poststrukturalistische Theorie ausdrücklich damit befasst, unterdrükkende Epistemologien westlich-europäischen kolonialen Denkens zu hinterfragen, zu unterwandern und schließlich zu ersetzen. Doch befolgt sie unabsichtlich eben jene rassistischen Annahmen, die sie zu überwinden versucht, indem sie nicht in Betracht zieht, dass die direkten Zielscheiben dieser Epistemologien und Praktiken – Bevölkerungen afrikanischer Abstammung im Westen – womöglich einen eigenen Bestand an ausgereiften Gegendiskursen besitzen, die weit über die darin enthaltene ethnographische Information hinaus wertvoll sind« (2004, 26).
Es ist jedoch wichtig anzumerken, dass es eine jüngere Generation von Wissenschaftler_innen gibt, die erfolgreich diese Lücke zwischen postkolonialer und diasporischer Forschung zu überbrücken versuchen. Siehe etwa Gopinath 2005; Gutiérrez Rodríguez/Steyerl 2003; Ha 2001.

So eindrucksvoll und nützlich sie auch ist, veranschaulicht Appadurais Arbeit gut das Problem: Obwohl sein Buch einige Jahre nach Gilroys *Black Atlantic* veröffentlicht wurde, eine Reihe ähnlicher Probleme anspricht (nämlich die Wechselbeziehungen zwischen Populärkultur und sozialer Bewegung) und neuen postkolonialen Diasporas eine Schlüsselrolle in einer aufkommenden postnationalen Welt zugesteht, ignoriert seine Studie weitestgehend die afrikanische Diaspora in ihren praktischen sowie theoretischen Manifestationen.[97] Das ist schade, insbesondere, da die von Appudarai identifizierten neuen Phänomene sich wohl erstmals in eben dieser afrikanischen Diaspora zeigten:

> »Diese Diasporas bringen die Vorstellungskraft – als Erinnerung sowie als Begehren – in die Leben vieler normaler Leute und in Mythografien ein, die sich von klassischen Disziplinen des Mythos und des Rituals unterscheiden. Der entscheidende Unterschied ist hier, dass diese neuen Mythografien neue soziale Projekte befördern. Sie sind nicht nur ein Gegengewicht zu den Gewissheiten des täglichen Lebens.« (Appadurai 1996, 4)

Genau für diese neuen sozialen Projekte und deren neue Vorstellungen von Erinnerung und Begehren bietet die Forschung zur afrikanischen Diaspora nützliche analytische Werkzeuge. Tatsächlich kann Appadurais Aussage als eine Beschreibung des kulturellen Austauschprozesses und der Identitätsproduktion im Herzen der afrodiasporischen Gemeinschaft seit Anbeginn der Moderne gelesen werden. Zudem hat eine Reihe von Autor_innen überzeugend eine enge Beziehung zwischen dieser Bevölkerung und den neuen Massentechnologien nahegelegt, die für postmoderne öffentliche Sphären charakteristisch sind (Rose 1994; Eshun 1998; Moten 2003; Weheliye 2005). Dass diese Technologien – die so offenbar etwa im Hip-Hop angewendet und verbessert werden – dennoch fast nie mit Schwarzer Kulturproduktion in Verbindung gebracht werden, könnte an der visuellen Voreingenommenheit moderner Kulturkritik liegen, die technologische Revolutionen seltenst im Bereich des Akustischen verortet. Und dies, obwohl Alexander Weheliye zufolge,

97 Die Auslassung der afrikanischen Diaspora wird besonders in Kapitel 8 augenscheinlich: »Patriotismus und seine Zukunft« dreht sich um eine Analyse von rassifizierten Verhältnissen in Appadurais Wahlheimat USA, nimmt aber dennoch keinerlei Bezug auf den enormen Literaturbestand zum Thema, den Wissenschaftler_innen aus der afroamerikanischen Erfahrung heraus produziert haben.

»populäre Musik einen der fruchtbarsten Böden für die Verbreitung und Kultivierung digitaler und analoger Technologien bietet und dies mindestens seit der Erfindung des Grammophons am Ende des neunzehnten Jahrhunderts. Popmusik stellt auch die Arena dar, in der Schwarze Subjekte sich kulturell mit diesen technisch-informationellen Bewegungen auseinandersetzten, so dass jede Betrachtung des digitalen Raums gut daran tun würde, das Akustische einzubeziehen; um verschiedene Modalitäten der Digitalheit zu begreifen, aber auch um nicht endlos die angenommene ›digitale Kluft‹ mit all ihrer mitreisenden Last zu zirkulieren und so zu verfestigen.« (Weheliye 2005, 3).

Der Mangel an Aufmerksamkeit für das Akustische im Gegensatz zum Visuellen in Analysen der Massentechnologien des zwanzigsten und einundzwanzigsten Jahrhunderts erklärt zum Teil den beharrlichen Ausschluss der afrodiasporischen Bevölkerungen aus den Geschichten des technologischen Fortschritts. Dieser Ausschluss zeigt aber auch eine Wahrnehmung von Schwarzen Menschen als immer randständig für Innovation, als Produzent_innen einer Kultur, die schlussendlich immer abgeleitet – eine Fusion aus Elementen, die »schon da« sind – und roh ist – sie bietet den Lehm für die Kunst und Kultur anderer.[98] Ein ähnliches Argument könnte bezüglich des Nichtwahrnehmens Schwarzer intellektueller Traditionen in Repräsentationen der (Post)Moderne gemacht werden. Wenn wir zu der Idee zurückkehren, dass Schwarze Menschen im Westen die erste moderne Bevölkerung darstellten (Morrison, in: Gilroy 1993, 2 und 175-82), da sie mit Bedingungen der Entortung [*displacement*] und Fragen der Identität konfrontiert waren, die im späten zwanzigsten und im frühen einundzwanzigsten Jahrhundert in viel breiterem Ausmaß relevant wurden, ergibt sich ein ganz anderes Bild: Wir können sinnvollerweise annehmen, dass Schwarze Diskurse eine Reihe von Fragen erkundet haben, mit denen andere Gruppen, die unter dem Titel Diaspora zusammengefasst werden, jetzt ebenfalls konfrontiert sind.

Dies soll nicht bedeuten, dass Erfahrungen gleich wären, dass es eine Hierarchie von Wissen gibt oder dass die Forschung zur afrikanischen Diaspora fertige Lösungen für die Situation europäischer Minorisierter bieten könnte. Doch erscheint es offensichtlich, dass ihr Einbezug von Nutzen

98 Diese Position erhielt wissenschaftliche Glaubwürdigkeit durch die Theorien von Artur de Gobineau (1816-82), der Afrikaner_innen ein inhärentes künstlerisches Talent zuschrieb, ihnen aber die intellektuelle Fähigkeit absprach, dieses Talent zu nutzen. Siehe etwa El-Tayeb 2001; Wright 2004.

sein könnte, insbesondere weil der Begriff der Diaspora bereits regelmäßig auf europäische minorisierte Gemeinschaften angewendet wird. Ich glaube daher, dass ein Austausch sehr fruchtbar sein könnte, auch weil der Diskurs zur afrikanischen Diaspora selbst bisher Kontinentaleuropa wenig Aufmerksamkeit hat zukommen lassen.[99] Ein intensivierter Dialog könnte also wechselseitig förderlich sein. Dies würde jedoch eine Neubewertung des Konzepts europäischer Formen von Rassifizierung sowie von diasporischen Definitionen Schwarzer Identität erfordern, um Gemeinschaften einzuschließen, die aus beiden Definitionen herausfallen. Solch eine über ethnisierte Festschreibungen hinausgehende Erkundung von Prozessen der Rassifizierung in Europa würde auch ein Neudenken des Konzepts von Schwarzsein in der Forschung zur afrikanischen Diaspora bedeuten – sowohl hinsichtlich der Diaspora selbst, aber auch in ihrer Bewertung afrikanischer Konfigurationen von Rassifizierung.

Afrika bleibt allzu oft der authenthische, aber statische Bezugspunkt diasporischer Identifikationen, mit einer Klarheit und Sicherheit von Identität, die das Leben in der Diaspora nicht bieten kann: eine stabile, wenn nicht gar unveränderliche Entität, in der (und gegen die) sich diasporische Identität begründet. Aber Kulturen sind überall fragmentiert und umstritten, Konzepte von Identität – ob national, rassifiziert oder ethnisiert – sind in der Vergangenheit oder dem Land der Vorfahren [*motherland*] nicht unbedingt weniger kompliziert und verhandelbar. Nordafrika, direkter Nachbar sowohl Asiens als auch Europas, könnte ein idealer Ausgangspunkt für eine versuchte Annäherung an die Komplexitäten von Diaspora-Formationen sein. Dennoch blieb die Region weitgehend aus den Africana Studies ausgeschlossen, die dem Rahmen folgen, den Hegels Definition von Afrika etabliert hat (Hegel 1945): Hierin ist der Kontinent in drei verschiedene Teile getrennt, von denen der Norden vermeintlich der europäische, nicht wirklich afrikanische, ist. Fast zweihundert Jahre später arbeitet die Wissenschaft noch immer weitgehend entlang dieser willkürlichen Teilung, auch wenn die darin implizierte Hierarchie etwa in den Africana Studies angefochten wird. Die (fehlende) Bedeutung des nördlichen Teils des Kontinents ist eine Facette der oft essenzialistischen Wahrnehmung Afrikas in der Diaspora. Trotz seines Einsatzes für die Hinterfragung der rassistischen

99 Dies verändert sich jedoch langsam, teilweise als Reaktion auf Schwarzen europäischen Aktivismus, den ich später in diesem Kapitel bespreche. Siehe zum Beispiel das Black European Studies Projekt (BEST) oder Hine/Keaton/Small 2009.

Konstruktion des antiken Ägyptens, tendiert der diasporische Diskurs dazu, den Maghreb zu marginalisieren, und hinterfragt kaum dessen Konstruktion als weiß.[100]

Die Wüste Sahara wird weiterhin als natürliche Grenze dargestellt, die den Norden wirksam vom Schwarzen Afrika trennt, anstatt als Negativ eines Kontinents wie Gilroys Black Atlantic, d.h. als lebhafter Raum der kulturellen und anderer Überkreuzungen. Während diese letztere Sichtweise besser der Erfahrung der Bewohner_innen der Sahara und ihrer Grenzen gerecht wird, spiegelt erstere die europäische Wahrnehmung wider und verbleibt so im westlichen Diskurs.[101] Dieses Anhaften an Beschränkungen, die durch einen rassistischen Diskurs geschaffen wurden, erinnert uns daran, dass die Forschung zur afrikanischen Diaspora aus dem Westen kommt, was nicht immer produktiv ist: Das Modell vom Afrika südlich der Sahara als dem echten, Schwarzen, Afrika funktionierte weitgehend für Africana Studies, die auf die Amerikas fokussierten. Doch ist dies nicht mehr als eben ein Arbeitsmodell, es spiegelt keine Wirklichkeiten wider. Arbeitsmodelle neigen dazu, die Komplexität und Widersprüchlichkeit von Wirklichkeit entsprechend der Anforderungen des jeweiligen Schwerpunkts zu begrenzen. Sie können deshalb nicht verallgemeinert werden. Stattdessen muss von Fall zu Fall entschieden werden, ob sie auf einen anderen Kontext angewendet werden können und sollten. Geschieht dies nicht, bestätigt afrodiasporische Forschung unwillentlich solche deutlich rassifizierten Grenzziehungen, die in Wahrheit ideologische Konstrukte sind. Innerhalb

100 Zu den weitreichenden Auswirkungen dieser Wahrnehmung siehe beispielsweise den Fall des Schwarzen ägyptischen Immigranten Mostafa Hefny, der in den USA erfolglos dagegen klagte, als Nordafrikaner nach seiner Einbürgerung automatisch als »weiß« klassifiziert worden zu sein (Morsy 1994).

101 Siehe Taiwo 1998. Ägypten nimmt insbesondere in afrozentrischen Diskursen eine andere Rolle ein als der Maghreb, der beinahe vollständig ignoriert wird. Dennoch lässt die Identifizierung eines »schwarzen Afrikas« mit den Regionen südlich der Sahara den Norden als Ganzes aus. Die strenge Aufteilung zwischen Nordafrika und Subsahara-Afrika impliziert klare rassifizierte und kulturelle Unterschiede zwischen »Arabern« und »Berbern« auf der einen Seite und (Subsahara) »Schwarzen« auf der anderen. Doch wird die Sahara nicht nur bereits seit antiken Zeiten von Händler_innen durchquert. Sie hat auch Bewohner_innen, die physisch die vermeintliche »natürliche Teilung« überbrücken. Eine andere Perspektive könnte die Sahara als einen Raum des Kontakts und des Austauschs wahrnehmen und so Verbindungen in den Blick holen, die von nationalistischen und eurozentrischen Narrativen verdeckt wurden; Verbindungen, die sich im fusionistischen Charakter der Musik von Ali Hassan Kuban oder der eklektischen Philosophie der algerischen Raï-Musik oder des politischen Denkens von Ibn Chaldun widerspiegeln.

dieser Ideologie wird die Tatsache, dass Bevölkerungen im nördlichen Teil Afrikas real nicht dem Bild des »europäischen«, »nicht-wirklich-afrikanischen/Schwarzen« Maghreb entsprechen, dann zum Beweis, dass Schwarze Nordafrikaner_innen nicht wirklich Schwarz oder nicht wirklich afrikanisch sind; anstatt zum Beweis einer tatsächlichen Vielfalt, die durch Rassentheorien diskursiv getilgt und durch künstliche rassistische Grenzziehungen ersetzt worden ist, die noch immer häufig für völlig natürlich gehalten werden (Bernal 1987; Lefkovitz/Rogers 1996).

Stattdessen muss auf der Grundlage lokaler Dynamiken, nicht vorgefasster universalistischer Meinungen, neu untersucht werden, auf welche Weisen »Afrikanischsein« und Schwarzsein zusammenhängen. Die regionalen, religiösen, kontinentalen und »rassischen« Identifizierungen von Nordafrikaner_innen schaffen interne wie externe Gruppenbeziehungen, denen man sich nicht einfach mit einer Methodologie nähern kann, die auf einer westlichen und US-zentrischen Wahrnehmung basiert.[102] Dies wird deutlich, wenn wir uns Europa zuwenden, das sehr direkt mit (Nord) Afrika verknüpft ist. Ein bedeutender Anteil Schwarzer Europäer_innen hat überregionale familiäre Bezüge nach Afrika nördlich der Sahara und ihre Beziehung sowohl zu anderen Schwarzen Europäer_innen und zu Afroeuropäer_innen mit nordafrikanischem Hintergrund, die nicht Schwarz (aber manchmal Teil derselben Familie) sind, tragen zu einer anderen Perspektive auf Schwarze Subjektivität bei. Wie im letzten Kapitel ausgeführt, rückten die Widerstände in den französischen *Banlieues* im November 2005 eine Gruppe in den Blick, die zwar weitgehend afrikanischer Abstammung, aber weder ethnisch noch rassifiziert homogen war. Vielmehr hat das französische System eine homogenisierte, rassifizierte ökonomische Unterschicht auf der Basis bestimmter Kennzeichen von Fremdheit hergestellt, die Schwarzsein enthält, aber eben nicht nur, da der Islam untrennbar mit Konzepten von Afrikanischsein und Fremdsein verknüpft wurde (ein Diskurs, der für ganz Europa charakteristisch ist, wie ich in Kapitel 3 zeige).

Der Fokus auf afrikanische Bevölkerungen in den Amerikas, auf den transatlantischen Sklavenhandel, der sie dorthin gebracht hat, und darauf, wie sie die Westliche Moderne geprägt haben und durch sie geprägt

102 »Schwarzsein« und »Afrikanischsein« werden tatsächlich ausschließlich außerhalb des Kontinents selbst als Synonyme verstanden, wo vielmehr Ideologien von regionalen Unterschieden, einschließlich Ethnisierung und Rassifizierung, als kompatibel mit panafrikanischen Politiken erscheinen.

wurden, hat zwangsweise die Aufmerksamkeit von anderen Aspekten der diasporischen Erfahrung ferngehalten, die für diesen Schwerpunkt weniger relevant waren. Darunter ist die Verknüpfung der afrikanischen Diaspora zur nicht-westlichen Welt des Islam, was eine Reihe wichtiger Fragen unbeantwortet lässt: Wo liegen die Gemeinsamkeiten und Unterschiede zu Rassifizierungsprozessen in der christlichen/westlichen Welt? Wie wird Rassifizierung in einer transnationalen Gemeinschaft verhandelt, die größtenteils nicht-weiß und nicht-westlich ist? Wie werden Diskurse zwischen West und Ost transportiert, angepasst und infrage gestellt und wie funktioniert Afrika dabei als Kontaktraum? Es wäre sicher falsch, anzunehmen, dass es keine substanziellen Verbindungen zwischen der afrikanischen Diaspora im Okzident und im Orient gäbe. Vielmehr machen internalistische Narrative vom Ursprung westlicher Kultur, die durch aktuellere Kampf-der-Kulturen-Diskurse erneuert werden, eine Geschichte des Austauschs und der Überlappung zwischen christlichem Westen und muslimischem Osten unsichtbar, an dem Schwarze Bevölkerungen zentral beteiligt waren und der auf allen Kontinenten stattfand, was sauberen Trennungen zwischen reinen kulturellen Sphären Hohn spricht (Bayoumi 2003; Prashad 2008). Ungeachtet seiner Rolle als Europas Anderes, ist der Islam die größte minorisierte Religion des Kontinents geworden. Während in den US-amerikanischen öffentlichen Diskursen Muslime außerhalb der *Nation of Islam* üblicherweise über den Nahen Osten oder Südasien, d.h. als »fremd« rassifiziert werden, machen Afroamerikaner_innen ein Viertel bis ein Drittel der islamischen Bevölkerung in den USA aus, geschätzte fünfMillionen Menschen (was bedeutet, dass mindestens fünf Prozent der afroamerikanischen Bevölkerung sich als muslimisch identifiziert).[103] Der Islam ist somit schon lange ein Faktor in den Beziehungen zwischen Minderheiten im Westen, sowohl innerhalb der Nation als auch darüber hinaus.[104] Im europäischen Kontext geht eine Trennung zwischen einem

103 Die Zahlen basieren auf Schätzungen einer Umfrage im Jahr 2000 durch das American Muslim Council und den American Religious Identity Survey von 2001 (siehe: »United States: Muslim Population Circa 2000« [http://www.islamproject.org/education/United_States.html] letzter Zugriff 23.11.2014) sowie auf der Erhebung zu regelmäßigen Moschee-Besucher_innen FACT von 2001 (nicht mehr online verfügbar – aktuellere Erhebungen der gleichen Organisation: [https://www.cair.com/american-muslims/reports-and-surveys.html] letzter Zugriff: 23.11.2014).

104 Die legendäre internationalistische Transformation des Malcolm X nach seinem Erleben der betenden multiethnischen Gemeinschaft in Mekka stellt beispielsweise einen wichtigen Bezugspunkt für europäische muslimische Gemeinschaften

Schwarzen Subsahara-Afrika und einem muslimischen Nordafrika, die in dominanten Diskursen verbreitet ist, völlig an den Realitäten von Europäer_innen mit afrikanischer Abstammung vorbei.

Hip-Hop wurde für diese Gruppe zum Medium für den Ausdruck eines akkurateren Identitätsmodells. Die Wechselwirkung zwischen Musik und Technologie, die zu einer rhizomatischen Ausbreitung Schwarzer Diskurse führte, verkomplizierte mehr als alles andere unwiederbringlich die Konzepte von kultureller oder rassifizierter Authentizität, die von Schwarzem Nationalismus behauptet wurden. Diese Ausbreitung beinhaltete mehr Bevölkerungen als gemeinhin angenommen wird. Innerhalb der frühen europäischen Hip-Hop-Szene waren z.B. Rrom_nja insbesondere als Breakdancer_innen enorm präsent. Die Wahrnehmung (und Selbstdefinition) von osteuropäischen Rrom_nja als schwarz fügt der Frage Schwarzer Subjektivität eine weitere Dimension hinzu.[105] Diskurse über schwarze Rrom_nja ersetzen weder die Rassifizierung von Menschen afrikanischer Abstammung in denselben Gesellschaften noch sind sie identisch. Nichtsdestotrotz überlappen die Diskurse: Einerseits werden den Rrom_nja als osteuropäischer einheimischer schwarzer Bevölkerung Eigenschaften zugeschrieben, die direkt aus dem rassistischen Diskurs über die »schwarze Rasse« importiert wurden (wobei Letztere zugleich weiterhin Zielgruppe

---

dar – insbesondere für junge Männer der zweiten Generation, die sich sowohl mit dem persönlichen Weg von Malcolm X identifizieren können als auch mit seinen schonungslosen [*nonconciliatory*] Politiken. So etwa der »belgische Malcolm X«, Dyab Abu Jahjah, Gründer der Arabisch-Europäischen Liga.

105 Ein anderes Beispiel ist die Auswirkung von Bob Marleys Tour 1979 durch Australien und Neuseeland auf die junge transnationale Black-Consciousness-Bewegung unter Aborigines und Māori (Lipsitz 1994, 142). Ihre Identifikation mit Schwarzsein beruft sich weder auf afrikanische Vorfahren noch auf die Erfahrung der Middle Passage. Diese kolonisierten Bevölkerungen, die als rassifizierte Minderheiten in ihren Heimatländern leben, strapazieren sicher sogar sehr inklusive Definitionen von afrikanischer Diaspora. Doch ergaben ihre Erfahrungen als »schwarze« Gemeinschaften in weiß-dominierten West-Nationen genug Gemeinsamkeiten, um ihnen eine Identifikation mit und Modifikation von Marleys Panafrikanismus zu ermöglichen. Und ihre Position als sowohl »Andere-von-Außen« (als zugleich antagonistisch und irrelevant für moderne australische und neuseeländische Gesellschaften) wie »Andere-von-Innen« (als einheimische, aber »nicht-integrierte» Minderheiten) widersetzt sich der Auflösung irritierender Widersprüche. Diese Widersetzung könnte genau im Kern eines dialogischen Verständnis von Diaspora liegen: Sie fragt kontinuierlich danach, was es bedeutet, schwarz zu sein, verlässt sich aber nicht auf definitive Antworten, da die Gemeinschaft eben durch den Prozess des Fragens selbst entsteht.

dieser Diskurse blieb). Andererseits führte diese Einschreibung zusammen mit einer Reihe gefühlter Gemeinsamkeiten – die Rrom_nja sind ein diasporisches Volk ohne die Aussicht oder Intention einer Rückkehr, die meisten Rrom_nja in Osteuropa waren bis zu ihrer Befreiung im neunzehnten Jahrhundert landwirtschaftlich versklavt, und ökonomische, soziale und politische Diskriminierung ist noch immer die Regel – zu einer Identifizierung von Rrom_nja-Aktivist_innen mit afroamerikanischem Aktivismus im zwanzigsten Jahrhundert, insbesondere mit der Black-Power-Bewegung (Hancock 1987; Gheorghe/Acton 1999).[106] So nützlich er sein kann, tendiert der Fokus auf die Middle Passage als vereinigender Moment dazu, solche Beziehungen zu verdecken, die den Schwarzen Atlantik mehrfach durchkreuzen, die aber nicht auf ihn beschränkt sind. Auch tilgt und hierarchisiert er die Verschiedenheit innerhalb der Gemeinschaft des Schwarzen

106 Michaela Mudre spürt den Ähnlichkeiten zwischen »schwarzen« Rrom_nja und Afroamerikaner_innen bis hin zu Erzählmotiven aus deren literarischen Produktionen des neunzehnten Jahrhunderts nach (Mudre 2006). Diese These ermöglicht den potenziellen Einschluss von Rrom_nja-Bevölkerungen in eine diasporische Intersubjektivität, und während sie sicher weiterer Forschung bedarf, kann sie vielleicht durch eine Rückkehr zum Alltäglichen [*vernacular*] gestärkt werden. Schließlich ist Musik zentral für Rrom_nja-Kultur, und Europas brillantester Jazzmusiker war ein französischer Rrom, Django Reinhardt. Seine Musik wurde jedoch nur selten mit diasporischen Diskursen in Verbindung gebracht, was sicherlich teilweise daran lag, dass die Binarität zwischen Intellekt und Emotion, Kunst und Kritik, Individuum und Kollektiv, die in schwarzer Musik überwunden wird, in den Reaktionen europäischer Kritiker_innen auf populäre (schwarze) Musik noch immer sehr präsent ist. Diese Wahrnehmung von Künstler_innen als solche, die kollektive Gefühle ausdrücken (anstelle von Gedanken) und deshalb Kritiker_innen brauchen, die ihre Kunst in Theorie übersetzen, ignoriert die Rolle von Musiker_innen als »Alltags-Intellektuellen« (Farred 2003) in der Herausbildung eines transnationalen Schwarzen Gegendiskurses und lässt den Aufruf zur Neubewertung von deren Relevanz für diasporische Identitäten unbeantwortet. So wird Reinhardts Talent im europäischen Diskurs oft durch die stereotype Gleichsetzung von Rrom_nja mit gefühlvoller Musik naturalisiert, während seine Beiträge zur Geschichte des Jazz in rein ästhetischen Begriffen dargestellt werden. Dabei werden sie von jeglichem Sinn der Gemeinschaft (oder Kommunikation) sowie der diasporischen und transnationalen Geschichte der Rrom_nja-Kultur abgeschnitten, die sich häufig in musikalischen Fusionen ausdrückt/e. (Michael Dregnis Reinhardt-Biografie von 2004 zieht einen diasporischen Aspekt in Betracht, während sie zugleich stark auf dem Klischee des Rrom als instinktivem Musiker aufbaut. Sie erzählt auch die Anekdote von Reinhardts wiederholtem Ausruf »Mein Bruder, mein Bruder!«, als dieser zum ersten Mal eine frühe Aufnahme Louis Armstrongs hört.) In dieser Tradition verortet, schuf Reinhardt – wie Oriental Hip-Hop Jahrzehnte später – neue Orte des Dialogs zwischen diasporischen Gemeinschaften, indem er Konzepte von kultureller Reinheit hinter sich ließ.

Atlantik selbst und marginalisiert Erfahrungen, die nicht dem dominanten Paradigma entsprechen.

Wrights Vorschlag, dass die afrikanische Diaspora vor allem ein diskursives Gebilde ist, eröffnet faszinierende Perspektiven und hallt im größeren Motiv der Grenzen von Schwarzsein in diesem Kapitel wider. Auch hierher gehört Wrights Aussage, dass der Roman die Form der Nation ist, während die Dichtung zur Diaspora gehört, da sich Poesie und Diaspora auf ähnliche Weise der Nicht-Linearität, Differenz, Fragmentierung und Subjektivität nähern. Ihr ausschließlicher Fokus auf geschriebene Diskurse droht jedoch, wichtige Stätten diasporischer Dialoge auszuschließen. Ein inklusiveres Modell könnte durch die Verbindung von Wrights Konzept der Diaspora, als einer spezifischen Art Schwarzer Subjektivität, mit dem, in ihrem Argument, fehlenden Element der Alltagskultur [*vernacular culture*] erreicht werden. Dadurch könnten wir meines Erachtens ein Verständnis einer gemeinsamen Sprache Schwarzer Subjektivität erlangen, das auf einer offeneren Definition von Diskurs basiert, die den verkörperten Formen wie Unterhaltungsmusik, Tanz und Performance nicht gegenübersteht, sondern sie beinhaltet. Dies wäre ein Verstehen, Bewusstsein und Akzeptieren interner Verschiedenheiten und Spannungen, ein relationales Modell, in dem – in den Worten des karibischen Theoretikers und Dichters Édouard Glissant – »Beziehung (zugleich Verknüpfung und Verknüpftes, Handlung und Sprache) stärker betont wird als die sogenannte universelle ›Kontrollmacht‹, die in ihrem Erscheinen als regierendes Prinzip wahrgenommen werden könnte« (Glissant 1989, 14).

Der traditionelle Diaspora-Diskurs beschreibt diese Komplikationen nicht. Doch während Diaspora gegen nationale und nationalistische Beschränkungen nicht im Geringsten immun ist, argumentiere ich in diesem Kapitel, dass das transnationale, transethnische Potenzial von Diaspora im Diskurs Schwarzer Minderheiten am weitesten erkundet wurde. Dieser Diskurs hat eine globale, interdisziplinäre Forschung hervorgebracht, in der Diaspora nicht bloß ein nostalgisches Begehren nach einer verlorenen, idealisierten Heimat oder Vergangenheit ist. Die Theorie der afrikanischen Diaspora kann in einigen ihrer Variationen einen Kontext bieten, in dem translokale Praktiken untersucht werden können, anstatt in der hierarchischen Dichotomie einer reinen – oder essenzialistischen – Heimat und einer hybriden Diaspora versteinert zu werden. Der Schritt weg von der Kennzeichnung authentischer afrodiasporischer Identitäten durch bestimmte historische Momente oder kulturelle Praktiken bringt randständige Erfahrungen von Schwarzsein in den Blick, die vielleicht etablierte Konzepte stören. Doch ich glaube, dass diese Irritation im Endeffekt produktiv ist. Sicherlich gibt es mehr Fragen als Antworten und so wird es wahrscheinlich immer sein. Doch wenn der Prozess kreativer Hinterfragung afrodiasporische Identität konstituiert, dann kann das Aufbringen dieser Fragen nur gut sein und bedroht keineswegs die Einigkeit der Schwarzen Gemeinschaft. Idealerweise ergänzt die fortgesetzte Auseinandersetzung mit den Grenzen von Schwarzsein das desidentifikatorische Potenzial von Diaspora, das am beharrlichsten durch deren kritische Bearbeitungen in Unterhaltungsmusik, Third-World-Feminismus und Queer-of-Color-Theoretisierungen zum Ausdruck gebracht wird. Diese bewegen sich in die Richtung einer Fusion aus Theorie und Poesie, die Glissant als »Poetik der Beziehung« bezeichnet, »in der jede und jegliche Identität durch die Beziehung zu einer Anderen erweitert wird« (Glissant 1997, 11).

Afrodeutsche, Dritte-Welt-Feminismus und (trans)nationale Genealogien

Afrodeutsche gehören sicher zu jenen Gruppen, die Soysals Verwendung von veränderlichen Konzepten der (Staats)Bürgerschaft zur Hinterfragung der Nützlichkeit von Diaspora-Theorien für den europäischen Kontext verkomplizieren. Eine Reihe von Autor_innen haben die besondere Situation Schwarzer Deutscher als Staatsbürger_innen in den Blick genommen, die in jeglicher Hinsicht – außer eben der rechtlichen – als Fremde behandelt werden (Oguntoye et al. 1986; El-Tayeb 2001, Muniz de Faria 2002; Campt 2004; Fehrenbach 2005). Sie bekommen das Paradox der Rassismusverleugnung [*colorblindness*] im dominanten europäischen Diskurs sehr deutlich zu spüren. Dieses setzt die Wichtigkeit einiger Faktoren in den Definitionen von Integration und Zugehörigkeit voraus, etwa die Wahrung westlicher Werte, während sie die Relevanz anderer Faktoren verleugnet, etwa rassifizierte Differenz.[107] Schwarze Deutsche, die häufig in einer weitgehend

107 Siehe beispielhaft die deutsche Diskussion über den »Einbürgerungstest«, der speziell auf Muslime abzielt, die die Staatsbürgerschaft beantragen. Ihnen wird unterstellt, westliche Werte, wie Toleranz gegenüber Homosexualität oder den Einsatz für die Gleichheit von Frauen, nicht zu teilen. Die Akzeptanz dieser Werte wird vermeintlich getestet. Während dieser Diskurs in vielerlei Hinsicht eine Farce ist (viele Deutsche, wenn nicht die meisten, einschließlich des damaligen Papstes,

weißen Umgebung aufwachsen, sind im Sinne offizieller Standards – d.h. hinsichtlich Kultur, Sprache, Bildung und nicht zuletzt Staatsbürgerschaft – wahrscheinlich die am stärksten assimilierte deutsche Minderheit.[108] Dennoch sind sie die Minderheit, die allgemein am stärksten als »undeutsch« betrachtet wird: Über die Jahrzehnte und über die Ost-West-Teilung hinweg hat sich die Überzeugung gehalten, dass Schwarze Deutsche »in Wirklichkeit« entweder aus Afrika oder aus den Amerikas kommen (siehe Oguntoye et al. 1986; Gelbin/Konuk/Piesche 1999; Popoola/Sezen 1999; Kantara 2000). Die Externalisierung von Afrodeutschen zeigt die Absurdität des Arguments der kulturellen Differenz, das angeführt wird, um die Marginalisierung von minorisierten Gemeinschaften zu erklären. Und während die implizite Rassifizierung von Deutschsein als »weiß« (und damit von Schwarzen Menschen als zwangsläufig nicht-deutsch) eine offensichtliche Antwort auf dieses Paradox wäre, verweigert das internalistische Narrativ diese Erklärung als bedeutungslos für den auf dem Mythos der ›Farbenblindheit‹ [*colorblindness*] beharrenden diskursiven Rahmen.

Im Folgenden betrachte ich, wie die impliziten Spannungen von (diasporischem) Nationalismus im Falle von Afrodeutschen zum Ausdruck kommen. Deren Anwesenheit in der Nation erscheint als Oxymoron und als ebenso dissonant im Diaspora-Narrativ. Eine Reaktion auf diese doppelte Verschiebung ist sicherlich das Begehren, eine »reale«, authentische, fassbare Geschichte und Identität in Übereinstimmung mit dominanten Definitionen zu schaffen; es gibt aber deutlich auch eine Abkehr von essenzialistischen Konzepten von Heimat in Richtung eines Begrüßens

---

würden den Test nicht bestehen), hat er ziemlich ernsthafte Konsequenzen für die größte religiöse Minderheit Deutschlands, indem er sie weiter als antidemokratisch und vormodern stigmatisiert (für englischsprachige Quellen siehe die Islamische Menschenrechtskommission 2006; Tzortzis 2006; deutschsprachig z.B. Bielefeldt 2006).

108 Bis 2001 praktizierte die BRD eine strenge Version des Blutrechts und verweigerte den Nachkommen von Millionen von Arbeitsimmigrant_innen – die meisten aus der Türkei und Jugoslawien – dauerhaft die Staatsbürgerschaft (Brubaker 1994). Das veränderte Gesetz ermöglicht nun die Staatsbürgerschaft durch Geburt in der BRD (mit einigen Einschränkungen), gestattet die doppelte Staatsbürgerschaft jedoch nur mit EU-Mitgliedsstaaten, was wieder Einwohner_innen mit türkischen Eltern oder Großeltern ausschließt. Da Afrodeutsche hingegen häufig einen weißen deutschen und einen Schwarzen nicht-deutschen Elternteil haben, hat ein viel größerer Anteil die deutsche Staatsbürgerschaft (zumindest seit 1976, als es deutschen Frauen erstmals möglich wurde, ihre Staatsbürgerschaft an ihre Kinder weiterzugeben, wenn sie mit Nicht-Staatsangehörigen verheiratet waren). Siehe El-Tayeb 2001.

dieser Desidentifikationen. Diese schließt ein Begehren nach Wurzeln und nach einem Gefühl für Geschichte nicht aus, auf dem Positionalitäten in der Gegenwart begründet werden. Jedoch wird diese Geschichte mittels einer queeren Erinnerung konstruiert, die direkt mit der zentralen Rolle von transnationalen Schwarzen feministischen Positionen innerhalb der afrodeutschen Gemeinschaft zusammenhängt. Die Bewegung für ein Schwarzes Bewusstsein in Deutschland war ein Versuch, eine Vergangenheit und ein kollektives Gedächtnis innerhalb der Nation zu schaffen, das aber zugleich über die Nation hinausging – mit dem Anspruch, dass das Eine ohne das Andere nicht möglich sei. Dieser Prozess kann als Reaktion auf eine spezifische Abwesenheit verstanden werden. In ihrer wichtigen Studie über Schwarze Deutsche im Nationalsozialismus, identifiziert Tina Campt Erinnerung als »ein untertheoretisiertes Element diasporischer Beziehung« und zeigt dann deren besondere Bedeutung für die afrodeutsche Gemeinschaft:

> »Der Status von Erinnerung deutet einen anderen Prozess der kulturellen Werdung an und betont einige wichtige Spannungen diasporischer Beziehung, die in jeder Analyse der Beziehung der Schwarzen deutschen Gemeinschaft zur afrikanischen Diaspora behandelt werden müssen.
> Im deutschen Kontext wirft die Abwesenheit von Formen der Erinnerung, die für viele Modelle Schwarzer diasporischer Identität so zentral sind, die Frage auf, was passiert, wenn einer Gemeinschaft der Zugang zu solchen Erinnerungen fehlt, wie es historisch für Afrodeutsche der Fall war [...] mit der Ausnahme der jetzigen Generation, wuchsen viele Schwarze deutsche Kinder nicht mit ihren Schwarzen Eltern auf, was beinahe jede Übermittlung und Erhaltung von Erinnerung grundlegend verhindert.« (Campt 2004, 179)

Campt stellt hier heraus, was tatsächlich eine – wenn nicht *die* – entscheidende Besonderheit der afrodeutschen Erfahrung ausmacht (und weniger ausgeprägt auch der Schwarzen europäischen Erfahrung), was zu der zentralen Frage führt, wie sich eine Gemeinschaft »ohne Geschichte« (wieder) erschaffen kann.[109]

Der erste Versuch, diese Frage zu beantworten, war 1986 die Postulierung einer kollektiven afrodeutschen Identität im feministischen Sammel-

109 Wie wir später in diesem Kapitel sehen werden, ist der Prozess der Erhaltung und Konstruktion kollektiver Erinnerung jedoch womöglich komplizierter als dieses Verständnis hier nahelegt.

band *Farbe bekennen: Afro-deutsche Frauen auf den Spuren ihrer Geschichte.* Die Autorinnen folgten teilweise traditionellen Diaspora-Modellen, indem sie auf die lange Geschichte einer Schwarzen Präsenz in Deutschland verwiesen:

> »Bei den Recherchen lernten wir afro-deutsche Frauen kennen, die während des Kaiserreichs, der Weimarer Republik und während des Nationalsozialismus in Deutschland gelebt hatten. Einige waren sofort bereit, sich mit uns Jüngeren zu treffen und aus ihrem Leben zu erzählen. Es fällt heute schwer, die Berührtheit und Aufregung zu beschreiben, die wir bei diesen Treffen empfanden: Plötzlich entdeckten wir, dass unsere Geschichte nicht erst nach 1945 begann. Vor unseren Augen stand unsere Vergangenheit, die eng verknüpft ist mit der kolonialen und nationalsozialistischen Geschichte Deutschlands. Unser unbekannter Lebenshintergrund und unsere Nichtbeachtung als Afro-Deutsche sind ein Zeichen für die Verdrängung deutscher Geschichte und ihrer Folgen.« (Oguntoye et al. 1986, xxii bzw. 2006, 9-10)

In anderer Hinsicht stellt *Farbe bekennen* jedoch einen höchst ungewöhnlichen Bruch mit normativen Praktiken dar. Die spezifische Form der Schwarzen Bewegungen der 1980er Jahre in Deutschland – und weniger ausgeprägt auch in den Niederlanden – war durch die Interventionen von US-amerikanischen Third-World-Feministinnen in die revolutionären nationalistischen Diskurse der 1960er und 70er Jahre ermöglicht worden. *This Bridge Called My Back* (1981), herausgegeben von Gloria Anzaldúa und Cherríe Moraga; *All the Women Are White, All the Blacks Are Men, But Some of Us Are Brave* (1982) von Gloria Hull, Patricia Bell Scott und Barbara Smith; *Home Girls* (1983), herausgegeben von Barbara Smith; sowie Audre Lordes *Sister Outsider* (1984) sind Marksteine einer konzertierten Anfechtung, die wirksam jene Identität des diasporischen Subjekts als rein, authentisch und männlich dekonstruierte, die von Michelle Wright als Kernelement des traditionellen afrodiasporischen Diskurses beschrieben wird. Dies war auch eine Infragestellung, die sich weit über die Grenzen der USA ausbreitete und feministische Organisierung in anderen Teilen der Diaspora inspirierte, wie etwa in Kontinentaleuropa, wo rassifizierte Frauen sich leicht mit den im Kontext der USA analysierten Ausschlussmodi und Widerstandsstrategien identifizieren konnten. Das Beharren des Frauen-of-Color-Feminismus auf der Wechselwirkung von Rassifizierung, Vergeschlechtlichung und Sexualität bot einen Rahmen, in dem rassifizierte europäische Frauen Erfahrungen bestätigen konnten, die innerhalb dominanter Diskurse (einschließlich jenen des Feminismus) für irrelevant oder unmöglich gehalten wurden.

Es erinnert an die im ersten Kapitel zitierten Reaktionen von Hamé (*La Rumeur)* und Meli (*Skillz en Masse)* auf ihr erstes Hören von *Public Enemy*, wenn Gloria Wekker – niederländisch-surinamesische Aktivistin und Wissenschaftlerin und später eine Schlüsselfigur im Frauen-of-Color-Feminismus in Europa – sich daran erinnert, wie sie und ein paar andere Schwarze Lesben sich 1980 in Amsterdam trafen, um die Literatur afroamerikanischer Frauen zu besprechen: »Wir lasen alles, was wir kriegen konnten. Wir hatten eine Bibliographie zu Schwarzen lesbischen Texten, die wir herumgaben und die ganz abgegriffen war. Wir verschlangen Barbara Smith und Gloria Hull« (Wekker, in Hermans 2002, 16). Besonders Audre Lordes Werk erwies sich als entscheidender Einfluss für diese erste Schwarze lesbische aktivistische Gruppe in den Niederlanden, die sich 1984 nach Lordes Essaysammlung aus dem gleichen Jahr als *Sister Outsider* benannte. Die Gruppe blieb eines der Zentren des transnationalen feministischen Austauschs unter Frauen of Color.[110]

Audre Lorde selbst suchte aktiv nach dieser aufkommenden Gemeinschaft, die teilweise in Reaktion auf ihre Arbeit sichtbar wurde:

> »Im Frühling 1984 unterrichtete ich drei Monate lang an der Freien Universität Berlin; ich leitete ein Seminar über Schwarze amerikanische Dichterinnen und eine Lyrik-Schreibwerkstatt in englischer Sprache für deutsche StudentInnen. Ich hatte unter anderem vor, bei diesem Aufenthalt Schwarze deutsche Frauen kennenzulernen, denn ich hatte gehört, dass recht viele in Berlin leben.« (Lorde, in Oguntoye et al. 1986)

Lorde war relativ bekannt, als sie in Deutschland ankam, da im Jahr zuvor der kleine, aber einflussreiche Berliner Frauenverlag Orlanda einen Band mit Texten von ihr und Adrienne Rich herausgegeben hatte. *Macht und Sinnlichkeit* (Lorde/Rich 1983) war die erste deutschsprachige Publikation zur US-amerikanischen Debatte über Rassismus in der feministischen Bewegung. Letztere wurde jedoch noch nicht als relevant für Europa erachtet

110 Amsterdams selbstorganisiertes Zentrum für »zmv« Frauen (*zwart, migrantisch, vluchteling* – Schwarz, migrantisch, geflüchtet) heißt Zami – ein weiteres Zeichen für den enormen Einfluss von Lordes Arbeit auf europäische Feminist_innen of Color (siehe: www.zami.nl).

(Schultz, in Lorde/Rich 1983). Es zeugt von der kontinentaleuropäischen Stille um Rassifizierung sowie von der Identifizierung des Rassismus-Problems mit den USA, dass es der Anwesenheit einer afroamerikanischen Aktivistin bedurfte, um eine Plattform für eine öffentliche Diskussion über Rassismus in Deutschland zu schaffen. Lordes Seminare an der Freien Universität im Jahr 1984 hatten eine Reihe von Studentinnen angezogen, die in der Folge begannen, sich mit ihrer spezifischen Situation als Schwarze deutsche Frauen zu beschäftigen. Viele kämpften damit, eine Schwarze Identität in einer Gesellschaft zu entwickeln, die nicht nur die Begriffe »Schwarz« und »deutsch« für einander wechselseitig ausschließend hielt, sondern auch den rechtmäßigen Anspruch Schwarzer Deutscher auf jede der beiden Identitäten anzweifelte. Anne Adams spürt in ihrem Aufsatz von 2005 »The Souls of Black Volk« Audre Lordes Prägung der flügge werdenden afrodeutschen Bewegung nach und erinnert sich an eine Reihe von Treffen mit Gruppen Schwarzer deutscher Frauen (sowie der niederländischen *Sister Outsider* Gruppe), die ihre Frustration über ihre Marginalisierung in der deutschen Gesellschaft ausdrückten:

> »Bei einem dieser Treffen 1987 in Frankfurt, wo ich dolmetschte, antwortete Lorde den afrodeutschen Frauen folgendermaßen: Ihr müsst nicht euer Leben als marginalisierte ausgestoßene Deutsche leben. Ihr habt noch eine ganze andere Hälfte, euer Schwarzes Selbst, das von der Schwarzen Diaspora aufgenommen werden kann. Also könntet ihr euch, statt nur als ausgestoßene, halbe Deutsche, als Afrodeutsche sehen.« (Adams, in Mazon/Steingroever 2005, 212)

Während die transformative Kraft der von Adams beschriebenen Szene deutlich ist und der Einfluss von Audre Lorde auf die frühe afrodeutsche Bewegung kaum überschätzt werden kann, sind die Darstellungen durch Adams und andere von Lorde als Mutter der Afrodeutschen, die die Gemeinschaft durch den symbolischen und wörtlichen Akt der Benennung erschuf, nichtsdestotrotz problematisch.[111] Zu einfach werden wieder Unterschiede ausgeblendet, wenn Afrodeutsche in dominante Narrative der Diaspora integriert werden, in denen sie als bloße Nachahmung der paradigmatischen US-amerikanischen Erfahrung erscheinen. Wenn Adams

111 Adams Artikel ist in vielerlei Hinsicht informativ und bedacht und wird hier sicherlich unterbewertet, indem ich ihn als bloßes Beispiel eines größeren Trends in US-feministischer Forschung nutze, die von der Idee fasziniert ist, dass Lorde durch die Erfindung des Begriffs »afrodeutsch« auch Afrodeutsche erfunden habe (siehe z.B. Blackshire-Belay 1996).

schreibt, dass »Lorde diese Schwarzen Deutschen tatsächlich dazu ›einlud‹, spirituell ihre geburtsrechtliche Mitgliedschaft und Identität in der Schwarzen Diaspora als Ergänzung zur geburtsrechtlichen deutschen Nationalität anzunehmen« (Adams 2005, 213), spiegelt die heraufbeschworene Mutter-Kind-Beziehung zwischen der Diaspora in den Amerikas und jener in Europa bestehende Hierarchien innerhalb der vorausgesetzten Einheit wider und verdeckt sie zugleich: Aus einer USA-zentrischen Position wird die afrodeutsche Gemeinschaft nur und erst dann existent, wenn sie durch eine Diaspora anerkannt und geschaffen wird, deren Bewusstsein fest in afroamerikanischen Erfahrungen verortet ist.[112] Das von Wright als ausschließlich männlich charakterisierte dialektische Modell von Diaspora wird aber durch eine weibliche Hierarchie entlang der gleichen Muster nicht wirksam herausgefordert.

Anders gesehen macht Lordes Anerkennung der afrodeutschen Frauen als Teil einer weltweiten Schwarzen Diaspora einen bedeutenden Unterschied; nicht weil die Frauen sich dieser transnationalen Gemeinschaft nicht bewusst gewesen wären, sondern weil ihre Identifizierung weitgehend einseitig gewesen war – eine imaginierte Gemeinschaft, die der von einer weißen Gesellschaft aufgezwungenen Andersheit etwas entgegensetzen konnte:

> »Beinahe jede von uns afrodeutschen Frauen zwischen 20 und 30 Jahren war es gewohnt, sich allein mit ihrer Herkunft und ihrer Identität auseinanderzusetzen. Intensiven Kontakt zu anderen Afro-Deutschen hatte kaum eine zuvor gehabt. Wenn wir Freunde und Freundinnen mit unseren Gedanken und Problemen konfrontieren, müssen wir immer befürchten, jemanden zu verlieren oder für ›zu empfindlich‹ gehalten zu werden. Uns als Afro-Deutsche zu begegnen und aufeinander einzulassen, war ein völlig anderes Erlebnis.« (Oguntoye et al. 1986, xxi bzw. 2006, 9)

Das Gefühl, Teil einer größeren Schwarzen Gemeinschaft zu sein, wurde also oft weniger durch den direkten Kontakt mit anderen Schwarzen Deutschen erreicht, sondern durch die indirekte Teilnahme an diasporischen Diskursen, die durch populäre und alternative Medien vermittelt wurden.

112 Dieser hierarchische Ansatz widerspricht Lordes eigener Vision eines diasporischen Dialogs zwischen afrodeutschen und afroamerikanischen Frauen, die sie in ihrem Vorwort zu *Farbe bekennen* darlegt und in ihren Interaktionen mit Schwarzen Deutschen während ihrer regelmäßigen Besuche des Landes praktizierte.

Die interaktiven Beziehungen zwischen Schwarzen Gemeinschaften weltweit spiegeln sich in dem grundlegenden Einfluss, den die afrikanischen Dekolonisierungskämpfe und die US-amerikanische Schwarze Befreiungsbewegung auf die Entwicklung eines afrodeutschen Identitätsgefühls hatten. Die Faszination der westeuropäischen Linken für die *Black Panthers* in den 1970er Jahren, die breite Berichterstattung über Muhammad Alis Schwergewichtsboxkämpfe, die westdeutsche Fernsehausstrahlung von *Roots* oder Diahann Carolls *Julia* sowie die ostdeutsche »Freiheit für Angela Davis«-Kampagne und natürlich Musik, boten allesamt schon vor den 1980er Jahren Stoff für das Gefühl, Teil einer größeren Diaspora zu sein.[113] Wie diese kurze Liste zeigt, war dieses Gefühl in der Tat sehr stark von einer afroamerikanischen Präsenz geprägt. Wie beim Hip-Hop wurde diese dominante Erfahrung nicht als normativ angenommen, sondern als Inspiration genutzt, verändert und an die spezifischen Bedingungen der ziemlich anderen (aber vielleicht ausreichend ähnlichen) deutschen Situation angepasst – in Ost wie West zudem durch afrikanische Immigration und Dekolonisierung geprägt. Raya Lubinetzki, eine der Autorinnen in *Farbe bekennen*, die im sozialistischen Ostdeutschland geboren wurde, erinnert sich einer solchen Bewegung der Transformation, von den USA nach Deutschland und vom Roman zur Dichtung:[114]

113 Autobiographische Texte von Afrodeutschen, wie jene in *Farbe bekennen*, sprechen beinahe einstimmig von einer Identifikation mit Afroamerikaner_innen als den einzigen sichtbaren Schwarzen in deutschen Medien, Kinderbüchern, Filmen, etc. Siehe auch Hügel-Marshall 2001; Huber 2005.

114 Afrika mag eine noch größere Bedeutung in der afrodeutschen Vorstellungswelt gehabt haben, in der es als vielschichtig aufgeladenes Konzept erscheint: als Heimat eines oft abwesenden Vaters und unbekannter Geschwister sowie als regelmäßig zugeschriebener »wirklicher« Herkunftsort in Begegnungen mit weißen Deutschen. Zugleich sind Nord- und Westafrika geographisch relativ nah, sodass es nicht unmöglich ist, von Deutschland aus dorthin zu gelangen. Entsprechend erscheint die erste Reise nach Afrika oft als zutiefst ambivalenter Markstein in afrodeutschen Erzählungen von Identität. Besonders in Erzählungen von Frauen repräsentiert es nicht den begehrten Ort der Zugehörigkeit, wo mensch schließlich »harmonisch reinpasst [*blend in*]», sondern den Ort einer weiteren Erfahrung der Differenz. Diese resultiert nicht unbedingt in einer Entfremdung oder in der Ablehnung des eigenen afrikanischen Erbes, sondern in der Ablehnung eines essenzialisierten, vorgestellten Afrikanischseins. Dies eröffnet potenziell den Weg für weitere nicht-essenzialistische Versionen Schwarzer diasporischer Identität: »Lange Zeit wollte ich auswandern. Ich wollte in ein afrikanisches Land, wo ich mir Identität, ein Stückchen heile Welt versprach [...] Ich machte viele Reisen und kam dabei auch nach Nord- und Westafrika. Vor allem in Liberia hatte ich ein Schlüsselerlebnis, das mich zurückwarf auf die Tatsache, daß ich keine Afrikanerin bin, daß ich nicht

»Ich habe immer afro-amerikanische Literatur gelesen, die ich in Bibliotheken entdeckt habe. Richard Wrights *Sohn dieses Landes* z.B., und James Baldwin – das war der Anfang der Bewegung ›Black is Beautiful‹. [...] In der Zeit schrieb ich einmal etwas über meine Gefühle und Gedanken, und es kam in Form eines Gedichtes heraus.« (Lubinetzki, in Oguntoye et al. 2006, 217)

Schwarz und deutsch zu sein, stellte innerhalb der Paradigmen der ›Rassenlosigkeit‹ und sogar weitgehend innerhalb der afrodiasporischen Diskurse eine undenkbare Identität dar. Es scheint wenig zufällig, dass Dichtung wieder und wieder als Schlüssel hervortritt, erst für das Denkbar-Machen und dann für das Sprechbar-Machen dieser Identität. Und zwar genau deshalb, weil sie eine Ausdrucksform bot, in der Gefühle und Gedanken nicht getrennt werden mussten, um lesbar zu werden, sondern stattdessen in einer Poetik der Beziehung kombiniert wurden, die Afrodeutsche miteinander und mit größeren nationalen und diasporischen Gemeinschaften verband.

Während sich Schwarze Deutsche in ihrem Kampf gegen Rassismus und Isolation oft über die größeren Kämpfe in Afrika und mehr noch über jene in den USA bewusst waren und dieses Wissen als Überlebensstrategie benutzten, hinterfragten Schwarze Bevölkerungen anderswo nur sehr selten Deutschlands (Selbst)Darstellung als weiße Nation. Audre Lordes Intervention kennzeichnet nicht die Geburt eines Schwarzen deutschen Bewusstseins, aber sie symbolisiert mit Sicherheit die transnationale Wende in der afrikanischen Diaspora. Lordes Hinwendung zu einer Schwarzen Gemeinschaft, die von den meisten Afroamerikaner_innen für nichtexistent gehalten wurde, unterstreicht des Weiteren die wichtige Rolle diasporischer feministischer Netzwerke im ersten Jahrzehnt des afrodeutschen Aktivismus. Die Anerkennung und der ausdrückliche Einbezug in eine internationale afrodiasporische Gemeinschaft bestätigte ihre Erfahrungen

ohne weiteres z.B. Liberianerin sein konnte oder sonst in irgendeine andere Haut schlüpfen und meine Vergangenheit abstreifen konnte« (Wiedenroth in Oguntoye/Opitz 1986, 170 bzw. 2006, 169).

Die Erfahrung, nach Afrika zu reisen, erscheint in den Erinnerungen afrodeutscher Männer eher als eine »Rückkehr nach Hause«. Obwohl ich dafür keinen empirischen Beleg habe, erscheint mir dies womöglich mit geschlechtsspezifischen Erfahrungen und Erwartungen zusammenzuhängen, die es für Frauen schwieriger machen, die Tatsache zu übersehen, dass afrikanische Gesellschaften ihre eigenen Sätze normativer Regeln haben, die nicht nur ungewohnt sind, sondern auch neue Anforderungen und Beschränkungen mit sich bringen, besonders wenn sie Verwandtschaft besuchen.

auf eine Weise, die Schwarzen Deutschen zuvor unbekannt gewesen war. Sie ermöglichte zudem den aufkeimenden Prozess der kollektiven Erkundung von Gemeinsamkeiten anstelle der Fremdbestimmung durch ihre Differenz zur deutschen Norm. Diese Norm ging weiterhin davon aus, dass Schwarzsein keinen deutschen, nationalen Kontext habe: Es bedurfte der Intervention durch Lorde, um den Orlanda Verlag davon zu überzeugen, statt einer Übersetzung ihrer eigenen Texte ein Projekt zu verlegen, das *der* afrodeutsche Schlüsseltext werden sollte.

Nach zwei Jahren Recherche und Interviews wurde *Farbe bekennen* 1986 veröffentlicht, herausgegeben von den afrodeutschen Aktivistinnen Katharina Oguntoye und May Opitz. Das Buch ging also aus der Wechselwirkung einer Reihe von Faktoren hervor: einer Schwarzen Befreiungsbewegung, deren Ziele und Botschaften international verbreitet worden waren; einem transnationalen feministischen Netzwerk, das Audre Lorde nach Berlin brachte und dem der frauengeführte Orlanda Verlag eine Plattform schuf; und dem Einsatz einer Gruppe junger afrodeutscher Feministinnen, die Frauen im ganzen Land ausfindig machten und sie davon überzeugten, ihre oft schmerzhaften Geschichten des Heranwachsens als Schwarze Menschen in Deutschland zu teilen. *Farbe bekennen – Afro-deutsche Frauen auf den Spuren ihrer Geschichte* präsentierte die Lebensgeschichten von vierzehn afrodeutschen Frauen im Alter zwischen siebzehn und siebzig Jahren (einige von ihnen vertraten verschiedene Generationen derselben Familie) und bot somit Einblicke in Schwarzes Leben im Kaiserreich, in der Weimarer Republik, im Nationalsozialismus sowie in der DDR und der BRD. Der Band bot faktische und persönliche Informationen über einen Teil deutscher Geschichte, der von Gesellschaft, Politik und Akademie gleichsam für nicht-existent gehalten wurde. Keine Erzählebene war hierin maßgeblicher als eine andere. Der Sammelband bettete die Schwarzen Lebensgeschichten, die fast ein Jahrhundert abdeckten, in nationale Geschichte ein und kontextualisierte so die Erfahrungen, die bis dato als atypisch und individuell galten. Er zeigt sie als kollektive Züge im Leben eines Teils der Gesellschaft, der bis dahin weder als Gemeinschaft wahrgenommen worden war noch sich selbst so definierte: Schwarze Deutsche.[115]

---

115 Schwarze Deutsche sind in der Folge des Kolonialkrieges von 1904 sowie des 1. und 2. Weltkriegs diskursiv als Bedrohung für die (rassifizierte) Identität der Nation hergestellt worden (El-Tayeb 2001). Das Nicht-Wissen über die Geschichte von Afrodeutschen basiert also nicht auf einem Mangel an Informationen, sondern auf

Das Fehlen eines nachhaltigen kollektiven Gedächtnis und eigener Gemeinschaftsstrukturen sowie die daraus hervorgehende Unfähigkeit, eine akzeptierte oder akzeptierbare Identität zu beanspruchen, tritt als gemeinsames Motiv des Bandes hervor. Interessanterweise trifft dies weniger auf jene Afrodeutschen zu, die im Deutschland des Kaiserreichs oder der Weimarer Republik als Teil einer größeren diasporischen Gemeinschaft aufwuchsen, die über die Netzwerke afrikanischer Immigrant_innen strukturiert waren. Es war jedoch eben dieses Fehlen, dass der jüngeren Generation afrodeutscher Aktivist_innen, anstelle einer bloßen Nachahmung eines dominanten Modells, eine eklektische, kreative Aneignung des diasporischen Diskurses ermöglichte. Dies spiegelt sich am deutlichsten in der Geschlechterdynamik der Bewegung wider: Wegen der zentralen Rolle von *Farbe bekennen* standen die Lebensgeschichten von Frauen für die aufkommende Gemeinschaft der Afrodeutschen als Ganzer. So verschob sich grundlegend das übliche Muster, das die männliche Perspektive als normativ präsentiert. Diese Normativität wird über die Anrufung von Verbindungen und Ähnlichkeiten mit anderen normativ männlichen Narrativen hergestellt, die manchmal implizit die weibliche Erfahrung beinhalten und sie manchmal explizit ausschließen. Im Gegensatz hierzu hatten Frauen von Anfang an eine starke Präsenz innerhalb der afrodeutschen Bewegung. Der Schwerpunkt auf einer weiblichen Perspektive in *Farbe bekennen* sowie dessen explizit feministischer Kontext stellten sicher, dass Schwarze Identität hier nicht als männlich repräsentiert wurde. Stattdessen waren es die Stimmen von Frauen, die erstmals den Erfahrungen einen Ausdruck verliehen und so die Grundlage für die Bildung eines größeren Gemeinschaftsgefühls boten. Dies unterschied Schwarze Deutsche von beinahe allen anderen ethnischen, diasporischen oder nationalistischen Bewegungen, in denen üblicherweise Frauen, wie auch queere Menschen, neben dem gemeinsamen Kampf noch zusätzlich für ihren Einbezug ins gemeinschaftliche Wir kämpfen müssen.

Doch handelt es sich hier auch nicht um eine bloße Umkehr des Üblichen. Anstatt eine andere Erfahrung als normativ zu präsentieren, lehnte die frühe afrodeutsche Bewegung die Vorstellung des Normativen generell ab und ersetzte sie durch eine gebrochene, dialogische, queere Subjektivität.

deren regelmäßiger Unterdrückung, die zu einer merkwürdigen Dialektik zwischen der Meistererzählung von der Nichtexistenz (und Unmöglichkeit) einer Schwarzen deutschen Identität und dem zugrundeliegenden Narrativ einer schwarzen Bedrohung führte, die in Krisenzeiten einfach mobilisiert werden kann.

Diese ermöglichte das Entstehen eines neuen Ganzen, der afrodeutschen Gemeinschaft. Zugleich erlaubte sie deren Teilen, nebeneinander und manchmal gegeneinander zu stehen, anstatt sie in ein kohärentes Muster zu zwingen. Die Frauen, die in *Farbe bekennen* ihre Geschichten erzählen, wuchsen unter unterschiedlichen Bedingungen auf, in Kern- oder erweiterten Familien, mit alleinerziehenden Müttern, Großeltern, Pflegefamilien oder im Kinderheim. Das Erzählen ihrer Geschichten schuf eine Genealogie, die von essenzialistischen Konzepten von »Wurzeln, Boden und Verwandtschaft« weit entfernt war: Während leibliche Abstammung, eine Geschichte, die sich aus den Familienlinien der Eltern speist, von unterschiedlicher Bedeutung für die einzelnen Schwarzen Deutschen ist, wurde das Gefühl einer afrodeutschen Gemeinschaft vor allem durch die geteilte Erfahrung *in* Deutschland als Lebensort geschaffen. Das Bewusstsein einer fortwährenden afrodiasporischen Anwesenheit, der Existenz von afrodeutschen Vorfahren, baut auf einer Gruppe von Menschen auf, die selten familiäre und nicht immer kulturelle Verbindungen teilten. Stattdessen schufen sie, wenn keine Wahlgemeinschaft, dann zumindest eine der gewählten Identifikation.

Michelle Wright analysiert Carolyn Rodgers' und Audre Lordes dichterische Nutzung des Bildes der Mutterschaft zur Einführung eines weiblichen, dialogischen Konzepts von Subjektivität. Hier hallt Campts Setzung von kollektiver, durch Eltern an Kinder weitergegebener Erinnerung als konstitutiv für diasporisches Bewusstsein wider. Wrights Analyse bewegt sich jedoch in Richtung eines weniger natürlichen, potenziell konflikthaften und zerrütteten Prozesses der Vermittlung zwischen Generationen (die jedoch weitgehend im Sinne biologischer Familien konzeptualisiert werden). Dies ermöglicht den Einbezug Schwarzer diasporischer Bevölkerungen, die nicht in das dialektische Modell passen. Die Formen von Familie und Gemeinschaft, die in *Farbe bekennen* in Interviews, Gedichten, Bewusstseinsstrom-Erzählungen und analytischen Essays vorgestellt werden, gehen sogar über das dialogische Modell hinaus, das Wright in der Analyse von Rodgers und Lorde beschreibt. Sie gehen Differenz an, ohne dabei eine dialektische (Auf)Lösung in eine Synthese anzustreben. Nicht eine einzige normative Form einer ›normalen‹ und ›natürlichen‹ Familie geht aus den Erzählungen hervor. Und dies wird nicht als Mangel dargestellt, den es für die Heilung der Gemeinschaft zu korrigieren gilt, wie es das dialektische Modell von Diaspora erfordern würde. Stattdessen erscheinen eine Reihe von Möglichkeiten als gleichwertig normal, was die vermeintlich authentischen, organischen Modelle von individuellen Familien wie von afrodiasporischer Genealogie unterminiert.

Die Entstehung der Schwarzen deutschen Bewegung veranschaulicht also, wie das Queeren von Ethnizität mit Desidentifikation arbeitet – »ein dritter Begriff, der der Binarität von Identifikation und Gegenidentifikation widersteht« (Muñoz 1999, 97). Dies eröffnet einen unautorisierten Zwischenraum, der der falschen Auflösung von Konflikten durch die Unterdrückung von Pluralitäten widersteht. Die selbstverständliche offene Präsenz von Lesben, wie der Mitherausgeberin Katharina Oguntoye, unter den Beitragenden bestätigte zudem, dass das hier ausgedrückte diasporische Bewusstsein keines war, das sich nach einer verlorenen Heimat, einer Rückkehr zu einem Zustand der Unschuld, Reinheit oder Gleichheit sehnte. Stattdessen sah es, wie Frauen-of-Color-Feminismus, Unterschiede als Potenzial, das Dialogisches und Dialektisches verbindet. Afrodeutschen war der Status als Gemeinschaft versagt worden. Ihre Definition durch eine rassifizierte Differenz, die in ausschließlich negativen Begriffen konzipiert war, rechtfertigte gleichzeitig ihren Ausschluss aus dem Kollektiv der Deutschen. Für diese Gruppe machte das radikal subversive Verständnis von Differenz, das Lorde im wegweisenden Frauen-of-Color-Sammelband *This Bridge Called My Back* zum Ausdruck brachte, unmittelbar Sinn. Lorde fasst dort Differenz als etwas, das »nicht bloß toleriert, sondern als Fundus notwendiger Polaritäten gesehen werden muss, zwischen denen unsere Kreativität wie eine Dialektik Funken schlagen kann«, was die Fähigkeit schafft, zu »handeln, wo es keine Satzung [*charters*] gibt« (Lorde, in Moraga/Anzaldúa 1981, 98).

May Opitz (die nach der Veröffentlichung des Buchs ihren Namen zu May Ayim änderte) wurde eine der bekanntesten afrodeutschen Dichter_innen, die eine Reihe von Essays und eine Sammlung von Gedichten veröffentlichte, bevor sie sich 1996 das Leben nahm. Ayims Arbeit als Aktivistin, Theoretikerin und Dichterin widmete sich nicht nur der Aufdeckung der versteckten Geschichte Schwarzer Menschen in Deutschland, sondern auch deren Einschreibung in ein größeres diasporisches Gegennarrativ:

> »grenzenlos und unverschämt: ich werde trotzdem / afrikanisch / sein / auch wenn ihr / mich gerne / deutsch / haben wollt / und werde trotzdem / deutsch sein / auch wenn euch / meine schwärze / nicht paßt / ich werde / noch einen schritt weitergehen / bis an den äußersten rand / wo meine schwestern sind / wo

> meine brüder stehen / wo / unsere / FREIHEIT/ beginnt / ich werde / noch einen schritt / weitergehen und / noch einen schritt / weiter / und wiederkehren / wann / ich will / wenn / ich will / grenzenlos und unverschämt / bleiben.« (Ayim 1997, 92)

Ayim hatte ihre Magisterarbeit in Soziologie der Geschichte Schwarzer Deutscher gewidmet, die in den offiziellen Erzählungen völlig fehlten. Teile der Arbeit wurden in *Farbe bekennen* aufgenommen und boten Hintergrundinformation, die von Gemälden von Afrikaner_innen in Deutschland im zwölften Jahrhundert über den Philosophen des achtzehnten Jahrhunderts, Anton Amo, bis zu Schwarzen Jugendlichen reichte, die von den Nationalsozialisten zwangssterilisiert wurden. Ayim beharrte darauf, dass deren Leben, die aus der deutschen Geschichte ausgeblendet waren, anhaltende Bedeutung in einem alternativen Diskurs der Erinnerung haben, in dem sie als Vorfahren einer Gemeinschaft anerkannt wurden, die sich selbst wieder in dominante Geschichten einschreibt.

Dem Fehlen einer Erinnerung, die – wie in Tina Campts Beschreibung – von Generation zu Generation weitergegeben wird, setzt *Farbe bekennen* eine kollektive Geschichte entgegen, die eine vielfältige Gemeinschaft mit Wurzeln in Afrika sowie in allen anderen Teilen der Diaspora umfasst und ebenso vielfältige Biografien in sie einknüpft, voller Geschichten vom Überleben, von Gewalt, Widerstand und Tod. Es gelang, diese unhörbar gemachten Narrative zu einer Quelle gemeinsamer Identität zu machen, ohne dabei deren Widersprüche zu tilgen oder Scheitern und Scham zu implizieren, die aus der Perspektive eines dialektischen diasporischen Diskurses an sie geknüpft sind. Dieser erfolgreiche Versuch steht nicht nur mit der Desidentifikation im Einklang, die sich weigert, »willentlich die politisch zweifelhaften oder schamvollen Komponenten innerhalb eines identifikatorischen Ortes zu evakuieren« (Muñoz 1999, 2); sondern auch mit Grace Hongs Heraufbeschwörung von Baldwins Konzept, »die Toten herauszubringen« in Reaktion auf die Tode von afroamerikanischen feministischen Aktivistinnen/Akademikerinnen wie Audre Lorde, June Jordan, Barbara Christian und VèVè Clark:

> »Deine Toten anzurufen, bedeutet, dass diese Tode nicht unwichtig und vergessen sind – oder noch schlimmer, zufällig. Es bedeutet, dass diese Tode systemisch, strukturell sind. Deine Toten herauszubringen meint kein Gedenken, sondern eine Herausforderung, keinen Akt der Trauer, sondern des Trotzens, keine

> Bekundung von Sterblichkeit und Verfall, sondern von der Möglichkeit des Kampfes und des Überlebens. Es ist schockierend zu sagen und unmöglich zu beweisen, dass diese Frauen frühe Tode erlitten, weil die Kämpfe um Rassismus und Heterosexismus so direkt durch ihre und auf ihren Körpern stattfanden. Und doch zeugen ihre Namen von dieser unwissbaren Wahrheit.« (Hong 2008, 97)[116]

Die Arbeit Schwarzer deutscher Feministinnen wie Ayim und Oguntoye zeugt von der Tatsache, dass diese Kämpfe überall sind, sogar und insbesondere in Räumen, die darauf beharren, dass diese Wahrheit nicht zu wissen ist. Ihre Anrufung kann also als eine Anerkennung von Ayims Leben und Tod gelesen werden, dem auch im einzigen afrodeutschen Literaturpreis gedacht wird, der 2004 von der Schwarzen Community zu Ehren Ayims ins Leben gerufen wurde. Dessen erste Trägerin ist die junge, queere Spoken Word Dichterin, Olumide Popoola, die heute in London lebt und den Frauen-of-Color-Sammelband *Talking Home* mitherausgegeben hat.[117]

Die Poetik der Beziehung: Von Schwarzem Feminismus zu Queer-of-Color-Aktivismus

Das nicht-normative Konzept Schwarzer Identität, das *Farbe bekennnen* zugrunde liegt, hatte Auswirkungen weit über die Berliner Gruppe von Frauen hinaus, die das Projekt initiierte. Es beeinflusste enorm das erste Bundestreffen Schwarzer Deutscher im Jahr 1985, das in der Gründung der *Initiative Schwarze Deutsche* (ISD e.V.) mündete. Die Organisation, die noch immer als Zentralverband für Afrodeutsche aktiv ist, änderte später ihren Namen in Initiative Schwarze Menschen in Deutschland, was den Schritt von der dringenden Notwendigkeit, die eigene Existenz als Zugehörige zu bestätigen, zu einer Position hin spiegelt, die kritisch mit den Beschränkungen nationaler Identifikationen umgeht.[118] Die ISD,

116 Ayim selbst nahm nach der Veröffentlichung von *Farbe bekennen* an diesem fortlaufenden kollektiven Prozess des Herausbringens der Toten teil; siehe z.B. ihr Gedicht »soul sister», das sie 1992 als Reaktion auf den Tod von Audre Lorde schrieb. Der Schwarze britische Dub-Dichter Linton Kwesi Johnson gedenkt wiederum Ayim nach ihrem Tod in »Reggae fi May Ayim«.

117 Siehe: http://mayayimaward.wordpress.com.

118 Obwohl »afrodeutsch« und »Schwarze Deutsche« von Aktivist_innen weitgehend austauschbar verwendet wurden, ist es wichtig anzumerken, dass die Definition von »Schwarz« in der Praxis inklusiver war, wie die bedeutende Rolle südasiatischer Aktivist_innen wie Sheila Mysorekar belegt.

die aus mehr oder weniger autonomen Ortsgruppen besteht, nahm früh eine explizit feministische und transnationale Haltung ein. Sie betonte auch die Konstruiertheit nationaler Erinnerung und die Wichtigkeit, sie umzuschreiben:

> »Wir möchten zu einer Veränderung in der allgemeinen Wahrnehmung deutscher Geschichte beitragen – aller Aspekte davon. Dies beinhaltet eine Auseinandersetzung mit afrodeutscher (und afroeuropäischer) Geschichte, die großteils erst einmal gesammelt und aufgezeichnet werden muss. Was bedeutet, dass wir uns mit unseren eigenen Biographien als Grundlage für eine besondere, Schwarz-identifizierte Identität beschäftigen sollten. Wir fordern, dass die weiße Gesellschaft den Vorurteilen, der Diskriminierung, dem Rassismus und Sexismus ein Ende setzt, die gegen uns Schwarze Deutsche/Afrodeutsche und gegen alle anderen sozialen Gruppen in einer ähnlichen Lage verübt werden [...] Wir fordern, dass rassistische Stereotype und diskriminierende Ausdrucksweisen, Begriffe, Bilder und rassistische Berichte aus den Medien verschwinden [...] Ein wichtiger Aspekt unserer Arbeit ist die Kooperation mit Gruppen der weltweiten Schwarzen Bewegungen, mit Leuten, die antirassistische Arbeit machen, sowie mit weiteren Solidaritätsgruppen.« (ISD 1989)[119]

1986 wurde der Schwarze deutsche Frauenverein ADEFRA (AfroDEutsche FRAuen) in Bremen gegründet. Ähnlich wie die ISD, mit der der Verein eng zusammenarbeitet, besteht ADEFRA aus vernetzten aber unabhängigen Ortsgruppen. Einige Jahre lang veröffentlichte der Verein die eigene Zeitschrift *Afrekete*, bot eine Reihe von Aktivitäten für Frauen an und nahm an Organisationen wie dem *International Cross Cultural Black Women‹s Studies Institute* teil, das sich 1991 in Deutschland traf. ADEFRA brachte eine ausdrücklich feministische Agenda und eine starke lesbische Präsenz in den afrodeutschen Aktivismus ein. Viele in der ISD, männlich wie weiblich, fühlten sich mit dieser Entwicklung unwohl; Debatten über die Priorität von Rassismus über Sexismus oder über die lesbische »lila Bedrohung«, die

---

119 »Get to know us – I.S.D. The Black German Initiative«, 1989, Original englischsprachig. In den Folgejahren des ersten Treffens 1985 entstand ein Netzwerk von ISD-Ortsgruppen in ganz Deutschland. Es gab eine große Bandbreite von Aktivitäten, wie ein jährliches Bundestreffen der Gemeinschaft (an dem in den vergangenen Jahren Hunderte teilnahmen), der Black History Month in Berlin, die Veröffentlichung einer Zeitschrift (*Afro Look*, der die kurzlebige *Onkel Toms Faust* vorausging) sowie Kooperationsprojekte mit anderen minorisierten Gruppen (siehe www.isdonline.de und www. cybernomads.net).

ADEFRA vermeintlich in die Bewegung brachte, führten zu Spannungen, die bis heute nicht aufgelöst sind (Hopkins 1999, 18-19).

Nichtsdestotrotz beeinflussten Frauen weiterhin stark den afrodeutschen Aktivismus des folgenden Jahrzehnts, wenn sie ihn nicht gar dominierten. Dies lag teilweise an der Tatsache, dass das größere feministische Netzwerk, in dem deutscher Rassismus zunehmend debattiert wurde, eine Plattform bot, zu dem es kein männliches Pendant gab. Entsprechend erschienen Publikationen zur Schwarzen Erfahrung in Deutschland oft in einem feministischen Kontext. Ein bedeutender Anteil von Publikationen, die von afrodeutschen Frauen mitherausgegeben wurden, beschäftigte sich – oft erstmalig – mit Verbindungen zwischen verschieden rassifizierten Frauen of Color, die versuchten, Koalitionen zu bilden Hier spiegelt sich die Anwendung von US-amerikanischem Frauen-of-Color-Feminismus und dessen Auseinandersetzung mit – anstatt Furcht vor und Verdrängung von – Differenz auf die besondere Situation rassifizierter Gemeinschaften in Europa. So war etwa eine andere Veröffentlichung bei Orlanda das von May Ayim 1991 mitherausgegebene Buch *Entfernte Verbindungen*, eine Erkundung von Antisemitismus, Rassismus und Klassenunterdrückung. Sechs Jahre später wurde *Aufbrüche* veröffentlicht, das die Kulturarbeit Schwarzer, Jüdischer und migrantischer Frauen dokumentierte. Die afrodeutsche Beitragende und leitende Redakteurin des Orlanda Verlags, Ekpenyong Ani, erklärt das Prinzip hinter diesen Projekten:

> »Zunächst möchte ich wissen, wer denn die anderen marginalisierten Frauen sind, möchte wissen, was mich mit den türkischen Frauen verbindet und was uns vielleicht trennt; möchte endlich dem oft problematischen Verhältnis zwischen Schwarzen Frauen und weißen jüdischen Frauen auf den Grund gehen. In meiner Vision kann uns dieses längst überfällige Kennenlernen nur stärken. Und dann, ja dann hätten wir auch die Kraft, uns auf Frauen aus der dominanten Kultur einzulassen – wenn wir nicht ohnehin schon Verbündete unter ihnen gefunden haben.« (Ani, in Gelbin/Konuk/Piesche 1999, 84)

Obwohl die vorherrschenden Erzählungen von Schwarzem Feminismus und von Hip-Hop in Deutschland diese Tatsache nicht betonen, entstammen beide Bewegungen den gleichen Gemeinschaften und waren mit ähnlichen Herausforderungen konfrontiert. Die ISD und ihre jährlichen Bundestreffen waren wichtig für die Schaffung eines Gemeinschaftsgefühls für junge afrodeutsche Hip-Hop-Künstler_innen und legten in vielerlei

Hinsicht die Grundsteine für deren späteres, ausdrücklich politisches, diasporisches ›*Brothers Keepers*‹-Projekt, wie sich einer der Initiatoren, Adé, erinnert:[120]

»Dort [beim Bundestreffen] kam man für drei Tage zusammen, hat gemeinsam Filme geschaut, Seminare abgehalten, Podiumsdiskussionen durchgeführt. Auf solchen Treffen habe ich Leute wie Torch oder Ebony getroffen. Viele der Leute hatte ich zwar schon mal irgendwo auf einer Jam gesehen. Aber in diesem Kontext der ISD-Treffen war man frei von der Rolle des Rappers und konnte wirklich etwas von sich erzählen. Man hat in diesem afrodeutschen Kontext anders miteinander geredet.« (Adé, in Loh 2003).

In mancherlei Hinsicht kennzeichnete Hip-Hop die Rückkehr zu einem dialektischen, heroischen Modell von Diaspora, das eine patrilineare Genealogie schuf und die Beiträge von Frauen zu tilgen drohte. Dank ihrer bekannten zentralen Rolle können lesbische und feministische Aktivistinnen jedoch nicht einfach als irrelevant oder gefährlich für eine Schwarze deutsche Bewegung marginalisiert werden, die so wesentlich von ihnen geprägt ist. Zugleich kann die Autorität dessen, was vermeintlich authentisch und normal ist, nicht einfach überwunden werden. Nicht-normative Strukturen müssen sich andauernd erklären und rechtfertigen, gerade weil sie keine Autorität aus dominanten Konstrukten ableiten können oder wollen.[121] Ein genauerer Blick enthüllt jedoch eine kompliziertere Situation,

120 Obwohl Schwarze deutsche Künstler_innen in der deutschen Underground-Hip-Hop-Szene überproportional präsent waren, wurden sie von Mainstream-Produzent_innen und Konsument_innen lange ignoriert. Das veränderte sich im Jahr 2000, als 40 von ihnen ihre wachsende Popularität nutzten und das Männer-Projekt *Brothers Keepers* bildeten (*Sisters Keepers* folgten einige Monate später). Ihr Lied »Adriano – Letzte Warnung« kündigt Widerstand gegen den zunehmenden Rassismus in Deutschland an, der sich in der brutalen Ermordung von Alberto Adriano zeigte, dem das Stück gewidmet war. Es erreichte die Top 10 ebenso wie ihre CD »Brothers Keepers«. Aus diesem Schwung heraus initiierten die *Brothers Keepers* eine Reihe antirassistischer Projekte mit dem Ziel, Schwarze Jugendliche zu empowern, Geflüchtete zu unterstützen (die unabhängig von ihrer Ethnisierung unter fürchterlichen Bedingungen in Deutschland leben) und Polizeigewalt gegen afrikanische Immigrierte zu bekämpfen (siehe El-Tayeb 2003).

121 Auf der anderen Seite kann diese Nicht-Normativität durch Bezugnahme auf größere Traditionen angefochten werden, worin die afrodeutsche Erfahrung dann naturgemäß einbezogen wird. Eine Kontroverse über homophobe Positionen, die bei einem internationalen panafrikanischen Treffen in Hamburg zum Ausdruck gebracht wurden, zeigt jedoch, dass besonders afrodeutsche Lesben solchen Versuchen der Normalisierung größerer heteronormativer Diaspora-Diskurse wirkungsvoll be-

die sich dem zu einfachen Gegensatz zwischen weiblicher »dialogischer« Inklusivität und männlichem ausschließendem Nationalismus verwehrt. Afrodeutscher Hip-Hop der alten Schule war deutlich von der Gemeinschaft Schwarzer Deutscher in all ihrer Diversität geprägt. Zeitgenössische Künstler wie die *Brothers Keepers* repräsentieren sehr viel mehr als einen einfachen Rückschritt zu einem nationalistischen, homophoben, sexistischen Essenzialismus. Sie verhandeln stattdessen verschiedene Traditionen in einer zuweilen verwirrenden Mischung aus radikal neuen Ansätzen und reaktionären Identitätsmodellen. Dies ist aber eine eklektische Mischung, die gar nicht untypisch für europäische Gemeinschaften of Color ist. Ein Blick auf die Konstitution des Gefühls eines Schwarzen Europa in der Folge nationaler, aber diasporisch orientierter Schwarzer Bewegungen, wie der hier skizzierten deutschen, lässt den fusionistischen Ansatz vielmehr als Norm statt als Abweichung erscheinen.

In diesem Kontext entstand der Sammelband *Talking Home*, der die Tradition der Zusammenarbeit deutscher Frauen of Color über verschiedene Ethnisierungen hinweg fortsetzt. Doch macht er erstmalig die translokale Komponente explizit, die seit *Farbe bekennen* implizit präsent war. Afrodeutsche Versuche der Interaktion mit Schwarzen Gemeinschaften außerhalb Deutschlands fokussierten oft eher auf die USA und (West) Afrika sowie Großbritannien als auf Kontinentaleuropa. Doch innerhalb von Netzwerken von Frauen of Color stellten die Niederlande eine Ausnahme dar, und während der 1980er und 90er Jahre gab es einen regen niederländisch-deutschen Austausch, wie etwa mit der bereits erwähnten Gruppe *Sister Outsider*. Diese Interaktion wurde durch das in Deutschland vorherrschende Bild von den Niederlanden vereinfacht, in dem diese als Nation erscheinen, die von lässigen, toleranten Leuten mit einer liberalen Einstellung zu rassifizierter Differenz bevölkert ist. Dieser Liberalismus bringt eine eigene Reihe ernsthafter Probleme mit sich, wie sich im nächsten Kapitel zeigen wird, doch oberflächlich stellte schon die bloße Präsenz Schwarzer Busfahrer_innen, Zugschaffner_innen, Verkäufer_innen, gar Polizist_innen, eine inklusivere Welt für Afrodeutsche dar, denen es in ihrem Land noch immer verunmöglicht wurde, sich zu Hause zu fühlen.[122]

---

gegnen, indem sie sich auf die spezifische afrodeutsche Tradition des feministischen Aktivismus berufen (Peggy Piesche, persönliches Gespräch).

122 Hip-Hop sprach den Konflikt offen aus, indem er diesen Ausschluss aggressiv anging. Die Erfahrungen von *Advanced Chemistry* nach der Veröffentlichung von

Dies stand in scharfem Kontrast insbesondere zur offenbaren Diversität in Amsterdam. Die scheinbar friedliche Mischung weißer, Schwarzer und anderer Menschen of Color sowie der Ruf der Stadt als Homo-Hauptstadt Europas machte sie zum beliebtesten Ziel für Queers of Color aus der ganzen Welt, unter ihnen viele Deutsche.

Zwei davon konzipierten den Sammelband *Talking Home*, die afrodeutsche Spoken-Word-Dichterin Olumide Popoola und die türkisch-deutsche Zeichnerin Beldan Sezen. Dreizehn Jahre nach *Farbe bekennen* veröffentlicht, hatten die beiden Bände dennoch ähnliche Motivationen:

> »Im Sommer 1995 entstand unsere Idee, eine Anthologie von Frauen/Queers of color in Deutschland herauszugeben [...] Wir waren müde, keine Stimme zu haben. Es konnte doch nicht sein, daß es uns nicht gab? Wir standen uns doch gegenüber [...] Wie so viele andere, mussten auch wir die Worte, die wir so dringend zum Lesen gebraucht hätten, selber schreiben. Worte, die uns halfen, unsere Erfahrungen in Deutschland zu verarbeiten und die uns sichtbar machten, uns sein ließen [...] Bei den Auseinandersetzungen mit den Texten wurde immer deutlicher, daß es viel um ›zuhause‹, ›home‹ geht. [...] Wir schienen es alle zu kennen: fehlende Zugehörigkeit. Dieses nie ›ganz sein‹ zu können, ständig auf der Suche, im übertragenen Sinne sozusagen ›heimatlos‹.« (Popoola/Sezen 1999, 1-2)

Die Aussagen der Herausgeberinnen des früheren Bandes wiederholen sich beinahe wörtlich, was die Gültigkeit jenes Textes – über die darin repräsentierte Gruppe Schwarzer deutscher Frauen hinaus – sowie den Mangel an Veränderung der Situation von Deutschen of Color nach mehr als einem Jahrzehnt anzeigt. Die Veröffentlichung von *Farbe bekennen* hatte eine enorme Auswirkung auf die gerade entstehende afrodeutsche Bewegung und versorgte sie mit einem Brennpunkt, einem Grundlagentext,

---

»Fremd im eigenen Land« im Jahr 1991, die ich im ersten Kapitel beschreibe, spiegeln sich in den Kritiken am *Brothers-Keepers*-Projekt ein Jahrzehnt später. Diese Kritik hängt sich wieder am Beharren der Rapper auf, dass sie deutsch und Schwarz sind: Ohne die Privilegien der unumstrittenen nationalen Zugehörigkeit zu überdenken, die mit Weißsein einhergehen, lehnt ein Großteil der deutschen Linken solche Aussagen als reaktionär ab. Der Versuch Schwarzer Deutscher, ihr Land zu ihrer Heimat zu machen, indem sie sich einen Raum in dessen Vorstellungswelt schaffen – ein Schritt, der eine drastische Umgestaltung von Deutschsein mit sich bringt, wenn er erfolgreich ist – wird ihnen somit vorgehalten; und zwar durch eben jene weißen Deutschen, die am meisten das anachronistische und ausschließende nationale Identitätskonzept verdammen.

der zentrale Bezugsquelle für Schwarze deutsche Aktivist_innen wurde, ob feministisch oder nicht. Die jährlichen Bundestreffen der ISD sowie die Veranstaltungen des Black History Month in Berlin brachten von Mitte der 1980er bis Mitte der 1990er Jahre jedes Jahr Hunderte von Aktivist_innen zusammen und boten Austauschforen, die die verschiedenen Stränge der Bewegung, von Afrozentrist_innen bis lesbischen Feminist_innen, immer lose zusammenhielten. Das empfundene Bedürfnis, die Reihen geschlossen zu halten, war wohl zum Teil durch die mehr als zögerliche Wahrnehmung der Schwarzen Bewegung durch die Mainstream-Gesellschaft begründet.

Während die aufkommende Bewegung Schwarzen Bewusstseins enorme Auswirkungen darauf hatte, wie Afrodeutsche ihre individuellen und kollektiven Identitäten zum Ausdruck bringen konnten, stießen diese drastischen Veränderungen auf eine dominante Wahrnehmung, die nicht nur weitgehend unverändert blieb, sondern Schwarzen Deutschen auch aktiv das Recht absprach, sich selbst zu benennen. ISD-Aktivist_innen der 1980er und 90er Jahre waren begrenzt erfolgreich in ihrer Zielsetzung, die mediale Darstellung Schwarzer Deutscher zu beeinflussen. Die Gründung der ISD und die Veröffentlichung von *Farbe bekennen* erhielten einige Aufmerksamkeit. Zeitungsartikel und eine Reihe von Fernsehdokumentationen berichteten über das Schicksal der erwachsenen »farbigen Besatzungskinder«.[123] In diesem kurzen Moment der öffentlichen Aufmerksamkeit wurde die zentrale Rolle von Sprache, die Macht der Benennung als Mittel der Beanspruchung einer öffentlichen Identität, wieder offenbar: Keine einzige der medialen Reaktionen auf das Buch verwendete die Begriffe »Schwarz« oder »afrodeutsch«, die so ausdrücklich von den Subjekten der Berichterstattung bevorzugt wurden. Nicht alle gingen soweit, wieder die »Besatzungskinder« auf den Tisch zu holen, doch war es für weiße Journalist_innen selbstverständlich, unabhängig von deren Selbstbezeichnungen zu bestimmen, wie sie Schwarze Deutsche betitelten (besonders festsitzend war und ist »farbig«, siehe El-Tayeb 2003). In ihrer Autobiografie erinnert sich die Aktivistin Ika Hügel-Marshall an eine Episode, die die Haltung weißer Deutscher gegenüber Schwarzer deutscher Selbstdefinition gut einfängt:

123 Für eine Diskussion der Position Schwarzer Kinder im Nachkriegsdeutschland, siehe Lemke Muniz de Faria 2006.

»[Ich] erhalte [] einen Lehrauftrag an einer der Berliner Universitäten. Das Thema des Seminars ist Identität. Bei der ersten Veranstaltung bitte ich alle, in der Vorstellungsrunde etwas über ihre Identität zu sagen und darüber, wie sie sich selbst definieren. Während ich mich als Schwarze Frau vorstelle, werde ich von einer weißen Frau unterbrochen, die dazwischen ruft: ›Du bist für mich keine Schwarze. Es wäre wahrscheinlich leichter, wenn du es wärst. Dein Schicksal ist, daß du weder schwarz noch weiß bist, und alle Versuche, das eine oder das andere zu sein, führen zu Identitätskrisen.‹« (Hügel-Marshall 2001, 105-106)

Eine Identitätskrise wird natürlich durch eben diese Strategie geschaffen, in der behauptet wird, dass Afrodeutsche nicht deutsch sein können, weil sie Schwarz sind, und zugleich verleugnet wird, dass sie wirklich Schwarz sind, sobald sie diesen Rassismus angehen. Innerhalb binärer Modelle bezüglich Rassifizierung, Vergeschlechtlichung oder Nation stellt das Hybride eine Bedrohung dar, die dadurch kontrolliert wird, ihr einen Zustand unnatürlichen und unterlegenen Dazwischenseins zuzuschreiben. Dieser Ort oder Zustand schließt eine legitime Positionalität aus, von der aus das System herausgefordert oder gar das Selbst bezeichnet werden könnte. Die genannte Szene, die sich in der einen oder anderen Form mehrmals täglich in ganz Europa wiederholt, veranschaulicht, wie die Ideologie europäischer Rassenlosigkeit die Möglichkeit einer Identität als Europäer_in of Color unterdrückt. Hier hallt Judith Butlers Analyse der Auswirkungen der »verletzenden Benennung« (Butler 1998, 10) nach: »Die Bezeichnungen, mit denen man uns belegt, decken sich selten mit denen, die wir selbst wählen (Versuche, protokollarisch festzulegen, wie man uns nennen darf, scheitern in aller Regel)« (ebd. 61). Das Queeren von Ethnizität nutzt dieses Scheitern, indem es mit und gegen verletzende Namen arbeitet: »Doch diese Bezeichnungen, die wir nie wirklich wählen, machen das möglich, was wir weiterhin als ›Handlungsmacht‹ bezeichnen können, nämlich die Wiederholung der ursprünglichen Unterordnung zu anderen Zwecken, deren Zukunft zum Teil noch offen ist« (ebd.).

Während die fortwährende Anfechtung verletzender Namen durch die Schwarze deutsche Bewegung eine enorme Auswirkung hatte, ist die ISD nicht die anvisierte Interessengruppe geworden, die Rassismus in Medien und Politik exponieren konnte.[124] Es ist deutlich, dass viele Mehr-

124 Der relative Erfolg des Buches *Deutschland Schwarz Weiss* (2008) der afrodeutschen Schauspielerin, Aktivistin und Musikerin Noah Sow, das die Analysen des deutschen Rassismus durch die Schwarze Community (nicht durch weiße akademische Dis-

heitsdeutsche – nicht zuletzt jene, die sich um die Misere unterdrückter Minderheiten sorgen – viel lieber Hunderttausende isolierte »tragische Mulatten« hätten, die weiße Unterstützung brauchen, als eine lautstarke, selbstständige Schwarze Gemeinschaft. Frustrationen über das Scheitern der Auseinandersetzung mit der Mehrheitsgesellschaft unterstrichen zugleich die Notwendigkeit, Allianzen mit Schwarzen Communitys außerhalb Deutschlands und mit anderen Aktivist_innen of Color innerhalb des Landes zu bilden. Nicht nur durch seine transnationale und transethnische Verortung repräsentiert *Talking Home* die Veränderungen in der Organisierung von Schwarzen Frauen und Frauen of Color seit der Veröffentlichung von *Farbe bekennen* ein gutes Jahrzehnt zuvor. Während *Farbe bekennen* den Wunsch ausdrückte, Gemeinsamkeiten zu benennen und zu bestätigen, eine kohärente Schwarze deutsche Identität zu schaffen (sowohl gegenüber der Nation als auch gegenüber der Diaspora), ohne dem Druck essenzialistischer Gemeinschaftsverständnisse nachzugeben, nähert sich *Talking Home* Fragen der Identität auf eine tastendere, offenere Weise. Dies spiegelt sich auch in den verschiedenen Stilen der beiden Bände: *Farbe bekennen* nimmt eine innovative Form ein, mischt persönliche Zeugnisse, Poesie und historischen Hintergrund, der allerdings zu einem linearen Narrativ einer unterdrückten Schwarzen Präsenz führt. *Talking Home* ist viel gebrochener und benutzt eine Vielfalt literarischer und visueller Formen, die sich nicht unbedingt zu einem nahtlosen Ganzen zusammenfügen lässt.

Diese Unterschiede könnten als repräsentativ für eine Reihe größerer Entwicklungen betrachtet werden, wie die Verschiebung vom Feminismus zu queeren Politiken oder von dem Bedürfnis, sich räumlich und historisch in Deutschland zu erden, hin zum Begrüßen einer dezentrierten translokalen mobilen Gemeinschaft, einschließlich von Frauen mit unterschiedlichen Rassismuserfahrungen. In ihrer Einleitung machen Popoola und Sezen deutlich, dass die Offenheit der Form tatsächlich nicht zufällig ist und bieten eine Formulierung, die als perfekte Zusammenfassung der Strategie des Queerens von Ethnizität erachtet werden kann:

---

kurse) popularisiert, stellt eine der erfolgreichen Einwirkungen auf die Mainstream-Gesellschaft durch Schwarzen deutschen Aktivismus im letzten Vierteljahrhundert dar. Auf der anderen Seite zeigen Günther Wallraffs Spielfilm *Schwarz auf Weiß* von 2009, in dem Deutschlands berühmtester Investigativjournalist in Blackface als »Afrikaner« deutschen Rassismus aufdecken will, und die auf den Film folgende Kontroverse die Grenzen der Mainstream-Debatten über Rassismus in Deutschland auf (siehe Sow 2008; Büscher/Wahba 2009).

»Queer bedeutete für uns der Versuch, sich nicht den Zwängen der vorgeschriebenen Rollenmodelle zu beugen. Sei es nun im heterosexuellen oder im homosexuellen Leben. Wer letztendlich was als queer verstand, blieb jeder selbst überlassen, denn wir wollten einen breiten Raum bieten.« (Popoola/Sezen 1999, 1)

Dieses Verständnis von Queer gibt Themen, die schon in *Farbe bekennen* vorkommen, noch eine weitere Wendung. Obwohl Fragen von Heimat, Zugehörigkeit, Familie und Gemeinschaft zentral bleiben, ermöglicht es die Koexistenz von Kontinuität und Brüchen, die weder der Auflösung noch der Ablehnung bedürfen. Die Verknüpfung zu dem früheren Band wird nie ausdrücklich hergestellt, aber dennoch offenbar anerkannt – unter anderem durch die Entscheidung für den ersten Beitrag, dessen Autorin auch das Vorwort verfasste: Eleonore Wiedenroth, eine der Frauen, die in *Farbe bekennen* ihre Geschichte erzählen. Wiedenroth ergänzt den Schwerpunkt ihrer Erzählung von 1986, der auf ihrem Aufwachsen in einer oft extrem feindseligen deutschen Nachkriegsumgebung als Tochter eines abwesenden Schwarzen Vaters und einer überforderten weißen Mutter liegt, nun mit ihren Überlegungen im Jahr 1999 zur Rolle ihrer eigenen Tochter für den Erhalt ihres – wenn auch fragilen – Gefühls von Zuhause und Gemeinschaft in einem oft nicht weniger entfremdenden heutigen Deutschland.

Zu Wiedenroths Suche nach Zugehörigkeit und einem unangezweifelten Heimatgefühl gehörte ein frustrierter Versuch, nach Afrika zu ziehen. Dieses Motiv, das vielen Schwarzen Deutschen präsent ist, greift Popoola in einem Gedicht auf, in dem sie eine Freundin nach Nigeria begleitet, die dort zum ersten Mal ihren Vater trifft. *lagos 1996 – endlich zuhause* ist sowohl die Geschichte einer Heimkehr als auch der Realisierung, dass »Zuhause« keine Koordinate in Zeit und Raum ist, die Zugehörigkeit als das Ende von Uneindeutigkeit bietet:

»SEINE geschichte / papa übernahm / oh ja / da waren wir / zwei unabhängige frauen / papa-onisiert und geduld / wurde zur freizeitbeschäftigung // 4 wochen / heimat / fragezeichen // die stadt / voll von menschen / wir ein bisschen schüchtern / die familie / herzlich aber fordernd / wir, ein bisschen irritiert / gewöhnt, nicht dazuzugehören / alleine zu stehen« (in: Popoola/Sezen 1999, 57-58)

Popoolas Beschreibung der Reise ihrer Freundin »nach Hause« lässt es nicht zu, Afrika oder der patriarchalen Familie den Part der Auflösung der Suche nach der Überwindung der dissonanten Positionalität des diasporischen Subjekts innerhalb des Westens zuzuschreiben, und kann so als eine Neuinterpretation dialektischer Modelle von Diaspora gelesen werden. Ohne das Begehren nach Zugehörigkeit zu verleugnen, zeigt sie beide Seiten als gebrochen und im Versuch, ein Miteinander-Einssein zu kreieren. Sie sieht diesen Prozess, nicht dessen unvermeidliches Scheitern, als konstitutiv für ein Gemeinschaftsgefühl, das afrikanische und diasporische, männliche und weibliche, queere und heteronormative Subjekte zugleich umfasst und voneinander trennt.

Als bezeichnendster Unterschied zwischen den zwei Bänden erscheinen die Schlussfolgerungen, die aus der (weitgehend) ähnlichen Situation gezogen werden. Statt eine gemeinsame Identität zu verkünden, beanspruchen die Herausgeber_innen von *Talking Home* eine Einigkeit in Differenz: »Wir fanden, daß in Wirklichkeit unsere Geschichten so unterschiedlich sind, daß diese Suche nach dem Ganzsein eigentlich *die* Gemeinsamkeit ist, die uns verbindet, uns nah beieinander fühlen läßt.« (Popoola/Sezen 1999, 2). Dieser offene Ansatz ermöglicht die Repräsentation aller Autorinnen – Schwarze, Latina-, türkisch- und iranisch-deutsche Frauen, Aktivistinnen, Künstlerinnen und Pädagoginnen – in einer Gemeinschaft jenseits von ethnisierter Identifikation, die nicht auf Ursprung, sondern auf Positionalität basiert. Zugleich bringt ein solch offenes, queeres Verständnis von Gemeinschaft und Identität eine eigene Reihe von Problemen mit sich – vor allem die Notwendigkeit, kontinuierlich die Gemeinsamkeiten wiederherzustellen, die kollektives Handeln ermöglichen. Zugleich dürfen hierbei weder diese Gemeinsamkeiten unhinterfragt bleiben, noch bestehende Unterschiede fetischisiert statt untersucht werden.

Das Verständnis von »Heimat«, »Vergangenheit« und »Zugehörigkeit« als umstrittene Prozesse statt als Lösungspunkte ist über den Kontext von *Talking Home* hinaus für das Queeren von Ethnizität zentral. Dies wird offensichtlich, wenn wir zu den potenziellen Bedeutungen des Konzepts der Diaspora für Hip-Hop-Kultur sowie für Feminismen of Color zurückkehren. Beide Bewegungen widerstehen der Auflösung ihrer Entortung innerhalb der Nation. Hip-Hop verneint die räumliche Logik des Staates durch einen translokalen Gegendiskurs und Frauen-of-Color-Feminismus tut in seiner Ablehnung der heteronormativen Kontrolle von Zeit durch die Nation etwas Ähnliches. Letzteres ist besonders wichtig, da die umstrittene Frage, ob Diaspora ein nützlicher Begriff für die Beschreibung zeitgenössischer europäischer migrantischer und minorisierter Gemeinschaften ist, eine zeitliche Dimension hat, die oft vernachlässigt wird. Diasporisches Erinnern steht in einer komplexen Beziehung zu Diskursen der Herkunft [*origin*]. Während die Diaspora zuweilen »ebenso versucht ist, ein einheitliches Erinnern einer verlorenen Heimat zu erschaffen, wie die Nation ein nationales Gedächtnis schafft« (Huyssen 2003, 150), gibt es nichtsdestotrotz grundlegende Unterschiede zwischen Diaspora und Nation: »Nationales Erinnern präsentiert sich selbst als natürlich, authentisch, kohärent und homogen. Diasporisches Erinnern in seinem traditionellen Sinn ist per Definition abgeschnitten, hybride, verschoben, gespalten« (ebd. 152). Dieses traditionelle Konzept von Diaspora beinhaltet ein Gefühl der räumlichen und zeitlichen Entortung [*displacement*]. Hieraus kann ein kritisches Bewusstsein über die Prozesse des Erinnerns und der Identitätsbildung hervorgehen, das vom nationalen Narrativ zwangsweise unterdrückt wird. Aufgrund des Wesens von Diaspora kann diese Verdrängung nie ganz funktionieren, nicht einmal für deren essenzialistischste Konfiguration. Sie trägt somit immer den Samen ihrer Auflösung [*dissolution*] in sich, einer ununterdrückbaren Heimsuchung.

Das Konzept von Erinnerung ist zentral für diasporische Identität. Nicht nur in seiner Bedeutung für die Bildung der kollektiven Geschichte einer Gemeinschaft, sondern auch – und mindestens genauso wichtig – der kollektiven Gegenwart und Zukunft. Schwarze Europäer_innen erscheinen in dieser Hinsicht als doppelt benachteiligt: Bezüglich der Schlüsselerzählung Schwarzer diasporischer Erinnerung im Westen, d.h. der Middle Passage, werden sie nur am Rande wahrgenommen. Zugleich sind sie gemeinsam mit anderen Europäer_innen of Color aus der erinnerten Vergangenheit des Kontinents verbannt.[125] Entsprechend sind Gegendiskurse zur Erinnerung und die (Wieder)Entdeckung von Erzählungen vergangener Handlungsfähigkeit zentrale Anliegen für europäische minorisierte Aktivist_innen. Gleichzeitig liegt die versuchte Auslöschung oder Marginalisierung der Präsenz einheimischer, innerer Anderer im Herzen nicht nur nationaler Geschichtsschreibung, sondern auch des europäischen (Nicht)Erinnerns

125 Schwarze Europäer_innen stellen beide Ausschlüsse zugleich infrage, indem sie den Einbezug der Geschichte der Versklavung ins Gedenken an Europas Vergangenheit fordern. Veränderung ist hier schmerzhaft langsam, aber sie geschieht: Während Versklavung noch immer weitgehend in europäischen Lehrbüchern fehlt, wenn es um Europa und nicht um Afrika oder die USA geht, hat eine Reihe von Ländern, wie die Niederlande und Frankreich, begonnen, ihre Involviertheit in die transatlantische Sklaverei anzuerkennen (siehe van der Made 2007; Horton 2004).

des Kolonialismus. Die Erfahrung, aus dominanter Geschichtsschreibung herausgeschrieben oder darin fehlrepräsentiert zu werden, ist für minorisierte Gemeinschaften in Europa deshalb oft relevanter als der vermeintliche Wunsch, eine ideale Heimat wiederzuerschaffen. »Abtrünnige« transnationale Verständnisse von Diaspora gehen dies aktiv an und untersuchen die Dissonanz zwischen Diaspora und dem Nationalen, anstatt sie auflösen zu wollen. In der Diskussion der Beziehung zwischen Diaspora und Erinnerung argumentiert Huyssen für eine Auseinandersetzung mit diesen zugrundeliegenden Spannungen: »Insbesondere die Beziehung zwischen diasporischem Erinnern und den Erinnerungsgebilden der nationalen Kultur, in der eine jeweilige Diaspora eingebettet werden kann, ist bisher ernsthaft untererforscht« (Huyssen 2003, 151). Für Huyssen (der in seiner Diskussion die afrikanische Diaspora außen vor lässt) liegt ein Teil des Problems darin, dass diasporische Bevölkerungen selbst zu sehr mit ihrer Differenz beschäftigt sind, um ein Interesse an einer geteilten Geschichte mit ihrem Aufenthaltsland zu haben. Hierbei rücke ihre Fixierung auf eine verlorene Vergangenheit die Frage nach ihrer Beziehung zur Vergangenheit des Aufenthaltslandes in den Hintergrund (Huyssen 2003, 154).

Um die Gültigkeit dieser Behauptung zu bewerten, mag es nützlich sein, sich den entgegengesetzten Fall anzuschauen, d.h. den Versuch einer diasporischen Gemeinschaft, Zugang zur Vergangenheit des Aufenthaltslandes zu erlangen, wie etwa im afroamerikanischen Fall. Obwohl Schwarze europäische Identität in mancher Hinsicht wesentlich vom US-amerikanischen Modell abweicht – und es scheint wichtig, diesen Unterschied als bereichernd anzuerkennen anstatt ihn als unauthentisch zu disqualifizieren –, war die afrikanische Diaspora in den Amerikas eine Notwendigkeit für die Schaffung eines unabhängigen europäischen Modells, gerade weil jene eine andere Perspektive auf die Situiertheit von Diaspora innerhalb der Nation bietet; eine, in der die verlorene Heimat ein symbolischer, wenn nicht metaphorischer Begriff ist und nicht unbedingt zentral für die Schaffung eines gemeinsamen »Wir«. Stattdessen ist die diasporische Gemeinschaft eng mit der Vergangenheit und Gegenwart der Gesamtgesellschaft verknüpft. Sie ist aber nicht nur mit der systematischen Zerstörung kollektiver Erinnerung aus der Zeit vor der Diaspora konfrontiert, sondern auch mit einer minorisierten Erinnerung, die ausdrücklich dem offiziellen Gedenken der Vergangenheit widerspricht, was zu grundlegend anderen Perspektiven auf nationale Geschichte führt. Entsprechend mussten Schwarze Amerikaner_ innen alternative Wege finden, um eine kollektive Erinnerung außerhalb der offiziellen nationalen Diskurse – die sie unhörbar machten – zu schaffen, zu erhalten und weiterzugeben.

Diaspora-Theorien haben teilweise zum Ziel, kohärente Erinnerungen für gebrochene Gemeinschaften zu schaffen, deren Erfahrungen und Subjektivität systematisch verleugnet, begraben und angeeignet wurden. Da Gegenerinnerung von offensichtlicher Wichtigkeit für marginalisierte Gemeinschaften ist, werden Infragestellungen einer systematischen, kohärenten Geschichte diasporischer Identität zuweilen als Bedrohung für die kollektive Erinnerung und Identität der Gruppe gesehen. Nichtsdestotrotz entstammt die wirksamste dieser Hinterfragungen demselben diasporischen Diskurs. Im Sinne einer (*einer*, nicht *der*) kreolisierten Theorie ersetzen sie – in Glissants Worten – eine »Identität der Wurzeln«, die (verlorene) Ursprünge in den Mittelpunkt stellt, durch eine »Identität der Beziehung«, die die Idee »Heiliger Böden« hinter sich lässt und sich der Möglichkeit zuwendet, die Unordnung »situativer Gemeinschaften« zu akzeptieren (Glissant 1989).[126] In diesem Kapitel habe ich argumentiert, dass eine Bewegung, die von der Erfahrung der afrikanischen Diaspora und vom Frauen-of-Color-Feminismus der 1970er Jahre in den USA geprägt war, die Werkzeuge bot, mit denen Schwarze europäische Frauen in den 1980er Jah-

126 Schwarzer diasporischer Diskurs verkompliziert jedoch noch mehr Angelegenheiten als nur die Suche nach einer begründenden eindeutigen Gruppenerfahrung. Sprache ist ein weiterer Faktor, der auf komplexe Weise in die Besonderheiten des Schwarzen Atlantiks hineinspielt. Im Gegensatz zur jüdischen Diaspora oder jener der Rrom_nja besitzt die afrikanische Diaspora keine gemeinsame Sprache im herkömmlichen Sinne. Für Édouard Glissant stellt dieses Fehlen »den Unterschied« dar, »zwischen einem Volk, das anderswo überlebt, *das sein ursprüngliches Wesen behält,* und einer Bevölkerung, die anderswo *in ein anderes Volk* transformiert wird« (Glissant 1989, 15; Kursivsetzung im Original). Diese Verknüpfung zwischen Sprache und »ursprünglichem Wesen« mag zu einfach sein. Doch bildet das Bedürfnis, eine gemeinsame Sprache zur Überwindung der linguistischen Getrenntheit zu schaffen, genau das Gitter, in dem das Konzept einer afrikanischen Diaspora platziert werden kann, d.h. der Prozess der Transformation »in ein anderes Volk«. Hierarchien und Ausschlüsse sind nichtsdestotrotz offensichtlich. Und während der Kolonialismus neue »gemeinsame Sprachen« für die afrikanische Diaspora und für Afrika selbst bot (und die darin liegenden Problematiken sind selbstredend von Glissant, Chamoiseau und anderen ausführlich analysiert worden), blieb Arabisch als Sprache eines anderen Teils der Diaspora außerhalb des Interessenhorizonts der meisten Intellektuellen, die von Gilroy, Wright, Stephens, Edwards und anderen als Schlüsselfiguren in der Schaffung eines afrodiasporischen Bewusstseins ausgemacht wurden.

ren persönliche und kollektive Erinnerungen neu schrieben. Diese trugen zu nicht-essenzialistischen, nicht-linearen, nicht-herkunftsgebundenen Verständnissen von Diaspora bei und schufen und gestalteten zugleich einen Raum für Gemeinschaften of Color im europäischen Diskurs. Eine Analyse des Schwarzen Europas aus dieser Perspektive könnte auch den Fokus des afrodiasporischen Diskurses auf den Westen im Rahmen des Black Atlantic verändern, indem sie eine Neubewertung der Wechselwirkung von Raum und Zeit in Beziehung zu Diaspora und Heimat ermöglicht. Diasporische Theorie hat das Potenzial, diese Wechselwirkung neu zu konzeptualisieren; von der üblichen linearen Beziehung zwischen Zentrum und Peripherie, Vergangenheit und Zukunft wegzukommen und nicht nur Europa, den Pazifik und andere vernachlässigte Regionen einzubeziehen, sondern in diesem Prozess auch Afrika selbst. In einem solchen größeren Rahmen erscheint auch die oft angenommene Besonderheit der afrodeutschen Erfahrung weniger einzigartig.

Dies führt mich zurück zu Tina Campts Einschätzung des Fehlens einer diasporischen Erinnerung als afrodeutscher Schlüsselerfahrung. Womöglich überbetont sie damit die Gegenüberstellung einer »organischen« Erinnerung, die von Generation zu Generation weitergegeben wird, einerseits und deren völliges Fehlen andererseits, womit sie Erstere als die (afroamerikanische) Norm und Letztere als die (afrodeutsche) Abweichung setzt. Das Fehlen einer afrodeutschen »Kollektiverinnerung«, die die rund 500 Jahre Schwarzer Präsenz in Deutschland umspannt, liegt unter anderem an den sehr verschiedenen Beziehungen Schwarzer Deutscher zu einer diasporischen Heimat, sei sie in Afrika oder in anderen Teilen der Diaspora: Die Verbindung ist regelmäßig nicht-existent und zugleich unmittelbar, in Form eines (abwesenden) Vaters und einer entfernten Verwandtschaft.[127] Afrodeutsche bewohnen somit einen Raum zwischen der traditionellen

127 Es scheint auch wichtig anzumerken, dass die Auswirkungen der Nazi-Herrschaft auf die Schwarze deutsche Community (oder Gemeinschaften of Color im Allgemeinen) noch nicht gänzlich untersucht worden ist (Campts Buch ist ein wichtiger Schritt in diese Richtung). Deutschland, insbesondere Berlin und Hamburg, war vor 1933 ein Zentrum des internationalen antikolonialen Aktivismus. 1930 fand die erste internationale Konferenz der *International Trade Union Committee of Negro Workers* in Hamburg statt (obwohl London die erste Wahl der Organisator_innen gewesen war). Afrikanische Immigrierte im Deutschen Kaiserreich bildeten starke informelle und formelle Netzwerke, vom konservativen *Deutschen Afrikanerbund* bis zur linken *Liga zur Verteidigung der Negerrasse* (siehe Reed-Anderson 1995, 38-40; Oguntoye 1997, 76-101).

Diaspora und der zweiten Generation von Migrant_innen. Während sie dies von der diasporischen Erfahrung in den Amerikas absetzt, kreiert es eine Verknüpfung mit der wachsenden zweiten und dritten Generation von Deutschen of Color, den Kindern und Enkelkindern der ersten Generation von Arbeitsimmigrant_innen, die eine unhörbare bzw. unhörbar gemachte Präsenz in der deutschen Gesellschaft sind. Diese Stille wurde oft innerhalb von Familien reproduziert, was den Kindern wenig Wissen über die Erfahrungen ihrer Eltern in einer feindseligen Dominanzgesellschaft hinterließ. Auch wenn traditionelle Familienstrukturen intakt blieben, gab es einen Bruch im Erinnerungsdiskurs.

Seit den 1980er Jahren entscheidet sich auch ein zunehmender Teil der zweiten und dritten Generation anderer minorisierter Gemeinschaften, diese Lücke weder mit einer idealisierten Identifizierung mit einer Herkunftskultur zu füllen, die ein Zugehörigkeitsgefühl bietet, das ihnen von der deutschen Gesellschaft so ausdrücklich verweigert wird, noch mit der assimilierenden Ablehnung der Differenz ihrer Eltern. Ihre Suche nach Alternativen hat ein gemeinsames Interesse mit einer afrodeutschen Gemeinschaft geschaffen, die viele ihrer Probleme teilt. Während *Farbe bekennen* die Einführung einer expliziten politisierten Schwarzen deutschen Identität in Nation und Diaspora kennzeichnet, spiegelt *Talking Home* die Verbundenheit der afrodeutschen Gemeinschaft mit der zweiten und dritten Generation aus migrantischen bzw. migrantisierten Gemeinschaften. Ein Dialog zwischen diesen Gruppen wurde in Räumen möglich, die die ethnisierten Begrenzungen durchkreuzten. Im letzten Kapitel ist deutlich geworden, dass die frühe europäische Hip-Hop-Gemeinschaft einen solchen Raum bot, ebenso wie die feministische Bewegung von Frauen of Color. Einen dritten wichtigen Ort bot schwule und lesbische Kultur oder vielmehr die Suche nach einer queeren Gemeinschaft jenseits von normativem Weißsein. Diese Suche führte viele Queers of Color in die Niederlande, die mehr als jede andere Nation das Image Europas als aufgeklärt, tolerant und säkular repräsentieren. Aus eben diesem Grund ist das Land zu einem Hauptaustragungsort eines zunehmend alarmierenden »Kulturkriegs« geworden, der Europa gegen muslimische Minderheiten aufhetzt. Mit diesem Diskurs und der prekären Rolle feministischer und queerer Muslim_innen darin befasst sich das nächste Kapitel.

Säkulare Unterwerfungen
Muslimische Europäer_innen, weibliche Körper und performative Politiken

»Die Kleidung und die Art, sich zu kleiden und zu schmücken, sind die hervorstechendsten, das heißt die unmittelbar wahrnehmbaren Merkmale einer Gesellschaft.«
Frantz Fanon, Algerien legt den Schleier ab

»Ich glaube, der Körper muss auf eine Weise theoretisiert werden, die nicht nur beschreibt, wie er hervorgebracht wird, sondern auch, was er tut, sobald er konstituiert ist, sowie die Beziehung zwischen ihm und anderen Körpern in seiner Umgebung. Mit anderen Worten, ich wünsche mir eine Erwiderung auf Performativität, die einen Raum für Subjektivität lässt, für (wenn auch flüchtige und diskursiv beladene) Handlungsfähigkeit, und schließlich für Veränderung.«
Patrick E. Johnson, Black Queer Studies

Die Rassifizierung von Religion im säkularen Nordwesteuropa

Die europäische Ideologie der Rassenlosigkeit schafft eine Zwickmühle für rassifizierte Bevölkerungsgruppen: eine internalistische Perspektive beansprucht Europas Ausnahmestatus, indem sie die europäische Identität als gänzlich selbst-generiert und sich selbst enthaltend definiert, während ein universalistisches Narrativ die europäische Situation zugleich als paradigmatisch für die Menschheit darstellt und andere, nicht-westliche Realitäten als unvermeidlich von dieser Norm abweichend. Eines der deutlichsten Beispiele dieser Dynamik ist der Diskurs über die Differenz europäischer Muslim_innen, in dem scheinbar paradoxerweise Geschlecht und Sexualität zentrale Positionen einnehmen, während Religion vergleichsweise marginal bleibt. Das heißt, die Behauptung der »Inkompatibilität« von Islam und Europa wird nicht als Konflikt zwischen einer christlichen Mehrheit und einer muslimischen Minderheit formuliert, die beide europäisch sind. Sondern zwischen europäischem Humanismus, der sich dem Schutz von

Rechten verschrieben hat, besonders jenen der Geschlechtergleichheit und sexuellen Freiheit, und einer feindseligen, intoleranten, fremden Kultur. In dieser ungleichen Dichotomie steht Europa unveränderlich für das Universelle, während Muslim_innen das Spezifische und somit Unzulängliche repräsentieren. Folglich wird der europäischen muslimischen Gemeinschaft als Ganzer unterstellt, die »falsche« (d.h. misogyne und homophobe) Art von Heterosexualität zu verkörpern. Zugleich erscheinen auch feministische und queere Muslim_innen als durch ihre Kultur beschränkt, als Abweichungen von der dominanten Norm eines liberalen, fortschrittlichen Kosmopolitismus. Kapitel 3 wird sowohl die Besonderheiten des westlich universalistischen Diskurses als auch dessen Dekonstruktion durch europäische, queere und feministische, muslimische Aktivist_innen erkunden.

Trotz, oder vielleicht wegen, des Schwerpunkts dieses Kapitels auf der politisierten Verwendung der »Rassifizierung von Religion« (Bayoumi 2006) wird das geographische Zentrum der bekanntermaßen säkulare Nordwesten Europas sein. Ich argumentiere, dass die Haltung dieser Region gegenüber muslimischen Minderheiten durch ihre eigene verschüttete, aber einflussreiche christliche Identität geprägt ist und dass sich hier ein weiteres Beispiel der Heimsuchung in Avery Gordons Sinne bietet. So erklärt sich teilweise die rapide Verschlechterung der Beziehungen zwischen den Mehrheiten und den muslimischen Minderheiten in diesen Ländern. Schon Jahre bevor die dänische Tageszeitung *Jyllands Posten* mit ihren Karikaturen, die unter anderem den Propheten Mohammed als Terroristen darstellten, international Spannungen aufbrechen ließen, war Dänemark das erste Land in Europas angeblich progressivem Norden, das sich in Richtung einer populistischen, drakonischen Anti-Einwanderungs-Haltung bewegte, die von einem Bündnis aus einer explizit christlichen politischen Rechten und einem ebenso expliziten liberalen Säkularismus angeschoben wurde (Klausen 2006).

Kurz darauf kam in den Niederlanden eine ähnliche Koalition zustande, in jenem europäischen Land, das sich mehr als jedes andere in Selbst- und Fremdbild durch die Ideale der Aufklärung und eine entspannte Mentalität des Leben-und-Lebenlassens auszeichnet. Ich dekonstruiere das europäische Konzept von Toleranz und Säkularismus anhand der Entwicklungen in diesen beiden Ländern und lege nahe, dass die Spannungen, die infolge dieser Entwicklungen sichtbar werden, in Wirklichkeit schon in das (westliche) europäische Modell liberaler Toleranz eingebaut sind, einschließlich ihrer feministischen und queeren Versionen. Im Sinne einer Aufklärungstradition der internen Säuberung durch die Projektion auf Andere (wenn sie es haben, haben wir es nicht) werden vergleichende Analysen patriarchaler Systeme und frauenfeindlicher Strukturen in diesem Modell verhindert. Stattdessen wird die muslimische Präsenz nur anerkannt, um ihr gegenüber ein neues vereinigtes Europa zu definieren, das durch einen toleranten Säkularismus charakterisiert wird, der in christlichen Prinzipien wurzelt. Die französischen Aufstände im Winter 2005 haben die materiellen Folgen europäischer ausschließender Gesetzgebungen sowie ihrer diskursiven Rekonstruktion als Kulturkampf betont, die die zunehmende Präsenz einer marginalisierten, minorisierten Bevölkerung als dauerhaften Krisenmoment formuliert. In diesem Kapitel lege ich nahe, dass muslimische Jugendliche – der gewalttätige Mann und die verschleierte junge Frau – die zentralen Anderen des sich vereinigenden Europa geworden sind. Sie stehen beispielhaft für alles, das Europa nicht ist und nicht sein kann und darf – genau an einem Punkt, an dem die Existenz einer einheimischen, europäischen, muslimischen Bevölkerung eine unleugbare Wirklichkeit geworden ist.

Um zu verstehen, wie muslimische Europäer_innen der zweiten und dritten Generation als fremder und bedrohlicher wahrgenommen werden können als ihre Eltern und Großeltern, die aus dem Nahen Osten, Westafrika oder Südasien nach Europa gekommen waren, müssen wir uns der Rolle von Kultur in Diskursen über Identität und Assimilierung zuwenden. Gegenwärtige Erzählmotive über die muslimische Präsenz in Europa werden nicht in den Sprachen der Rasse, der Religion oder der Nation formuliert, sondern in der Sprache von Kultur und Geschlecht. Insbesondere der Hijab dient als zentrales Symbol der muslimischen Differenz. Er repräsentiert stumme, unterdrückte Frauen, die in Parallelgesellschaften leben, die durch altertümliche und primitive, statt moderne westliche, Strukturen geprägt sind. Seine Präsenz unterstreicht die Wahrnehmung, dass Muslim_innen und Europa wie Öl und Wasser sind, sich nicht vermischen und zusammenfügen können. Stattdessen können archaische muslimische Enklaven, *qua* Raum und Zeit abgetrennt, vermeintlich unverändert innerhalb der größeren europäischen Gesellschaft fortbestehen. Wie diese größeren Gesellschaften durch die Produktion nationaler und zunehmend kontinentaleuropäischer Identitäten kontinuierlich »den Zugang von Menschen zu den Ressourcen des Nationalstaats« regulieren und neu formulieren

(McClintock 1995, 353), wird somit durch die Konstruktion statischer und einander ausschließender Kulturen unsichtbar gemacht, in denen Frauen eine zentrale aber völlig fremdbestimmte Rolle einnehmen.

Eine Reihe von Bereichen ist vom Aufkommen des Konzepts der Leitkultur betroffen. Doch am bemerkenswertesten ist es, in welchem Ausmaß es in Diskursen gegenüber Immigrant_innen und Minorisierten das Konzept der Rasse ersetzt hat. Geschlecht und Sexualität erscheinen hingegen als Konstanten, die sowohl rassifizierte als auch kulturalisierte Differenz veranschaulichen. Im Folgenden untersuche ich diesen Prozess, indem ich mich den Blickpolitiken [*scopic politics*] zuwende, durch die der Hijab, den manche europäische Musliminnen tragen, ein höchst aufgeladenes Symbol für rassifizierte, kulturalisierte und vergeschlechtlichte sowie für religiöse Differenz geworden ist. Ich bin besonders daran interessiert, wie feministische Positionen in diesem Diskurs heraufbeschworen werden, und an ihrer Wechselwirkung mit Motiven des Körpers und der Mobilität in Beziehung zu Zeit und Raum, die in der Immobilisierung der verschleierten Muslimin münden und sie zugleich lesbar und unhörbar machen. Die implizite Wahrnehmung des Hijab als Zeichen eines bestimmten Typs kultureller oder kulturalistischer Performanz kommt in den Theaterstücken der niederländischen feministischen Autorin Adelheid Roosen und in der öffentlichen Selbstinszenierung der niederländisch-somalischen Aktivistin und Autorin Ayaan Hirsi Ali zum Ausdruck. Beide schreiben im metaphorischen Sinne ihre Performance auf den zum Schweigen gebrachten Körper der muslimischen Frau, vordergründig, um sie zu befreien, doch entmächtigen sie sie nur. Die dänische muslimische sozialistische Feministin Asmaa Abdol-Hamid hingegen nutzt ihren eigenen Körper, um normative Narrative zu stören und alternative Modi europäischer muslimischer Identitäten vorzuschlagen.

Abdol-Hamids Positionalität – als praktizierende Muslima, Feministin, Sozialistin – ist repräsentativ für eine maßgebliche Zahl europäischer Musliminnen, insbesondere jenen, die in den migrantischen Frauenbewegungen seit den späten 1970er Jahren aktiv waren. Dennoch ist ebendiese Positionalität im dominanten europäischen Diskurs ein Oxymoron. Meines Erachtens liegt das nicht an irgendwelchen besonderen Eigenschaften von Islam oder Muslim_innen, sondern an der Überschneidung des Othering des Globalen Südens im Kosmopolitismus und der Disziplinierung weiblicher (und queerer) Körper im Nationalismus. Während ich Abdol-Hamid als Kristallisationspunkt nehme, zeige ich ihre Verankerung in größeren Bewegungen, die daran arbeiten, diese Dichotomie zu überwinden, nämlich dem Euro-Islam und migrantischem feministischem Aktivismus.

Ich argumentiere in einer Kombination aus Queer-of-Color-Kritik mit neuen Entwicklungen der Performance-Forschung, dass Interventionen wie jene von Abdol-Hamid (die den Körper als Ort der Befreiung und der Unterdrückung anerkennen) zu einer verkörperten Theoriebildung beitragen. Diese Art der Theoriebildung hat das Potenzial, aus dem binären Modell auszubrechen, das die dominanten europäischen Wahrnehmungen von (muslimischen) Minorisierten noch immer strukturiert. Zum Teil gelingt dies, weil die Interventionen aufzeigen, dass diese dominanten Wahrnehmungen so mächtig sind, eben weil sie nicht die tatsächlichen Eigenschaften der heterogenen Gruppe muslimischer Europäer_innen widerspiegeln. Letztere wird vielmehr nur vom über sie vorherrschenden Diskurs als kohärente Gemeinschaft hergestellt. Dieser dominante Diskurs wiederum wurzelt in größeren und älteren Modellen des universellen Humanismus und seiner nicht-europäischen Anderen, unter denen der Islam seit jeher eine zentrale Position einnahm. Um die diskursive Konstruktion des muslimischen Anderen im gegenwärtigen Europa zu verstehen, muss sie in der größeren ideologischen Spannung von erneuerten binären Konzepten von West und Ost kontextualisiert werden. Diese Binarität wird gleichzeitig von einer beispiellosen tatsächlichen und virtuellen Mobilität unterminiert.

Kosmopolitischer Humanismus, Postsäkularität und westliche Voreingenommenheit

Die konservative US-amerikanische Zeitschrift *Foreign Policy* – ein einflussreiches zweiwöchentliches Blatt mit einer Auflage von über 100.000 Stück (und zusätzlicher Online-Präsenz), von Samuel Huntington mitgegründet und von Akademiker_innen und Diplomat_innen gelesen – veröffentlichte im Mai 2008 ihre zweite jährliche Top-100-Liste öffentlicher Intellektueller. Die Liste präsentierte »die Denker, die den Ton unserer Zeit prägen«, einschließlich »introspektiver Philosophen und aufrührerischer Kleriker« (*Foreign Policy Online*, Juli/August 2008). Die Leser_innen wurden zur Auswahl ihrer Top 5 aus den Vorschlägen der Zeitschrift aufgefordert. Die Vorauswahl der Zeitschrift bietet auf den ersten Blick wenige Überraschungen: Nur zehn Frauen sind dabei, mehr als zwei Drittel der Kandidat_innen lebt in den USA, Kanada und Europa, und die Liste beinhaltet viele der üblichen Verdächtigen, unter anderem Jürgen Habermas, Slavoj Žižek, Noam Chomsky, Salman Rushdie und Al Gore. Doch spiegelt die Auswahl auch den Wunsch, eine weltweit inklusive, kosmopolitische intellektuelle Landschaft zu repräsentieren – es handelt sich ja schließlich um die *Foreign Policy.* So listete die Zeitschrift auch Denker_innen, deren Einfluss auch oder sogar vor allem außerhalb des Westens zu spüren war, wie etwa den chinesischen Ökonom Fan Gang, den ägyptischen Fernsehprediger Amr Khaled oder die indische Umweltschützerin Sunita Narain.

Die Reaktion auf die erstmalig online durchgeführte Umfrage der *Foreign Policy* war enorm – mehr als eine halbe Million Stimmen wurden innerhalb weniger Tage auf der Webseite abgegeben – und ergab ziemlich unerwartete Ergebnisse: Von den ersten zehn der von den Leser_innen ausgewählten Intellektuellen leben nur vier im Westen und von ihnen ist nur einer auch dort geboren (der Schweizer Tariq Ramadan, auf den ich später zurückkomme). Bei den anderen dreien handelt es sich um die exilierten religiösen Philosophen Abdolkarim Soroush aus dem Iran und Fethullah Gülen aus der Türkei sowie den Kulturanthropologen Mahmood Mamdani aus Uganda, die alle drei hauptsächlich in den USA leben. Noch interessanter ist Folgendes: Die Top-10-Intellektuellen der Welt in den Augen der *Foreign Policy* Leser_innen sind alle muslimisch, wobei sie sowohl geographisch als auch bezüglich religiöser Praktiken und Glaubensrichtungen ein breites Spektrum repräsentieren: Fethullah Gülen; der bengalische Mikrokredit-Pionier Muhammad Yunus; der Ägypter Yusuf Al Qaradawi, Star in der beliebten Beratungssendung »Scharia & Leben« auf Al Jazeera; der türkische Romanautor Orhan Pamuk; der ehemalige Präsident des pakistanischen Obersten Gerichtshof Aitzaz Ahsan; Amr Khaled; Abdolkarim Soroush; Tariq Ramadan; Mahmood Mamdani sowie die iranische Anwältin und Menschenrechtsaktivistin Shirin Ebadi (in der Reihenfolge ihrer Platzierung).[128]

Am interessantesten ist jedoch das Narrativ, das die Zeitschrift ihren Leser_innen anbietet, um die Ergebnisse in eben jenem Kontext zu

---

128 *Foreign Policy* entschied sich, auch die zehn Nächstplatzierten aufzuführen, und hier sah das Bild schon viel üblicher aus: Noam Chomsky, Al Gore, Bernard Lewis und Umberto Eco vertreten die Plätz 11-14, was die muslimische Überhand in den ersten zehn Plätzen gewissermaßen ausgleicht. Die Plätze 15-20 wurden von Ayaan Hirsi Ali, Amartya Sen, Fareed Zakaria, Gary Kasparov, Richard Dawkins und Mario Vargas Llosa eingenommen.

formulieren, den das Umfrageergebnis infrage stellt: Es beginnt mit der autoritativen Feststellung,»Rankings sind eine inhärent gefährliche Angelegenheit«. Dann folgt der Hinweis, dass einflussreiche Intellektuelle davon leben, effektiv mit ihrer Zielgruppe zu kommunizieren. So hätten einige Kandidat_innen, Chomsky etwa, die Umfrage auf ihren Webseiten verlinkt, sie in Interviews erwähnt und andere Strategien angewendet, um ihre Platzierung zu fördern. Nach der Andeutung, dass Beliebtheitswettbewerbe immer für Manipulierung offen sind, beendet die Redaktion den Text mit folgender Aussage:

> »Keiner hat so effektiv die Information verbreitet wie der Mann an der Spitze der Liste. Anfang Mai wurde die Top-100-Liste auf der Titelseite der türkischen Tageszeitung *Zaman* erwähnt, die mit dem islamischen Gelehrten Fethullah Gülen in enger Verbindung steht. Innerhalb weniger Stunden strömten die Stimmen für ihn ein. Seine Unterstützer_innen – üblicherweise gebildete, beruflich erfolgreiche Muslim_innen – wollten nicht nur für ihren Champion Stimmen abgeben, sondern auch für andere Muslim_innen in den Top 100. Aufgrund dieser breiten öffentlichen Bewegung [*groundswell*] sind in der Leser_innen-Umfrage dieses Jahr die beliebtesten zehn öffentlichen Intellektuellen alle muslimisch. Die Ideen, für die sie bekannt sind, insbesondere bezüglich des Islam unterscheiden sich bedeutend. Es ist klar, dass in diesem Fall Identitätspolitik den Sieg davontrug.« (Foreign Policy Sept./Okt. 2008, 1)

Das Argument dieses Editorials beginnt mit der Annahme, dass einige Intellektuelle in den Top 100 eine solche Kontrolle über ihre Anhänger_innen haben, dass Letztere quasi auf Befehl handeln. Obwohl kein eigentlicher Beleg für diese Behauptung angeboten wird, ist sie dennoch nicht unplausibel.[129] Im letzten der drei Absätze ist diese Annahme dann aber zur Tatsache geworden: Fethullah Gülen hat gewonnen, weil seine Unterstützer_innen die Umfrage an sich gerissen haben. Die Redaktion scheint auch zu wissen, dass die Stimmen für Gülen von Muslim_innen kamen, und zwar weil sie muslimisch sind und deshalb wiederum auch für die anderen Muslim_innen auf der Liste stimmten, weil sie muslimisch sind, egal ob schiitisch, sunnitisch, konservativ, liberal, säkular oder isla-

129 Dies gilt insbesondere, wenn wir den am häufigsten eingetragenen Kandidaten der Umfrage beachten, den Comedian (und Katholiken) Stephen Colbert. Der ist nämlich dafür bekannt, zu verschiedenen Gelegenheiten den Mitgliedern der *Colbert Nation* zu befehlen, en masse für ihn zu wählen.

mistisch. Die unvermeidliche Schlussfolgerung: Eine Liste der einflussreichsten Intellektuellen, die von zehn Muslim_innen angeführt wird, ist ein Triumph der »Identitätspolitik« – ein Begriff, der in liberalen sowie in konservativen Diskursen im letzten Jahrzehnt gründlich abgewertet wurde und der zunehmend als Hauptschuldiger für das Scheitern von westlichem Multikulturalismus steht.

Dieses Scheitern wiederum ist *das* zentrale Motiv in aktuellen europäischen Debatten über die unüberwindbare Andersheit muslimischer Minderheiten. Hierin spiegelt sich zudem oft der Glaube, dass Muslim_innen sowohl homogener als auch fanatischer in ihren religiösen Überzeugungen seien als andere Gruppen (auch wenn sie »gebildet« und »beruflich erfolgreich« sind). Ich beanspruche nicht, besser zu wissen, warum die Leser_innen der *Foreign Policy* auf diese Weise abgestimmt haben. Doch erscheint die »muslimische Identitätspolitik« als Schlagwort, das wenig zu bieten hat außer einer Negativfolie für einen westlichen »universellen Kosmopolitismus« (denn auch wenn Religion ein primäres Motiv der Stimmabgabe gewesen sein sollte, so gab es trotzdem eine Auswahl zwischen verschiedenen muslimischen Kandidat_innen, von denen einige nicht in den Top 10 platziert sind). Unabhängig von der Unsicherheit über die Motive bleibt die Tatsache bestehen, dass die *Foreign-Policy*-Redaktion nirgendwo in ihrer Reaktion die einfache Möglichkeit in Betracht zieht, dass womöglich die zehn einflussreichsten zeitgenössischen Intellektuellen tatsächlich alle muslimisch und nicht-westlich *sind* (bzw. minorisiert-westlich, wie im Falle der einen Ausnahme Ramadan), dass es womöglich einen transnationalen, kosmopolitischen Diskurs gibt, in dem der weiße Westen nicht zentral ist.[130]

Kosmopolitismus wurzelt in einer europäischen humanistischen Tradition, die eben auch Kolonialismus, Versklavung und den Holocaust gerechtfertigt hat. Er ist deshalb in der Epoche nach dem Zweiten Weltkrieg grundlegend infrage gestellt worden. Daraus resultierten verschiedene mehr oder weniger selbstkritische Versuche, einen universell gültigen, global kommunizierbaren Wertesatz zu erhalten – und zugleich die Tatsache anzuerkennen, dass kosmopolitisches Denken nicht nur das Konzept

130 Um nicht vom Thema abzukommen, gehe ich hier nicht weiter darauf ein, wie die *Foreign Policy* »einflussreich« oder »intellektuell« genau definiert. Es sollte klar sein, dass beide Begriffe der Prüfung bedürfen, doch ist mir in diesem Kontext vor allem die diskursive Konstruktion von »einflussreichen Intellektuellen« wichtig, nicht unbedingt deren tatsächliches Wirken oder Status.

universeller Menschenrechte hervorgebracht, sondern auch deren systematische Verletzung gerechtfertigt hat (Kristeva 1993; Gilroy 2000; Honig 2001; Habermas 2003; Benhabib 2006). Für viele verbleiben als stärkstes Argument des Kosmopolitismus die Menschenrechte sowie die Notwendigkeit von gemeinsamen Grundwerten und internationalen Institutionen, die sie umsetzen, um die Freiheit und Gleichheit aller menschlichen Wesen – unabhängig von Herkunft oder gegenwärtiger Position – wenn auch nur theoretisch möglich zu machen. Universalismus mag voller Probleme sein, lautet die Argumentation, doch ist er immer noch besser als sein Gegenteil, der Relativismus, der jeglichen gemeinsamen moralischen Grundsatz aufgibt, mit dem staatliches Handeln legitimiert werden muss. In Kapitel 1 wurde jedoch das fortbestehende Problem deutlich, dass humanistischer Universalismus zwangsweise im Westen zentriert zu sein scheint, was die Welt aufteilt: in jene, die westliche Werte teilen, und jene, die das nicht tun.[131]

Die Beziehung zwischen dem Westen und den Menschenrechten wird im gesamten politischen Spektrum meist als notwendig und natürlich dargestellt. Einige Monate nach der Umfrage der *Foreign Policy* veröffentlichte die liberale britische Zeitung *Guardian* einen Artikel, der den schwindenden westlichen Einfluss in den Vereinten Nationen anprangert:

> »Einer gestern publizierten Studie zufolge scheitern die Bemühungen des Westens, vermittels der Vereinten Nationen seine Werte zu befördern und die globale Agenda zu prägen. Ein gradueller Wandel in der Machtbalance zugunsten von China, Indien, Russland und anderen Schwellenländern richtet die Bemühungen Europas und der USA zugrunde, Menschenrechte, Freiheiten und Multilateralismus zu verankern.« (Traynor 2008)

Die Verknüpfung zwischen dem Rückgang der Unterstützung von Menschenrechten und dem wachsenden Einfluss nicht-westlicher Nationen in den Vereinten Nationen bleibt durchweg zentral. Der Artikel beschreibt des Weiteren, wie muslimische Staaten den UN-Menschenrechtsrat zunehmend dafür benutzen, »Blasphemie« zu bestrafen anstatt Menschenrechte zu schützen. Dennoch gibt es keinerlei Untersuchung der Frage, warum diese nicht-westlichen Länder die Menschenrechtsagenda nicht unterstüt-

131 Das Konzept des »Westens« selbst, das nicht auf geographischen Realitäten basiert, sondern auf impliziten moralischen Hierarchien, spiegelt diese Voreingenommenheit.

zen. Stattdessen wird vorausgesetzt, dass sie einfach andere Werte haben. Ähnlich wird der westliche Einsatz für diese Rechte als gegeben dargestellt. Es werden keine Fragen gestellt, nicht einmal so offenbare wie: Wie sehr ist das internationale Menschenrechtssystem durch Jahrhunderte der Ausbeutung im Namen der humanistischen »Zivilisierungsmission« unterhöhlt? Und wie sehr wird diese Geschichte durch die offene Herstellung »rechtsfreier« Zonen aufrecht erhalten, durch außerordentliche Auslieferungen, Geheimgefängnisse, brutale Verhörtechniken und Antiterrorismusgesetze im Westen? Wie wichtig sind Erfolge in der Institutionalisierung internationaler Menschenrechtsgesetzgebungen, wenn das bloße Konzept von »Rechten« in einer neoliberalen Globalisierung zunehmend irrelevant wird, die alles von Kriegen über Gesundheitsversorgung bis zu Gefängnissen privatisiert – und von der westliche Nationen mehr profitieren als andere? Es scheint also weder ein Bewusstsein über nicht-westliche Konzepte von »Kosmopolitik« zu geben noch über die Auswirkungen von Sklaverei und Kolonialismus auf das Entstehen eines modernen, wohlhabenden, säkularen Europas oder über die Auswirkungen von dessen kontinuierlichen Interventionspolitiken – vom forcierten »Regimewechsel« bis zu protektionistischen Zöllen – auf dessen Fortbestehen.[132]

Während zweifellos die aktuelle nicht-westliche Koalition in den Vereinten Nationen weit von den Idealen der Asien-Afrika-Konferenz 1955 in Bandung entfernt ist und die Regierungen in der muslimischen Welt wenig Interesse an einem ernsthaften Einsatz für universelle Menschenrechte haben (obwohl nichts in der islamischen Tradition sie davon abhalten würde, eine solche Agenda zu verfolgen), gibt es einen merkwürdigen Mangel an Selbstkritik oder zumindest Bewusstsein in westlichen Gesellschaften ge-

132 In Wirklichkeit ist die Unterstützung des Westens für die Menschenrechtsregularien der Vereinten Nationen bei Weitem nicht einwandfrei: Während alle EU-Mitgliedsstaaten und kürzlich auch die USA die Forderung der UN-Vollversammlung unterstützten, Homosexualität zu entkriminalisieren, sind von den vierzig Nationen, die die UN-Behindertenrechtskonvention unterzeichnet haben, nur fünf europäisch (Deutschland, Österreich, Schweden, Spanien und San Marino) und bis heute hat keine westliche Nation die »Internationale Konvention zum Schutz der Rechte aller Wanderarbeitnehmer und ihrer Familienangehörigen« unterzeichnet. Zu den verschiedenen Konventionen und ihren Unterzeichnenden, siehe: die amtliche Übersetzung der UN-Behindertenrechtskonvention im Rahmen der Zustimmung des Bundestags zu deren Ratifizierung [http://www.un.org/Depts/german/uebereinkommen/ar61106-dbgbl.pdf]; deutschsprachige Webseite mit Informationen zur UN-Wanderarbeiterkonvention und deren Nicht-Unterzeichnung [http://www.wanderarbeiterkonvention.de/] letzte Zugriffe 13.12.2014.

genüber ihrem eigenen vermeintlichen Wertesystem. Dieser Mangel wird in der konservativen *Foreign Policy* und dem liberalen *Guardian* ebenso deutlich wie in dem Text von Habermas und Derrida, den ich in Kapitel 1 besprochen habe. Habermas erweitert sein früheres Argument noch in einem aktuelleren Artikel, »Die Dialektik der Säkularisierung«, in dem er die Erfordernis einer postsäkularen europäischen Identität direkt anspricht, die die Integration muslimischer Minderheiten ermöglicht. Er definiert »postsäkular« wie folgt:

> »Um von einer ›postsäkularen‹ Gesellschaft sprechen zu können, muss diese sich zuvor in einem ›säkularen‹ Zustand befunden haben. Der umstrittene Ausdruck kann sich also nur auf die europäischen Wohlstandsgesellschaften oder auf Länder wie Kanada, Australien und Neuseeland beziehen, wo sich die religiösen Bindungen der Bürger kontinuierlich, seit dem Ende des Zweiten Weltkrieges sogar drastisch gelockert haben.« (Habermas 2008, 3)

Es mag hier nicht die Schlüsselfrage sein, ob der Westen allein eine Phase des Säkularismus durchlaufen hat (was Länder wie Indien, China oder postkoloniale sozialistische Gesellschaften unbeachtet lässt), sondern ob »Säkularismus« in Habermas' (und anderer) Verwendung ein Konzept ist, dass zwangsweise an ein christliches Erbe gebunden und besser als »säkularisiertes Christentum« zu beschreiben ist. Dann würde nämlich die (chrono)logische, im obigen Zitat nahegelegte, Zeitleiste nicht bestehen, in der der Westen bereits (post)säkular ist, während andere dieser Entwicklung erst noch folgen müssen. Denn um säkular und dann postsäkular zu werden, müsste eine Gesellschaft dann ja zuerst christlich gewesen sein (was wiederum die Annahme ermöglicht, dass es eine Reihe verschiedener Säkularismen gibt, je nach religiösem System, dem gegenüber sie sich definieren). Wenn diese Möglichkeit in Betracht gezogen wird, verliert die Annahme, dass sich nicht-westliche und besonders muslimische Gesellschaften einfach in einem vor-säkularen Zustand befinden, an Glaubwürdigkeit. Die Zeitleiste wäre dann sogar umkehrbar durch die These, dass das Scheitern von muslimischem Säkularismus in Ländern wie der Türkei oder Algerien, das eng mit Fragen der internen Gleichheit verknüpft ist, eine Erfahrung darstellt, die christlicher Säkularismus erst zu durchlaufen beginnt. Ein weiterer Aspekt wäre hier das Ende des Staatssozialismus in Osteuropa. Denn die Wiederbelebung des dortigen Christentums – Katholizismus in Polen, Evangelikalismus in vielen anderen Ländern – könnte im Verhältnis zur Wiederbelebung des Islam in postsozialistischen Ländern wie Syrien oder Ägypten gesehen werden.

Ich vertrete nicht unbedingt diese alternative Zeitleiste, obwohl ihre Plausibilität sicher der Debatte wert ist. Wichtiger ist mir jedoch, inwiefern diese Überlegungen deutlich machen, wie hierarchische Konstrukte der Verknüpfung von Raum und Zeit zur westlichen Voreingenommenheit eines universalistischen Denkens beitragen. Der Anthropologe Johannes Fabian hat in seinem bahnbrechenden *Time and the Other* die Bedeutung von »politischem Raum« und »politischer Zeit« als »ideologisch hergestellte Instrumente der Macht« herausgearbeitet (Fabian 1983, 144). Das heißt, politisierte Raum-Zeit-Modelle platzieren die Anderen nicht nur in einem klar definierten räumlichen Kontext, sondern dieser Raum wird zudem in eine, im Verhältnis zum Westen, andere Zeit versetzt (und innerhalb eines linearen Modells fortschreitender Zeit bedeutet dies zwangsweise, dass die Anderen nicht nur in der Vergangenheit leben, sondern in der Vergangenheit des Westens). Mit dem Ende des Zweiten Weltkriegs, mit der Dekolonisierung und dem Beginn umfangreicher Arbeitsmigration »entstand die Notwendigkeit ein objektives, transkulturelles zeitliches Medium für Theorien der *Veränderung* zu finden, die die westlichen Sozialwissenschaften in den folgenden Jahrzehnten dominieren sollten« (Fabian 1983, 144). Die zunehmende Interaktion – außerhalb der strengen Hierarchien des Kolonialismus – von Gesellschaften, die in verschiedenen Entwicklungsstadien platziert worden waren, wurde durch die Vorstellung einer »öffentlichen Zeit« ermöglicht. Diese stellt eine Art Zwischenwelt dar, in der verschiedene Raumzeit-Konstellationen interagieren. In ihr können nicht-westliche Gesellschaften ihre Zukunft sehen und sich mithilfe der Organisationen, die die internationale, öffentliche RaumZeit regulieren, wie die Vereinten Nationen oder die Weltbank, auf sie zubewegen. Zugleich ermöglicht die »öffentliche Zeit« dem Westen einen lehrreichen Blick in die eigene Vergangenheit.

Interventionen in diese vermeintliche Vergangenheit, d.h. in die inneren Angelegenheiten von Ländern des Globalen Südens, werden zunehmend als »humanitär« gerahmt. Sie finden im Kontext eines Modells universeller Menschenrechte statt, das von der Existenz von öffentlichem Raum und Zeit abhängt, in denen diese Rechte verhandelt werden können. Dem Modell gelingt aber oft nicht, sein zutiefst politisiertes Wesen zuzugeben. Stattdessen wird, wie vom französischen Philosophen Pascal Bruckner, das

Funktionieren von unfehlbaren selbstregulierenden Mechanismen vorausgesetzt, die kontinuierlichen Fortschritt ermöglichen:

»Die Moderne war nun für lange Zeit selbstkritisch und ihren eigenen Idealen gegenüber skeptisch. So hat sie die Heiligsprechung einer wahnsinnigen Vernunft aufgekündigt, die ihren eigenen Eifer nicht erkennen konnte. Kurz gesagt, sie hat eine gewisse Weisheit und ein Verständnis für ihre Grenzen erlangt. Somit erwies sich die Aufklärung als fähig, ihre eigenen Fehler zu redigieren.« (Bruckner 2007)

Folglich erscheint der Ausschluss von großen Teilen der Menschheit aus humanistischen Diskursen als bedauerliches Versäumnis, nicht als systemisches Problem. Zumal ein Versäumnis, das der Westen nachzuholen bereit ist, solange unter den ehemaligen Anderen die Bereitschaft besteht, einbezogen zu werden, anstatt einem vormodernen, anti-humanistischen Glaubenssystem verschrieben zu bleiben.

Im letzten Jahrzehnt wurde der Islam als ein solches System ausgemacht. Der Soziologe José Casanova argumentiert:

»Als liberale demokratische Systeme respektieren alle europäischen Gesellschaften die private Ausübung von Religion, einschließlich des Islam, als individuelles Menschenrecht. Die öffentliche und freie Ausübung des Islam als migrantische Religion finden die meisten europäischen Gesellschaften aber schwierig zu tolerieren, eben weil der Islam als ›uneuropäische‹ Religion wahrgenommen wird« (Casanova 2004, 7).

Das Othering und die Marginalisierung muslimischer Minderheiten wird vorwiegend durch die vermeintliche Bedrohung gerechtfertigt, die intolerante, frauenfeindliche und homophobe Muslime für ein säkulares, liberales Europa darstellen, dessen Teil sie sein wollen:

»[D]er Wohlstand des Westens ist in gewissem Sinne ein Nebenprodukt von etwas anderem, da ihm eine Ideologie zugrunde liegt, die hauptsächlich als Abwesenheit ausgedrückt wird: Hier gibt es keine Zensur, hier gibt es keine Gefängnisse voller Dissidenten, keine machtvollen Netzwerke der behördlichen [*official*] Korruption, keine juridische Macht im Dienste eines politischen Diktators oder Parteiprogramms, keine Angst vor den Behörden und definitiv keine Angst vor irgendeiner Art von Religion.« (de Moor 2007)

Eine derart schiefe vergleichende Perspektive versteckt die christliche Voreingenommenheit des Säkularismus-Arguments, das in Beziehung zu – und zunehmend gegen – die europäischen Muslim_innen aufgebracht wird. Das zeigt sich etwa in der Unterschiedlichkeit der Reaktionen auf die tatsächliche Re-Christianisierung Europas durch die erweiterte Europäische Union und auf die potenzielle Aufnahme eines mehrheits-muslimischen Landes als Mitgliedsstaat, wie Casanova beobachtet:

> »Die breite öffentliche Debatte in Europa über die Aufnahme der Türkei hat gezeigt, dass eigentlich Europa das zerrissene Land ist, zutiefst geteilt über seine kulturelle Identität, unfähig zu beantworten, ob die europäische Einheit – und damit dessen äußere und innere Grenzen – durch das gemeinsame Erbe des Christentums und der westlichen Zivilisation bestimmt werden soll oder durch seine modernen säkularen Werte des Liberalismus, der universellen Menschenrechte, der politischen Demokratie und des toleranten und inklusiven Multikulturalismus.« (Casanova 2004, 5)

Die Vorstellung von Europa als zerrissen zwischen christlichen und säkularen Identifikationen verweist auf eine wichtige, aber oft unausgesprochene Quelle von aktuellen Spannungen um die vermeintliche »Entsäkularisierung« Europas durch Muslim_innen; und zwar auf die Rolle des Islam für die Verhandlung interner Spannungen um Religion und deren Bedeutung für die Identität des Kontinents.

So kommt auch eine andere, oft übersehene Tatsache in den Blick: Das größte einzelne Herkunftsland muslimischer Einwanderung nach Europa, die Türkei, war im letzten Jahrhundert die eindeutigste, gar am aggressivsten umgesetzte, säkulare Nation aller »kulturell muslimischen« Länder. Anders gesagt, ist die Mehrheit der Muslim_innen in Europa, die nicht auch dort geboren sind, aus einem säkularen Staat immigriert. Unabhängig von ihrer Religiosität haben Türk_innen ebenso viel Erfahrung damit, in einer säkularen Gesellschaft zu leben wie Deutsche, Finn_innen oder Italiener_innen.[133] Dass ihre Präsenz als Bedrohung für Europas Identität betrachtet wird und dass der Türkei, einem der ersten Länder, die sich um eine

133 Ich behaupte hier weder, dass Immigrierte aus der Türkei sich nicht als muslimisch identifizieren, noch sage ich irgendetwas über tatsächliche religiöse Unparteilichkeit oder Freiheit in der Türkei aus. Ich lege nur nahe, dass türkischer Säkularismus ebenso »erfolgreich« Staat und Religion trennt wie westeuropäischer Säkularismus – zudem gilt es hier nicht zu vergessen, dass in einer säkularen Nation wie Deutschland (trotz eines starken Rückgangs in den letzten Jahrzehnten) noch immer rund 62 Prozent der Bevölkerung Mitglied der anerkannten christlichen Kirchen sind (Kirchenamt der EKD 2012, 4). In den 1970er und 80er Jahren waren es noch an die 90 Prozent (siehe auch Rommelspacher 2002, 130).

EWG-Mitgliedschaft beworben haben, noch immer kein fester Zeitrahmen für ihre Aufnahme in die EU vorgelegt wurde, scheint also weniger mit Säkularismus und dem darin implizierten Einsatz für Menschenrechte zu tun zu haben als mit dem Christentum (und, da Rassifizierung in Europa nie fern ist, wenn es um Religion geht, auch mit Weißsein). Anstatt sich einem linearen Modell menschlicher Entwicklung zu verschreiben, in dem Europa nicht nur erscheint, als habe es bereits Phasen durchlaufen, in die andere erst noch eintreten müssen, sondern in dem das Aufkommen von Säkularismus in Europa auch als unabhängig statt verflochten mit Entwicklungen im Rest der Welt erscheint; scheint es also notwendig, die Frage anzugehen, inwieweit »säkulare« europäische Gesellschaften von einer weitgehenden religiösen und rassifizierten Homogenität ihrer Bevölkerungen abhängen. Anders formuliert: Beruht europäischer universeller Humanismus darauf, interne Minderheiten und den Rest der Welt in der Position eines vorhumanistischen Anderen zu halten? Und wenn ja, wie wird das erreicht?[134]

Niederländischer liberaler Feminismus und die unhörbare Muslimin

In Kapitel 2 habe ich argumentiert, dass die europäische Migrationsforschung sehr davon profitieren könnte, afrodiasporische Theorien anzuwenden (und von der Anerkennung, dass und wie europäische Aktivist_innen of Color sie bereits aufnehmen). Ein Theoretiker, der dann unumgehbar wäre, ist Frantz Fanon, auf den sich alle zeitgenössischen Wissenschaftler_innen beziehen sollten, die zu Rassismus, Nation und Sexualität arbeiten. Obgleich einige seiner Positionen zu weiblicher Handlungsfähigkeit und Homosexualität mehr als problematisch sind (Fuss 1994; McClintock 1995; Muñoz 1999; Wright 2004), hat er doch erstmals die Zentralität von Sexualität und Geschlecht für rassifizierte Machtstrukturen innerhalb der Nation und über sie hinaus systematisch analysiert. Diese Perspektive muss

134 Dies führt zu einer Reihe zusätzlicher Fragen: Kann Kosmopolitismus ohne ein Zentrum und eine Peripherie bestehen – und wenn nicht, kann Europa eine Kosmopolitik akzeptieren, in der der traditionelle »Westen« selbst diese Peripherie darstellt? Sind Identitätspolitiken das Andere des Kosmopolitismus oder ein integraler Bestandteil davon? Kann ein auf der Aufklärung basierender universalistischer Diskurs die grundlegenden Machtunterschiede angehen, die jeden globalen Dialog prägen (und ist es dieses Bewusstsein, das Kosmopolitik von humanistischem Kosmopolitismus scheidet)?

dringend in eine Diskussion über den Status muslimischer Frauen eingebracht werden, die zunehmend dazu benutzt wird, die Position Europas größter religiöser Minderheit zu bestimmen. An dieser Stelle sei bemerkt, dass Fanon viele seiner schärfsten Beobachtungen zur Verwendung von Geschlecht in nationalistischen und kolonialen Diskursen formulierte, während er in einer Region lebte, die nicht nur vornehmlich muslimisch ist, sondern auch eine wichtige Quelle postkolonialer und Arbeitsmigration nach Europa war: Nordafrika. Fanons Arbeit als Psychiater und später als Aktivist in der FLN in Algerien bietet eines von vielen Beispielen der vielfältigen Interaktionen zwischen afrikanischen und muslimischen (diasporischen) Gemeinschaften – und eines, das das Potenzial ebenso wie die Fallstricke dieser Überschneidungen und Allianzen beleuchtet.[135]

Von besonderem Interesse ist hier der Essay »Algerien legt den Schleier ab«, 1958 geschrieben und ein Jahr darauf veröffentlicht (engl. Üb. 1965, dt. Üb. 1969). Fanon nutzt hier das Motiv der verschleierten Frau, um die inneren Funktionsweisen kolonialer Herrschaft, ihre Auswirkung auf jene, die beherrschen, und auf jene, die beherrscht werden, sowie die spezifischen Geschlechterdynamiken dieses Prozesses zu sezieren. In Fanons Analyse wird der Schleier für die Kolonisierer und die Kolonisierten zum Symbol algerischer Kultur. Die Trägerin, die algerische Frau, wird so zum Zentrum einer Symbolpolitik, die ihr die Handlungsfähigkeit verweigert, gerade weil sie als Trägerin einer intrinsischen Kultur positioniert wird. In dieser Konstellation waren algerische Frauen dem Druck beider Seiten ausgesetzt, ohne in dem Konflikt eine autonome Stimme zu haben. Fanon deutet an, dass dies die Positionierung von Frauen in allen Nationalismen widerspiegelt, und Anne McClintock greift diesen Aspekt auf:

> »Fanon nimmt wahr [...], dass Nationalismus, als eine Politik der Sichtbarkeit, Frauen und Männer auf unterschiedliche Weise einbezieht. Weil Frauen für

135 Besonders faszinierend ist die Frage der Übersetzung und der Machtstrukturen, die Sprache reproduziert: Während Fanon sich mit den traumatisierten Algerier_innen identifizierte, die er inoffiziell behandelte, konnte er sich nur mit den französischen Soldaten, die seine offiziellen Patienten waren, direkt unterhalten – was ein zentraler Prozess für Therapie ist. Der gemeinsame Kolonisator ermöglichte es ihm, aus Martinique, auf französisch mit den französischen Kolonisatoren und mit algerischen Intellektuellen zu interagieren; die große Mehrheit seiner einheimischen Patient_innen sprach jedoch nur arabisch oder berberisch, was den direkten Austausch verhinderte (und doch tilgt Fanon in seinem Schreiben die Rolle der algerischen Dolmetscher_innen). Siehe Fuss 1994.

> männliche Nationalisten als sichtbare Zeichen nationaler Homogenität dienen, werden sie besonders achtsam und gewaltsam diszipliniert. Daher die enorm emotionsgeladene Kleidungspolitik [*emotive politics of dress*]« (McClintock 1995, 365).

Letztere ist also ein Mittel, die Mobilität von Frauen in der Nation zu beschränken und diese interne Ordnung von bürgerlichen Rechten sowie Diskursen zwischen wettstreitenden Nationalismen in der Terminologie der Kultur zu rahmen.

Viele der wichtigsten diskursiven Strategien, die nach dem Zweiten Weltkrieg Unterstützung für humanitäre und Bildungsinterventionen mobilisierten, sind vergeschlechtlicht. Häufig repräsentieren sie eine Variante von Spivaks Motiv der »weißen Männer, die Braune Frauen vor Braunen Männern retten«. Die Verwendung dieses Motivs durch die französischen Kolonisierer in Algerien hat Fanon vor 50 Jahren so analysiert:

> »Die Besatzungsmacht möchte feierlich die gedemütigte, beiseite gedrängte, eingeschlossene Frau verteidigen. Man beschreibt die unermeßlichen Möglichkeiten der Frau, die leider vom algerischen Mann in ein regloses, entwertetes, das heißt entmenschlichtes Objekt verwandelt worden ist. Das Verhalten des Algeriers wird beharrlich als mittelalterlich und barbarisch denunziert. Mit unendlicher Akribie wird die Anklage gegen die ›sadistische und vampirhafte‹ Haltung des Algeriers gegenüber Frauen vorbereitet. Der Besatzer häuft ein Ensemble aus Verurteilungen, Annahmen und Bedenken um das Familienleben des Algeriers an, vervielfacht die Anekdoten und erbaulichen Exempel und versucht so, den Algerier in einem Kreis der Schuldhaftigkeit einzuschließen.« (eigene Übersetzung; Fanon 1972/1959, 19)

Die Ähnlichkeit der verwendeten Argumente in jüngeren westlichen Militärinterventionen im Nahen Osten ist offenbar. Hier interessiert mich jedoch ihre Verwendung in der *internen* Umstrukturierung und Fragmentierung europäischer Gesellschaften, insbesondere durch emotionsgeladene Kleidungspolitik [*emotive politics of dress*]. Fanons Analyse erscheint als bemerkenswert akkurate Beschreibung aktueller Einschätzungen von muslimischen Minderheiten als gefährlichster Bedrohung moderner europäischer Identität. Diese Einschätzungen werden in mehreren Schritten hergestellt: Zuerst wird »muslimische Kultur« nicht nur als grundverschieden, sondern als genaue Umkehrung »europäischer Kultur« konstruiert, was wenig bis gar keine Gemeinsamkeiten zulässt (und Jahrhunderte geteilter Geschichte tilgt). Wo Europäer_innen tolerant sind, sind Muslim_innen intolerant; wo der Westen verhandelt, greift der Osten an; wo »wir« fortschrittlich sind, stehen »sie« still; wo Europa Gewalt ablehnt, ist diese für den Nahen Osten ein Lebensstil. In einem zweiten Schritt wird die äußerlich einheitlich erscheinende, homogene Gemeinschaft als grundlegend geschlechtergeteilt erkannt: Muslimische Identität erscheint als ausschließlich von Männern geprägt, entlang ihrer Interessen, die gegensätzlich zu den Interessen muslimischer Frauen sind. Diese wiederum sind auf jede erdenkliche Weise entrechtet, missbraucht [*violated*], ruhig gestellt und müssen von außen gerettet werden, d.h. von Europa. In einem dritten Schritt werden westliche Bündnisse gegen die neue externe Bedrohung geschlossen, und zwar zwischen ehemaligen Gegner_innen, die sich plötzlich um gemeinsame Werte scharen. Solche Bündnisse erklären zum Teil auch die Übereinkunft europäischer schwul-lesbischer und feministischer Bewegungen mit Mainstream-Rassismus im Namen der Verteidigung universeller Werte der Freiheit und Gleichheit.

Das ist selbstredend kein neues Phänomen und sein Fortbestehen beruht zum Teil auf einer grundlegenden Ignoranz gegenüber nicht-westlichen und minorisierten Kulturen sowie den von ihnen hervorgebrachten intellektuellen Diskursen. Oft scheint ein unausgesprochenes Einverständnis zu bestehen, dass Menschen of Color zwar gelegentlich revolutionäre politische Bewegungen hervorbringen, aber grundsätzlich sozial konservativ sind (Johnson 2005). Dies ermöglicht dem liberalen Diskurs den Erhalt einer imaginierten Trennung zwischen dem progressiven Westen und dem Rest der Welt. Hierbei wird von Migrant_innen und Minorisierten eine grundlegende »Verwestlichung« gefordert, die ihnen zugleich durch ein rassifiziertes Konzept von Ethnizität und Religion dauerhaft verweigert wird. Der progressive europäische Diskurs in seinen verschiedenen Varianten negiert also die Rolle von nicht-westlichen und minorisierten Menschen of Color in der Umsetzung radikal neuer Handlungs- und Identitätsformen. Stattdessen erhält er eine Weltsicht am Leben, in der eine weiße Linke zentral für Veränderung bleibt: Feministische und queere Reaktionen auf die gegenwärtigen Debatten um muslimische Männer als Täter und muslimische Frauen als Opfer nutzen selten die von Fanon und anderen angebotenen Werkzeuge. Daraus resultiert, dass sie häufig nicht im Austausch mit minorisierten Positionen stehen, sondern nur mit ihren eigenen Vorurteilen.

Die pauschale Definition des Islam als frauenfeindlich und homophob tilgt weibliche Handlungsfähigkeit und homogenisiert und stereotypisiert muslimische Kulturen. Hierbei wird zunehmend die Vorstellung normalisiert, dass der Islam mit modernen Gesellschaften inkompatibel ist. Zudem wird so eine falsche Einheit unter europäischen Ländern hergestellt, durch die notwendige Debatten über deren Homophobie und Sexismus unterdrückt werden. Anstatt die konkurrierenden und oft widersprüchlichen Konzepte zu verhandeln, die den Anspruch erheben, repräsentativ für das Wertesystem des Kontinents zu sein, wird als Gegenstück zu muslimischer Intoleranz meist ein Modell des Europäischen präsentiert, das dem niederländischen am nächsten kommt. Es wird als perfekte Verkörperung der Aufklärungstraditionen von Toleranz und Fortschritt angesehen. Diese Wahrnehmung wurde jedoch durch den kometenhaften Aufstieg des charismatischen, offen schwulen und offen islamophoben rechten Politikers Pim Fortuyn infrage gestellt, der 2002 von einem weißen Umweltaktivisten ermordet wurde. Zwei Jahre später wurde der umstrittene, islamfeindliche Filmemacher Theo van Gogh (unter anderem nannte er Muslime gern »Ziegenficker«, siehe Buruma 2006, 9) in Amsterdam ermordet. Der Attentäter, ein marokkanisch-niederländischer Muslim, begründete seine Tat ausdrücklich mit van Goghs Zusammenarbeit mit der somalisch-niederländischen Politikerin Ayaan Hirsi Ali an dem Film *Unterwerfung*, der mit drastischen Bildern islamische Frauenfeindlichkeit angriff. In den Debatten, die auf die Attentate gegen Fortuyn und van Gogh folgten, schien sich das niederländische »Poldermodell« – eine Gesellschaft, die auf der Kooperation weitgehend unabhängiger soziokultureller Unterbereiche aufbaut – in Lichtgeschwindigkeit aufzulösen. Niederländisch und muslimisch gingen aus den Debatten als gegensätzliche, unvereinbare Lager hervor. Wie eine Reihe von Autor_innen argumentiert haben (Hoving 2005; Ghorashi 2007), beinhaltet das Poldermodell Toleranz als Struktur statt als Wert, was zu einem Mangel an tatsächlicher Auseinandersetzung mit Differenz und zu einer Wahrnehmung von Veränderung als potenzieller Bedrohung führt:

> »Traditionell scheinen die Niederländer_innen nur zwei Hauptstrategien zur Verfügung zu haben, um mit einer Reihe gesellschaftlicher, ökonomischer, politischer und anderer Differenzen umzugehen: die passiven Formen der Toleranz oder Intoleranz [...] oder die Vermeidung [...] Beide, Toleranz und Vermeidung,

werden als Strategien betrachtet, die auf der radikalen Unterscheidung zwischen Selbst und Anderen basiert. Und, beide zeugen von einem starken Gefühl der Überlegenheit, aus der die Autorität hervorgeht, andere zu tolerieren oder zu vermeiden.« (Hoving 2005, 5)

Halleh Ghorashi bezeichnet dies als »liberalen Aufklärungsfundamentalismus« (2007), der, basierend auf der Vorstellung klarer kultureller Differenzen, die Assimilierung des Anderen als einzig mögliches positives Ergebnis kultureller Interaktionen sieht. Entsprechend fokussiert die nun explodierende interne Kritik der berühmten niederländischen Toleranz – durch Progressive wie Konservative – auf deren wahrgenommene Unfähigkeit, aggressiver diese Assimilierung zu fordern:

> »In den härteren Debatten nach 2002, erschrickt man vor einem merkwürdigen Konsens zwischen den rechten und den linken Kritiken an dem Konzept. Rechte sogenannte ›neue Realisten‹ analysieren niederländische Toleranz als nationales Schweigen über die schwerwiegenden Probleme der Immigration und als feiges, politisch korrektes *Vermeiden* von Differenz, anstelle einer *Offenheit* für Differenz.« (Hoving 2005, 5).

Die neue niederländische Offenheit für Differenz folgt gängigen Mustern der Vermeidung jeglicher Introspektion: Die kulturelle Vorliebe für passive Beziehungen mit dem Anderen schafft den Wunsch nach Vermittlung, nach einem Weg der indirekten Begegnung, der konkrete Infragestellungen der eigenen Lebensweise vermeidet. Dies wiederum ermöglicht es, niederländische oder europäische Kultur nicht als etwas zu sehen, das der Veränderung, den »demokratischen Iterationen« durch ihre Bevölkerung, ausgesetzt ist; sondern als einen absoluten, universalistischen und zugleich internalistischen Standard, der so gestaltet ist, dass jede potenzielle Kritik externalisiert und somit ungültig wird. Dieses neoliberale Modell der Farbenblindheit [*colorblindness*] baut auf denselben impliziten Normen des Weißseins auf, die sich im Mainstream-Feminismus der 1970er Jahre sowie in zeitgenössischer Queerer Theorie spiegeln und schon immer von Feministinnen of Color infrage gestellt wurden. Jüngerer Queer-of-Color-Kritik zufolge ist Queere Theorie »in den Schutz der institutionellen Strukturen involviert, die sie beherbergen, einschließlich und am bedeutendsten der weißen patriarchalen Wissensstrukturen« (Perez 2005, 188).

Die Verknüpfung zwischen einem rassismusverleugnenden [*colorblind*] liberalen Diskurs und dem Selbstinteresse [*investment*] feministischer und queerer Bewegungen an Weißsein ist auch im niederländischen Kontext relevant. Symptomatisch für die indirekte Auseinandersetzung mit muslimischer Differenz in den neuen Niederlanden sind die Arbeiten der feministischen Theaterautorin Adelheid Roosen. Deren *De Gesluierde Monologen* (*Verschleierte Monologe*, 2003) und *Is.man* (2007) thematisierten das Mysterium der muslimischen Frau bzw. der Gewalt muslimischer Männer gegen sie. Sie sollen so einer niederländischen Öffentlichkeit präsentiert werden, die sich in einem völlig anderen kulturellen Rahmen bewegt. Die Verbindung zwischen den beiden Themen (die in einer US-amerikanischen Kritik zu Roosens Stücken als »europäische muslimische Frauen – und die Männer, die sie umbringen«, zusammengefasst werden; Sellar 2007) wird zunehmend unter dem Motiv der »Ehrenmorde« normalisiert. Im europäischen Diskurs über muslimische Kultur ist dieses Motiv in den letzten Jahren allgegenwärtig geworden, obwohl es keine übereinstimmende Definition gibt. Folgende Begriffsbestimmung, die in einer Studie der niederländischen Sozialdemokrat_innen verwendet wird, kann jedoch als repräsentativ für ein gängiges Verständnis gelten: »Gewalt der Ehre wegen ist jede Form der mentalen oder physischen Gewalt aufgrund einer kollektiven Mentalität als Reaktion auf eine (potenzielle) Verletzung der Ehre eines Mannes oder einer Frau und somit seiner oder ihrer Familie, die (potenziell) der Außenwelt bekannt ist« (Gazic et al. 2006, 6).

Es gibt keine verlässlichen Statistiken über das Vorkommen von Ehrenmorden. In den Niederlanden versucht das nur ein Bezirk, Haaglanden, und schätzt, dass im Jahr 2003 wohl 11 von 119 dortigen Fällen der tödlichen häuslichen Gewalt »auf Ehre basierten« (ebd. 10). Da die Polizei für die 108 anderen Fälle keine gemeinsame Motivation ausmacht, bleibt dann nur die Annahme, dass sie das Ergebnis individueller Umstände waren und nicht einer kollektiven Mentalität. Von einer solchen wird nur bezüglich der Gewalt ausgegangen, die als repräsentativ für muslimische oder nahöstliche Kultur (die beiden werden regelmäßig gleichbedeutend verwendet) verhandelt wird. Diese Kultur wird dann einem niederländischen Modell von Geschlecht und Familie gegenübergestellt, in dem diese Art der Gewalt unvorstellbar ist (ungeachtet vermeintlich »individueller« häuslicher Gewalt). Hierin liegt eine scheinbar unüberbrückbare Kommunikationslücke, die wiederum Anlass für Roosens künstlerische Intervention wird: »Dein Kind aus einer Wahrnehmung heraus zu ermorden – das ist etwas, was wir in Holland nicht verstehen [...] Aber, wenn ich Leute anschauen kann und von der Vorstellung ausgehe, dass es keinen Unterschied zwischen ihnen und mir gibt, dann kann ich lernen« (Roosen, in Sellar 2007).

Das Stück *Is.man* basiert lose auf Interviews, die Roosen mit muslimischen Männern in niederländischen Gefängnissen durchgeführt hat, die für sogenannte »Ehrenmorde« in Haft waren. Es folgt drei Generationen einer türkischen Familie in den Niederlanden, um zu erklären, wie der Vater dazu kam, für den Erhalt traditioneller türkischer Ehrenkodizes seine Tochter umzubringen. Die Familiengeschichte wird weitgehend durch den Sohn erzählt, der das Türkisch des Vaters ins Holländische überträgt und als Vermittler zwischen dessen Kultur und jener des Publikums fungiert. Er nimmt also physisch den der zweiten Generation zugewiesenen Zwischenraum ein (siehe Roosen, in Martin 2010). Während Roosen alle Charaktere als mit widersprüchlichen kulturellen Erwartungen und Zwängen kämpfend präsentiert, gelingt es ihr nicht, sie als Individuen darzustellen, die sich nicht grundlegend vom holländischen Publikum unterscheiden. Und meines Erachtens liegt das nicht vorrangig an Roosens falscher Wahrnehmung des Anderen, sondern an der Fehl-Wahrnehmung ihrer eigenen liberalen, aufgeklärten europäischen Kultur.

Es geht mir hier selbstredend nicht darum, Männer zu verteidigen, die eine Bedrohung ihrer »Ehre« (oder der ihrer Familie) als ausreichenden Grund erachten, eine weibliche Verwandte umzubringen. Doch die Behauptung, dass sie dies tun, weil sie muslimisch sind – und nur deshalb –, setzt jeden Akt frauenfeindlicher Gewalt durch nicht-muslimische Männer in eine andere Kategorie; und zwar in eine, die weniger ernst zu nehmen, weniger gefährlich und weniger systemisch ist. Der aktuelle Diskurs über Ehrenmorde in Europa sieht nicht nur einen bloß graduellen Unterschied zwischen jenen Muslimen, die Ehrenmorde verüben, und solchen, die es nicht tun, sondern ermöglicht auch der Dominanzgesellschaft, die vorherrschende Gewalt gegen Frauen weiterhin als eine private, persönliche Angelegenheit zu sehen, sobald sie außerhalb dieses einen politisierten – und damit vermeintlich relevanten – Kontextes stattfindet. Strukturelle ökonomische Geschlechterungleichheit innerhalb europäischer Gesellschaften bleibt daneben dann ebenso unerkundet wie die systematische Ausbeutung undokumentierter Immigrantinnen als Haushalts- und Sexarbeiterinnen. Kurz gesagt: Gewalt gegen Frauen wird von einem globalen Phänomen, das sich aus wechselwirkenden Strukturen nährt, an denen westliche Länder zentral beteiligt sind, zu einem Nebenprodukt vormoderner muslimischer Kultur.

Diese Kultur erscheint dann als derart verschieden von jener Europas, dass sie durch eine Geschlechterpolitik des Blicks [*scopic*] im wörtlichen Sinne entschleiert werden muss, um verständlich zu werden. Darum geht es in Roosens früherem, sehr erfolgreichen Stück *Verschleierte Monologe*, dessen Inspiration sich schon im Titel mitteilt:

»›Die Vagina-Monologe‹ sind toll, aber sie handeln von westlichen Frauen. Wo sind die verschleierten Frauen? Die arabische Welt kennt so viel Erotik und Sinnlichkeit und die ganze gefühlvolle Welt. Im Westen sind wir so ängstlich und können kein Bild aus der arabischen Welt vertragen, das schöner ist als etwas aus dem Westen. Wir können nur Terroristen sehen und Menschen, die in Löchern leben.« (Roosen, in Rathe 2007)

Roosens *Verschleierte Monologe* feierten in den Niederlanden 2003 Premiere – nach dem 11. September und nach Pim Fortuyn, kurz vor der Ermordung von Theo van Gogh – und trafen deutlich einen Nerv. Das Stück tourte erfolgreich national und international (einschließlich einer Aufführung im niederländischen Parlament, die landesweit im Fernsehen ausgestrahlt wurde). Im Kontext eines zunehmenden Empfindens des Kulturkampfes zwischen Islam und Westen wurde das Stück ausdrücklich und regelmäßig genutzt, um einem weitgehend christlichen Publikum »die Muslime« zu »erklären«.

Verschleierte Monologe erschien aber auch gegen Ende einer allgemeinen Bewegung weg vom westeuropäischen Modell der sozialen Marktwirtschaft. Während das Ende des Staatssozialismus im Ostteil des Kontinents für viele ehemalige Mitgliedsstaaten des Warschauer Pakts eine harsche Wende zu einem weitgehend unregulierten Kapitalismus bedeutete, entfernte sich der Westen durch die 1990er Jahre hindurch langsam von einem Gesellschaftskonzept, das staatliche Verantwortlichkeit für die Verringerung ökonomischer und sozialer Ungleichheit beinhaltete. Dieser Wandel bedeutete einen scharfen Anstieg von Zeitarbeit, Kürzungen in Sozialprogrammen, Arbeitslosenunterstützung und Krankenversicherungen sowie eine neue Betonung der individuellen Verantwortlichkeit und der drohenden Zerstörung des Wohlfahrtsstaats durch unverantwortliche und unverdiente Gruppen (Balibar 2004; Willenbücher 2007). In den Niederlanden, wie in ganz Europa, wurden als solche Gruppen zuallererst Migrant_innen im Allgemeinen und dann die muslimische Bevölkerung im Besonderen ausgemacht.

Es entstand eine Krise durch den faktischen Abbau eines Systems, das die westeuropäische und insbesondere die niederländische Identität stark bestimmte – kapitalistisch, aber sozial verantwortlich; individuelle Freiheiten garantierend, aber durch ein Gefühl der geteilten Verantwortung definiert; wettbewerbsorientiert, aber fürsorglich; außenpolitisch nicht auf Intervention ausgerichtet, aber für globale Menschenrechte im Einsatz. Diese Krise wurde durch die diskursive Setzung der muslimischen Bevölkerung des Kontinents als Sündenbock ›gelöst‹. Es wurde eine reaktionäre Identität auf sie projiziert, die die krisenhaften westlich-liberalen Ideale wieder bestätigte. Zugleich wurde ihre Ablehnung gerechtfertigt, indem exzessiver Liberalismus, Multikulturalismus und staatliche Unterstützung migrantisierter Gruppen für den Aufstieg reaktionärer, antidemokratischer, homophober, nicht-weißer, nicht-westlicher muslimischer Gruppen verantwortlich gemacht wurden, die den liberalen Westen angeblich stärker gefährden, als ökonomischer Neoliberalismus es je könnte.[136] Wenn die

136 Siehe Honigs Paraphrase von Girard: »Ein Sündenbock ist eine Figur, die dazu dient, für irgendeinen Makel der ganzen Gemeinschaft zu stehen; insbesondere den Verlust von Unterscheidungen, der die opfernde Krise bestimmt, von der die Gemeinschaft sich zu erholen versucht. Die Zuschreibung dieses Makels auf einen Sündenbock ermöglicht es der Gemeinschaft, den Makel einstimmig zu leugnen und der rituelle Mord des Sündenbocks bereinigt die Gemeinschaft und reetabliert die Grenzen der richtigen Ordnung, die so gefährlich geschwächt waren« (Honig 2001, 34).
Es erscheint wahrscheinlich, dass dieser Prozess sich im holländischen Fall auch aus dem empfundenen Verlust liberaler Werte nährt. Wobei hierin Muslim_innen ursprünglich als Opfer auftauchen, wenn wir die Rolle des niederländischen UN-*Dutchbat*-Kontingents im Massaker von Srebrenica 1995 in den Blick nehmen. Der Massenmord an mindestens 8.000 bosnischen Männern und Jungen und die Vergewaltigung Tausender von Frauen innerhalb weniger Tage direkt vor den Augen der niederländischen Truppen, die nicht eingriffen (die meisten bosnischen Muslim_innen der Region waren in der Hoffnung auf das UN-Gelände geflohen, dort Schutz vor den serbischen Truppen zu erhalten), führten zu einer nationalen Krise, die im Rücktritt der niederländischen Regierung 2002 kulminierte, nachdem ein Bericht den niederländischen UN-Befehlshabern zumindest teilweise Verantwortung nachgewiesen hatte. In den vergangenen Jahren hat sich die öffentliche Bewertung jedoch wieder dramatisch verschoben und 2006 wurde *Dutchbat* III vom Verteidigungsministerium offiziell für seine Handlungsweise geehrt (Marlet 2006; siehe auch: Honig 2001b; Runia 2004; Leyesdorff 2007). Die Tatsache, dass der erste anerkannte Fall von Genozid, der in Europa nach dem Zweiten Weltkrieg stattfand, sich gegen eine einheimische religiöse Minderheit, bosnische Muslim_innen, richtete und dass er sich direkt vor den Augen der europäischen (und internationalen) Gemeinschaft abspielte, deren »humanitäre Intervention« auf miserable Weise scheiterte, ist ein zentrales Kapitel der jüngeren europäischen Geschichte. Es

neuerdings entdeckte grundlegende »Fremdheit« – nicht der Immigrant_innen, sondern der bereits anwesenden und etablierten muslimischen Minderheit – genutzt wurde, um mit dieser »Opferkrise« (Honig 2001, 34) des holländischen Liberalismus umzugehen, dann erhält die Rezeption von *Verschleierte Monologe* eine weitere Dimension. Wie Bonnie Honig es formuliert, kommt »die Funktion von Fremdheit als Rahmen für eine Vielzahl von Fragen demokratischer Theorie und staatlicher Zugehörigkeit« in den Blick (ebd. 7).

Wie *Is.man* basiert *Verschleierte Monologe* auf Interviews. Dieses Mal wurden muslimische Frauen zu ihren Sichtweisen und Erfahrungen zu einer Reihe verschiedener Themen um Sexualität befragt.[137] Ihre Antworten wurden dann in zwölf Monologen verdichtet, die schließlich von drei Schauspielerinnen vorgetragen werden (die Karteikarten benutzen, um den vertretenden Charakter ihrer Textvorstellung zu betonen). Die Monologe decken eine Reihe von Positionen und Wahrnehmungen ab: von den vorhersehbaren Geschichten der Unterdrückung und Gewalt bis zu Erzählungen von Enttäuschungen über die Unzulänglichkeiten niederländischer Geliebter oder von einer offen lesbischen Tochter, die sich über Fußball mit ihrem Vater verbindet (Roosen 2007). Die Erkundung von Sexualität als etwas, an dem muslimische Frauen aktiv teilhaben, ist sicherlich der Anerkennung wert, doch die Annahme, dass dies nur durch westliche Intervention stattfinden kann, ist mehr als fraglich. Ebenso zweifelhaft erscheint der beinahe aggressive Präsentismus, der anzuerkennen verweigert, wie das Stück selbst ebenso wie seine Rezeption von einer langen orientalistischen Tradition der Sexualisierung der muslimischen Kultur und besonders der Verschleierung geprägt ist (Alloula 1986). Während das Stück ausdrücklich europäische muslimische Frauen repräsentieren will, sind alle Interviewten im Nahen Osten geboren (oder aber vormals christliche, weiße niederländische Konvertitinnen). So wird der Islam – ebenso wie die Körper of Color, die ihn repräsentieren – als etwas untermalt, das in der niederländischen Kultur nicht einheimisch ist, sondern von außen kommt. So ergibt dann auch die einführende Aussage Sinn, dass das Stück eine »Reise als Tourist_in in deinem eigenen Land« darstellt (Roosen 2007, 23), in dem

fehlt jedoch verdächtigerweise in den Diskussionen um eine europäische Identität oder um die Rolle der Muslim_innen des Kontinents.

137 Die Interviews wurden von nicht-muslimischen niederländischen Frauen durchgeführt (Roosen 2007).

ein außerterritorialer »islamischer« Raum – innerhalb der Niederlande gelegen, aber völlig isoliert – besucht wird.

Ebenso wie im liberalen europäischen Kosmopolitismus die französischen *Cités* im November 2005 als fremde, bedrohliche Inseln in der europäischen Landschaft erschienen, so bleiben muslimische Gemeinschaften distinkte, abgetrennte und fremde Territorien. Die Einleitung in den ersten langen Monolog, der für die Stimme einer weißen niederländischen Konvertitin steht, veranschaulicht diese Mischung aus Exotismus und Herablassung, den gleichzeitigen Wunsch, zu verstehen und sich klar abzugrenzen, die einander wechselseitig ausschließende Konstruktion von »holländisch« und »islamisch«, die hier nicht nur zu einander ausschließenden Gegenpaaren gemacht, sondern auch als vergleichbare Kategorien behandelt werden, als ob der »Islam« die (einzige) Nationalität von Muslim_innen wäre:

> »Frau 2: Als sich in den Niederlanden herumsprach, dass islamische Frauen interviewt werden, *um ihnen eine Stimme zu geben*, meldeten sich eine Reihe niederländischer Frauen mit christlichem Hintergrund. Sie wollten unbedingt erzählen, wie sie muslimisch geworden waren und wie sich ihre sinnlichen und erotischen Leben verändert hatten, seit sie mit einem kurdischen, irakischen oder türkischen Mann zusammen waren. Wir entschieden dann, eine Reihe gemeinsamer Interviews mit diesen niederländischen und islamischen Frauen durchzuführen. Es wurde manchmal sehr hitzig. Die islamischen Frauen fühlten sich oft schikaniert: Wenn du muslimisch geboren wirst, kannst du im Islam nicht deine Religion ablegen. Ihr holländischen Frauen könnt frei wählen. Warum werdet ihr dann muslimisch? Eine holländische Frau kann ohne Angst vor Vergeltung jede Religion gutheißen oder verwerfen; das ist der Unterschied.« (Roosen 2007, 24-25, meine Kursivsetzung.)

Trotz der ausdrücklichen Intention der Autorin, muslimische Frauen als aktive (sexuell) Handelnde zu zeigen, wird Mobilität wieder explizit als Vorrecht westlicher, christlicher (oder zumindest nicht-muslimischer) Frauen dargestellt – zumal diese Behauptung einer grundlegenden und unüberwindbaren Differenz von muslimischen Frauen geäußert wird und so mehr Glaubwürdigkeit erhält.

Folglich betont der Kommunikationsversuch durch *Verschleierte Monologe* (sowie *Is.man*) die Wahrnehmung, dass Muslim_innen und Europäer_innen in völlig verschiedenen Welten leben, anstatt dies zu hinterfragen.

So wird es aufgeklärten liberalen westlichen Feminist_innen möglich, die Rolle der »Übersetzer_in« einzunehmen und einem weißen europäischen Publikum die abgeschlossene Welt muslimischer Frauen zu erklären, wobei sich exotische Erwartungen mit einem unscharfen Gefühl des »Letztendlich sind wir alle gar nicht so verschieden« vermischen. Am Ende wird die verschleierte Muslimin jedoch nicht als fähig erachtet, an einem direkten Dialog teilzunehmen – hierfür, also um nicht »zu verschieden« zu bleiben, muss sie ihre kulturelle Last ablegen, d.h. ihren Schleier. Diese Forderung wird im Genre des »Ausbruchsnarrativs« am ausdrücklichsten. Dessen enorme Popularität war für die Verschiebung vom moralisch-panischen Diskurs der 1990er Jahre um männliche migrantische und muslimische Jugendliche als kriminell zu dem gegenwärtigen Fokus auf unterdrückte Frauen wesentlich. Das Genre veranschaulicht sehr gut die Modelle von Fanon und Fabian: Erzählungen von Frauen, die den Schrecken des mittelalterlichen Islam entfliehen, in das aufgeklärte Europa übertreten und notwendigerweise alle Brücken hinter sich abbrechen. Im Kern dieser Narrative liegt die Vorstellung, dass es eine deutlich markierte Grenze zwischen den zwei Welten gibt, dass es weder eine Grauzone noch die Möglichkeit der freien Beweglichkeit zwischen ihnen gibt, dass eine_r entweder in der einen oder der anderen Welt lebt. Und die Frauen, die diesen Übertritt unternehmen, werden zu Kronzeuginnen dieses binären Gegensatzes.

Geschichten vom Ausbruch aus dem muslimischen Untergrund

Ausbruchsnarrative etablieren die Verbindung zwischen politischer Zeit und politischem Raum, indem sie ausdrücklich die Reise der Frauen aus dem Orient in den Okzident als eine Reise darstellen, die zwangsweise aus dem Mittelalter in die Moderne führt. Der Westen ist die Gegenwart (und Zukunft); der Osten ist die Vergangenheit. Diese Narrative bauen auf einem Modell auf, das seit den frühen Tagen des Kolonialismus benutzt wird; doch ist ihr Ziel nicht bloß, dieses Modell zu stärken. Vielmehr geht es darum, zu zeigen, wie zuvor klare Trennungen zusammenbrechen, wenn der archaische Osten durch die »ethnischen Enklaven« der Migrant_innen *in* den Westen transplantiert und so Teil von ihm wird. Der Westen muss also in der Zeit zurückreisen und erneut Herausforderungen annehmen, die er zumindest innerhalb seiner Grenzen schon überwunden hätte, wenn er nicht von einer Bevölkerung durchdrungen wäre, die nicht nur von einem anderen Ort, sondern auch aus einer anderen Zeit kommt. Adelheid Roosens Landsfrau, die somalisch-niederländische Politikerin Ayaan Hirsi Ali – Nummer 15 auf der Liste der einflussreichsten Intellektuellen der besprochenen Umfrage der *Foreign Policy* – steht paradigmatisch für die vergeschlechtlichte Figur des *Native Informants*[138] im Herzen des Ausbruchsnarrativs. Sie ist auch die prominenteste jener Ex-Musliminnen, die die epische Schlacht bezeugen, in der Europa mit den verschiedensten seiner Geister der Vergangenheit gleichzeitig konfrontiert ist. Die so geschaffene alarmistische Stimmung spiegelt sich in der Überspitzung der vielen Debatten wider, die diese Konfrontation zur dramatischsten überhaupt erklären.[139]

Hirsi Alis Leben, wie es sich in ihrer Autobiographie (2007) entfaltet, präsentiert sich als lineares Fortschreiten aus dem Dunkel ins Licht: »Ich habe die Welt des Glaubens, der Beschneidung und der Ehe für die der Ver-

---

138 Üb.Anm.: Die Figur des Native Informant bezieht sich auf die rassistische Ausnutzung von Wissen, Informationen und Perspektiven einer Person of Color, die an einem bestimmten Ort Zugang zu spezifischem Wissen hat, den die informierte Person ohne Native Informant nicht hätte. Dieses rassistische Prinzip war und ist Grundlage (neo)kolonialer Herrschaft ebenso wie umfassender akademischer Wissensarchive. Zur Rolle von Native Informants in der Anthropologie und Ethnologie, siehe u. a. Fabian 1983.

139 Abgesehen vom Mittelalter, der Aufklärung und wohl den 1960er Jahren deuten Begriffe wie der von Bernard-Henry Lévy geprägte und mittlerweile weithin genutzte »Islamische Faschismus« auf einen wenig subtilen Versuch hin, die europäische Reaktion auf das Aufkommen des Nazismus neu zu schreiben. Er ermöglicht – bereits wenige Jahre nach dem schließlichen Beginn der Aufarbeitung der Geschichte der Kollaboration und des Antisemitismus in Ländern wie Frankreich und den Niederlanden – eine Verschiebung der Schuld auf die »neuen Faschisten«, die schlimmer sind als die alten. Diana Pinto, Historikerin und Senior Fellow am Londoner Institute for Jewish Policy Research, bietet ein Beispiel einer solchen revisionistischen Argumentation, die die Mehrheit von Verantwortung freispricht und zugleich Minderheiten gegeneinander ausspielt (teilweise durch rassistische Stereotype): »Der alte Antisemitismus kam von oben, von den Eliten, und wurde benutzt, um die niederen Klassen zu mobilisieren. Die Leute, die 1938 Synagogen zerstörten, taten dies auf Anweisung und hatten Ehefrauen zu Hause, die ihre braunen Hemden bügelten. Der neue Antisemitismus kommt von unten, von aggressiven Schlägertypen mit einem gewaltvollen Potenzial, das sich gegen Juden richtet, aber nicht auf sie beschränkt ist [...] Seit etwa zehn Jahren wächst der Judenhass auch unter Schwarzen. Er basiert auf Argumenten wie: ›Genug vom Holocaust! Unsere Vorfahren erlitten die Sklaverei, die länger dauerte und mehr Leben kostete als der Holocaust. Hierüber wollen wir sprechen!‹ Schwarzer Antisemitismus ist in Zahlen geringer als der muslimische, aber viel gewalttätiger« (Pinto, in Schmidt 2008, 14).

nunft und der sexuellen Befreiung verlassen. Ich habe diese Reise gemacht und jetzt weiß ich, dass eine dieser beiden Welten ganz einfach besser ist als die andere, nicht wegen ihrer hübschen blinkenden Dinge, sondern wegen ihrer Grundwerte« (Hirsi Ali 2006, 7-8). Von ihrer Kindheit in einer dörflichen [*tribal*] Gemeinschaft im kriegsgeschundenen Somalia, über ihre Flucht nach Kenia und jugendliche Konversion zum Wahhabismus, bis zu einer arrangierten Heirat in ihren Zwanzigern schien Hirsi Alis Leben auf einer unvermeidlichen Bahn zu verlaufen. Diese wurde plötzlich dramatisch durch die Tatsache unterbrochen, dass der vom Vater für sie ausgewählte Ehemann in Kanada lebte, was auf Hirsi Alis langem Flug in eine nicht selbstgewählte Zukunft einen Zwischenstopp in Deutschland bedingte. Scheinbar in dem Moment, als ihre Füße europäischen Boden berührten, fielen Jahrzehnte der fundamentalistischen Indoktrination von ihr ab. Und so machte sie ihren ersten Schritt in Richtung Freiheit, indem sie davonlief, einen Antrag stellte und Asyl in den Niederlanden erhielt, wo sie eine Parlamentarierin und Vorkämpferin gegen die Unterdrückung von Frauen durch den Islam wurde.[140]

Wie diese kurze Zusammenfassung bereits andeutet, ist Hirsi Alis Geschichte schon fast zu gut, um wahr zu sein. Ihre Reise kann und wurde wiederholt als Repräsentation eines idealen Coming-of-Age-Narrativ für den Globalen Süden gelesen: »von der frommen Gläubigen zur angstlosen Widersacherin, vom loyalen Clan-Mitglied zur Abweisung durch ihre Familie, von Afrika nach Europa und vom blinden Glauben zur unbeugbaren Vernunft« (Anthony 2007).[141] Ihre regelmäßigen öffentlichen Aussagen,

140 Ihre endgültige Abkehr vom Islam erfolgte Hirsi Ali zufolge mit den Anschlägen vom 11. September, die sie 2007 in einem Interview direkt mit den Lehren des Koran in Beziehung setzt: »Sie beschreibt auch, wie schrecklich sie sich als Erwachsene nach dem 11. September 2001 fühlte, als sie nach dem Koran griff, um herauszufinden, ob einige von Osama bin Ladens grauenerregenderen Aussagen – ›Wenn ihr die trefft, die ungläubig sind, dann schlagt ihnen auf den Nacken‹ – direkte Zitate waren [Üb.Anm.: Es gibt diverse deutschsprachige Übersetzungen der Textstelle, diese stammt von hier: http://www.friedenstheologie.de/main.php?chap=i&topic=texte&id=56&PHPSESSID=thp24kl0hd9hc0oeah7se15u77]. ›Ich hasste es‹, schreibt sie, ›weil ich wusste, dass ich bin Ladens Zitate finden würde.‹ Und das hatte Folgen: ›Die kleine Klappe in meinem Hinterkopf, in die ich all meine unstimmigen Gedanken gesteckt hatte, ging nach den Anschlägen vom 11. September auf und wollte sich nicht wieder schließen.‹ « (Applebaum 2007, BW05).

141 Hirsi Alis Geschichte ist auch im wörtlichen Sinne zu gut, um wahr zu sein: Die Unwahrheiten, die sie für das Asyl in den Niederlanden über ihre Vergangenheit erzählt hatte, wurden – nachdem sie dort in Ungnade gefallen war – von ihrer eigenen

die die Kultur ihrer Herkunft mit jener ihrer Wahlheimat vergleichen, lesen sich in der Tat wie eine Liste der Wunscherfüllung für westliche Gesellschaften in ihrer postmodernen Identitätskrise: Muslim_innen leben im Mittelalter und westliche Zivilisation ist überlegen; Migrant_innen nutzen den Wohlfahrtsstaat aus und respektieren europäische Werte nicht; Afrikaner_innen sollten aufhören, sich über Rassismus zu beschweren, und Europäer_innen sollten aufhören, sich wegen des Kolonialismus schuldig zu fühlen; der Islam ist frauenfeindlich, und weiße Männer müssen braune Frauen vor braunen Männern retten. Im Gegenzug für diese bauchpinselnden Botschaften, verleihen europäische Medien Hirsi Ali einen Status, der dem ihrer intellektuellen Helden nahekommt, die alle in Europas Vergangenheit zu finden sind. Die bekannte niederländische Romanautorin Margriet de Moor nennt sie »einen weiblichen islamischen Luther, und einen Schwarzen Luther obendrein [...] Oder, da sie keine Theologin ist, vielleicht eher ein Schwarzer Voltaire?« (de Moor 2007).[142]

Frauen wie Hirsi Ali, die deutsche Neçla Kelek oder Fadela Amara in Frankreich haben nicht nur beispiellose mediale Aufmerksamkeit erhalten, sondern gehören auch zu den ersten minorisierten Frauen überhaupt, denen eine Stimme in europäischen Angelegenheiten gewährt wurde. Allerdings nur dann, wenn sie über die islamische Bedrohung sprechen. Die Frauen

Partei, der neoliberalen Volkspartei für Freiheit und Demokratie (deren Mitglied sie von 2003-2006 war), benutzt, um ihr die niederländische Staatsbürgerschaft zu entziehen (eine Entscheidung, die später revidiert wurde, siehe Anthony 2007).

142 Wie von Ian Buruma und anderen aufgezeigt wurde, ist der Voltaire-Vergleich trotz seiner Beliebtheit überaus unpassend, da muslimische Autoritäten im Europa des 21. Jahrhunderts wohl kaum den Status einer katholischen Kirche im Europa des 18. Jahrhunderts haben (zumal eine Differenzierung zwischen Glaube und religiösen Institutionen, wie sie für Voltaires Angriff der Kirche zentral war, in Hirsi Alis Weltsicht praktisch nicht besteht). Wenn überhaupt, könnte das Label sinnvoller auf öffentliche Intellektuelle innerhalb der muslimischen Welt angewandt werden, wie Fatima Mernissi, Shirin Ebadi oder Riffat Hassan. Doch die Darstellung von Europas Interaktion mit muslimischen Immigrierten als Begegnung mit seiner eigenen Vergangenheit hat den Vorteil, dass zeitgenössische Kämpfe in schon bestehende Rahmen gesetzt werden können, was »neuen Voltaires« wie Hirsi Ali den Aufstieg ermöglicht. Unter säkularer europäischer Aufsicht mögen diese die neue mittelalterliche Bevölkerung des Kontinents aus dem dunklen Zeitalter der Homophobie, des Sexismus und des Antisemitismus hinausführen. In den Worten Salman Rushdies: »Nachdem sie in der Kürze weniger Jahre für sich die Aufklärung rekapituliert hat, hat Hirsi Ali jedes Stück des Weges untersucht, der aus der moralischen und intellektuellen Einöde – des traditionellen Islam – hinausführt« (Harris/Rushdie 2007).

haben einige Kernthesen gemeinsam: Die Autorinnen beschreiben sich als sowohl säkular wie kulturell muslimisch und behaupten tiefgehende theologische Kenntnis des Islam. Auf dieser begründen sie

- Aussagen wie jene, dass es keine Tradition der textuellen Interpretationen gäbe, was auch erkläre, warum alle Muslim_innen gleich denken;
- einen Vergleich zwischen Christentum und Islam entlang Weber'scher Grenzziehungen, d.h. rationales, westliches Christentum vs. atavistischer, orientaler Islam;
- eine strenge Binarität zwischen Europäer_innen und Muslim_innen, wobei sie sich selbst fest auf der europäischen Seite platzieren;
- die Behauptung, dass Muslim_innen ein europäisches Schuldgefühl ausnutzen, das zu einer exzessiven, gefährlichen Toleranz führt;
- eine Charakterisierung der Minderheit als aggressiv und der Mehrheit als zu passiv, von verschleierten Frauen als Opfer und zugleich aktiv intolerant;
- die Verwendung schockierender Anekdoten, die die gefährliche Differenz des Islam betonen und so Tatsachen und Daten ersetzen;
- und die Ablehnung eines Dialogs mit (muslimischen) Kritiker_innen durch die Beanspruchung des eigenen Status' des absoluten Wissens und der absoluten Einzigartigkeit (Kelek 2005; Hirsi Ali 2007; Ateş 2008).

Der folgende Dialog aus einem Fernsehinterview mit der türkisch-deutschen Anwältin Seyran Ateş, die durch ihr eigenes Leid in ihrer Familie legitimiert ist und von den Mainstream-Medien als Verteidigerin der Rechte muslimischer Frauen angerufen wird, ist symptomatisch für die Wechselwirkung dieser Kernthesen – und auch dafür, wie neue Erzählmotive sich auf älteren aufbauen und so emotionale Reaktionen hervorrufen können, ohne faktische Belege zu benötigen:

> »*Ateş*: Viele muslimische Frauen leben noch immer in einer archaischen Parallelwelt, wo Strukturen herrschen, wie wir sie aus dem Mittelalter kennen. [...]
> *tagesschau.de*: Lässt sich das quantifizieren? Wie viele Migranten leben in dieser von ihnen skizzierten Parallelgesellschaft?
> *Ateş*: Dazu gibt es keine Studien. Aber nach meinem Empfinden leben in dieser Parallelgesellschaft zumindest etwa 80 Prozent derjenigen Menschen, die aus der Türkei nach Deutschland kamen. Die sind hier nie richtig angekommen – und das kann sich auch auf die nachfolgende Generation übertragen.« (Bentele 2007)

Die Verwendung von politischer RaumZeit in dieser Konstruktion, gepaart mit der intuitiven Einsicht einer Person, die einmal Teil dieser geheimen Parallelwelt war, schafft einen moralischen Imperativ für Mehrheitseuropäer_innen. Sie müssen nicht nur ihre eigenen kulturellen Errungenschaften vor der Zerstörung durch Muslim_innen bewahren, sondern auch diese Muslim_innen vor der Kultur retten, die sie in einer seit Jahrhunderten vergangenen Zeit festhält. (Innerhalb dieses Modells verweigern Vertreter_innen eines »traditionellen Islams« sich nicht nur jeder vorwärts gewandter Entwicklung, sie müssen eigentlich rückwärts laufen, um nicht von Europas kontinuierlichem Fortschritt überrollt zu werden.)

Es ist nicht meine Absicht, die frauenfeindliche Gewalt herunterzuspielen, die muslimische Mädchen und Frauen erfahren. Doch stellt sich einfach die Frage, ob die Darstellungen von Hirsi Ali und anderen der beste Weg sind, oder überhaupt ein Weg, um diese Gewalt zu bekämpfen. Diese Frage ist besonders wichtig, da die Autorinnen dieser Narrative ebenso wie die breite Öffentlichkeit beharrlich die Arbeit von muslimischen und anderen minorisierten Frauen innerhalb ihrer Gemeinschaften ignorieren. Diese Frauen – insbesondere feministische Aktivist_innen, die die sexistischen Strukturen aufzeigen, die sowohl Mehrheits- als auch minorisierten Kulturen zugrunde liegen – kämpfen für die Veränderung interner Strukturen anstatt der pauschalen Verurteilung ganzer Gruppen als westlichen Standards nicht gerecht werdend. Es geht hier nicht um die Frage, ob es notwendig ist, gegen Sexismus in muslimischen Gemeinschaften vorzugehen, sondern um die Instrumentalisierung dieses Ziels für die Unhörbarmachung und Spaltung von Muslim_innen, bei gleichzeitiger Betonung, dass Europa ganz anders und überlegen ist. Hirsi Ali, Kelek und andere tragen zu dieser Spaltung bei und hängen von ihr ab, indem sie sich selbst als mutige Reisende zwischen inkompatiblen Welten darstellen; und somit als gezwungenermaßen getrennt von der Masse der Frauen, in deren Namen sie sprechen – und von deren Unhörbarkeit die Erfüllung ihrer Funktion für ein weißes (neo)liberales Publikum abhängt. Muslimische Frauen als unabhängige Akteurinnen haben in dieser Konversation keinen Platz, insbesondere dann nicht, wenn sie Kritik an ihr formulieren. Die niederländische Politikerin Fatima Elatik zeigt auf, dass minorisierte Frauen praktisch aus den Debatten über sie selbst ausgeschlossen sind (Anthony 2007, 4). Hirsi Alis Antwort auf diese Kritik steht auf vorhersehbare Weise in Einklang mit den Regeln des Ausbruchsnarrativs und ist zugleich unverfroren geschichtsverfälschend und ungenau:

> »Ich begann in einer Situation, als ohnehin keine dieser Frauen sichtbar war, außer als Quotenfiguren, die Subventionen von der Regierung ermöglichten. Singt einfach weiter, dass wir diskriminiert werden. Muslimische Frauen werden von ihren eigenen Gruppen nicht in diesen Debatten geduldet. Es ist also noch viel zu früh. Wenn diese Frauen erst selbstbewusst genug sind, werde ich nicht mehr da sein. Es wird eine Generation später sein.« (ebd.)

Das Bild der automatisch entmächtigten muslimischen Frau dient als Instrument zur eigenen Ermächtigung. Jedoch waren selbstverständlich viele selbstbewusste muslimische Frauen zugegen und in langfristigen feministischen Aktivismus involviert, als Hirsi Ali auf der niederländischen Bildfläche auftauchte.[143]

Ein Porträt in der Frauen-of-Color-Zeitschrift *ZAMI krant* von 1993 über eine dieser Gruppen, ARGAN, ein marokkanisches Jugendzentrum, das von Frauen der zweiten Generation gegründet wurde, zeigt, dass sich an der medialen Repräsentation von Minorisierten in den letzten 20 Jahren nicht viel geändert hat: »Während unseres Gesprächs klingelt das Telefon. Fatima wird in ein langes Gespräch verwickelt. Als sie zum Tisch zurückkehrt, ist sie sichtlich aufgeregt: Die Frau wollte eine Geschichte von marokkanischen Problemjugendlichen. Das passiert in letzter Zeit regelmäßig. Sie wollen etwas und sind nicht daran interessiert, was du anzubieten hast« (Weiss 1993, 46). Bestehende feministische Organisationen werden in Debatten über muslimische Frauen kaum angesprochen oder anerkannt. Es

143 Um nur einige 1992 aktive Kontexte zu nennen, als Hirsi Ali in den Niederlanden ankam: *Stichting El Sambra* fokussierte auf Gesundheitsbildung und -zugang für marokkanische und türkische Frauen, indem deren spezifische Situationen angesprochen wurden, anstatt sie in bestehende Systeme einzupassen, die für niederländische Frauen existierten; die *Medusa Foundation* befasste sich mit sexualisierter Gewalt gegen Schwarze und migrantische Frauen im Gesundheits- und Bildungssystem; *Organisatie Marokkaanse Vrouwen* Amsterdam hielt wöchentliche Diskussionen über Themen ab, die für marokkanische Frauen relevant waren – von Einwanderungsgesetzgebung bis zu sexuell übertragbaren Krankheiten; *ZAMI*, Zentrum für Schwarze, migrantische und geflüchtete Frauen, bot ein breites Spektrum täglicher Aktivitäten, von Sprachkursen bis Poesie-Workshops und Gruppen für queere Frauen; und *ARGAN*, ein Zentrum für marokkanische Jugendliche mit einem Fokus auf Mädchen, war eine der ersten Organisationen ihrer Art, die von der zweiten Generation mit einer Frauenmehrheit im Vorstand gegründet wurde (siehe *ZAMI Krant* 3, 1993).

gibt verdächtig wenig Interesse an deren Grassroots-Perspektive, die kritisch gegenüber Sexismus und Homophobie in migrantischen Gemeinschaften ist und dabei betont, dass diese Themen auch in der »Heimat« heftig diskutiert werden; die aber auch deutlich über den Rassismus, den Sexismus und die Homophobie innerhalb der Dominanzgesellschaft (einschließlich der Frauenbewegung) spricht. Darüber hinaus wurden in den 1990er Jahren Programme von und für migrantische und minorisierte Frauen und Jugendliche in ganz Westeuropa massiv zusammengestrichen, was den Klagen über die Passivität migrantischer Gemeinschaften eine gewisse Scheinheiligkeit verleiht (Gazic et al. 2006, 35).

Während feministische migrantische Organisationen aufzeigen, dass europäische Regierungen – von der lokalen bis zur kontinentalen Ebene – strukturell daran scheitern, Worten Taten folgen zu lassen, wenn es um Geschlechtergerechtigkeit geht, scheint es wenig Interesse daran zu geben, auf diese Kritiken zu reagieren. Stattdessen wird von Konservativen ebenso wie von desillusionierten Progressiven das Bild eines selbst-isolierenden, feindseligen, den Dialog verweigernden Anderen in Ehren gehalten. Innerhalb der narrativen Konstruktion des Kampfes der Kulturen in Europa kann die Position der verschleierten Frau schnell vom Opfer zur Komplizin werden, die als Akt der Aggression gegen die westliche Gesellschaft das Kopftuch freiwillig trägt und so implizit alle im Namen des Islam verübten Verbrechen billigt. So enthält eine Rezension von Neçla Keleks *Die Fremde Braut*[144] in der linksgerichteten *taz* folgende Passage:

144 Keleks Veröffentlichung von 2005 vermischt persönliche Erfahrungen mit einer Analyse von Zwangsehen in der türkischen Gemeinschaft [in Deutschland] und macht »muslimische Kultur« als Hauptschuldige aus. Indem sie sich selbst in eine ähnliche Position setzt wie Hirsi Ali, die sie ausdrücklich als Vorbild erwähnt, beansprucht Kelek eine einzigartige Position, in der sie sowohl authentisches »Insider«-Wissen über den Islam (der mit der türkischen Gemeinschaft gleichgesetzt wird) als auch eine Fundierung in der westlichen Tradition der Aufklärung besitzt. Letztere entzieht sich Muslim_innen notwendigerweise, da sie unfähig sind, sich ihrer unterdrückenden Kultur zu entledigen: »In diesem Buch berichte ich aus dem Inneren des türkischen Lebens in Deutschland, über Zwangsheirat und arrangierte Ehen, ich erzähle von Frauen, denen ihre Familien die elementarsten Rechte verweigern« (Kelek 2006, 11). Kelek betont ihre eigene Wichtigkeit, indem sie eine drastische manichäische Dichotomie konstruiert, in der der Kampf zwischen Demokratie und Islam als einer zwischen »Leben und Tod« erscheint, und Leon de Winters Behauptung wiederholt, dass Islamismus der Faschismus des 21. Jahrhunderts ist (Kelek 2006, 17).

»Es ist diese gleichzeitige Ausstrahlung von Unterdrückung und Aggression, die [uns] so hilflos macht. Denn die Verhüllung verbirgt ja nicht nur das Eigene, sie macht das Gegenüber nackt. Nackt und sündig. Sie ist ein Statement, keine Folklore. Diese Musliminnen ›wollen mit den Deutschen, den Unreinen‹ nichts zu tun haben. Sie verabscheuen das ehrlose Leben der Frauen im Westen, sie fühlen sich stark und den Unreinen moralisch und geistig überlegen.« (Zucker 2005, 22)

Verschleierung wird so ein zweckdienlicher Akt der Selbstsegregation und gleichzeitigen Aggression der weiblichen Version jener männlichen Jugendlichen, die die Vororte in Brand stecken. Wie Baudrillards wütende junge Männer, die Autos lieber verbrennen, als sie zu besitzen, haben diese Frauen angeblich kein Interesse an westlichen Werten wie individueller Freiheit und Gleichheit. Diese Dichotomie, die im gesamten politischen Spektrum wiederholt wird, stellt den Islam nicht nur als inhärent unliberal dar, sondern rechtfertigt die europäischen Praktiken der Intoleranz durch die Beschwörung von Traditionen der Aufklärung, die unbefangen Motive der westlichen Überlegenheit bestätigen. Dies wird besonders deutlich in der Diskussion um die Kopftuchverbote in Frankreich, Deutschland, Norwegen oder Dänemark, die davon ausgehen, dass eine ebenbürtige Konversation durch die kulturellen Beschränkungen der Muslim_innen verhindert wird (Rommelspacher 2002; Weber 2004; Benhabib 2006).

Die im kosmopolitischen Humanismus implizierte Transnationalität ist untrennbar mit Übersetzbarkeit verbunden. Doch ist Übersetzung noch immer weitgehend eine Einbahnstraße, was eine »kosmopolitische Konversation« (Appiah 2006) auf Augenhöhe verhindert. Hier zeigt sich ein größeres Problem: Um an Diskursen teilzunehmen, in denen Rechte verhandelt werden, müssen weniger einflussreiche Gruppen sich selbst in einer Form repräsentieren, die jener der bereits bestehenden entspricht. Dialog mit marginalisierten Gemeinschaften findet also meist erst statt, nachdem diese sich selbst entlang bestehender Muster umstrukturiert haben und sich in der dominanten Sprache ausdrücken, während abweichende Stimmen unhörbar gemacht oder ignoriert werden. Wenn Gemeinschaften dazu aufgefordert werden, sich von eben solchen Repräsentant_innen vertreten zu lassen, die in den Augen der Öffentlichkeit repräsentativ für Muslim_innen erscheinen, dann verstärken Versuche der Integration hinsichtlich muslimischer Gemeinschaften in Europa oft patriarchale, undemokratische Strukturen, anstatt sie zu schwächen.[145] Dies trägt zu einer selbsterfüllenden Prophezeiung bei, in der diverse Gruppen mit ost- und südeuropäischem, nahöstlichem, südasiatischem, nord- und westafrikanischem Hintergrund, mit verschiedenen religiösen Praktiken und verschiedenen Graden der Religiosität (einschließlich einer großen Gruppe »säkularer Muslime«) entlang der Grenzziehungen dominanter Diskurse homogenisiert werden.[146]

Hirsi Ali et al. bestreiten natürlich, dass sie selbst zur Verstärkung patriarchaler Strukturen beitragen, indem sie bestehende Vielfalt und Widerstand innerhalb muslimischer Gemeinschaften leugnen und stattdessen auf ihrer eigenen Einzigartigkeit beharren: »Wir sind ein paar Ausnahmemigrantinnen [...] Wir brauchen auch die ganz normalen Menschen, Arbeiterinnen und Putzfrauen, die sagen: Uns reicht es. Wir wollen das

---

145 Ein symptomatisches Beispiel war die viel beworbene erste nationale Islamkonferenz der deutschen Regierung im Jahr 2006. Diese sollte die durch die Anwesenheit einer muslimischen Minderheit in der Nation verursachten »Probleme« – darunter zentral die Position von Frauen – angehen, und zwar im Geiste des Dialogs anstelle der Anschuldigungen. Unter den Eingeladenen waren Vertreter_innen muslimischer Organisationen, öffentliche Intellektuelle wie der türkisch-deutsche Schriftsteller Feridun Zaimoğlu und Islamkritiker_innen wie Neçla Kelek – aber nicht eine einzige praktizierende Muslimin. Naime Çakir, die Vertreterin der Frauen der muslimischen Gemeinschaft Hessens, kommentiert treffend: »Muslimische Frauen, die sich möglicherweise sogar mit Kopftuch zu ihrer Religion bekennen und um die es doch eigentlich primär gehen soll, werden hingegen als scheinbar integrationsresistent oder gar als Symptom einer misslungenen Integration hingestellt. [...] Eine Einladung zur Islamkonferenz wäre für solche Frauen daher ein wichtiger Schritt von hohem symbolischem Wert gewesen, denn er hätte eine doppelte Botschaft ausgesandt: Den Frauen, die sich für die Gleichberechtigung von Frau und Mann einsetzen, würde damit politische Unterstützung signalisiert. Und all denjenigen konservativen Muslimen, die die Rolle der Frau gerne auf die drei Ks – Kinder, Küche und Kirche, in diesem Fall Moschee – reduzieren möchten, würde deutlich gemacht, dass man es mit dem Selbstbestimmungsrecht der Frau ernst meint. An kompetenten Gesprächspartnerinnen, die für eine relevante Gruppe muslimischer Frauen sprechen, dürfte es jedenfalls nicht fehlen.« (Çakir 2006, 11; siehe auch: [http://www.taz.de/1/archiv/?dig=2006/11/04/a0196] letzter Zugriff 15.12.2014).

146 Dieser Prozess ist sicherlich in Teilen selbst-verstärkt. Um an diesem Diskurs teilzunehmen, nützt es der untergeordneten Gruppe, sich entsprechend der dominanten Wahrnehmung zu definieren: Unter Anerkennung all der Probleme bringt die Aneignung des »Islam«-Labels trotz seiner negativen Konnotationen und stellenweisen Unrichtigkeit potenziell einen Riss in die normalerweise fest verschlossene Definition von Europäischsein, der die Vorstellung einer europäischen – statt nationalen oder transnationalen – muslimischen Identität ermöglicht.

nicht mehr. Wir brauchen eine migrantische Frauenbewegung.« (Bläser/Oestreich 2008; siehe auch Kelek 2006; Anthony 2007). Mit dieser Behauptung des eigenen Exzeptionalismus gehen sie ein merkwürdiges Bündnis mit jenen ein, die sie zu bekämpfen behaupten, nämlich ultrakonservativen muslimischen Autoritäten. Denn beide beharren auf der notwendigen Verknüpfung von Islam, Patriarchat und Antisäkularismus. Beide Gruppen haben Interesse daran, Verhandlungen von Identität innerhalb minorisierter Gemeinschaften unsichtbar zu halten: Innere Unterschiede und Konflikte, die schon in den Ursprungsgesellschaften präsent waren – städtisch vs. ländlich, religiös vs. säkular, verarmt vs. Ober- und Mittelschichten – werden nach außen verlagert. Innerhalb der dominanten Wahrnehmung von muslimischen Gemeinschaften als homogen wird die Frage danach, welcher Teil der Kultur Minorisierte vermeintlich von der Mehrheit absetzt, zunehmend auf ausschließende Binaritäten reduziert. So empfundene Abweichungen von »traditionellen« Strukturen werden als »Verwestlichung« identifiziert, ob positiv oder negativ. Indem Geschichten wie jene des Kemalismus in der Türkei, des ägyptischen Feminismus des frühen zwanzigsten Jahrhunderts oder verschiedener Demokratisierungsprojekte im Iran, in Indonesien oder anderswo ignoriert werden, werden auch innere Konflikte, wie sie in allen Gesellschaften bestehen, zu Austragungen des Kampfes der Kulturen erklärt. Folglich werden die Versuche des Selbstausdrucks europäischer Muslim_innen von den scheinbar antagonistischen Gruppen mit vermeintlich widersprüchlichen Zielen unterdrückt. Diese Gruppen sind sich jedoch einig in ihrem Anspruch auf Authentizität, seien es authentische europäische oder authentische muslimische Werte, was es ihnen ermöglicht, »für« statt *mit* europäischen Muslim_innen zu sprechen, geschweige denn jenen zuzuhören, die hauptsächlich durch ihren Mangel an authentischen Ansprüchen an Identität und Kultur definiert werden.

In *Die Grenzen der Toleranz* (dt. 2007), das die Niederlande nach dem Attentat auf Theo van Gogh behandelt, beschreibt der niederländisch-amerikanische Autor Ian Buruma eine Begegnung mit einer jungen marokkanisch-niederländischen Frau, »M.L.« genannt, die in einem Frauenhaus arbeitet. Sie ist gleichermaßen kritisch gegenüber der Praxis der Verschleierung wie gegenüber Hirsi Alis Konzept der Befreiung der Frau und bietet eine Analyse von Geschlechterverhältnissen, die mit jener Fanons in Einklang ist:

»M.L.s Vater ist, wie die meisten Väter, die auf der Suche nach Arbeit in die Niederlande gekommen sind, aus Gewohnheit religiös. Das heißt, er versucht, an den Traditionen seines Geburtsortes festzuhalten, ohne einen Fetisch aus ihnen zu machen oder allzu viel über sie nachzudenken. Wenn M.L. zu Hause ist und ihr Vater von der Moschee zurückkehrt, fragt sie ihn ›welchen Quatsch der Imam dieses Mal erzählt hat‹. Die Antwort hat meist die Form eines Kommentars über die Gewohnheiten seiner Tochter. Es geht immer um die Tochter, sagt M.L., ›‚die Tochter die Tochter, wie wir uns zu provokativ kleiden, blablabla‹.« (Buruma 2006, 131)

M.L. und ihre Schwestern, die Hijab tragen, verhandeln einen komplizierten Raum, in dem sie mit widersprüchlichen Erwartungen und Anforderungen konfrontiert sind. Trotz der Botschaften der dominanten Diskurse, sind diese Widersprüche jedoch lebbar, sie prägen die Leben von Millionen migrantisierter Frauen und Mädchen in ganz Europa. Anstatt »ein Trauma zu erfahren, mit einem Bein in jeder Kultur [...], was ihre Herzen zerreißt«, wie der liberale Diskurs meint (Roosen, in Rathe 2007), haben Frauen der zweiten und dritten Generation Umgangsstrategien entwickelt, die der Komplexität ihrer Situationen gerecht werden. Wie verschiedene Studien gezeigt haben, korreliert die Präsenz des Hijabs, des Hauptsymbols für die vermeintliche Unterdrückung und Marginalisierung muslimischer Frauen durch ihre Gemeinschaften, nicht mit dem Maß an Bildung oder Einkommen, dem Heiratsalter oder anderen Maßstäben erfolgreicher »Integration« (Rommelspacher 2002; Weber 2004). Vielmehr kann es eine Reihe strategischer Entscheidungen widerspiegeln, die oft auf ein Mehr an Handlungsfähigkeit abzielen, in einem Kontext, in dem die Frauen und Mädchen aus verschiedenen Richtungen mit Hindernissen konfrontiert werden.[147]

Meines Erachtens ist die gegenwärtige diskursive Zentralität des Hijab – wenn überhaupt – ein Anzeichen dafür, dass diese Strategien funktio-

147 Interessanterweise stellte Neçla Kelek diese Behauptung in ihrer 2002 veröffentlichten Dissertation auf. Sie argumentiert dort, dass eine Identifikation als muslimisch in der zweiten türkisch-deutschen Generation primär sozial sei, dass sie nicht unbedingt eine starke Religiosität bedeutet, sondern eine Neuinterpretation der Rolle von Religion in einem neuen Kontext. Doch nur ein Jahr später leugnete sie kategorisch die Möglichkeit einer solchen Adaptierung, »weil der Islam als Gesetzesreligion gottgegeben ist. Dieses Kulturmuster prägt das Handeln der muslimischen Migranten in Deutschland bis in den letzten Winkel ihres Alltags – ihr Leben, ihr Verhalten, die Erziehung der Kinder. Und diese Werte haben mit den Werten und Normen der deutschen Mehrheitsgesellschaft nicht viel gemein« (Kelek, in Terkessidis/Karakaşoğlu 2006).

nieren. Während beliebte Motive, die das Kopftuch mit Unterdrückung gleichsetzen, die Quelle des Konflikts in isolierten, nicht-assimilierten Gemeinschaften verorten, befindet sich der Bereich, in dem diese kulturellen Schlachten wirklich ausgefochten werden, inmitten des Herzens der Gesellschaft. Das europäische Bildungssystem war nicht zufällig der primäre Ort der *affaire(s) du foulard*, der Kopftuch-Kontroverse, in Frankreich. Entscheidend für die Naturalisierung der Nation als unvermeidlich und dauerhaft ist die Reproduktion des nationalen Narrativs durch Institutionen, die an der Konstruktion der »fiktiven Ethnizität« (Balibar 1990) der Nation teilhaben.[148] Allgemeine Schulbildung spielt in diesem Prozess eine zentrale Rolle: Hier werden Kinder zu Subjekten der Nation gemacht. Dieser Prozess basiert auf der teilweisen Dekonstruktion und Zusammenfassung verschiedener primärer Identitäten – Klasse, Region, Religion und Familie – in der sekundären Identität der Nation. Im zeitgenössischen Europa wird jedoch der Islam nicht als primäre Identität erachtet, die in die Nation eingebunden werden kann (Balibar 2004). Hijab tragende, muslimische Mädchen sind die sichtbare Verkörperung dieser Inkompatibilität. Und, wie Fanon gezeigt hat, sind Politiken der Nation vor allem Blickpolitiken, sodass die Art der Bekleidung als Zeichen für sehr viel mehr als eine persönliche Entscheidung gelesen wird. Doch während Kopftuch tragende muslimische Schüler_innen relativ leicht als willentliche oder unwillentliche Opfer ihrer Kultur repräsentiert werden können, die der Staat (vor sich selbst) schützen muss, ist dieses Argument auf Lehrerinnen wesentlich schwerer zu übertagen. Wie die evangelische Pröbstin für Rhein-Main, Helga Trösken, 1998 formulierte:

> »Hätte eine muslimische Lehrerin mit Kopftuch in der öffentlichen Schule nicht die Möglichkeit, das Signal so positiv zu deuten, dass ein aufgeklärter Dialog möglich wird, wie er gerade den öffentlichen Institutionen in unserem Land gut täte? Im weltanschaulich neutralen Staat würde dann vielleicht auch deutlich, dass neben den großen christlichen Kirchen und der jüdischen Gemeinschaft

148 Balibar zufolge baut jede Nation auf einer »fiktiven Ethnizität« auf (fiktiv in dem Sinne, dass keine Nation »natürlich« konstituiert ist, sondern ihre Bürger_innen andauernd als solche konstruieren muss). Diese wird durch zwei primäre Werkzeuge konstruiert, Sprache und Rassifizierung. Sprache erschafft durch Allgemeinbildung [*universal education*] Ethnizität als linguistische Gemeinschaft, aber der potenziellen Offenheit einer solchen Gemeinschaft muss in unterschiedlichem Maße durch Rassifizierung begegnet werden, die Ethnizität als biologische Gemeinschaft konstruiert (Balibar 1990).

inzwischen die drittgrößte Religionsgemeinschaft zwar da und sichtbar ist, tatsächlich aber im Namen der Neutralität diskriminiert wird.« (Trösken, in Klingst 2003)[149]

Tröskens Argument stellt eine Strömung der deutschen öffentlichen Meinung dar, die oft in Debatten scheinbar nicht wahrgenommen wird oder zumindest ohne dauerhaften Einfluss zu bleiben scheint. Sie weist auf die diskursiv getilgte Heterogenität nicht nur von minoritären Positionen, sondern auch von Mehrheitspositionen hin. Die Legislative, das Justizsystem und die Medien tendieren dazu, eine deutlich feindseligere Haltung einzunehmen und deutsche Lehrerinnen, die Hijab tragen, als fundamentale Bedrohung der säkularen Grundlagen der Nation *und* ihrer christlichen Identität zu betrachten (Rommelspacher 2002; Weber 2004). Diese Position lässt die Frage offen, wie Christentum und Säkularismus denn auf eine Weise gemeinsam bestehen können, die beiden mit dem Islam unmöglich zu sein scheint. Zudem lässt sie ein weiteres Schlüsselthema der Kopftuchdebatten außen vor: Während die Präsenz des Hijab als Repräsentation der fortwährenden Existenz muslimischer Enklaven an den Rändern europäischer Gesellschaften und an den Rändern der Moderne verstanden wird, zeigt die Explosion öffentlichen Interesses eigentlich den Eintritt muslimischer Frauen in die europäische Mittelschicht an.

Dänischer Sozialismus, Euro-Islam und muslimischer Feminismus

Die Musliminnen, die für das Tragen des Hijab angegriffen werden, sind Schülerinnen, Lehrerinnen, Polizistinnen und Parlamentarierinnen. Das deutet an, dass es weniger um ihren unterdrückten Status geht als um die Tatsache, dass sichtbar muslimische Frauen nicht als Repräsentantinnen europäischer Institutionen akzeptiert werden können – insbesondere von Institutionen, die Staatsbürgerinnen hervorbringen und Staatsgewalt erhalten. Mit Kopftuch bekleidete Frauen sind schon lange enorm präsent in den Fluren europäischer Schulen, Universitäten und Gerichtsgebäude, doch solange sie diese zentralen öffentlichen Räume nur als Putzkräfte bevölkerten, blieben Betroffenheit über ihre Unterdrückung sowie Kulturkampfsze-

149 Für eine Diskussion der deutschen Kopftuchdebatte mit Fokus auf die Oberschullehrerin Fereshta Ludin, siehe den hervorragenden Artikel von Beverley Weber von 2004.

narios in Mainstream-Debatten verdächtigerweise aus.[150] Dies zeigt an, dass die neue Zentralität dieser Diskurse kein Zeichen der Marginalisierung und der unüberwindbaren (kulturellen) Differenz zwischen Minderheit und Mehrheit ist, sondern dass sie im Gegenteil die Klassenmobilität und die Ankunft von Muslim_innen im Zentrum europäischer Nationen symbolisiert. Anstatt als Erfolg der oft geforderten »Integration« muslimischer Minderheiten wahrgenommen zu werden, wird diese Ankunft als bedrohliche Invasion der Fremdheit gerahmt. Dies lädt zu einer Reaktion ein, wie sie in »Des Youyous Dans Ma Mairie« (Freudenschreie in meinem Rathaus) von *Axiom First* in Lille und der multiethnischen Hip-Hop-Crew *Ministère des Affaires Populaires* satirisch überzogen wird: »Dans ma mairie ya des fat'mas et des youyous/Des foulards, des babouches et des boubou/Des Voyous, des Zoubida, Des mamadou/Au secours, on est plus chez nous.«[151] Auf das Kopftuch fokussierende Blickpolitiken werden also genutzt, um zu verschieben und zu verstecken, wie zentral es in gegenwärtigen Diskursen über muslimische Frauen um Nation und Klasse geht. So kann kulturelle Differenz für ökonomische Ungleichheiten verantwortlich gemacht und die Andere in der Position des Objekts und Opfers fixiert werden. Bilder wie dieses Wahlkampfposter der konservativen dänischen Volkspartei sind visuelle Repräsentationen eines Prozesses, in dem die Angst vor der Beherrschung durch Fremde mit der Angst vor der Beherrschung durch Frauen zusammenkommt.

150 Diskussionen über das Recht muslimischer Mädchen, im säkularen Raum öffentlicher Schulen ihren Kopf zu bedecken, verschieben den Blick weg vom europäischen Bildungssystem, das minorisierten Bevölkerungen keine Chancengleichheit gewährt: Studien in ganz Europa zeigen, dass die zweite Generation weiterhin in ihrem Zugang zum Arbeitsmarkt bezüglich Einkommensniveau und Arbeitslosigkeit hinter der Mehrheit zurückbleibt. Die Studien zeigen auch einhellig, dass diese Ungleichheit bereits in der Schule einsetzt und sowohl Jungen als auch Mädchen betrifft. Es gibt eine Reihe von Faktoren, die in den verschiedenen nationalen Systemen gleichermaßen Benachteiligungen nach sich ziehen, dazu zählen als wichtige Faktoren ein oder zwei nicht-europäische Elternteile sowie der Wohnort in einer Nachbarschaft mit einem hohen Anteil minorisierter Bevölkerungen. Hingegen hat das Bildungsniveau der Eltern (das bei nicht-europäischen Immigrierten unter dem Durchschnitt liegt) weniger Einfluss; Religion, oder genauer gesagt das Kopftuch, wird nicht als Faktor betrachtet (Crul 2003; Riphahn 2003; Rooth und Ekberg 2003; Skyt et al. 2003).

151 »In meinem Rathaus gibt es Fatmas und Freudenschreie/ Kopftücher, Schnabelschuhe und Bubus/ Ganoven, Zoubidas und Mamadous/ Hilfe, sie sind schon da [on es plus chez nous]!«

Abb. 2: Die Dänische Volkspartei: »Allah ist gleich vor dem Gesetz – Unterwerfung«

Dänemark ist selbstverständlich einer der wichtigen Orte des angeblichen Scheiterns des Multikulturalismus geworden, was im berüchtigten »Karikaturen-Streit« von 2005 kulminierte, der vermeintlich die Welt spaltete: und zwar in Dän_innen, Europäer_innen, Westler_innen die sich der Meinungsfreiheit verschreiben und mit ihr umgehen können, und in Muslim_innen (im Westen und außerhalb), die Religion über bürgerliche und demokratische Rechte stellen (Klausen 2006). Diese Darstellung passt zum dominanten Narrativ, in dem Dänemark als Nation erscheint, in der das Christentum friedlich mit einem toleranten säkularen Staat koexistierte, der allen seinen Bürger_innen die Religionsfreiheit gestattete. Das Modell funktionierte, solange die dänische Gesellschaft weitgehend homogen blieb – bis Mitte der 1980er Jahre waren weniger als drei Prozent der Bevölkerung Immigrierte, was sich vornehmlich aufgrund von Einwanderung aus der Türkei, Pakistan und dem ehemaligen Jugoslawien bis 2002 verdoppelte (Skyt Nielsen et al. 2003, 758). Diese großteils muslimische migrantische Bevölkerung, so die Erzählung, erwies sich als unfähig, sich dem säkular-liberalen Lebensstil Nordwesteuropas anzupassen, was die Toleranz des Landes mit einer Bevölkerung überbelastete, die nicht durch Werte wie Meinungsfreiheit und Geschlechtergleichheit ansprechbar war. Die Spannung entlud sich schließlich durch etwas, das in einer demokratischen Gesellschaft kein Thema hätte sein sollen: nämlich der Ausübung der

Pressefreiheit in Form der Darstellung eines religiösen Propheten auf eine Weise, die von dessen Anhänger_innen als blasphemisch empfunden werden könnte, was zu einer exzessiv gewalttätigen Reaktion Letzterer führte.

Unter diesem dominanten Narrativ liegen natürlich weitere verborgen, von denen einige mit dem von der deutschen evangelischen Pröbstin Trösken formulierten Doppelstandard zu tun haben, der sich als »Diskriminierung im Namen der Neutralität« ausdrückt. Diese offenbart sich beispielsweise in der Verweigerung der *Jyllands Posten* im Jahr 2003, Jesus-Karikaturen abzudrucken, um christliche Leser_innen nicht zu verärgern (»Die Redaktion erklärte damals, ›Ich denke nicht, dass die Leser_innen der *Jyllands Posten* die Zeichnungen gut finden werden. Ich denke tatsächlich, dass sie einen Aufschrei provozieren werden. Deswegen, werde ich sie nicht verwenden‹«, zitiert in Klausen 2006). Ein weiterer selten erwähnter Aspekt der Karikaturen-Krise ist die Tatsache, dass die Sprecherin der elf dänischen muslimischen Organisationen, die auf Grundlage der Antidiskriminierungsregularien der Europäischen Union gegen die Zeitung klagten, eine 23-jährige feministische dänische Muslimin der zweiten Generation namens Asmaa Abdol-Hamid war.

Bevor ich mich Abdol-Hamid und ihrer Verkörperung einer europäischen muslimischen Identität zuwende, die in dominanten Diskursen weitgehend als Widerspruch in sich dargestellt wird, ist es nützlich, ihre Position zu kontextualisieren. Und zwar durch eine Rückkehr zu der *Foreign Policy*-Umfrage bzw. zu dem einzigen Europäer unter den Top-10-Intellektuellen: zum ägyptisch-schweizerischen religiösen Gelehrten und Philosophen Tariq Ramadan. Als führender Vertreter des »Euro-Islam« – der auf Muslim_innen als Europäer_innen fokussiert und die Religion an die Bedürfnisse und Umstände der kontinentaleuropäischen Praktizierenden anpassen will – war er eine zentrale aber höchst umstrittene Figur in vielen akademischen und politischen Debatten über den Islam in Europa (Bechler 2004a; Sid-Ahmed 2004). Obwohl er der wohl einflussreichste europäische muslimische Intellektuelle ist – zumal einer der wenigen, die relativ regelmäßig in Mainstream-Medien auftauchen – ist Ramadans Bedeutung in dominanten Diskursen eher randständig, so besessen diese vom Thema eines europäischen Islam auch sind. Es gibt einen Unwillen, sich ernsthaft mit ihm auseinanderzusetzen, ihn als intellektuell gleichwertigen Gesprächspartner zu akzeptieren, der als genuin europäischer Intellektueller auf einer Tradition aufbaut, die ebenso reichhaltig ist wie die christliche oder jüdische und die mit beiden eng verknüpft ist. Stattdessen gibt es oft ein antagonistisches Annähern, das von einem enormen Gefühl des Verdachts angetrieben wird, einem Begehren, Ramadan zu »demaskieren« und so den zutiefst fremden Radikalen hinter der Maske des verwestlichten Liberalen zu zeigen.[152]

In der Schweiz geboren und aufgewachsen, fließend in mehreren europäischen Sprachen zusätzlich zum Arabischen, in klassischer europäischer Philosophie ausgebildet, erscheint Ramadan so »zu Hause« in Europa, wie es eben geht. Doch scheint genau dies Anlass für seine bedrohliche Wirkung zu sein – auf den dominanten europäischen Diskurs, aber auch auf traditionelle muslimische Hierarchien –, gerade weil er selbstbewusst eine unabhängige Stimme für europäische Muslim_innen beansprucht. Gleichsam in islamischer wie in europäischer Geschichte fundiert, will er beide Traditionen kombinieren – in etwas, das als muslimische Version von Universalismus bezeichnet werden könnte:

> »Auf der Ebene der Universalität vermischen sich ›westliche‹ und ›islamische‹ Werte. Für mich kommen Gerechtigkeit und Gleichheit aus meiner islamischen Lehre: das Niveau ist erreicht, wo diese universellen Werte das gleiche für dich sind wie für mich [...] Zum Beispiel entnehmen wir dem griechischen Konzept von Demokratie mindestens vier Prinzipien: Rechtsstaat, gleiche Bürger_innenschaft, allgemeines Wahlrecht und Verantwortlichkeit – die universellen Hauptprinzipien im westlichen Modell von Demokratie. Diese vier Prinzipien können auch aus dem Islam abgeleitet werden, der an dieser Stelle mit der Universalität dieses Systems verschmilzt.« (Ramadan, in Bechler 2004b)

Eines der zentralen und erfolgreichsten Argumente von »Ex-Muslim_innen« wie Hirsi Ali ist die Behauptung, dass Muslim_innen als Gruppe unfähig gewesen sind, sich der Moderne anzupassen, weil ihre Überzeugungen auf einer wörtlichen, veralteten Lektüre des Koran basieren. Denn die Kunst der Auslegung – wie sie in Christentum und Judentum seit Jahrhunderten praktiziert wird – sei für sie noch immer ungewohnt und frev-

152 Während eine Quelle dieses Verdachts zweifelsohne seine Abstammung von Hassan El-Banna, dem Gründer der ägyptischen Muslimbruderschaft, ist, scheinen Reaktionen auf Ramadan teilweise auch von einem Erzählmotiv genährt zu sein, die im 19. und frühen 20. Jahrhundert bereits gegen assimilierte Juden_Jüdinnen angebracht wurde, nämlich die der Anderen, die so tun, als seien sie wie wir und dadurch noch viel gefährlicher werden.

lerisch.[153] Ramadan setzt direkt an dieser Behauptung an und befürwortet zunehmend explizit die Neuauslegung islamischer Quellen, einschließlich solcher aus dem Koran (Ramadan 2009). Zugleich erfüllt er die implizite Anforderung, dabei die dominante Sprache zu sprechen: »Der Hauptfokus meiner Kritik sind nicht europäische Gesellschaften, in denen ich keine Hindernisse für Muslim_innen sehe, muslimisch zu bleiben, Vielmehr geht es mir darum, wie das Verhalten von Muslim_innen von Schriftquellen und einem rechtlichen Erbe regiert wird, die überarbeitet werden müssen« (Ramadan, in Bechler 2004b).[154]

153 Für eine Kritik dieses Arguments und eine Analyse ihrer Funktion in der US-Außenpolitik nach dem 11. September, siehe Saba Mahmood 2006. Mahmood untersucht die Arbeit einer Reihe »muslimischer Reformer_innen«, die Koranexzegesen betreiben (darunter Abdolkarim Soroush). Es ist jedoch auffällig, dass »feministische« Kritikerinnen des Islam wie Kelek und Hirsi Ali die Historisierung von Koraninterpretationen im muslimischen Feminismus völlig ignorieren (siehe etwa Afzal Khan 2005).

154 Ramadan kennt Europas Selbstwahrnehmung als Wiege der Moderne und als aufgeklärter Kontinent, der auf einer jüdisch-christlichen Tradition aufbaut, und stellt sie nicht grundlegend infrage. Er will vielmehr zeigen, dass der Islam in dieses Modell integriert werden kann. Seine Gründung des *Europäischen Muslimischen Netzwerks*, das muslimische Vertreter_innen aus ganz Europa zusammenbringt (darunter prominent Frauen und Osteuropäer_innen) ist ein Beispiel für seinen Versuch, durch die Theoretisierung der Parameter eines spezifisch europäischen Islams muslimische Europäer_innen zu vereinen und zu repräsentieren. Dieser Ansatz wird von konservativen muslimischen Organisationen nicht unbedingt begrüßt, die sich selbst oft in Beziehung zu dominanten nicht-westlichen islamischen Praktiken definieren. Sein Beharren darauf, eine Stimme zu erheben, die europäisch und zugleich von muslimischer Kultur geprägt ist, stellt auch für die europäische säkulare Identität eine Herausforderung dar.
Besonders provokant und umstritten sind nicht unbedingt Ramadans Ideen über die Bedeutung von Religion in säkularen Gesellschaften, sondern seine Kritik an der Unterstützung der US-amerikanischen und israelischen Politik im Nahen Osten durch französische Liberale, die er weniger als Ausdruck einer humanistischen Perspektive denn als kommunitaristische Identitätspolitik problematisiert. Ramadan setzt sich hier als den Idealen des Aufklärungsuniversalimus näherstehend als solche säkularen Denker wie Pascal Bruckner, Bernard-Henri Lévy oder Pierre-André Taguieff, denen er vorwirft, kosmopolitische Ideale zugunsten partikularistischer Interessen zu verwerfen (Ramadan 2003). Die Behauptung, dass europäische Muslim_innen ebenso europäisch (oder gar europäischer) sein könnten als jene Intellektuellen, die am lautesten das Bedürfnis vertreten, Europas säkulare Identität gegen Erstere zu verteidigen, war als Provokation gemeint und wurde auch so aufgenommen. So kam es zu Vorwürfen des Antisemitismus (da die meisten der angegriffenen Intellektuellen sowohl jüdisch als auch inbrünstige Unterstützer_innen der israelischen Politik waren), was wohl die Entscheidung des US-amerikanischen Außenministeriums beeinflusste, Ramadan kein Visum

Junge Muslim_innen in ganz Europa beherzigen diesen Aufruf, den Islam in einem zeitgenössischen europäischen Kontext zu überarbeiten. Sie schaffen Positionalitäten und bilden Koalitionen, die essenzialistische Konzepte von europäischem Liberalismus ebenso wie von konservativem Islam Lügen strafen. Unter ihnen sind queere Muslim_innen und ihre Heter@-Verbündeten.[155] Geschichten wie die der 27-jährigen marokkanisch-niederländischen Leyla bestätigen die inklusive, pragmatische Anpassung religiöser Praktiken unter muslimischen Europäer_innen im Alltag:

> »Meine beste Freundin ist fromme Muslima und wenn ich bei ihr bin, beten wir auf die offizielle Weise [...] Anfangs war ich in einem fürchterlichen Krieg mit Allah. Ich wusste nicht, ob ich zugleich lesbisch und muslimisch sein konnte und ob ich als Lesbe Allah lobpreisen konnte. Ebendiese Freundin half mir dann sehr.

---

zu erteilen, als er als Lehrkraft an die University of Notre Dame eingeladen wurde (siehe Preston 2006). Zugleich erlangte Ramadan eine riesige Gefolgschaft unter jungen Muslim_innen im Westen (in Nordamerika ebenso wie in Europa) durch sein Beharren auf einer europäischen muslimischen Identität, die nicht nur möglich, sondern auch nötig ist, um die (selbst)zerstörerische Binarität zu überwinden, die beide Gruppen gegeneinanderstellt. »Säkularisierung« ist also nicht der einzige Weg zu Integration für minorisierte Jugendliche, und eine Hinwendung zu Religion bedeutet nicht notwendigerweise eine Ablehnung »europäischer Werte«.

155 Einige von ihnen erzählen ihre Geschichten im Sammelband von Imad el Kaka und Hatice Kurşun über schwule und lesbische Jugendliche aus muslimischen Familien (wobei sie nicht alle religiös sind) in den Niederlanden (el Kaka/Kurşun 2002). Anders als Roosen, die ihre Geschichten aus den von ihren Forscher_innen durchgeführten Interviews zusammensetzte, um »repräsentative« Bilder von muslimischen Frauen zu schaffen, betonen die Herausgeber_innen des Sammelbands die Heterogenität und Individualität der Beitragenden. Sie bieten weniger eine Erklärung denn eine Auseinandersetzung mit Positionen an, die nicht immer miteinander kompatibel sind. Sie reichen von der entspannten Haltung von Rafi: »Ich fühle mich definitiv noch muslimisch, aber ich trinke ab und zu ein Glas Wein und, na ja, ich mache mir da nicht allzu viele Gedanken drum. Ich nenne mich einen typischen Fall eines Muslims der zweiten oder dritten Generation in den Niederlanden« (ebd. 114), bis zum gequälten Sidi: »Ich fürchte, dass ich irgendwann schizophren werde. Vielleicht bin ich bloß ein großer Dummkopf. Ich habe Angst, zu sein, wer ich bin, aber Allah wollte mich genau so. Der Koran verurteilt Homosexualität. Leute, die das leugnen, haben das heilige Buch nicht gelesen« (ebd. 150). Die meisten der religiösen Beitragenden sind in ihrer Auseinandersetzung mit dem Islam jedoch zu ihren eigenen Interpretationen gelangt. So etwa Nazha, die Marokko allein verlassen hat, um einem sehr homophoben Klima zu entgehen (das jedoch nicht ihre Familie umfasste): »Jede Nacht vor dem Schlafengehen sage ich im Stillen das muslimische Religionsbekenntnis, dass es keinen Gott außer Allah gibt und dass Mohammed sein Diener und Prophet ist. Ich lese regelmäßig im Koran, weil es mich beruhigt und mich Allah näher bringt« (ebd. 60).

Sie half mir, zu verstehen, dass ich in den Augen Allahs als Lesbe nicht weniger wert bin.« (el Kaka/Kurşun 2002, 73)

Nichtsdestotrotz wird eine ausdrücklich muslimische Identität, insbesondere wenn sie vom aufgeladenen Symbol des Hijab begleitet wird, noch immer zwangsweise als Ausdruck sexistischer und homophober Überzeugungen interpretiert. Hier tritt nun Asmaa Abdol-Hamid auf – eine feministische, Hijab tragende, queer-freundliche Muslima mit palästinensischem Hintergrund, die als Mitglied der Dänischen Sozialistischen Partei, Parlamentskandidatin, Sozialarbeiterin und frühere Fernsehmoderatorin ein starkes öffentliches Profil erlangt hat, das sowohl den Erwartungen der dänischen Mehrheit als auch der muslimischen Minderheit widerspricht.

Abdol-Hamids Geschichte scheint in mancher Hinsicht ebenso klischeehaft repräsentativ für europäische Musliminnen zu sein wie Ayaan Hirsi Alis für das vermeintliche Schicksal von Frauen in mehrheitsmuslimischen Ländern. Als eines von sechs Kindern ist sie die Tochter palästinensischer Geflüchteter, die 1986, als sie fünf Jahre alt war, nach Dänemark kamen. Was sie ungewöhnlich macht, ist ihr erfolgreiches Beharren darauf, ihrer Stimme Gehör zu verschaffen. Und während sie diese Eigenschaft mit Ayaan Hirsi teilt, passt Abdol-Hamids Perspektive nicht in die bestehenden Narrative. Stattdessen scheint sie normative Erwartungen infrage zu stellen – von ihrer aktiven Teilnahme als Jugendliche in der christlichen Kleinstadtkirche trotz (oder wegen) ihrer Bindung [*commitment*] zum Islam, über ihr Tragen des Hijab als einzige Schülerin an der ganzen Schule, bis zu ihrem Kampf mit den Behörden über Bildungsmöglichkeiten: »In der Schule konnten meine Geschwister und ich deutlich sehen, dass die Lehrer_innen nicht die gleichen hohen Erwartungen an unsere akademischen Fähigkeiten hatten wie an jene der ethnisch dänischen Schüler_innen [...] und so musste ich mit rechtlichen Schritten drohen, damit meine Mittelschule mich in die Oberstufe gehen ließ« (Abdol-Hamid 2007).[156] Nachdem ihre Familie in ihrem letzten Schuljahr in einen multiethnischen Arbeiter_innen-Vorort von Odense gezogen war, gründete sie dort einen Mädchenclub, weil sie feststellte, dass die weiblichen Jugendlichen sowohl von ihren Gemeinschaften als auch vom Staat wenig Unterstützung erhielten (und zeigte so

156 Abdol-Hamids Erfahrung, automatisch für einen niederschwelligeren Bildungsweg vorgeschlagen zu werden, was üblicherweise die spätere Möglichkeit des Eintritts in die Universität ausschließt, ist eine gemeinsame Erfahrung rassifizierter Minderheiten in ganz Europa (OECD 2006).

eben jene Art der Initiative und Unabhängigkeit, die Hirsi Ali und andere gläubigen Musliminnen absprechen):

> »Ich dachte, es gibt einen Bedarf an Aktivitäten für die Mädchen in Vollsmose. Ich war mit dem Besuch von Freizeit- und Sportclubs aufgewachsen, wohingegen die Leben der Mädchen hier eher so aussahen: Schule – Zuhause, Zuhause – Schule. Zudem fand ich es inakzeptabel, dass zu dem Zeitpunkt in Vollsmose all die Aufmerksamkeit auf jene migrantischen Jungs gerichtet war, die Unruhe stifteten. Für sie wurde viel Geld ausgegeben. Es wurde völlig außer Acht gelassen, dass viele migrantische Mädchen auch Probleme hatten, aber anders reagierten – etwa indem sie zu Hause blieben und sich isolierten.« (Abdol-Hamid 2007)

Abdol-Hamid handelt in der Tradition von Feministinnen of Color, indem sie Stärke aus ihrer Gemeinschaft zieht, während sie zugleich deren Grenzen austestet. Die bekennende Feministin studierte, um Sozialarbeiterin zu werden. Motiviert durch den zunehmend feindseligen Klang der nationalen Einwanderungsdebatte, schloss sie sich der sozialistischen Partei an und war entschlossen, sich Gehör zu verschaffen.

Nachdem sie als Vertreterin der dänischen Muslim_innen während des Karikaturen-Streits auf der nationalen Bühne erschienen war, machte Abdol-Hamid 2007 erneut Schlagzeilen, als sie nationale Kandidatin für die sozialistische *Enhedslisten* (Einheitsliste) wurde. Angesichts ihrer ausdrücklich klassen-fokussierten Politik erscheint Abdol-Hamids Kandidatur logisch.[157] Nichtsdestotrotz waren sowohl die Partei als auch Abdol-Hamid mit starker Kritik konfrontiert, nicht wegen deren politischen Positionen, sondern wegen der Tatsache, dass sie ein Hijab trägt (und ihre religiösen Überzeugungen auch anderweitig öffentlich zeigt, indem sie etwa Männer grüßt, ohne ihnen die Hand zu schütteln). Während die Präsenz des Hijabs ausreichte, um eine enorme Kampagne der Dänischen Volkspartei zu nähren, erschien sie vielen Mitgliedern und Sympathisant_innen der Enhedslisten als repräsentativ für Abdol-Hamids Politiken, die somit zwangsweise von ihren eigenen progressiven Positionen abzuweichen schienen. Es lohnt sich hier, genauer zu betrachten, wie sich die Kontroverse innerhalb der sozialistischen Partei abspielte. Denn die Kritik an Abdol-Hamid basierte

157 Siehe Abdol-Hamid 2007: »Ethnische Minderheiten sind kein Problem an sich. Wenn es darum geht, Gründe für die mangelnde Integration in Dänemark auszumachen, spreche ich lieber über gesellschaftliche Klassen als über deren ethnische Identität und schaue mir den Klassenhintergrund der Menschen an.«

sowohl auf der a(nti)religiösen Identität der Partei als auch auf vermeintlich grundlegenden Differenzen zwischen Protestantismus und Islam, was wieder die scheinbar intrinsische Verknüpfung zwischen Säkularismus und Christentum im europäischen Diskurs untermauert (weit über die politische Rechte hinaus).

Wie Signe Kjær Jørgensen in ihrer Studie dänischer »Kopftuch tragender Musliminnen« aufzeigt, ist die sozialistische Einheitsliste die einzige dänische Partei, die sich nicht in den »protestantisch säkularen Diskurs« einreiht, der eine mehr oder weniger explizite Verknüpfung zwischen politischen Parteien und der dominanten Kirche des Staates schafft (Kjær Jørgensen 2008, 3). Diese Distanz zu institutionalisierter Religion bildete die Basis für den ersten Strang der internen Kritik an Abdol-Hamid. Jedoch wurde der Hijab unmittelbar in das Argument eingefügt und symbolisierte, was genau an ihrer spezifischen religiösen Praxis falsch war. Wie ein verstimmtes Parteimitglied feststellte:

> »Es liegt daran, dass religiöse Werte die Grundlage ihrer politischen Identität bilden. Ihre religiösen Überzeugungen bringen sie unter anderem dazu, zu akzeptieren, dass Frauen Kopftücher tragen, d.h., einen gewissen Grad der Hemmnis zu akzeptieren – und eine hierarchische, ungleiche Beziehung zwischen den Geschlechtern.« (*Politiken* 20.9.2007, 9; zitiert in Kjær Jørgensen 2008, 6)

Der Hijab wird also mit einer statischen, klar definierten Bedeutung versehen, nämlich jener, die seit dem 11. September im europäischen Diskurs vorherrscht, als der NATO-Einmarsch in Afghanistan Europa an das eigene Interesse an der Befreiung muslimischer Frauen erinnerte. Dieser Definition zufolge bekundet die Anwesenheit des Hijabs die Abwesenheit progressiver Positionen zu Geschlecht und Sexualität. Die hier vorliegende emotionsgeladene Kleidungspolitik [*emotive politics of dress*] reduziert das Bewusstsein muslimischer Frauen auf die symbolischen Grenzen des Hijab. So werden Kultur, Ideologie und Glaube auf eine vorbestimmte Weise miteinander verknüpft, die den Frauen die Handlungsfähigkeit abspricht und so genug Gründe bietet, um den Ausschluss Abdol-Hamids aus der sozialistischen Partei zu fordern:

> »Einigen unserer Mitglieder zufolge sollte die Partei kulturell inklusiv sein und da müsste Raum für jemanden wie Asmaa sein. Nein, die ganze Gesellschaft sollte kulturell inklusiv sein und da müsste Raum für jemanden wie Asmaa sein. Es ist ein politisches Grundrecht, Parteien zu gründen, die auf einer wohldefinierten

> und ausdrücklichen ideologischen Grundlage aufbauen, einer Grundlage, die Leute ausschließt, die andere Überzeugungen haben.« (zitiert ebd. 7)

Im Lauf der Argumentation für den Ausschluss von »jemandem wie Asmaa« verschiebt sich der Fokus von »anderen Überzeugungen« im Sinne von »religiösen Werten« zu »anderen Überzeugungen« im Sinne der inhärenten durch den Islam propagierten Geschlechterungerechtigkeit. Diese Verschiebung ermöglicht den Einschluss von Christlichkeit in die säkulare Verteidigung von Freiheit und Gleichheit gegen Religion. So kann auch das sozialistische Parteimitglied Bente Hansen, Feministin und praktizierende Christin, eine ähnliche Angriffslinie gegen ihre muslimische Kollegin fahren: »Es geht hier nicht bloß um Religion, sondern um Geschlecht und Frauen, wie sie von verschiedenen Strömungen des orthodoxen Islam gesehen werden« (*Information* 26.9.2007; zitiert in Kjær Jørgensen 2008, 9). Während Abdol-Hamid anhand des Hijab mit orthodoxem Islam gleichgesetzt wird, bekräftigt Hansen die Diversität im Christentum, die Christ_innen – insbesondere christlichen Frauen – eine Autonomie und Unabhängigkeit ermöglicht, die vom Islam ausgeschlossen wird:

> »Manchmal fragen mich Leute, wie ich eine Sozialistin und zugleich eine praktizierende Christin sein kann. Und der einzige Grund, dass dies möglich ist, liegt darin, dass die dänische Landeskirche – anders als die meisten anderen christlichen Kirchen – Frauen das Predigen gestattet. Wenn dies nicht der Fall wäre, wäre ich keine Anhängerin, sondern würde es – wenn ich das so sagen kann – ›im Privaten tun‹. Ich wende dasselbe Argument bezüglich Enhedslisten an: Wenn sie nicht Chancengleichheit unterstützen, gehe ich. So einfach ist das.« (ebd.)

Entscheidend ist hier, dass die Überlegenheit des Christentums sich durch den nationalen Unterschied manifestiert, durch den aufgeklärten Einsatz des dänischen Christentums für Geschlechtergleichheit, die einer muslimischen kulturellen Kodierung der Geschlechterungleichheit entgegengesetzt wird, die alle nationale Differenzen ersetzt und sich in primitiver Symbolpolitik ausdrückt, d.h. Verschleierung. Dies erinnert an Bonnie Honigs Analyse von Julia Kristevas Einschätzung der französischen muslimischen Gemeinschaft hinsichtlich der universalistischen Tradition ihres »Gastlandes«, nämlich der manichäischen Binarität, die Kristeva zwischen französischen abstrakten Überzeugungen und dem muslimischem konkreten Symbolismus des Kopftuchs konstruiert. Sie setzt so eine Wertehierarchie voraus, die jeden Dialog ausschließt, weil schon klar ist, wer recht hat und wer falsch liegt: »Das Problem mit Kristeva ist, dass sie andere nicht zu ihren Überlegungen über das Projekt, die Ziele und Instrumente eines Kosmopolitismus einlädt, den sie zu sehr wertschätzt, um das Risiko einzugehen, ihn als Frage statt als Antwort in die Konversation einzubringen« (Honig 2001, 66). Wenn auch sicherlich weniger raffiniert, spiegelt Hansens Argument jenes von Kristeva, indem es den Symbolismus des Hijab benutzt, um die Auseinandersetzung in einer ebenbürtigen Konversation zu vermeiden (d.h. einer Konversation, deren Ausgang nicht vorbestimmt ist) und um anzudeuten, dass Abdol-Hamids intellektueller Weg durch die Art ihrer Körperbedeckung vorbestimmt ist: »Sie muss sich einer Partei anschließen, die eine Hierarchie zwischen den Geschlechtern befürwortet, da ihre Kopfbedeckung zeigt, dass sie es tut« (*Information* 26.9.2007; zitiert in Kjær Jørgensen 2008, 9).

Während säkulare und christliche Traditionen gemeinsam angerufen werden, um Abdol-Hamid von der Einheitsliste auszuschließen, weigert diese sich, die Schlüssigkeit der zirkulären Argumentation ihrer weißen dänischen Kritiker_innen zu akzeptieren. Stattdessen interveniert sie und beansprucht die Gleichwertigkeit [*parity*] zwischen ihnen und ihrer eigenen feministischen, sozialistischen, muslimischen Positionalität. Sie fordert jene Art des Dialogs, den Kristeva und andere Verteidiger_innen eines christlichen Universalismus verweigern:

> »Ich bin mir darüber bewusst, dass in einigen Ländern, wie etwa dem Iran, das Kopftuch ein eindeutiges Symbol der Unterordnung von Frauen in der Gesellschaft ist, und ich habe mich deutlich davon distanziert. Jetzt gerade erlebe ich das Gegenteil: Leute wollen mich dazu zwingen, kein Hijab zu tragen, zumindest wenn mir ›gestattet‹ werden soll, mich als Sozialistin zu bezeichnen [...] Und, Bente, wir haben in der Tat schon weibliche Predigerinnen im Islam und meines Erachtens sollten es mehr sein. (Dagbladet Information 29.9.2007, 16-17; zitiert in Kjær Jørgensen 2008, 11)

Durch ihr Statement stellt Abdol-Hamid eine Konversation auf Augenhöhe her, indem sie die unhinterfragte Sicherheit infrage stellt, mit der die Erb_innen der evangelisch säkularistischen dänischen Tradition »Fremden« Einlass gewähren und sie zu »Ausführungen über das Projekt, die Ziele und Instrumente eines Kosmopolitismus« zwingen dürfen. Hierfür dezentriert sie Europa und bricht die angenommene Homogenität des Islam auf, wobei sie eine neue Beziehung zwischen Kultur, Nation und Religion einführt, die für Muslim_innen ebenso dynamisch ist wie für Christ_innen – was deren diskursive Hegemonie dekonstruiert:

> »Ihr nehmt ein Kopftuch als Symbol der Unterdrückung und als Symbol männlicher Beherrschung. Das ist nicht, was das Kopftuch für mich bedeutet. Ein Hijab zu tragen, ist eine persönliche Entscheidung, die ausschließlich meine religiöse Zugehörigkeit zeigt. Religiöse Symbole verändern sich durch die Zeiten hindurch und ihnen werden aufgrund veränderlicher Umstände verschiedene Bedeutungen zugeschrieben. Das christliche Kreuz zu tragen, bedeutet [auch] nicht, dass ihr dem Ku-Klux-Klan angehört.« (ebd.)

Unwillig, sich in vorgestaltete Kategorien einzufügen, schafft Abdol-Hamid stattdessen neue. Sie arbeitet an Schnittstellen, die das Potenzial eines fusionistischen »Euro-Islam« repräsentieren, wie Tariq Ramadan ihn vorschlägt (auch wenn sie vielleicht ein bisschen mehr ist, als er verträgt). Zentral für ihren Ansatz sind Bündnispolitiken zwischen minorisierten, feministischen, queeren Gruppen und die Verankerung in Community-Arbeit.[158] Im Gegensatz zu Hirsi Ali spielt Abdol-Hamid den Islam nicht gegen die Aufklärung aus und Europa nicht gegen den Nahen Osten. Stattdessen beharrt sie auf der Kombination ihrer Identitäten als muslimisch, feministisch, sozialistisch und europäisch und bekräftigt, dass all diese Identitäten legitimerweise ihre sind. Frauen wie Abdol-Hamid repräsentieren ein Bild, das im europäischen Diskurs (sei es im progressiven oder im Mainstream) nicht akzeptabel ist, weil sie zeigen, dass der Islam und der Einsatz für vermeintlich »westliche Werte« wie Geschlechtergleichheit kompatibel sind; und auch, weil sie eine größere Gruppe vertreten: Wie im letzten Kapitel deutlich wurde, ist feministischer Aktivismus seit Jahrzehnten ein Teil migrantischer und minorisierter Gemeinschaften. Diese Grassroots-Aktivist_innen sind oft gleichzeitig mit Widerständen vonseiten ihrer ethnischen Gemeinschaften, der dominanten feministischen Organisationen

---

158 Während Abdol-Hamid ansonsten explizit feministische Positionen vertritt, ist das hinsichtlich Homosexualität weniger der Fall. Dennoch kehrt sie Tariq Ramadans Anforderung an queere Muslim_innen, »ihre Homosexualität im Privaten zu belassen«, um, indem sie es ablehnt, Religion überhaupt als Grundlage für die Kontrolle von Sexualität zu betrachten: »Die sexuelle Orientierung von Menschen ist mir nicht wichtig. Ich möchte nicht in die Schlafzimmer von Menschen gehen und sehen, mit wem sie Sex haben. Es ist weder als Politikerin noch als Muslimin mein Recht. Ich kann Leute nicht verurteilen. Meines Erachtens ist Gott der Einzige, der Menschen beurteilen kann« (in Wheeler 2008).

und des Staates konfrontiert. Ihr Beharren darauf, mehrere gleichzeitige Unterdrückungen anzugehen, macht sie nicht nur wichtig und wirkungsvoll. Es verwehrt ihnen auch einen prominenteren Platz in den Debatten über ihr eigenes Schicksal, eben wegen dem, was sie über all diese Intersektionalitäten zu sagen haben.

Die Blickpolitik der fortschrittlichen Islamfeindlichkeit

Anders als in den beliebten Ausbruchsnarrativen behauptet, bieten Abdol-Hamid und andere Frauen durchaus progressive muslimische Stimmen an. Nur ist die Mehrheitsgesellschaft nicht gewillt zu hören, was sie zu sagen haben. Sie widerlegen die gängigen Behauptungen, dass es keine wortgewandten Musliminnen gibt, dass nur jene Frauen mutig genug sind, ihre Meinung zu sagen, die die repressive Kultur des Islam verlassen haben, dass sie vollständig mit ihrer Religion und ihrer Gemeinschaft brechen müssen, um befreit zu sein: Frauen wie Hirsi Ali erscheinen als heimatlos und ausgestoßen, ohne Gemeinschaft, bis sie vom aufgeklärten Westen aufgenommen werden, wofür sie für immer dankbar sein müssen. Was an ihnen problematisch ist, ist also nicht ihre Kritik am Islam, sondern die unhinterfragte Annahme, dass nur durch Muslim_innen Religion, Intoleranz und Ungleichheit zum Thema werden. Europa hingegen bleibt – wie Weißsein – die immerzu unerkundete Norm, und Christlichkeit bleibt unter dem Deckmantel der Säkularität unsichtbar – allerdings nur, bis diese von der zunehmenden Anwesenheit von Nicht-Christ_innen herausgefordert wird. Diese Präsenz wiederum wird immer als bedrohlich und illegitim erscheinen, bis die Verbindungen zwischen Christentum und säkularem Staat adressiert werden. Die Unfähigkeit, Differenz zu tolerieren oder sich gar mit ihr auseinanderzusetzen, die für alle heteronormativen Systeme charakteristisch ist, wird von einem Diskurs des universalistischen Humanismus verdeckt. Hierin erscheinen Andere zunehmend als Angreifende, die durch eine allzu exzessive Toleranz bestärkt werden, die aus einem liberalen schlechten Gewissen entsteht. Dies resultiere in einem naiven Multikulturalismus, der Europa unfähig mache, sich selbst zu verteidigen. In dieser zunehmend kämpferischen Logik verbindet sich das Bedürfnis, die »Reihen geschlossen zu halten«, mit der Anforderung, sich für eine Seite zu entscheiden. So werden Stimmen des Dissens schwieriger hörbar und es wird gefährlicher, sich außerhalb oder zwischen den sich bekriegenden Fronten zu positionieren oder dort positioniert zu werden.

In dominanten Diskursen über den Platz muslimischer Europäer_innen in der europäischen Gemeinschaft, verbinden sich die Blickpolitiken des (Post)Nationalismus und die emotionsgeladenen Kleidungspolitiken erfolgreich, um aggressive Forderungen nach Assimilation zu rechtfertigen. Diese basieren auf der Vorannahme, dass der Islam, im Gegensatz zum Christentum, mit modernen, säkularen Gesellschaften inkompatibel ist. Dieser Diskurs lässt europäischen Muslim_innen nur zwei grundsätzliche Optionen: In seiner liberalen Version, beispielsweise in Adelheid Roosens Stücken, tragen sie die Verantwortung, den Islam zu reformieren und ihn mit den Realitäten des 21. Jahrhunderts kompatibel zu machen, genau weil sie – anders als Muslim_innen im Globalen Süden – Bürger_innen der modernen Welt geworden sind. In seiner konservativen Version, die unter anderem von Ayaan Hirsi Ali oder Pascal Bruckner vertreten wird, stellt dieser Diskurs die grundsätzliche Fähigkeit des Islam infrage, sich selbst zu reformieren, und sieht dies zudem bestenfalls als überaus fragliche langfristige Lösung. Im Endeffekt fordern diese Stimmen, dass muslimische Europäer_innen entweder ihre Religion oder ihre (europäischen) Heimatländer aufgeben, indem sie akzeptieren, dass der Islam eine grundlegend »uneuropäische« Religion ist. Der Hijab ist die vorherrschende visuelle Abkürzung für diesen Diskurs geworden, worin sich weitgehend unerkannt die koloniale Verwendung von ähnlichen Symbolismen fortsetzt (Alloula 1986). So wird den ›Kritiker_innen‹ möglich, Muslim_innen in einen engen und homogenen ideologischen Rahmen zu pressen und sie zugleich streng von anderen minorisierten Gemeinschaften zu trennen, als wäre ihre Identität primär um diesen sichtbaren Unterschied und alles dadurch Konnotierte strukturiert.

Hirsi Alis Film aus dem Jahr 2004, *Unterwerfung Teil I* (Teil II sollte den Islam und Homosexualität zum Thema haben), unter Regie eines eher unenthusiastischen Theo van Gogh (dem es im Drehbuch an Humor fehlte), veranschaulicht diese Strategie besonders gut. Der Film spiegelt Hirsi Alis Weltbild, indem er die von muslimischen Frauen erfahrene Gewalt als direktes und notwendiges Ergebnis der Lehren des Islam darstellt. Die Nebeneinanderstellung von Lektüren koranischer Suren mit den Geschichten der Unterdrückung und des Missbrauchs von Frauen impliziert, dass das Problem nicht Religion ist, sondern *diese* Religion. Der Film wiederholt die mittlerweile bekannte Behauptung, dass es nur eine mögliche Interpretation des Islam gibt, der somit entweder vollständig abgelehnt oder aber in seinen extremsten Randversionen akzeptiert werden muss. Visuell lehnt der Kurzfilm sich an die *Verschleierten Monologe* an, die im Monat der Produktion von *Unterwerfung* in den Niederlanden enorm erfolgreich liefen. Die Ankündigungsplakate für das Stück zeigten das Bild einer Frau, die komplett von einer Burka bedeckt ist, die jedoch aus durchsichtigem Material besteht und ihren nackten Körper darunter entblößt. *Unterwerfung* geht nun noch einen Schritt weiter und benutzt genau das gleiche Bild einer nackten Frau in einer durchsichtigen Burka (die Frau steht für die vier weiblichen Charaktere, die ihre Geschichten erzählen), nimmt ihm aber alle Möglichkeiten der mehrdeutigen Interpretationen, indem es die Körper der Frauen buchstäblich mit koranischen Suren beschreibt und mit Spuren brutaler Männergewalt markiert.

Der Film, der erstmals im August 2004 im niederländischen öffentlichen Fernsehen ausgestrahlt wurde, wurde vorhersehbarerweise von konservativen muslimischen Organisationen verurteilt, doch erhielt er auch wenig Unterstützung von den Frauen, für deren Befreiung er sich einsetzen wollte. Viele weiße liberale und feministische Unterstützer_innen von Hirsi Ali führten dies auf den festen Griff einer patriarchalen, religiösen Indoktrination zurück, dem diese Frauen noch immer unterliegen:

> »In einem der niederländischen Frauenhäuser, in dem etwa 80 Prozent der Bewohnerinnen Musliminnen sind, hatte Ayaan nach einer Vorführung von *Unterwerfung* eine Diskussion mit vier jungen Frauen. Sie erhielt keinen Applaus. Die Frauen – Frauen, die von ihren Ehemännern geschlagen worden waren – waren zutiefst angegriffen, wütend, verletzt durch die Projektion von koranischen Texten auf nackte Frauenkörper, die sie als Blasphemie ansahen, unabhängig davon, ob diese Texte Gewalt gegen sie sanktionierten oder nicht.« (de Moor 2007)

Die großteils negativen Reaktionen muslimischer Frauen könnten natürlich auch, und meines Erachtens ist das überzeugender, darauf zurückgeführt werden, dass der Film ihnen ebenso jegliche Handlungsfähigkeit abspricht wie die von ihm angegriffene Ideologie. Hirsi Ali weist nicht nur jedes mögliche weibliche Interesse an der Religion zurück, die es unabhängig vom streng heteronormativen und heterosexuellen Kontext geben könnte, sondern missachtet auch völlig die Möglichkeit, dass ihr Glaube einige Frauen vielleicht dazu ermächtigt, gegen vorherrschende patriarchale

Interpretationen des Islam vorzugehen. Obwohl der Film die völlige Unterwerfung von Frauen unter die gewaltvolle, frauenfeindliche Herrschaft der Religion anprangert, stellt er selbst eine völlig von seiner Botschaft kontrollierte Performanz [*performance*] dar, in der Musliminnen nur als Körper und Objekte auftreten.

Im deutlichen Gegensatz hierzu fordern Frauen wie Abdol-Hamid, die Hijab tragen und zugleich damit vermeintlich inkompatible Arten der Handlungsfähigkeit praktizieren, die implizite visuelle Logik rassifizierter und vergeschlechtlichter Hierarchien heraus, die sich unter dem Diskurs der Rassismusverleugnung [*colorblindness*] verstecken. Sie tragen auch zum Queeren von Ethnizität bei, indem sie zu und mit Widersprüchen und Unmöglichkeiten arbeiten.

Bilder wie das folgende Plakat, das eine Veranstaltung mit Abdol-Hamid in einem dänischen queeren Club ankündigt, verletzen die visuelle Logik der Ideologie der Rassenlosigkeit, die das Andere immer als extern und abgetrennt imaginiert (ähnlich wie die Intervention des Euro-Hip-Hop in Diskurse über Staatsbürgerschaft und Sprache die akustische Logik dieser Ideologie störten). Die hierin symbolisierte Allianz setzt die Tradition von Bündnissen als Alternative zum Einstieg in den Mainstream für marginalisierte Gemeinschaften fort. Zudem stärkt sie die Position queerer Muslim_innen, die – wenn sie sich der binären Logik zwischen unterdrückendem Islam und befreitem Westen widersetzen – eine noch störendere Präsenz darstellen.

Abb. 3: Plakat einer Veranstaltung mit Abdol-Hamid im queeren Kopenhagener Club *Dunkel Bar*, 2007.

Die von Hirsi, Kelek und anderen verleugnete Anpassung und Interpretation islamischer Texte durch Muslim_innen, ist eine alltägliche Praxis in der ganzen Welt, einschließlich Europa: Die Positionen des Islam zu Frauenrechten und Homosexualität werden in muslimischen Gemeinschaften bereits intensiv diskutiert. Das bleibt für eine Dominanzgesellschaft unsichtbar, die nicht dazu bereit ist, sich in einen offenen Dialog zu begeben – so auch für eine schwule und lesbische Gemeinschaft, die nicht bereit ist, muslimische Queers einzubeziehen. Stattdessen gibt es nur zurückhaltende Reaktionen, wann immer diese Stimmen versuchen, in einen Mainstream Eingang zu finden, der großteils mit der inhärenten Homophobie des Islam beschäftigt zu sein scheint. Hier wiederholt sich das Modell, das ich hinsichtlich muslimischer Frauen beschrieben habe, und Homophobie unter Muslim_innen wird als unvermeidlich durch deren Kultur/Religion hervorgebracht definiert. Der Islam selbst stellt die Bedrohung dar, die wiederum in jede_r Muslim_in zugegen ist – und jede_r Muslim_in wird für das Verhalten der Gemeinschaft als Ganze verantwortlich gemacht. Während weiße schwule Stimmen wie jene des US-amerikanischen Journalisten Bruce Bawer oder des Politikers Pim Fortuyn zusätzliche Glaubwürdigkeit erringen, wenn sie das Bild von der inhärenten Intoleranz des Islams stützen, erscheinen muslimische Queers – wie Frauen, die den Hijab tragen – als stumme Opfer, deren einzige Rettung die Abkehr vom Islam und von ihrer Gemeinschaft sowie die Annahme einer Mehrheits-Homo-Identität ist.

In dieser binären diskursiven Formation nimmt die westliche LGBT-Gemeinschaft die Rolle der Zivilisierenden ein, während queere Muslim_innen nichts anzubieten haben. Denn, wie alle Muslim_innen, entstammen sie ja einer Kultur, die dem säkularen Westen grundlegend unterlegen ist.[159] Diese Dichotomie bringt alle nicht-weißen und nicht-westlichen Queers in eine ähnliche Zwangslage: Gemeinschaften of Color erscheinen automatisch als homophob und heterosexuell, die queere Gemeinschaft als automatisch weiß. Hier spiegelt sich der globale Diskurs über Fortschritt und Menschenrechte, den der weiße Westen unveränderlich anführt – vielleicht nicht immer fortschrittlich genug, aber sicher immer fortschrittlicher als

---

159 Sie »haben nichts anzubieten« heißt hier, außer ihre Körper, denen ein gewisser Warenwert des Exotismus anhaftet, der von einem queeren Mainstream konsumiert werden kann. Dabei wird queeren Muslim_innen wenig mehr Handlungsfähigkeit zugestanden als den exotischen kulinarischen Beiträgen, für die migrantische Gemeinschaften geschätzt werden. Mehr hierzu im nächsten Kapitel.

alle anderen. Das Motiv kann schnell wieder verstärkt werden, weil es sich auf wohlbekannte Klischees bezieht, die als Wahrheit wahrgenommen werden. Denn sie stehen mit dem übergreifenden binären Diskurs in Einklang, der Europas Status als Zentrum von Fortschritt und Humanismus behauptet. Eine erfolgreiche Herausforderung dieses Mechanismus bedarf also der gleichzeitigen Auseinandersetzung mit all diesen Diskursmotiven und ihrer Verankerung in europäischen Konzeptionen von öffentlichem Raum und Zeit, wie sie zur Unterordnung des Rests der Welt und von Menschen of Color verwendet werden. Das nächste Kapitel widmet sich solchen Herausforderungen und ihrem Einfluss auf das europäische Narrativ der Rassenlosigkeit, von Queer-of-Color-Gruppen wie den niederländischen *Strange Fruit* bis zu Migrationaktivist_innen wie den deutschen *Kanak Attak*.

»Weil es unser Stiefvaterland ist«
Europäische öffentliche Räume queeren

»Dies ist eine Landschaft, in der die historischen Hinterlassenschaften sich nie zu einem nahtlosen Ganzen zusammenfügen und wo die Bedeutung von ›ethnoscape‹[160] *nicht länger auf Ethnizität basiert, wie strenger Multikulturalismus sie definiert. So wie sich Welt um Welt wendet, ist auch dies Teil der fortwährenden imaginativen Arbeit, die nicht auf diasporische öffentliche Sphären allein beschränkt ist.«*
Leslie Adelson, The Turkish Turn in Contemporary German Literature

»Wir treten an, eine neue Haltung von Migranten aller Generationen auf die Bühne zu bringen, eigenständig, ohne Anbiederung und Konformismus. Wer glaubt, daß wir ein Potpourri aus Ghetto-HipHop und anderen Klischees zelebrieren, wird sich wundern. Wir sampeln ganz selbstverständlich verschiedene politische und kulturelle Drifts, die allesamt aus einer oppositionellen Haltung heraus operieren. Wir greifen auf einen Mix aus Theorie, Politik und künstlerischer Praxis zurück. [...] Dieser Song gehört uns.«
Kanak Attak Manifesto

Schwule Konsumenten und queere Waren in der neoliberalen Stadt

Kapitel 3 hat einen Diskurs über die vermeintliche Bedrohung von Europas universalistischer, säkularer Identität durch die partikularistischen Politiken der muslimischen Minderheiten des Kontinents beleuchtet. Dieser scheint nicht nur das Scheitern des Multikulturalismus zu manifestieren, sondern macht zudem rassifizierte Minderheiten für die Verhinderung des unvermeidlichen Fortschritts in Richtung eines postnationalen Europa des 21. Jahrhunderts verantwortlich. Als Verkörperung des gescheiterten Essenzialismus von Identitätspolitiken, des religiösen Fundamentalismus, der politischen Korrektheit und des todgeweihten industriellen Klassensystems des 20. Jahrhunderts werden sie im Gegensatz zu den neuen Werten der Diversität, Toleranz und Mobilität positioniert. Indem ein neues Herr-

160 Üb.Anm.: *ethnoscape* ist ein von Arjun Appadurai geprägter Begriff für nicht territorial beschränkte Landschaften der Gruppenidentität.

schaftssystem marginalisierte Gemeinschaften beschuldigt, an einer ausgedienten binären Weltsicht zu hängen, ermöglicht es die Fortsetzung alter Binaritäten, während es zugleich das Vokabular ausrangiert, das insbesondere im Kontext der weltweiten Befreiungsbewegungen der 1960er und 70er Jahre zu dessen Kritik entwickelt wurde. Eines der wichtigsten Ergebnisse der Interventionen dieser Bewegungen war das Ende eines Systems weißer Vorherrschaft, das durch Erniedrigung und Assimilationszwang operierte. Es wurde ersetzt durch eine scheinbar offene, apolitische Herrschaftsform, die so Widerstandsstrategien, die gegen das alte System entwickelt wurden, unwirksam macht:

> »Der erfolgreichste Trick neoliberaler Vorherrschaft in globalen und innenpolitischen Angelegenheiten ist die Definition von Wirtschaftspolitik als primär von neutraler, technischer Expertise bestimmt. Diese Expertise wird dann als getrennt von Politik und Kultur dargestellt und nicht als etwas, das politischer Kontrolle unterworfen oder Kulturkritik ausgesetzt ist. Widerspruch gegen ökonomische Ungleichheit wird als ›Klassenkampf‹ schlecht gemacht, während rassifizierte, vergeschlechtlichte oder sexuelle Ungleichheiten als bloß kulturell, privat oder trivial abgetan werden.« (Duggan 2005, xiv)

Diese Verschiebung spiegelt sich in aktuellen europäischen Maßnahmen der Regulierung und Unterdrückung wider, die als notwendig für den Erhalt der bedrohten Werte der Freiheit und Toleranz dargestellt werden: Die Grenzen des Akzeptierbaren werden von einem altruistischen Fortschritt bestimmt, der schließlich zu immer größerer Freiheit und Wohlfahrt führt, wovon nur jene ausgeschlossen bleiben, die sich der Teilhabe an diesem demokratischen Prozess verweigern. Solch ein Argument legt nahe, dass im gegenwärtigen Europa Selbstexklusion die einzige Form der Marginalisierung ist. Die Wirklichkeit ist jedoch selbstredend komplizierter. Der europäische Einsatz für Gleichheit bezüglich Geschlecht und Sexualität, wie er sich in Gesetzgebungen zu eingetragenen Partnerschaften und Homo-Ehe sowie in anti-muslimischer Rhetorik manifestiert, ist in Wirklichkeit auf jene Ausdrucksformen beschränkt, die mit einem umfassenden, heteronormativen System von Ausschlüssen und Binaritäten kompatibel sind. Im Ergebnis erscheinen sowohl implizit heterosexuelle muslimische Minderheiten als auch queere Muslim_innen als abweichend. Beide repräsentieren einen Exzess, der sie unkontrollierbar und somit gefährlich macht. Das heißt, entscheidend ist hier die Art der Differenz von der

Norm, nicht ihr Inhalt: Im Nachklang des bereits erörterten Modells von Fabians »öffentlicher Zeit« erscheinen queere ebenso wie heterosexuelle Muslim_innen als unfähig, mit Identitätsmodellen des 21. Jahrhunderts umzugehen. Während Erstere im Stadium der Scham stecken bleiben und keine moderne queere Identität annehmen können, hängen Letztere in einem repressiven Modell von Heterosexualität fest, das nicht ins Zeitalter der neoliberalen Konsumbürger_innen passt. Dieses neoliberale Zeitalter wiederum bietet all jenen die Teilhabe an, die den Preis dafür bezahlen können, einschließlich vormals Ausgeschlossenen wie Frauen und Queers.

Um dieses System – nicht nur als eines des Ausschlusses, sondern auch der Anrufung – wirksam anzugehen, ist es hilfreich, das Konzept der Homonormativität einzuführen (Duggan 2002): eines entpolitisierten homosexuellen Diskurses, der in Heteronormativität einbezogen werden will, anstatt sie zu unterwandern. Er macht sich eine Konzeptualisierung von lesbischer, schwuler, bisexueller, transgeschlechtlicher (LSBT)Identität zu Eigen, die Legitimität und Rechte entlang bestehender Grenzziehungen konstruiert. So wird weder der Ausschluss jener hinterfragt, die diesen Regeln nicht entsprechen oder nicht entsprechen können, noch ein System, dessen bloße Existenz von Ausschlüssen abhängt:

> »Homonormativität ist eine chamäleon-artige Ideologie, die vorgibt, fortschrittliche Anliegen wie das Recht auf gleichgeschlechtliche Eheschließung oder andere ›Aktivismen‹ zu vertreten. Sie hat aber gleichzeitig entpolitisierende Effekte auf queere Gemeinschaften, da sie Freiheit und Befreiung rhetorisch in Begriffen von Privatheit, Häuslichkeit [*domesticity*] und Konsum neu kartiert und neu kodiert. Mit anderen Worten, Homonormativität betäubt queere Gemeinschaften derart, dass sie alternative Formen der Ungleichheit im Gegenzug für das Recht auf Privatsphäre und die Freiheit des Konsumierens passiv akzeptieren.« (Manalansan 2005, 142)[161]

Homonormative Identität erscheint als ideale Vervollständigung einer spielerischen und doch wettbewerbsfähigen apolitischen Staatsbürgerschaft, in der Rechte vor allem im Sinne von Konsum bestimmt werden. Hierin wird

161 In ihrer Einführung des Begriffs der Homonormativität erklärt Duggan: »Ich knüpfe hier an den von Michael Warner eingeführten Begriff der Heteronormativität an. Das bedeutet nicht, dass die Begriffe parallel sind; es gibt keine Struktur für homosexuelles Leben, egal wie konservativ oder normalisierend es sein mag, die sich mit den Institutionen vergleichen ließe, die heterosexuelle Partnerschaften fördern und erhalten« (Duggan 2005, 94n).

jede Ebene von Gesellschaft ökonomisch begriffen, was individualisierte, marktorientierte Lösungen für strukturelle Probleme hervorbringt, die sich um die Fähigkeit zum Konsum drehen. Die hieraus folgende Entpolitisierung des Kapitalismus »als apolitische Rationalität« beinhaltet Wendy Brown zufolge »eine spezifische und folgenreiche Organisierung des Sozialen, des Subjekts und des Staates« entlang der oben von Manalansan skizzierten Grenzziehungen; eine Organisierung, die »das Sagbare, das Verstehbare und die Wahrheitskriterien dieser Bereiche regiert« (Brown 2006, 693). Dies bringt »undemokratische Staatsbürger_innen« hervor, die verwaltbar und kontrollierbar sind, weil sie ein Konzept von politischem Aktivismus als altbackenem, unproduktivem Ausdruck von intoleranter politischer Korrektheit verinnerlicht haben.

Diese diskursive Wende ist in Alltagspraktiken eingebettet, die in städtischen Regionen durch rassistische Raumpolitiken besonders sichtbar werden. In ihnen werden marginalisierte Gruppen nicht völlig verbannt, aber von Rechten ausgeschlossen. Denn es misslingt ihnen, den Status der Konsum-Bürger_innen zu erreichen, was ihren eigenen primären Wert auf den von konsumierbaren Produkten reduziert. Die scheinbare Auflösung von Binaritäten, die die Moderne charakterisierten, zeigt sich auch in Konzeptualisierungen der Stadt. Diese entfernen sich von einem funktionalen Modell, in dem urbane Räume vor allem als Behälter fungieren, in die verschiedene Bevölkerungen einsortiert werden. Stattdessen erscheint die Beziehung zwischen Städten und ihren Bewohner_innen nun als dynamische Wechselwirkung, aus der einzigartige Formen des »räumlichen Bewusstseins« entstehen. Diese neuen Theorien reagieren auf die Krise der Industriestadt, die in den 1970er Jahren begann. Eine Krise, die wiederum neue Formen situierten Widerstands hervorbrachte, wie die Hausbesetzungs- und Hip-Hop-Bewegungen. Theoretiker_innen wie Richard Florida haben die subversiven Impulse aus diesen Bewegungen in ein neoliberales Marktmodell der »kreativen Stadt« gewissermaßen umgeeignet und gezähmt, wobei sie eine kreative Klasse als Treibkraft hinter dem Wiedererwachen urbaner Räume postulierten (Florida 2002; Reckwitz 2009). Während sie mit dem Dienstleistungssektor verknüpft sind, repräsentierten diese kreativen »Symbol-Analytiker_innen« innerhalb der neuen Terminologie »Berufe, in denen es nicht bloß um Dienstleistungen oder Wissen geht, [sondern] vielmehr um einen kreativen Umgang mit Symbolisierungen und die Schaffung von ›Neuem‹« (Reckwitz 2009, 3).

Dieses Modell der symbolischen Produktion steht in mehrfacher Beziehung mit dem neoliberalen Konzept der Staatsbürgerschaft. Dieses feiert Fluidität und kosmopolitische Mobilität ebenso wie Einzigartigkeit und Diversität und kombiniert alle als kulturelles Kapital, in dem Performanz – von Identität, Kultur und Lebensstil – zum privilegierten Modus der urbanen Erfahrung wird.

Dieses postmoderne Modell stellt den statischen Beschränkungen des modernen Zeitalters oberflächlich betrachtet einen dynamischen Lebensmodus entgegen. Tatsächlich jedoch vereinnahmt und kontrolliert es die Verschiebungen, die im Stadtleben des späten 20. Jahrhunderts stattgefunden haben, wie der Kultursoziologe Andreas Reckwitz und andere gezeigt haben. Diese Verschiebungen werden in eine neue Binarität integriert, deren Anderes überaus bekannt ist, nämlich »*das Nicht-Kulturelle*, das heißt die Sphäre dessen, was sich selbst nicht als kulturell versteht oder einer Kulturalisierung (zunächst) nicht zugänglich ist.« (Reckwitz 2009, 18), mit anderen Worten: das Ethnische. Floridas (scheinbar) quantitatives Modell der kreativen Stadt verhandelt ethnische Diversität, Patentanmeldungen pro Kopf und die Anzahl schwuler Bewohner als die drei Hauptindikatoren des in der neuen »kreativen« Ökonomie Erwünschten (Florida 2002). Dieser Index legitimiert scheinbar die Anwesenheit sexueller und rassifizierter Minderheiten und geht somit einen Schritt über vorherige Modelle hinaus, die nicht-normative Bevölkerungen aus der Stadt verdrängen wollten. Es werden dennoch Unterscheidungen gemacht – nicht nur zwischen Formen von Kultur, sondern auch zwischen jenen, die Kreativität verkörpern, den schwulen Anwohnern, und jenen, die ethnische Diversität repräsentieren. Erstere werden entlang eines ziemlich müden Stereotyps definiert: der wohlhabende, künstlerische (weiße) schwule Mann, der das Ästhetische dem Politischen vorzieht, Konsum dem Aktivismus und Teilhabe am Status quo der gesellschaftlichen Veränderung. Dieses Klischee erhielt mit der Entdeckung des schwulen Marktes in den 1990er Jahren neue Glaubwürdigkeit und positive Aufwertung.[162] Trotz der behaupteten

162 Wie Alexandra Chasin gezeigt hat, war die Forschung hinter den Studien, die Anfang der 1990er Jahre ein überdurchschnittliches Einkommen von Schwulen und Lesben behaupteten, zutiefst fehlerhaft und fokussierte unverhältnismäßig auf weiße Mittelschichtsmänner (Chasin 2000, 36). Die Entdeckung des »schwulen Marktes« war also deutlich ein Symptom der größeren, hier beschriebenen Entwicklungen und ein wichtiger Schritt in Richtung der Ideologie der Homonormativität. Diese sieht die Anrufung schwuler Männer und – zu einem viel geringeren Maße –

Offenheit der kreativen Stadt scheinen also wieder weiße Mittelschichtsmänner in der Position des Normativen zu landen. Randständige Positionen in hetero- und homonormativen Diskursen werden wieder von ganz bestimmten Gruppen eingenommen; darunter die muslimische Gemeinschaft, die Farbe, exotisches Essen und sexuelle Objekte einbringt, aber auch für restriktive Moralität, Kriminalität und Armut steht.

Dieser Diskurs ist symptomatisch für die unerkundeten Ungleichheiten, die trotz der Errungenschaften einer begrenzten Gleichheit bestehen bleiben oder sogar intensiviert werden, insbesondere Rassismus und Sexismus. Der »›Homo-Rechte‹-Arm des Viele-Themen-Neoliberalismus« (Duggan 2005, 47) marginalisiert Analysen, die auf Intersektionalität (Crenshaw 1991) aufbauen, bzw. unterdrückt sie regelrecht. Intersektionalität bedeutet die Annahme, dass Systeme der Unterdrückung nicht getrennt voneinander, sondern durch komplexe und bewegliche Wechselwirkungen funktionieren (ein Konzept, das im zeitgenössischen Fokus Queerer Theorie auf Sexualität weitgehend ausgeblendet bleibt):

> »Der Markt ist so konstruiert, dass er schwule Freiheit und Fortschritt so sehr filtert, dass die in der schwulen Gemeinschaft vorherrschenden Diskurse nicht beachten, wie diese Art der Freiheit auf der Unterwerfung anderer Gruppen von Menschen basiert, die nicht zu konsumieren frei sind und die keinen Zugang zu diesen symbolischen und materiellen Formen des Kapitals haben [...]. Näher betrachtet wird das, was als chaotisches Gefüge politisch Schuldiger [*culprits*] erscheint, zur Figur des Weiblichen und der Feminisierten, der Fremden, der Menschen of Color, der sexuell Abweichenden und der Armen.« (Manalansan 2005, 142)

Die multiplen Positionen und Identitäten in der queeren Gemeinschaft werden sichtbar, wenn der Marker »schwul« von jener Liste genommen wird, die das Nicht-Normative definiert. Das hinterlässt die Frage, wie das akzeptierbare schwule Subjekt aussieht, das in der heteronormativen Zeitleiste der guten Staatsbürgerschaft lebt. In seiner Analyse der Interaktionen nach dem 11. September zwischen schwulen Männern im New Yorker Stadtteil Jackson Heights, weist Martin Manalansan auf die grundlegend unterschiedlichen Positionalitäten von weißen, schwulen Mittelschichts-

---

lesbischer Frauen als Konsument_innen als Zeichen der Integration und Integration wiederum als Zeichen der Gleichheit. Jedoch spiegelt diese diskursive Verschiebung für den Großteil queerer Menschen keinen tatsächlichen ökonomischen Zugewinn.

männern und verarmten schwulen Männern of Color hin. Deren Beziehungen finden zum Teil in einem queeren Kontextes statt und zum Teil in einem größeren Kontext der räumlichen Regierung, in dem Rassifizierung und Klasse hinsichtlich des Zugangs zum öffentlichen Raum wichtiger sind als Sexualität (für eine Diskussion von Lesben und öffentlichem Raum, siehe Stein 1997). Was als homo-freundliche Gentrifizierung durch eine wohlhabende queere Community aus Manhattan wahrgenommen wird, erscheint für eine nicht-weiße queere Bevölkerung also als Teil einer zunehmenden polizeilichen Kontrolle und Ausbeutung von verarmten Menschen of Color.[163]

Die Regulierung von Raum, die Frage, wer legitimen Anspruch auf ihn hat und wessen Bedürfnisse er erfüllen soll, ist in europäischen Städten wie Amsterdam, Warschau oder Berlin ebenso relevant. Hier geht die zunehmende Beliebtheit von Modellen der kreativen Stadt mit einer zunehmenden Gegenüberstellung von schwulen und migrantischen Gemeinschaften einher, die Klasse als analytische Kategorie völlig vernachlässigt. Klasse wird stattdessen durch jenes Verständnis von Kultur ersetzt, dem wir im letzten Kapitel begegnet sind. In diesem Verständnis produzieren die legitimen Bewohner_innen der kreativen Stadt – zentral unter ihnen schwule Männer – die gewünschten, d.h. apolitischen, Formen von Kultur, während ihre illegitimen Bewohner_innen – zentral unter ihnen Gemeinschaften of Color – das rohe kulturelle Material bieten, das den Wert der Stadt erhöht (ohne dass sie selbst als Teil der kreativen Klasse betrachtet werden). Wie Hong in ihrer Analyse von ›Diversity Management‹ im gegenwärtigen US-amerikanischen Universitätssystem schreibt, versteckt sich diese Hierarchie hinter der Behauptung der Inklusivität. Dabei wird »›Diversität‹ als Alibi statt als Substanz benutzt; rassifiziertes und ›vergeschlechtlichtes Management‹ geschieht derzeit nicht nur durch [...] Abwertung [...], sondern auch

163 Die andere Seite dieser politischen, materiellen und diskursiven Spaltung der LSBT-Gemeinschaft zeigt sich unter anderem an Bruce Bawer, einem neoliberalen (oder in seinen Worten »postideologischen«) US-amerikanischen Autor, der nach seinem Umzug nach Europa – wo er eine säkularere und somit schwulenfreundlichere Umgebung vorzufinden erwartete – eine der führenden antimuslimischen Stimmen innerhalb der Schwulenbewegung wurde. Er schrieb 1996 in *The Advocate*: »Mehr denn je erscheint die Annahme vernünftig, dass die Hoffnung des schwulen Amerikas nicht in der Revolte der Arbeiterklasse liegt, sondern in ihrem genauen Gegenteil – in einem Trickle-Down-Effekt schwulenfreundlicher Einstellungen aus den Vorstandsetagen von Elite-Unternehmen in die Geschäfte, Höfe und Fabriken« (zitiert in Duggan 2005, 53).

gleichzeitig durch Aufwertung und Fetischisierung, allerdings in einer begrenzten und banalen Art. Dies ist die ideologische und epistemologische Formation des zeitgenössischen globalen Kapitals« (Hong 2008, 102).

Diese Formation drückt sich auch in dem neuen dynamischen Modell urbaner Räume aus. Hierin sind diese Räume nicht von oben konstruiert und kontrolliert, sondern bringen Alltagspraktiken hervor und werden von ihnen hervorgebracht. Sie produzieren Bürger_innen und werden von ihnen produziert. Öffentliche Räume sind also kein neutraler Boden, sondern Orte der Produktion und des Konsums. Sie sind umstrittene Märkte, in denen »Diversität« ein begehrtes kulturelles Produkt darstellt. Um diesen Prozess zu dekonstruieren und zu repolitisieren und um die gleichzeitige Aneignung und Abwertung von minoritärer kultureller Handlungsfähigkeit und Produktivität anzugehen, ist es nützlich, Hong, Ferguson, Manalansan und anderen Autor_innen im Bereich der Queer-of-Color-Kritik zu folgen. Sie kehren für die Neubewertung von Kultur zum Rahmen einer intersektionalen Kritik des liberalen Kapitalismus des Frauen-of-Color-Feminismus zurück, die

> »half, die Vorstellungskraft als eine soziale Praxis unter der zeitgenössischen Globalisierung auszumachen. In einem Moment, in dem nationale Befreiungsbewegungen sowie westliche Nationalstaaten Women of Color und Queers of Color als Subjekte entmächtigten [*disenfranchised*], wurde Kultur für diese Gruppen eine offensichtliche Bühne alternativer Handlungsfähigkeit. Dabei formierten diese Subjekte Kultur als Ort oppositioneller Handlungsfähigkeit neu, der den Nationalismus mied, anstatt ihn zu befördern. Kultur wurde der Bereich, von dem aus kreativ gegen die Entrechtungen des Nationalismus und die Entmächtigungen des globalen Kapitals vorgegangen wurde.« (Ferguson 2004, 117)

Dieses Verständnis von Kultur unterscheidet sich wesentlich von jenem, das sich in der neoliberalen Privilegierung der urbanen »kreativen Klasse« als außergewöhnlich ausdrückt: Jenes Verständnis basiert auf einer westlichen Definition von Kunst, die zu einem Ausspielen des Individuellen gegen das Kollektive tendiert, sowie auf einer spezifisch europäischen Gegenüberstellung von »hoher« und »niederer« Kultur, die Erstere mit Fortschritt und Befreiung gleichsetzt und Letztere mit den reaktionären Impulsen der Massen. Dieses Misstrauen gegenüber Alltagsformen [*vernacular forms*] drückt sich auch in einem Elitismus in der Linken aus, der subversive Verwendungen von Kultur durch Gemeinschaften of Color eindämmt und dazu neigt, den Einfluss von aktivistischen Queer-of-Color-Gruppen, wie den niederländischen 1989 in Amsterdam gegründeten *Strange Fruit*, zu ignorieren.

Dieses Kollektiv, dessen Name zugleich auf queere Positionalitäten und auf afrodiasporische Traditionen Bezug nimmt, verkörpert beinahe perfekt die Subalternen der zeitgenössischen europäischen Diskurse um Rassifizierung, Religion und Migration und deren Auswirkungen auf Geschlecht und Sexualität. Es wurde von queeren Jugendlichen mit muslimischem und afrokaribischem Hintergrund gegründet, großteils Sozialhilfeempfänger_innen und Sexarbeiter_innen, die sich mit dem Ziel zusammenschlossen, ihre Marginalisierung anzufechten – sowohl in ihren ethnischen Gemeinschaften als auch in der holländischen Homo-Szene. Mit seinem Selbsthilfe-Ansatz bot das Kollektiv auch anderen queeren Jugendlichen of Color eine Insider-Perspektive. Anstelle des »Expertenwissens« von Sozialarbeiter_innen nutzten sie die innerhalb der Gruppe selbst bestehende Expertise. Doch genau ihr Schwerpunkt auf kulturellen Aktivismus und auf flüchtige Formen, insbesondere Performance, klassifizierte *Strange Fruit* als nicht wirklich »politisch«; zumindest innerhalb einer linken politischen Praxis, die in Kontinentaleuropa noch immer weitgehend von der Perspektive der Frankfurter Schule auf Massenkultur geprägt ist. (Daher ist es nicht überraschend, dass Mitglieder dieses Kollektivs wenig Verbindung zu traditioneller linker Politik in Europa hatten, die in fortschrittlichen weißen queeren Gemeinschaften nach wie vor zentral ist.) Aktivismus wie jener von *Strange Fruit* repräsentiert die Wiederaneignung eines entpolitisierten Konzepts von Kultur, deren vielfältige gesellschaftliche Quellen gewöhnlich nicht als Stätten der Diversität und Kreativität anerkannt werden. Durch ihr Queeren von Ethnizität stellt die Gruppe diese Wahrnehmung infrage. Es beruht auf einem Konzept von Kultur und Kunst, das auf den Einsichten des Frauen-of-Color-Feminismus basiert, die für ein radikales Verständnis von »widerständiger Handlungsfähigkeit« innerhalb von Queer-of-Color-Kritik wiederverwendet werden (diese Einsichten wurden erstmalig durch Schwarze feministische Aktivistinnen in die Niederlande eingeführt, die eng mit *Strange Fruit* zusammenarbeiteten, wie etwa die Kollektive *Sister Outsider* und *ZAMI*).

In diesem vierten Kapitel untersuche ich, wie multiethnische künstlerische und aktivistische Kollektive wie *Strange Fruit*, *Salon Oriental* und *Kanak Attak* eine »Poetik der Beziehung« herstellen, indem sie sich durch visuelle und performative Strategien öffentliche Räume wieder aneignen und so alternative Archive schaffen, die unhörbar gemachte Narrative des Europäischseins aufzeichnen. Ich nähere mich also dem in Kapitel 1 besprochenen Streben nach einer europäischen postnationalen Identität, der Wechselwirkung zwischen kulturellem Aktivismus und der Theoriebildung in (diasporischen) Communities of Color aus Kapitel 2 und dem in Kapitel 3 analysierten performativen Queeren von Ethnizität aus einem anderen Blickwinkel. All diese Strategien nutzen öffentlichen Raum als Ort der Verhandlung von (un)möglichen Identitäten. In diesem letzten Kapitel untersuche ich verschiedene Formen künstlerischer und aktivistischer Interventionen, die die verleugnete Geschichte und Gegenwart rassifizierter Bevölkerungen in diesen Raum einschreiben, indem ich mich wieder der Stadt zuwende. Ich erkunde die Bedeutung von öffentlichem Raum in einem neoliberalen Diskurs, der sich der Kontrolle der Öffentlichkeit durch Privatisierung verschrieben hat, sowie die Rolle dieses Raums als Ort des Konsums und der Intervention, der neue visuelle Strategien hervorbringt, die auf diese Veränderungen reagieren. Zugleich will ich diese Strategien hier im Rahmen der übergreifenden Auseinandersetzung mit den spezifischen Funktionsweisen der Ideologie der Rassenlosigkeit verstehen. In den vorherigen Kapiteln habe ich die Destabilisierung von binären Konzepten des Europäischseins entlang ihrer Wurzeln in den Angriffen auf heteronormative Modelle von Geschlecht, Rassifizierung, Klasse, Sexualität und Nation durch Frauen-of-Color-Feminismus, Hip-Hop und Queer-of-Color-Aktivismus nachvollzogen. Kapitel 4 stellt das »Unauthentische« als Kulmination dieser Destabilisierung von binären Konzepten des Europäischseins heraus und untersucht es als zentrales Konzept für die Strategie des Queerens von Ethnizität.

Queer-of-Color-Aktivismus zwischen Homonationalismus und Identitätspolitik

Amsterdam steht in vielerlei Hinsicht beispielhaft für die neoliberale kreative Stadt: mit seiner Mischung aus malerischer Architektur und hipper metrosexueller Kultur, idyllischen Kanälen und multikulturellen Märkten, liberalen Drogen- und Prostitutionsgesetzen – und mit seiner eigenen Version der *Cités*, etwa das (vornehmlich Schwarze) Bijlmer und das (vornehmlich muslimische) Slotervaart. Hier lebt eine zunehmend segregierte, kriminalisierte und polizeilich kontrollierte multiethnische Bevölkerung of Color, die überdurchschnittlich arm und jung ist (siehe Open Society Institute 2007a, Amsterdam-Slotervaart City Council 2007, 2008): außerhalb der Sicht der Millionen von Besucher_innen, die jedes Jahr in die Stadt kommen, aber zugleich verfügbar, um Ängste vor einem fremden, fanatischen, gewalttätigen Anderen zu schüren oder einen zugänglichen, exotischen und aufregend gefährlichen Ort für die mutigeren Reisenden zu bieten, ob hetero oder homo, niederländisch oder internationale_r Tourist_in. Es ist genau diese Kombination, die die Stadt zu einem der beliebtesten Tourismusziele Europas und zu einem Hauptziel des von Hiram Perez so bezeichneten schwulen kosmopolitischen Tourismus machte (Perez 2005). Dieser Tourismus bestätigt eine spezifische schwule Identität als normativ, indem er Befreiung an bestimmte Mobilitätstypen knüpft. Zugleich ist »die von einer modernen schwulen Identität erforderte Mobilität nicht universell verfügbar. Wir begegnen hier Schwierigkeiten in der Form nicht-kanonischer Körper (nicht überraschend sind dies ziemlich oft braune Körper), die nichtsdestotrotz als schwul angerufen werden. Schwule, die nicht richtig schwul sein können« (Perez 2005, 177).

Auch schwuler kosmopolitischer Tourismus erfordert und schafft also dieselbe Art der scheinbar durchlässigen, doch in Wirklichkeit streng hierarchischen urbanen Räume, die die neoliberale kreative Stadt anbietet. Zum Stadtbild gehören auch verarmte Gemeinschaften of Color, die jedoch kontrolliert und isoliert werden, um sicherzustellen, dass Bewegung nur in eine Richtung stattfindet. Sie werden hauptsächlich als eine Ressource wahrgenommen – für Arbeit, Essen, Sex und andere Waren, die vom Konsum-Bürger wertgeschätzt werden. Diesen rassifizierten Gruppen wird also die individualisierte und kommerzialisierte Mobilität des (homo- und heteronormativen) westlichen Subjekts abgesprochen, während sie zugleich für immer auf einen mobilen, entwurzelten Zustand reduziert werden. Wie Chows »Fremde von anderswo« ist ihre Anwesenheit eine vermarktbare touristische Ware, eben weil sie ein Element der Gefahr beinhaltet, eine exzessive Exotik innerhalb der Beschränkungen der zivilisierten Stadt, eine dauerhafte potenzielle Bedrohung für den humanistischen Konsens im postnationalen Europa.

Wie ich im letzten Kapitel nachvollzogen habe, wurden die Risse im idealisierten Narrativ der niederländischen liberalen Toleranz weitgehend so definiert, als seien sie von der wachsenden muslimischen Bevölkerung verursacht. Sie erscheint als unwillig und unfähig, an einem Polder-Modell teilzunehmen, dem es seit Jahrhunderten gelungen sei, ein delikates Gleichgewicht zwischen diversen Bevölkerungen zu erhalten.[164] Mehrere Studien über Islam und Homosexualität in den Niederlanden produzierten Ergebnisse, die die antagonistische Beziehung zwischen den beiden zu bestätigen schienen. 1996 veröffentlichte die Stadt Amsterdam eine Umfrage an den lokalen weiterführenden Schulen, die eine um sich greifende Homophobie unter migrantisierten Jugendlichen identifizierte. Diese These erlangte weite Aufmerksamkeit: zum Teil, da sie eine fortwährende Debatte über »sinnlose Gewalt« nährte, die angeblich aus migrantischen Gemeinschaften hervorging, und zum Teil anknüpfend an wachsende Befürchtungen über das Aufkommen von »schwarzen Schulen«, d.h. von Schulen mit einem hohen Anteil von Schüler_innen of Color, und den angenommenen negativen Auswirkungen dieser Entwicklung für weiße niederländische Schüler_innen (siehe Arts/Nabah 2001). Die Ergebnisse der Studie wurden 2003 durch einen *Forum*-Bericht des Instituts für multikulturelle Entwicklung über »Homosexualität und Bürgerschaft« ergänzt, der Queers aus migrantischen und migrantisierten Gemeinschaften in den Blick nahm. Das Narrativ der Studie präsentiert die gewohnte Dichotomie, in der Geschichten der Unterdrückung für Queers of Color stehen und Geschichten der Befreiung für »niederländische« queere Identität (wobei »niederländisch« und »of Color« als einander wechselseitig ausschließend verstanden werden). So erscheinen migrantische und migrantisierte Queers als »noch nicht da«, als Opfer nicht von niederländischem Rassismus, sondern von einer unterdrückenden archaischen, ethnischen Kultur:

> »Die vielen persönlichen Geschichten von Homosexuellen [*gays*] of Color sind zu einem gewissen Grad vergleichbar. Ein Coming-Out, wie das von vielen niederländischen Homosexuellen erlebte, wird von der Mehrheit (noch) nicht als notwendiger Schritt gesehen und ist nicht üblich. Viele migrantische bzw. minorisierte Schwule und Lesben leben ein Doppelleben und sehen keine Chance, offen homosexuell zu leben, weil das ihnen zufolge innerhalb ihrer Gemeinschaft Scham für ihre Familie bringen würde. Das Risiko der Verbannung aus der

164 Passenderweise wurde die erste »Anti-Radikalisierungs«-Sondereinheit 2008 in Amsterdam-Slotervaart eingerichtet. Sie zielte auf muslimische Jugendliche ab und bestätigte somit, dass es diese Gruppe – und nur diese Gruppe – sei, die einen Radikalismus verkörpert, der die Nation bedroht (Amsterdam-Slotervaart City Council 2007, 2008).

Familie und/oder Gemeinschaft ist real. Dies sind also Gründe für die Vermeidung einer Konfrontation mit kulturellen und/oder religiösen Traditionen und das Verstecken ihrer sexuellen Vorliebe vor der Familie und Gemeinschaft. Für Homosexuelle of Color ist es oft schon ein großer Schritt – in Richtung Selbstverwirklichung – Treffpunkte zu nutzen, die von migrantischen/minorisierten Homosexuellen gegründet wurden. Etwa Initiativen wie *Strange Fruit* und *Secret Garden* des Amsterdamer COC und der *Melting Pot* des COC in Den Haag. Diese Initiativen haben diverse Ziele: von Hilfe und Unterstützung bis zur Organisierung informeller Begegnungsabende.« (Forum 2003, 11)

Eine der im *Forum*-Bericht erwähnten Gruppen, *Strange Fruit*, war nach der Studie von 1996 über migrantische – und insbesondere muslimische – Einstellungen gegen Homosexualität zur Hauptanlaufstelle für Presse und Politik geworden. Ein wachsender medialer und politischer Fokus auf »muslimische Homophobie« exponierte die Aktivist_innen zunehmend in einer von Journalist_innen und Politiker_innen nachgefragten Position. Die Gruppe weigerte sich, nach kolonialem Prinzip als Informant_innen [*native informers*] behandelt zu werden, und versuchte zugleich, den gewonnenen Einfluss zu nutzen, um Räume für andere Queers of Color zu eröffnen. Die hieraus entstehende Spannung blieb immer eine Herausforderung für *Strange Fruit*. Die Organisation war sieben Jahre zuvor von einem Dutzend schwuler, lesbischer und Transgender-Jugendlicher of Color gegründet worden. Viele von ihnen waren Sexarbeiter_innen und die meisten hatten einen muslimischen, einige marokkanischen, andere türkischen, Hintergrund. Transgender-Mitglieder waren von Anfang als eine kleine, aber lautstarke Gruppe präsent, und während die meisten der Gründer_innen Männer waren, umfasste *Strange Fruit* schon bald eine gleiche Anzahl von Frauen und wurde zudem ethnisch diverser – Aktivist_innen hatten nordafrikanische, karibische, nahöstliche, afroniederländische, asiatische und asiatisch-niederländische Familienhintergründe (einige weiße Queers waren auch dabei).[165] Das erklärte Ziel von *Strange Fruit* war die Selbsthilfe. Die Gruppe bot Peer-Unterstützung unter den prekären Bedingungen der Sexarbeit, gegen die Isolierung innerhalb der oft homophoben ethnischen Gemeinschaften und gegen den Rassismus der niederländischen queeren Szene. Das Kollektiv war auch das erste, das ausdrücklich Queer-of-Color-

165 Um mit offenen Karten zu spielen: Ich war von 1996 bis 2000 Mitglied von *Strange Fruit*, wobei mein Schwerpunkt hier auf dem Aktivismus der Gruppe vor diesem Zeitraum liegt.

Perspektiven vertrat. Dabei betonte die Gruppe die geteilten Erfahrungen und Ziele anstatt »ethnische« Unterstützung anzubieten, wie es eine Reihe anderer Gruppen mit Fokus auf bestimmte migrantische Gemeinschaften tat. Somit hinterfragte *Strange Fruit* den dominanten niederländischen (und europäischen) schwulen und lesbischen Konsens über die weiße Mainstream-Community als normatives Modell der Emanzipation, dem Migrant_innen und Migrantisierte mit weniger aufgeklärten Hintergründen zwangsweise nachstreben.

Marlon Ross und andere haben argumentiert, dass die Verheimlichung [*the closet*] für diese Dichotomie zentral ist: als »Nullpunkt im Projekt der Formulierung einer ›Epistemologie‹ der Sexualität« (Ross 2005, 162; siehe auch Perez 2005). Im *Forum*-Bericht spiegelt sich dieses Verständnis der Verheimlichung [*the closet*] auffällig wider und bietet eine Schlüsselverbindung zwischen schwul-lesbischem Mainstream-Aktivismus und queerer Theorie, da beide »mit großer Sorgfalt und Differenziertheit argumentieren, dass die Binarität zwischen verheimlichtem und nicht-heimlichem [*uncloseted*] sexuellen Begehren ein Hauptkennzeichen für Modernität und Moderne ist« (Ross 2005, 162). Durch die Anwendung dieser Binarität begibt sich der queere Diskurs in ein System der Heteronormativität, das grundlegend auf legitimen und illegitimen Subjekten basiert. So wird eine Entweder-Oder-Binarität bevorzugt, die die Verhandlung von Zwischen-Räumen verweigert und die Desidentifikation als Strategie ausschließt, die die Vorstellung eines klar umgrenzten »Vorher und Nachher« von (queerer) Identitätskonstruktion infrage stellt. Die Verknüpfung zwischen linearer Mobilität und Fortschritt verbindet die normative Coming-Out-Geschichte mit dem Ausbruchsnarrativ (ehemals) muslimischer Frauen, die ich im letzten Kapitel analysiert habe. Beide stellen Gemeinschaften of Color als Orte der Unterdrückung dar, die zurückgelassen werden müssen, um den Bereich der befreiten Konsumbürger_innen zu betreten: »Die Heimlichkeit [*the closet*] gibt lesbischer und schwuler Identität eine Erzählform, die die von ihr benannten Subjekte entsprechend ihres Zugangs zu spezifischen Formen der Privatheit, des Eigentums und der Mobilität gewaltsam aus- oder einschließt« (Perez 2005, 177).

Durch den Fokus auf die Unfähigkeit migrantisierter Queers zum Coming-Out und zu offen gelebter Sexualität platziert der *Forum*-Bericht sie fest auf der falschen Seite der Binarität. Das Aufsuchen einer queeren migrantisierten Organisation, die unter dem Dach größerer niederländischer queerer Organisationen, insbesondere dem COC, arbeitet, wird als Weg dargestellt, um auf die richtige Seite herüberzuwechseln, heraus aus dem (kulturellen) Wandschrank der Verheimlichung.[166] Diese Darstellung unterscheidet sich drastisch von der Einschätzung von *Strange Fruit* bezüglich der Ursachen, warum migrantisierte Queers gegenüber weißen Organisationen, wie dem COC, ambivalent sind:

> »Es wird oft angenommen, dass alle Migrantisierten psychosoziale Probleme haben, was zu vielen Fragen über ›problematisches‹ Verhalten führt, [...] kriminelles Verhalten, Ausreißer_innen, Drogen, Prostitution [...] Sexualität und angenommene Tabus in den verschiedenen Gemeinschaften, die oft auf dem Vorurteil der Zurückgebliebenheit basieren.
> Es wird beinahe nie besprochen, mit welchen Problemen diese migrantisierten Jugendlichen innerhalb der niederländischen Gesellschaft/dem niederländischen Bildungssystem, in schwulen und lesbischen Organisationen, Subkulturen und Kontakten, in Freundschaften, Beziehungen mit niederländischen Peers sowie Erwachsenen konfrontiert sind. Fast nie gibt es Raum für Überlebensstrategien, Aussagen von den Jugendlichen selbst oder für die Einsichten von Schwarzen/migrantischen Expert_innen.« (*Strange Fruit* 1997, 23)

Die Gruppe sprach aus Erfahrung: Ohne jegliche Ressourcen gegründet, hatte sich *Strange Fruit* als Arbeitsgruppe innerhalb des Amsterdamer COC gebildet. Dies stellte sich später als problematisch heraus, als Veränderungen in der Führungsstruktur des COC eine formellere Kontrolle der Budgets und der Raumnutzung sowie die Notwendigkeit der Benennung einer offiziellen Koordinationsperson mit erweitertem Kompetenzbereich zum Ergebnis hatten. Diese Forderung widersprach grundlegend der radikal unhierarchischen Struktur von *Strange Fruit*. Das Kollektiv funktionierte durch weitgehend unabhängige Untergruppen, die sich um bestimmte Themen organisierten und ein enorm breites Spektrum abdeckten, von der Geflüchteten-Unterstützungs-Gruppe bis zu wöchentlichen Abenden zu geschütztem Sex und Kultur [*Safer Sex and Culture*], die durch verschiedene Medien Informationen über AIDS vermittelten; das wöchentliche Radioprogramm *Global Perspectives*, das über alles mögliche

166 Das COC, kurz für *Cultuur en Ontspanningscentrum* (Kultur- und Freizeit-Zentrum) wurde 1946 gegründet, was es zur ältesten noch bestehenden LSBT-Organisation Europas macht. Heute fungiert es als Dachverband mit einem nationalen Vorstand, der sich auf Lobbyarbeit konzentriert, und etwa zwanzig lokalen Zentren, die vielfältige Aktivitäten anbieten.

von Amsterdamer Nachrichten bis zu queerem Aktivismus in Zimbabwe berichtete; einen monatlichen Party- und Performance-Abend; das wöchentliche *Women-of-Color-Café*, das unter anderem den vielzähligen Kooperationen mit feministischen Organisationen gewidmet war und auch neue Gruppen wie *ALOA* (*Asian Lesbians Outside Asia*) hervorbrachte; sowie die *Strange Fruit Machine*, die für die visuelle Kunstproduktion der Gruppe verantwortlich war, von Flyern über Poster bis hin zu Diashows. Diese Vielfalt der Aktivitäten nährte sich aus der internen Diversität der Gruppe, in der sich Künstler_innen und Aktivist_innen, Feminist_innen und AIDS-Bildungsarbeiter_innen, Geflüchtete und Mitglieder der zweiten Generation, Gläubige und Atheist_innen begegneten.

Während diese Diversität produktiv war und zu der einzigartigen Position der Gruppe beitrug, führte sie auch regelmäßig zu Spannungen, die hauptsächlich durch eine radikal demokratische Struktur gelöst wurden. Dies gewährte den Untergruppen weitreichende Autonomie, während zweiwöchentliche offene Treffen am Runden Tisch, an dem alle Entscheidungen getroffen wurden, die Gruppe als Ganzes zusammenhielt:

> »Eine der stärksten Kräfte, die *Strange Fruit* zusammenhält, ist das Prinzip der Selbsthilfe. Sie ist mit Peer-Bildungsarbeit verbunden und drückt sich in einem unhierarchischen Entscheidungsprozess aus, der als Runder Tisch bekannt ist. Initiativen entstehen nicht durch einen amtierenden Vorstand und werden dann an Mitglieder von *Strange Fruit* delegiert, sondern sie werden von den Mitgliedern des Runden Tischs vorgeschlagen. Von ihnen wird erwartet, dass sie ihre Ideen selbst in Praxis umsetzen und sie erhalten die notwendige finanzielle, technische und praktische Unterstützung, um das zu tun.« (Strange Fruit 1997, 40)

Aufgrund der Zentralität dieser Prinzipien weigerte sich die Gruppe, sich entlang der Forderungen des COC umzuorganisieren, und zog die unhierarchische Struktur der finanziellen Sicherheit durch die größere Organisation vor. Diese Reaktion wurde wiederum vom COC vor allem im Sinne von Kultur (und Klasse) verstanden, d.h. als Zeichen der Abhängigkeit der ›,Dritten Welt‹ von kollektiven Strukturen, die das Niveau der Organisiertheit und Effektivität verhindern, wie sie das westliche Bekenntnis [*commitment*] zur Individualität garantiert – eine Haltung, die schon zuvor zu Spannungen geführt hatte:

> »In den Augen der Zielgruppen von *Strange Fruit* war das Bild vom COC durch eine ›westliche, weiße‹ Sicht auf Homosexualität bestimmt; einem Verständnis

> von individueller Identitätskonstruktion, das von den Strange Fruiters vor dem Hintergrund ihrer eigenen Kulturen nicht geteilt wurde. Homosexuelles Verhalten ist tatsächlich universell, homosexuelle Identität ist es nicht.« (Strange Fruit 1997, 39)

Folglich trennte sich *Strange Fruit* vom COC und gründete eine Stiftung, um unabhängig handeln und direkte Finanzierung erhalten zu können. Auch dies erforderte die Einführung einer gewissen Hierarchie. Obwohl die Positionen des Vorstands, der Geschäftsführung und der Schatzmeister_in als weitgehend symbolisch verstanden wurden und der Runde Tisch als eigentlicher Entscheidungsort bestehen blieb, schuf die formellere Organisation einen Konflikt mit der eigentlichen Vision der Gruppe, der nie völlig gelöst wurde. Eine zusätzliche Quelle von Spannung war die kontinuierliche Erweiterung der Aktivitäten über die mehr als zehn Jahre des Bestehens. Es zeugt vom Erfolg der Strategie von *Strange Fruit*, dass das Kollektiv zu einem zentralen Drehpunkt des Queer-of-Color-Aktivismus in den Niederlanden, wenn nicht sogar in Europa, wurde. Die Gruppe wurde zum wichtigen Einstiegspunkt für Menschen, die Hilfe oder Information suchten und zunehmend auch von anderen Organisationen und vom Staat auf *Strange Fruit* verwiesen wurden. Trotz ihrer positiven Implikationen setzte diese Entwicklung die Organisation (die nie mehr als 20 Kernmitglieder hatte) zunehmend unter Druck; insbesondere, da sie energisch ihren Fokus auf Bezugsgruppen und ihren Schwerpunkt auf Ermächtigung und Selbsthilfe beibehielt. Wie die Gruppe in ihrem Jahresbericht von 1996 schreibt:

> »Eines der Hauptziele von *Strange Fruit* seit der Gründung 1989 ist es, die Angebote für Selbsthilfe zu verbessern und individuelle Widerstandsstrategien zu unterstützen. Das wird sicherlich in der Zukunft so bleiben. Alle anderen Aktivitäten der Organisation müssen als im Dienste dieser zentralen Aufgabe ›konzipiert und umgesetzt‹ betrachtet werden. Professionalisierung ist somit kein Ziel an sich, sondern ein ›Mittel für‹: Innerhalb von *Strange Fruit* haben wir in den letzten paar Jahren versucht, so ernsthaft und professionell wie möglich auf die an uns gerichteten Unterstützungsanfragen zu reagieren. Nicht durch die Übernahme der Methoden und Sprache von Sozialarbeiter_innen. Sondern indem wir versuchten, über die Gesellschaft zu lernen, in der wir leben, und über die Normen und Werte, mit denen wir es zu tun haben.« (Strange Fruit 1997, 7)

Dieser Ansatz funktionierte, solange *Strange Fruit* eine informell organisierte Gruppe blieb, die um den zweiwöchentlichen Runden Tisch strukturiert war. Doch mit der wachsenden Interaktion der Gruppe mit Behörden und dem Sozialen Dienstleistungssektor wurde dieses Herangehen immer schwieriger. Diese Interaktion brachte die Aktivist_innen in eine Position, die sie immer abgelehnt hatten, nämlich jene der Vertreter_innen, Sprecher_innen, Vermittler_innen und Dienstleister_innen für migrantische und migrantisierte queere Menschen. Die Situation erforderte von ihnen einen komplizierten Balanceakt zwischen Autonomie und den Regeln des Systems.

Ein zentrales Beispiel hierfür ist die Arbeit von *Strange Fruit* mit und für queere Geflüchtete, die symptomatischerweise von Gruppenmitgliedern initiiert worden war, die selbst Geflüchtete waren und sich der Fülle an Problemen bewusst waren, die dieser Gruppe begegneten. Obwohl es in den Niederlanden wahrscheinlicher ist als in jedem anderen europäischen Land, dass der Flüchtlingsstatus auf der Grundlage der sexuellen Orientierung anerkannt wird, gibt es dennoch eine Reihe oft unerkannter Hindernisse zu überwinden. Damit ihr Antrag erfolgreich sein kann, müssen Geflüchtete homosexualitätsfeindliche Gesetzgebungen in ihrem Herkunftsland nachweisen, was oft schwierig ist, weil diese Art von Information nicht einfach zu bekommen ist. Zudem ist das Thema der Homosexualität nicht nur mit, sondern auch für Anwält_innen, Sozialarbeiter_innen und Angestellte im Gesundheitsbereich schwer zu besprechen (was dazu führt, dass Anwält_innen, die zu beschäftigt sind, um die notwendigen Hintergrundinformationen zu sammeln, dazu tendieren, ihren Klient_innen zu raten, ihre Homosexualität unerwähnt zu lassen und auf anderer Grundlage Asyl zu beantragen). *Strange Fruit* ging radikal anders an die Ermächtigung von queeren Geflüchteten heran und wendete sich der Kunst zu, um ein alternatives Archiv zu erschaffen, das rechtliche und emotionale Unterstützung bieten konnte:

> »Die von uns angestrebte Dokumentation besteht aus persönlichen Geschichten, Artikeln über Menschen in ähnlichen Situationen, Informationen für Anwält_innen über Politik und das Land im Allgemeinen, Poesie, Prosa und andere Literatur, die die Gefühle und Erfahrungen homosexueller Migrant_innen im Westen ausdrücken, und schließlich reguläre Nachrichtenausschnitte oder Newsletter. [...] Viele Geflüchtete sprechen nicht davon, aufgrund ihrer sexuellen Orientierung verfolgt worden zu sein. Sie identifizieren sich nicht als schwul oder lesbisch. Ihr Verhalten ist homosexuell, nicht ihre Identität. Genau deshalb ist es so wichtig, Informationen von und über Menschen in ähnlichen Situationen in

literarischer Form zu haben – Prosa oder Poesie. Darin erkennst du deine Gefühle und Erfahrungen als Geflüchtete_r wieder.« (Strange Fruit 1997, 29)

Entsprechend bestand die Arbeit von *Strange Fruit* mit Geflüchteten sowohl darin, kompetente Anwält_innen zu finden und mit der größten Geflüchteten-Unterstützungsorganisation des Landes, dem *Vluchtelingenwerk*, zusammenzuarbeiten oder gegen die niederländische Kooperation mit Staaten wie Rumänien und Zimbabwe zu protestieren, die für ihre homophoben Gesetzgebungen bekannt waren, als auch in der Organisation von Poesie-Workshops. Die Ablehnung der Trennung zwischen »Kultur« und »Politik« half der Gruppe, sich nicht in spezialisierte Teilbereiche aufzulösen und ermöglichte es zugleich den Unterstützung suchenden Geflüchteten, eine aktive Position als Teilnehmer_in einzunehmen, statt als Klient_in oder Opfer. Ein Beispiel dieser Strategie ist das *Poetry-Poster*-Projekt der *Strange Fruit Machine* für die feministische Konferenz *Dansen op de Denkvloer* (Tanzen auf der Denkfläche) im Jahr 1996. Hier schufen die weiblichen Gruppenmitglieder und Unterstützer_innen 100 Poster mit Gedichten von Lesben of Color aus der ganzen Welt und von den *Strange-Fruit*-Frauen selbst (Strange Fruit 1997, 33).

Die höchst kreative und eklektische Anwendung von Elementen sowohl aus queerer Kultur als auch aus den verschiedenen von Mitgliedern der Gruppe vertretenen ethnischen Gemeinschaften spiegelt sich – in Kombination mit queeren und feministischen »Körperpolitiken« – in der zentralen Rolle von Performance im Aktivismus der Gruppe, beginnend mit den frühesten Aktivitäten in der AIDS-Bildungsarbeit. Das erste nach außen gerichtete [*outreach*] Projekt von *Strange Fruit* war eine Safer-Sex-Performance, die auf die Clubs abzielte, die von Queers of Color, einschließlich der Strange Fruiters aufgesucht wurden. Die Aktivist_innen verteilten Kondome, Dental Dams und Werbematerial für geschützten Sex, das sie selbst hergestellt hatten, und widersetzten sich so der Trennung von Vergnügen und Bildung, Körper und Geist. Dies wurde später fortgesetzt, als die Gruppe ihre eigenen, sehr beliebten Partys organisierte und so einen niederschwelligen Kontaktort und eine Plattform für Performer_innen aus ihrem Mitgliedskreis und darüber hinaus bot.

Die Arbeitsgruppe für *Safer Sex and Culture* bildete einen weiteren Schwerpunkt des kulturellen Aktivismus von *Strange Fruit*. (Sie transformierte sich schließlich in die unabhängige Organisation *Together We Live*, die sich ausschließlich mit Aids-Bildungsarbeit befasste, auf migrantisierte und migrantische Gemeinschaften abzielte und vom langjährigen *Strange-Fruit*-Mitglied Jay Haime geleitet wurde). Die wöchentlichen *Safer-Sex-and-Culture*-Treffen adressierten die Aids-Krise, die den Körper auf sehr direkte Weise in die Diskurse über queere Identität zurückgebracht hatte, und auf die radikal verschiedenen materiellen Positionen der betroffenen Körper. Die Treffen waren im Ansatz zugleich lokal und diasporisch. Sie sollten die Teilnehmer_innen ermächtigen und ihnen ermöglichen, in ihren jeweiligen Kontexten und Gemeinschaften als Multiplikator_innen zu fungieren. Die Aktivitäten entstanden aus den unterschiedlichen Stärken und Erfahrungen der Anwesenden, von Kooperationen mit Vertreterinnen der surinamesischen Gemeinschaft um *Tai Anjisa* (ein bestimmter Stil des Kopftuch-Bindens), die afro-surinamesische Kleidung als Kommunikationsmittel in der Aids-Bildungsarbeit nutzten, bis zur Einführung in die Arbeit Schwarzer queerer US-amerikanischer Künstler_innen und Aktivist_innen wie Barbara Smith, Marlon Riggs und Essex Hemphill durch den afroamerikanischen Aktivisten Reggie Williams.

Letztere verbanden *Strange Fruit* mit einem Ansatz, der in Frauen-of-Color-Feminismus wurzelt und im breiteren Feld von Queer-of-Color-Kritik situiert ist. Er zielt aktiv auf das Queeren von Ethnizität, indem er der Wirklichkeit rassifizierter und vergeschlechtlichter Körper wieder kritische Aufmerksamkeit zukommen lässt. Dies geschieht unter anderem in Reaktion auf einen Trend der Entkörperung in queerer Theorie (Halberstam 2006, 16), einer Loslösung von dem Erfahrungswissen, das für die Strategien der Theoriebildung von Gemeinschaften of Color zentral ist. Diese Ablösung basierte teilweise auf einer berechtigen Kritik an Identitätspolitik. Dennoch wiederholt sie dominante westliche Formen intellektuellen Diskurses, der den Geist vom Körper trennt und Theorie von Praxis, in solchem Maße, dass die Queer Studies drohen, zum Zufluchtsort für weiße Hohe Theorie zu werden. Obwohl Queer-of-Color-Kritik die Skepsis queerer Theorie gegenüber Identitätspolitik teilt, beruht sie doch auf einem kritischen Empfinden von Gemeinschaft als notwendigem Teil des Widerstands gegen ineinander greifende Systeme der Macht (einschließlich jener, die queere und diasporische Diskurse selbst darstellen). Der Körper als Schauplatz unterdrückender Performativität sowie performativer Desidentifikation ist somit notwendigerweise zentral für Queer-of-Color-Theorien und -Aktivismus (ebenso wie im Hip-Hop). Denn Strategien der Rassifizierung beruhen stark auf einer Körper-Geist-Trennung, wobei die kulturellen Produktionen, Traditionen und Widerstandsmodi rassifizierter Bevölkerungen der Körperlichkeit zugeschrieben werden. Hiervon ist queere Theorie keine Ausnahme: »Poststrukturalistische Theorien der Sexualität haben regelmäßig die Instabilität sexueller Identitäten argumentiert, indem sie Schwarze Körper als deren stabile Grundlage anführten, als tiefer Brunnen empirischer Erfahrung, auf dem und über den hinaus ihre eigenen fluiden Identitäten spielerisch manipuliert und unterschieden werden können« (Ross 2005, 176; siehe auch Perez 2005).[167]

Strange Fruit erkundete diese Spannung beharrlich und widersetzte sich der Trennung durch verschiedene Strategien. Eines der frühesten Mitglieder war der Filmemacher Andre Reeder, dessen Dokumentarfilm *Aan niets overleden* (*An nichts gestorben*) von 1997 ein bewegendes Porträt der Reaktion der niederländischen, surinamesischen Gemeinschaft auf die Aids-Krise zeichnet. Der Film spiegelt *Strange Fruits* Bekenntnis zu Selbsthilfe, Ermächtigung und Auseinandersetzungen mit und innerhalb von Gemeinschaften of Color wider – ohne vorhandene Homophobie und Sexismus dabei zu entschuldigen. Der Film begleitet drei Menschen: Shanti Paraga, einen schwulen, HIV-positiven, indo-surinamesischen Mann, der liebevoll von seinen Geschwistern unterstützt und versorgt wird; Ethel Pangel, eine heterosexuelle, afro-surinamesische Mutter zweier Kinder, die seit den 1980er Jahren mit HIV lebt und ihre internalisierte Scham und Marginalisierung abgelegt hat, um eine entschiedene Aktivistin für Frauen zu werden, die mit dem Virus leben; und Marlène Ceder, eine Sozialarbeiterin und Winti-Praktizierende (eine afrosurinamesische religiöse Praxis, in der Frauen eine Schlüsselrolle spielen, siehe Wekker 2006), die ihre Rolle in der surinamesischen Gemeinschaft nutzt, um sexuelle Bildung zu fördern (Reeder 1996). Der Film spiegelt *Strange Fruits* anhaltenden Widerstand gegen das dominante Dogma, indem er sich auf Traditionen

167 Biddy Martin führt ein ähnliches Argument in Bezug auf weibliche Körper an: »Doch beunruhigen mich die Gelegenheiten, in denen Zelebrierungen von Queerness, die sich gegen erkenntnistheoretischen Fundamentalismus wenden, abhängig bleiben von ihren eigenen Projektionen der Starrheit, Beschränkung oder Unterwerfung auf eine [vermeintlich] feste Grundlage, häufig auf den Feminismus oder den weiblichen Körper. Im Verhältnis dazu werden queere Sexualitäten dann figürlich, performativ, spielerisch und spaßig. In diesem Prozess scheint der weibliche Körper seine eigene Falle zu werden, und die Funktionsweisen der Misogynie verschwinden aus der Sicht« (Martin 1994, 104).

migrantischer und migrantisierter Kulturen bezieht. Die Gruppe suchte beharrlich den Kontakt mit den Organisationen und Älteren ihrer Gemeinschaften, während sie ausdrücklich queere Positionen vertrat. Dies führte etwa zum Einbezug afrokaribischer Praktiken wie *Toris*, Veranstaltungen des Geschichtenerzählens, die eine Alternative zu und Kreolisierung von westlichen Coming-Out-Narrativen boten. Sie widersetzten sich den dominanten Vorher-Nachher-Binaritäten des westlichen Diskurses zu queerer Identität und betonten stattdessen die komplexe und fortwährende Dynamik zwischen Queers of Color und ihren Gemeinschaften, die oft sichere Hafen und Orte der Unterdrückung zugleich sind.[168]

Der eklektische fusionistische Ansatz von *Strange Fruit* hat manche Ähnlichkeit mit Euro-Hip-Hop, indem er die weitere Kreolisierung und die Mischung von afrodiasporischen und »orientalischen« Traditionen ermöglichte. Hieraus resultierten – sowohl politisch als auch künstlerisch – spezifisch europäische Formen, die neue Strategien schufen, die für eine multiethnische Gemeinschaft angemessen waren und die Normativität eines weißen westlichen Modells der (homosexuellen) Identität ablehnten. Sie widersetzten sich und schufen Alternativen zu den angenommenen Dichotomien zwischen Kulturen sowie zu dem Druck, sich für eine Seite zu entscheiden und sich in den westlichen queeren Diskurs oder in eine heteronormative »Herkunftskultur« einzufügen. *Strange Fruit* baute hierbei immer auf die zentrale Rolle von Alltagskultur, Musik, Tanz, Geschichtenerzählen in den afrikanischen sowie den muslimischen Diasporas auf. Während in dominanten Diskursen die Zentralität dieser Alltagsformen als Zeichen des Traditionalismus gelesen wird – als Mittel, um veraltete Normen und Werte am Leben zu erhalten, die mit einer sie umgebenden, dynamischen Mehrheitskultur zusammenprallen – platzierte *Strange Fruit* Alltagsformen im Zentrum einer Poetik der Beziehung und machte sie zu einer desidentifikatorischen Quelle für eine europäische Queer-of-Color-Identität.[169]

---

168 Die erste dieser *Toris* fand 1994 im Cosmic Theater in Amsterdam statt, dem Zentrum des Schwarzen niederländischen Theaters. Es sprachen zwei surinamesische Männer, ein antillischer Junge und ein marokkanisches Mädchen über ihre Identitäten und ihre Verständnisse von Queersein (Strange Fruit 1997, 10).

169 Ein frühes Symbol dieses Diskurses ist die »ethnische« Videothek, türkisch in Deutschland, arabisch in Frankreich, indisch in Britannien, die es Migrant_innen vermeintlich ermöglichte, die Bildungs- und Integrationsprogramme, die in den meisten westeuropäischen Ländern seit den frühen 1980er Jahren im öffentlichen

Die Gruppe konnte länger als ein Jahrzehnt eine anti-essenzialistische, dialogische Praxis aufrechterhalten, in der Identitäten und Diskurse eklektisch angewandt, neu arrangiert und verändert wurden, ohne dass ein einziges Modell ethnischer, geschlechtlicher oder sexueller Definitionen normativ wurde. Dieser eher ungewöhnliche Erfolg beruht meines Erachtens auf einer Reihe von Faktoren: das fusionistische Herangehen an kulturelle Einflüsse sowie die Einbindung von Communitys; das Selbsthilfe-Prinzip, das die Hierarchie zwischen Mitgliedern und Zielgruppe minimierte; das Geschlechtergleichgewicht, das verschiedene Perspektiven in kontinuierlichen Dialog brachte; und ein lokaler, auf eine Bezugsgruppe fokussierter Aktivismus in Kombination mit einer globalen Perspektive, die die Gruppe mit einem weiten transnationalen feministischen und Queer-of-Color-Netzwerk verband, das bis nach Marokko, Südafrika, Südkorea und Zimbabwe reichte, und ebenso über die nationalen Grenzen zu anderen europäischen queeren und feministischen Gruppen of Color, die mit sehr ähnlichen Bedingungen und Debatten zu tun hatten.

Genderqueerer terroristischer Drag im Zentrum Europas

Im November 2006 besuchte Tom Sellar, Redakteur für die Zeitschrift *Theater* und Bewunderer von Adelheid Roosens Stücken, eine Vorstellung der *Verschleierten Monologe* in Berlins multiethnischem Kiez Kreuzberg. Im Nachhinein fasst er für seine US-amerikanischen Leser_innen die Veranstaltung zusammen und kontextualisiert sie:

> »Die Schauspielerinnen hatten sich wochenlang auf diese türkischsprachige Vorstellung vorbereitet, von der sie hofften, ein Publikum aus Deutschlands enormer migrantischer Gemeinschaft direkter zu erreichen. Es war ein feuchter

---

Fernsehen liefen, zu ignorieren und sich stattdessen den nationalistischen, anti-westlichen Botschaften hinzugeben, die sich in nicht-europäischer Popkultur verbergen. Es ist sicherlich wahr, dass Geschäfte und Stände, die Videos, geschmuggelte Musikkassetten und später CDs verkauften, ideale Agitationsorte für islamistische und andere Bewegungen waren, welche Popkultur schon lange vor der Linken als politische Plattform nutzten. Doch war zugleich auch ein fusionistischer Zugang zu Kultur präsent. So wie lateinamerikanische Telenovelas nach 1989 Osteuropa überrollten, waren Bollywood-Filme unter türkischen und nordafrikanischen migrantischen Familien weit verbreitet und beliebt, lange bevor sie im westlichen Mainstream zur Mode wurden. Sie boten ein ideales Feld der Desidentifikation für queere migrantisierte Jugendliche (und wurden von kulturaktivistischen Gruppen wie *Kanak Attak* aufgegriffen, wie wir im nächsten Unterkapitel sehen werden).

und kalter Dienstag und das Publikum war klein. Doch seine Reaktion war unmissverständlich. Eine Traube türkischer Männer saß in der mittleren Reihe, einige mit verschränkten Armen, sie lachten nicht. Hinten wirkte eine Gruppe türkischer Frauen unglücklich, die Geschichten zu hören. Eine verließ mitten in der Vorstellung geräuschvoll den Raum, sie schluchzte unkontrollierbar. Die verstörende Wirkung des Stücks auf sie war deutlich.« (Sellar 2007, 15)

Sellars Lesart des Publikums (mehr als des Stücks) bringt dominante Konzepte auf den Punkt: vom Zusammenprall zwischen der radikalen Kunst, die Tabu-Themen anspricht (hier die Kritik sowohl an der Dominanzgesellschaft für ihre Stereotypisierung der muslimischen Gemeinschaft als auch an dieser Gemeinschaft dafür, dass sie ihre eigenen Missstände nicht angeht), und den atavistischen ethnischen Kulturen, die jene Diversität bieten, die die kreative Klasse – einschließlich Theaterautor_innen – in die neuen Metropolen zieht, die jedoch angeblich unfähig sind, die von ihrer exotischen Präsenz inspirierte Kunst anzuerkennen oder gar zu verstehen. Die stillen, feindseligen Männer und die still gemachten, unglücklichen Frauen im Kreuzberger Kulturzentrum erscheinen als Personifizierung des medialen Bildes von migrantischen Gemeinschaften in Europa. Dabei hat Sellar wohl nicht zufällig für sein Argument diesen Ort gewählt, da Berlins Stadtteil Kreuzberg mehr als jeder andere in Nordwesteuropa zum Symbol dieser Spannung geworden ist. Kreuzberg liegt gleich westlich des damaligen Mauerverlaufs und ist Berlins kleinstes Viertel mit einer der höchsten Bevölkerungsdichten und dem jüngsten Altersdurchschnitt der Bewohner_innen. Nach dem Zweiten Weltkrieg wurde das traditionelle Arbeiterviertel dank seiner Lage und des minderwertigen sozialen Wohnungsbaus zu einem weniger beliebten Viertel Westberlins. Folglich wurde es das Zuhause jener Bevölkerungsgruppen mit der geringsten Verhandlungsmacht in der boomenden Wirtschaft der Bundesrepublik. Das waren vor allem sogenannte »Gastarbeiter«, deren oft miserable Lebensbedingungen mit der Annahme gerechtfertigt wurden, dass sie in ihre Heimat zurückkehren würden, nachdem sie einige Jahre in der Automobilindustrie, auf den Vertriebshöfen und den Baustellen Deutschlands gearbeitet hatten. Doch genau wie die »vorübergehenden«, unterdurchschnittlichen Wohnungen in den französischen Vororten, wurden diese Quartiere die dauerhafte Heimat einer wachsenden migrantischen Bevölkerung, die in den 1950er und 60er Jahren aus Spanien, Italien, Griechenland, Jugoslawien und der

Türkei ins Land geholt wurden (Göktürk/Gramling/Kaes 2007). Über die Jahre wurde die Kreuzberger Bevölkerung vor allem mit der zuletzt genannten Nation assoziiert und die oft wiederholte Tatsache, dass Berlin die größte »türkische« Bevölkerung außerhalb der Türkei aufwies, brachte dem Stadtteil den Namen »Klein-Istanbul« ein.

Mit seinen Häuserblocks zerfallender Gebäude aus dem frühen 20. Jahrhundert, wurde Kreuzberg in den 1970er Jahren ein Zentrum der Hausbesetzungsbewegung und die flügge-werdende Punk-Bewegung trug weiter zu dem rauen und trendigen Image bei, für das der Kiez mit seiner Mischung aus Aktivist_innen, Künstler_innen und »ethnischen Minderheiten« im folgenden Jahrzehnt berühmt wurde.[170] Heute lebt in Kreuzberg der größte Anteil migrantisierter Bevölkerung in ganz Berlin: über die Hälfte seiner 150.000 Bewohner_innen hat verschiedene nicht-weiß-deutsch-christliche Familienhintergründe, davon eine Mehrheit türkische oder kurdische Wurzeln. Ein Drittel der Kreuzberger Bevölkerung hat keine deutsche Staatsbürgerschaft (meist aufgrund des bis 2001 praktizierten *jus sanguinis*, das in Deutschland geborenen Einwohner_innen mit nicht-deutschen Eltern die Staatsbürgerschaft verweigerte). Und trotz einer jüngeren Gentrifizierung – die zur Kennzeichnung des benachbarten Viertels Neukölln mit einer ähnlichen Demographie als neuer größter »Problemzone« mit einem hohen Anteil an migrantisierter Bevölkerung führte – bleibt Kreuzberg eines von Berlins ärmsten Vierteln.[171] Während der Blütezeit des

170 Der Status von Westberlin als kapitalistische Enklave inmitten des sozialistischen Ostdeutschlands brachte eine Reihe spezieller Regularien mit sich. Unter anderem waren die männlichen Bewohner der Stadt von der Wehrpflicht freigestellt, was Westberlin für junge Kriegsdienstgegner attraktiv machte, von denen sich viele in Kreuzberg ansiedelten. Dort hielten sie eine linke Bewegung am Leben, die seit der StudentInnenbewegung der 1960er Jahre stark gewesen war. Aufgerüttelt von den Protesten gegen den Schah-Besuch in der Stadt im Jahr 1967, blieb die Bewegung aber an den Lebensbedingungen der migrantischen Bevölkerung im eigenen Land weitgehend uninteressiert. Heute manifestiert sich ihre kontinuierliche, aber schwindende Anwesenheit in den weitgehend ritualisierten jährlichen Unruhen in Kreuzbergs Zentrum zum Tag der Arbeit am 1. Mai.

171 Im März 2006 wurde die Neuköllner Rütli-Schule zum Zentrum einer moralischen Panik um muslimische, migrantisierte Jugendliche, die Elemente des Diskurses um niederländische »schwarze Schulen« mit der Wahrnehmung der französischen Aufstände kombinierte. Mit ihren 83 Prozent migrantischer und migrantisierter Schüler_innen, von denen mehr als drei Viertel zumindest nominell muslimisch waren, wurde die Schule zum Ziel einer von den Medien initiierten und von konservativen und liberalen Politiker_innen geschürten Kampagne. Diese machte Rütli zum Symbol eines Werteverfalls, den der Multikulturalismus angeblich mit sich bringt

liberalen Multikulturalismus in den 1980er Jahren und den frühen Tagen des Hypes um die »kreative Stadt« machte die Präsenz von Migrantisierten Kreuzberg zu einem bunten, exotischen, und aufregenden Ort für den Konsum des Fremden. In jüngerer Zeit verschob sich der Diskurs zu den Erzählmotiven der Parallelgesellschaften, der ethnischen Enklaven und der Islamisierung Europas. Das macht Kreuzberg zu einer recht typischen der urbanen Nachbarschaften, aus denen der von mir betrachtete Aktivismus hervorgeht: überdurchschnittlich hohe migrantische und migrantisierte Bevölkerungsanteile aufgrund der Nachkriegs-Arbeitsimmigration in die europäischen Industriezentren, die wiederum heftig von der massiven Deindustrialisierung der 1980er Jahre betroffen waren.

Die zunehmend harsche Anti-Einwanderungs-Rhetorik der vergangenen Jahre bedeutet nicht notwendigerweise den tatsächlichen Versuch, alle »Migranten« zu verbannen. Doch erinnert sie rassifizierte Minderheiten daran, dass sich ihre generationsübergreifende Anwesenheit in Europa nicht in die Erlangung dauerhafter Rechte übersetzt, ganz zu Schweigen von voller Legitimität als »europäisch«. Die zunehmende ökonomische Exklusion rassifizierter Bevölkerungen durch den Zugriff neoliberaler Ideologien auf das sich vereinigende Europa hinterlässt migrantisierte Jugendliche stattdessen in einem Raum der Prekarität und der dauerhaften Unsicherheit: sie werden zunehmend als gewalttätige Bedrohung ausgemacht. Diese diskursive Verschiebung reicht bis Mitte der 1980er Jahre zurück, als Medien und Polizei begannen, migrantisierte Jugendliche mit der Präsenz von Gangs gleichzusetzen. Dabei ignorierten sie die Tatsache, dass viele dieser Gruppen, wie etwa *Antifascist Gençlik* (Jugendantifa), sich in Reaktion auf eine Zunahme rassistischer Skinhead-Gang-Aktivität gründeten, die nach dem Fall der Berliner Mauer 1989 eskalierte (Engelschaller/Pieper 2005). Neofaschistische Gewalt blieb bis weit in die 1990er Jahre hinein ein heruntergespieltes Problem (und wurde zudem weitgehend als ostdeutsches Problem wahrgenommen, das aufzeigte, dass das sozialistische Europa nie den westlichen Prozess der erfolgreichen Schuldaufarbeitung durchlaufen hatte). Gangs und Menschen of Color wurden ganz einfach in eine natu-

und der rechtstaatlicher Lösungen bedarf. Weitgehend ignoriert wurden dagegen die Auswirkungen des wirtschaftlichen Niedergangs und der drastischen Kürzung staatlicher Förderungen auf ein bereits armes Viertel mit überdurchschnittlicher Arbeitslosigkeit und einem hohen Bevölkerungsanteil von Bürgerkriegsgeflüchteten (2005 hatte nicht eine_r der Schüler_innen, die die Schule mit Abschluss verlassen hatte, eine Arbeitsstelle gefunden). Siehe Pomrehn 2006.

ralisierte Verbindung zueinander gesetzt, innerhalb eines US-fokussierten Bezugsrahmens, der in Reaktion auf die zunehmende Popularität von Hip-Hop-Kultur bereits eingeführt war (und in Frankreich während der Bewegung in den Banlieues 2005 wieder angewandt wurde). Der Rassismus, auf den die Gangs teilweise reagierten, blieb also ununtersucht. Der Standardbegriff, wenn er überhaupt Erwähnung fand, war »Fremdenfeindlichkeit«, was den Erhalt der Externalisierung von Nicht-Weißen ermöglichte, sogar wenn es um die Verurteilung der Gewalt gegen sie ging. Währenddessen wurde in den Mediendiskursen »Kultur« als Triebkraft hinter der Existenz von vornehmlich türkischen Gangs zentral. Doch obwohl Gangs üblicherweise als ethnisch identifiziert wurden oder sich selbst so identifizierten, beriefen sie sich eigentlich hauptsächlich auf Stadtteile oder Straßen. Eine davon waren die 36er, die aus Kreuzbergs Naunynstraße hervorgingen. Der Filmemacher Neco Çelik, ein ehemaliges Mitglied, erinnert sich:[172]

> »Bei der Gruppenbildung der *36ers* war wichtig, dass wir Freunde waren und dass es kein Außen gab, das dies gesteuert oder organisiert hätte. Wir waren einfach Leute, die auf derselben Wellenlänge waren. Das hatte nichts mit tür-

172 Çeliks Filme wie *Alltag* (2002) und *Urban Guerillas* (2003) spiegeln das Leben in postindustriellen, multiethnischen urbanen Stadtteilen wie Kreuzberg. 2006 arbeiteten Çelik und Feridun Zaimoğlu, erfolgreichster türkisch-deutsche Schriftsteller und Enfant terrible der fortschrittlichen Literaturszene, zusammen an dem Stück *Schwarze Jungfrauen*, das die Lebensgeschichten von zehn »neomuslimischen« Frauen in Deutschland präsentiert. Das Stück basiert auf von Zaimoğlu durchgeführten Interviews und kann als Antwort auf *Die Verschleierten Monologe* gelesen werden, wobei es schon im Ansatz viel konfrontativer ist. Zaimoğlu wurde 1997 mit seinem Buch *Kanak Sprak* landesweit berühmt. Es präsentierte stilisierte »Interviews« mit türkisch-deutschen Männern, die dieselbe Scorcese-inspirierte Gangsta-Mentalität an den Tag legten wie die zeitgenössische Rap-Kultur. Zaimoğlu hat *Schwarze Jungfrauen* geschrieben, Çelik hat das Stück am renommierten Theater Hebbel am Ufer, auch in Kreuzberg, inszeniert. Gewollt provokativ, richtet es sich an ein vornehmlich weißes Publikum, dessen Vorannahmen über muslimische Frauen herausgefordert werden. Jedoch wird das Publikum nicht gezwungen, die Konzepte von Rasse, Geschlecht und Sexualität, auf denen diese Vorannahmen basieren, grundlegend zu hinterfragen (Zaimoğlu/Senkel 2008). Erfolgreicher in der Überbrückung der Lücke zwischen Kunst/Künstler_innen und Gemeinschaft ist Kreuzbergs Ballhaus Naunynstraße, das sich in der gleichen Straße befindet wie das Jugendzentrum Naunynritze. Es teilt auch dessen Schwerpunkt: das Angebot eines Ausdrucksraumes für die postmigrantische zweite und dritte Generation, die einen großen Anteil der Anwohner_innen ausmacht. Seit seiner Wiedereröffnung im Jahr 2008, zeigt das Theater Arbeiten von so etablierten Künstler_innen wie Çelik und Zaimoğlu ebenso wie Projekte – Sprechtheater, Tanz, Filme – von verschiedensten migrantisierten Künstler_innen. Siehe www.ballhausnaunynstrasse.de.

kisch, deutsch, kurdisch oder anderen Nationalitäten zu tun. Es ging darum, wo du wohnst und mit wem du aufgewachsen bist. [...] Letztendlich war es bei uns wie bei den deutschen Jugendlichen, die sich gegen das autoritäre Familienleben wehrten und da ausbrechen wollten. Wir führten damals ein Doppelleben: Einmal zu Hause das Leben, das sich der Vater wünschte, und dann das Leben, das wir führen wollten auf der Straße. Wir wollten anerkannt werden, Respekt bekommen und natürlich Mädels beeindrucken.« (Çelik, in Interface 2005, 212)[173]

Wie ich in Kapitel 1 besprochen habe, wurde das Lokale, die Stadt oder das Viertel ein alternativer öffentlicher Raum für migrantisierte Jugendliche, der teilweise nationale Verbindungen ersetzte. Jugendzentren spielten hierin eine große Rolle: die *36er* (ebenso wie die *36er Girls*) kamen in der Naunynritze zusammen, einem fortschrittlichen Gemeindezentrum, das eine Vielfalt an Aktivitäten anbot. Dazu gehörte auch der Zugang zu audio-visueller Ausstattung, was angehenden Filmemacher_innen wie Çelik – der später als Jugendsozialarbeiter zurückkehrte – ihre ersten Schritte ermöglichte. Das Jugendzentrum wurde auch das Zuhause von einigen von Berlins ersten Hip-Hop-Formationen. Unter ihnen *Islamic Force*, die 1986 von vier Kreuzberger Jugendlichen mit verschiedenen familiären Hintergründen – spanisch, albanisch und türkisch-deutsch – gegründet wurde, die die Erfahrung teilten, als »Fremde im eigenen Land« behandelt zu werden (Köberling, in Interface 2005, 234-35). Sie wurden Pioniere des Oriental Hip-Hop – der ersten genuin europäischen Aneignung von Hip-Hop, durch Künstler_innen, die nahöstliche Einflüsse benutzten. Durch ihren fusionistischen Stil, aber auch durch die Wahl ihres Namens, der weniger eine religiöse Verbindung widerspiegelte als eine ironische und doch konfrontative Reaktion auf gängige Stereotype über die Bewohner_innen Kreuzbergs, verwendete *Islamic Force* die gleiche Strategie wie später *Strange Fruit* und *Kanak Attak*.

173 Die Mädchen aus der Naunynstraße hatten ihre eigene Gang, die – Çelik zufolge – dem Medienbild von gefährlichen Gangs viel näher kam als die Jungen: »Die Mädchen kamen sich ähnlich wie wir irgendwie unnütz vor und wollten in diesen Hype aufgenommen werden. Sie wollten auch, dass die Leute auf sie aufmerksam werden. Deshalb haben sie die *36girls* gegründet. Die waren ziemlich aktiv und den Lehrern und Pädagogen standen die Haare zu Berge, denn die *36girls* waren ja wirklich gefährlich. Die haben mit Messern hantiert und Jungs überfallen« (Çelik, in Interface 2005, 215). Die 36 in den Namen der Gangs bezieht sich auf die damalige Postleitzahl des östlichen Teils von Kreuzberg (versehen mit einem SO für Südost und einem SW für Südwest). Der westliche, mittelschichts-geprägtere Teil des Bezirks hatte hingegen bis 1993 die Postleitzahl 61.

Obwohl verschiedene Gruppen (Hausbesetzer_innen, Punks, die antifaschistische Linke) das Leben in der Nachbarschaft prägten, waren Interaktionen zwischen ihnen und den Jugendlichen der zweiten Generation sporadisch und voller Fehlkommunikation (Engelschall/Pieper 2005). Dies begann sich zu verändern, als Hip-Hop im Kreuzberg der 1980er Jahre populärer wurde, eingeführt von in Westberlin stationierten Schwarzen US-amerikanischen Soldaten in Clubs wie dem SO36 (Çelik 2005, 212). Der Club SO36, oder einfach »SO«, zentral auf der Kreuzberger Oranienstraße gelegen, konnte schon damals auf eine lange Geschichte zurückblikken: Er wurde Mitte des 19. Jahrhunderts als Biergarten gegründet und in den 1970er Jahren zum Sammelpunkt für die Hausbesetzungs-, Punk- und New-Wave-Szenen.[174] Trotz mehrfacher vorübergehender Schließungen wurde das SO zu Berlins berühmtestem alternativen Veranstaltungsort. Doch hatte es den migrantisierten Gemeinschaften des Stadtteils wenig zu bieten. Nach seiner Wiedereröffnung 1990 begann der Club, ein etwas diverseres Publikum zu bespielen und brachte Hip-Hop-Konzerte ebenso wie queere Nächte auf die Bühne. Beide verschmolzen in der enorm beliebten Party *Gayhane*, einer monatlichen Veranstaltung, die vom *Salon-Oriental*-Kollektiv organisiert wurde und ein gemischtes Publikum – queer und hetero, weiß und migrantisiert – anzog. Unter anderem, da sie Livemusik und Performance kombinierte, einschließlich des Oriental Dancefloors der offen lesbischen, türkisch-deutschen DJane İpek, die mit ihrem Mix aus nahöstlichen und Hip-Hop-Stilen internationale Anerkennung erlangte.

Während es die *Gayhane*-Partys weiterhin gibt und sie immer beliebter werden, sind ihre Wurzeln im Aktivismus des türkisch-deutschen, genderqueeren Kollektivs *Salon Oriental* in den Hintergrund gerückt. *Salon Oriental* wurde in den späten 1980er Jahren von Sabuha Salaam (aka Cihangir Gümüstürkmen) und Fatma Souad gegründet und war bis in die frühen 2000er Jahre hinein aktiv. Die Gruppe produzierte multimediale Trash-Performances zu einer Reihe von Themen, von denen rassifizierte und sexuelle Minderheiten in der Post-Wende-BRD betroffen waren, aus einer Perspektive, die bis dahin selten, wenn überhaupt, öffentlich sichtbar war. Salaam und Souad, ein schwuler Mann und eine Transfrau (zu denen später die weiße deutsche Drag-Queen Edeltraut Plörrenhöfer hinzukam, die den Stil der Gruppe als »Trash, Comedy und Tanz« beschreibt), hatten

174 Für einen Überblick der Clubgeschichte, siehe www.so36.de.

einen ähnlichen Hintergrund wie die Gründer_innen von *Strange Fruit*: Aufgewachsen in migrantischen Arbeiter_innen-Familien und mehr oder weniger dauerhaft arbeitslos, hatten sie wenig Verbindung mit Kreuzbergs radikalen weißen Linken und waren stattdessen durch ihre prekäre Position innerhalb von Berlins queeren und türkischen Gemeinschaften politisiert worden, die einen andauernden Prozess der Verhandlung und Übersetzung erforderte, der reichlich Material für ihre Performances bot.

Der Stil von *Salon Oriental*, eine Mischung aus klassischer Drag-Show, körperbetonter Komödie und Agitproptheater, erinnert an die Performances von Los Angeles' Vaginal Davis, die von José Esteban Muñoz als »queerer Drag« kategorisiert wurden. Er argumentiert, dass diese Art der Performance über gesellschaftliche Regeln hinaus Begehren aufrührt – anders als kommerzieller Drag, der »bereinigte und entsexualisierte queere Subjekte zur Konsumierung durch Liberale präsentiert« (Muñoz 1997, 99).[175] Der »terroristische Drag« von Vaginal Davis ist weder im Einklang mit Konventionen akademischer queerer Theorie noch mit jenen einer zunehmend kommerzialisierten schwulen Szene. Muñoz zufolge nutzt Davis »Parodie und Pastiche als Strategie, um queere Black Power zu schaffen« (ebd.). Ein solcher Ansatz ist sicherlich auch in den Performances von *Salon Oriental* erkennbar: etwa in »Fatmas Hochzeit«, über zwei türkisch-deutsche Familien, die sich auf der Hochzeit ihrer Kinder treffen (die sich als queer entpuppen); in »Was ich schon immer über Bauchtanz wissen wollte«, das die Trivialisierung und Aneignung nahöstlicher Kultur im deutschen Mainstream ins Visier nimmt; »Die Entführung der Versprochenen«, über arrangierte Ehen zwischen türkisch-deutschen Männern und türkischen Frauen; oder »Maria 2000 – die neue Weihnachtsgeschichte«, in der Transfrauen heteronormative Geschlechterbeziehungen durcheinanderbringen und die Erlösung herbeiführen, indem sie die Fähigkeit erlangen, Kinder zu gebären (in Becker 1999).

Wie Vaginal Davis erfüllt *Salon Oriental* zwar nicht die vorherrschenden Standards »politischer Kunst«, aber aus der Sicht von Queer-of-Color-Kritik zeigen die queeren Club-Auftritte der Gruppe einen intersektionalen Ansatz zu Identität und Gemeinschaft. Das zeigt sich etwa in ihrer Performance »Oriental Airlines oder: Wie komme ich zur Schwarzmeerklinik?«, die von dem öffentlich breit diskutierten Fall von »Mehmet«

175 Vaginal Davis besuchte wiederum mehrere Veranstaltungen von *Salon Oriental*, während sie 2001 in Berlin lebte (Davis 2002).

inspiriert war. Hier ging es um einen 14-jährigen Wiederholungstäter – in Deutschland geboren, aber mit türkischer Staatsbürgerschaft –, der 1998 ohne seine Eltern in die Türkei abgeschoben wurde (Wild 2008). Besorgt über die Zunahme von Abschiebungen straffälliger sogenannter Migranten der zweiten Generation, die aber in Wirklichkeit in Deutschland geboren und aufgewachsen und somit weitgehend oder gänzlich unvertraut mit den Ländern waren, in die sie geschickt wurden, schuf *Salon Oriental* eine Geschichte, die Fatma Souad wie folgt erzählt:

> »Eine Ausländerbeauftragte, die die Abschiebung so angenehm wie möglich gestalten will, gibt deshalb erst einmal ein Training: ›Damit Sie als Deutschländer in der Türkei nicht so auffallen, müssen Sie ein kleines Reintegrationsprogramm absolvieren. Sie werden sehen, wie nützlich dieses Training für Sie ist, waren Sie doch immerhin nach Aktenvorlage 30 Jahre nicht mehr in der Türkei und sind somit gar nicht mehr auf dem Laufenden.‹ Dass die nun ausgerechnet notlanden müssen und die Ausländerbeauftragte in der Schwarzmeerklinik landet, wo von Männchen zu Weibchen und umgekehrt alles möglich ist. Das ist das andere Thema: Transgender.« (in Becker 1999)[176]

Das Stück über die »Retürkisierung« von Türkisch-Deutschen in Vorbereitung auf ihre Wiedereinbürgerung in eine fremde Heimat veranschaulicht die Auslöschung minorisierter Identität in der europäischen Binarität zwischen Migrant_in und Staatsbürger_in. Zugleich untergräbt der Einbezug der scheinbar damit unverbundenen Herausforderungen eines anderen Sets binärer Konstruktionen durch Transgender-Identitäten die dominante Benutzung von Geschlecht und Sexualität im Migrationsdiskurs. So wird der queere Drag von *Salon Oriental* auf verschiedenen Ebenen zu einem Beispiel der Strategie des Queerens von Ethnizität. Gewissheiten über nationale, geschlechtliche und sexuelle Identitäten ebenso wie Konzepte von Zivilisation und Fortschritt zerfallen im Laufe des Stücks mit Lichtgeschwindigkeit. Dies wird durch ein stilistisches Mittel erreicht, eine repolitisierte Version von *Camp*[177], die destabilisierte Konzepte von Identität und Zugehörigkeit widerspiegelt und sie auch selbst destabilisieren kann.

176 Deutschländer ist die deutsche Version der türkischen *almançi*, das in der Türkei für »Türk_innen« gebräuchlich ist, die in Deutschland geboren oder aufgewachsen sind. »Schwarzmeerklinik« ist eine Parodie auf die beliebte deutsche Serie »Schwarzwaldklinik«.

177 Üb.Anm.: *Camp* bezeichnet üblicherweise eine Geschlechterparodie, die die Konstruiertheit von Geschlecht betont.

Die Gruppe folgt Muñoz Definition von Camp als »strategische Antwort auf den Zusammenbruch der Repräsentation, der stattfindet, wenn ein queeres, ethnisiertes oder ein anderes Subjekt damit konfrontiert ist, nicht in Mehrheitsregime der Repräsentation passen zu können. Es ist eine wohl überlegte Reaktion auf die vom minorisierten Subjekt erfahrene, erzwungene Evakuierung aus der dominanten Kultur« (Muñoz 1999, 128).

Auch der Ort spielte eine wichtige Rolle für den Einfluss der Gruppe. Statt zu versuchen, Eingang in die dominante Kultur zu finden, aus der sie evakuiert worden waren, brachte *Salon Oriental* – wie zuvor *Strange Fruit* – seine Interventionen in einem subkulturellen Raum auf die Bühne. Im Gegensatz etwa zu der linken Theaterszene, mit der *Kanak Attak* später kollaborierte, gestattet dieser subkulturelle Raum die Präsenz von Körpern of Color – oder begehrt sie sogar –, ohne ihnen jedoch unbedingt mehr definitorische Macht bezüglich der Verhaltensregeln im Raum zuzugestehen. Indem er die queere Club-Szene zu seinem Performance-Ort machte, initiierte *Salon Oriental* eine explizite Auseinandersetzung mit diesen Regeln, an der Publikum und Künstler_innen beteiligt waren. Ann Cvetkovich beobachtet: »Queere Performance schafft Öffentlichkeiten, indem sie lebende Körper im Raum zusammenbringt, und bei der Theater-Erfahrung geht es nicht bloß darum, was auf der Bühne ist, sondern auch darum, wer im Publikum ist und Gemeinschaft herstellt« (Cvetkovich 2003, 9).

Die Auftritte von *Salon Oriental* schufen queere Gemeinschaft, insbesondere nachdem die Gruppe Mitte der 1990er Jahre ins SO36 zog (was aus einer kurzzeitigen dortigen Anstellung Fatma Souads im Rahmen einer Arbeitsbeschaffungsmaßnahme des Arbeitsamtes hervorging; siehe Becker 1999). Im SO36 veranstalteten sie die mittlerweile international berühmten *Gayhane*-Nächte. Diese begannen mit einem »Teesalon«, bei dem die Künstler_innen jede_n der mehreren Hundert Besucher_innen persönlich begrüßte, gefolgt von Performances, die auf der Vertrautheit des Publikums mit der Interaktivität von Drag-Shows aufbauten, um sie in einen politischen Diskurs zu involvieren, der dann sanft in einen Oriental Dancefloor überging. Die Veranstaltungen endeten erst in den frühen Morgenstunden. Wie die Partys von *Strange Fruit* zog die Mischung der *Gayhane* aus politischer Performance und Clubbing erfolgreich ein großes und vielfältiges Publikum an; insbesondere eines, das dem SO36 zuvor eher fern geblieben war, nämlich die migrantisierten Jugendlichen aus dem Kiez. Fatma Souad erklärt dies anhand einer vorgefundenen Gemeinsamkeit –

sowohl der Kulturen als auch der Ausschlüsse: »Die Heten-Jugend hier aus'm Kiez wacht auch auf und sagt ›Hallo, hier sind wir, und ihr kriegt uns hier nicht weg‹« (Becker 1999).

Salon Oriental führte eine migrantisierte Stimme ein, die vorherrschende Repräsentationshierachien bezüglich Nationalität und Ethnisierung sowie Geschlecht und Sexualität nicht respektierte. So wurde nicht nur die Erfahrung migrantisierter queerer Menschen zentriert, sondern auch anderen Teilen des Publikums ermöglicht, sich mit dieser üblicherweise verworfenen Perspektive zu verbinden und zu identifizieren. Die Performances konnten als eine Art Zeugnis durch Anrufung [*interpellation*] fungieren, d.h. als eine »Bezeugung als kulturelles und historisches Genre, als Ereignis, das ein_e Zeug_in sucht, aber vielleicht keine_n findet, eine interaktive Gelegenheit, in der die Beziehung zwischen Sprecher_in und Zuhörenden entscheidend für das Narrativ ist, das vielmehr performativ denn affirmativ ist« (Cvetkovich 2003, 28). Durch *Gayhane* konnte *Salon Oriental* Zeug_innen erschaffen, die die Performances als verkörperte Archive einer ungeschriebenen Geschichte [*history*] mitnahmen. Das macht *Salon Oriental* zur ersten einheimischen – d.h. deutschen – Stimme of Color, die erfolgreich und anhaltend in einen künstlerischen und aktivistischen Raum intervenierte, in dem Migrantisierte und Migrant_innen lange nur als Objekte ohne Repräsentationsmacht vorkamen. Dadurch schuf die Gruppe Bündnisse mit anderen migrantisierten Künstler_innen, die ebenfalls in diesem Raum präsent waren: etwa die Rapperin Aziza A, die prominenteste feministische Stimme im politischen Hip-Hop seit ihrem Debut Mitte der 1990er Jahre und regelmäßiger Gast der *Gayhane*, oder DJ İpek İpekçioğlu, die schon lange Teil des türkisch-deutschen LSBT-Aktivismus ist und dabei die verschiedenen Räume navigiert, die sie als türkisch-deutsche queere Frau lebt.[178]

Diese Künstler_innen gingen wie *Salon Oriental* aus einem postethnischen, translokalen Kontext hervor: eine Positionalität, die sich in ihren Performances widerspiegelt, die eklektisch Einflüsse vermischen. Sie stellen die Verknüpfung zwischen Reinheit, Authentizität und Legitimität infrage,

178 Während ihr fusionistischer Stil sie immer beliebter werden ließ, stieß İpekçioğlu anfangs auf Widerstand: aus der weißen feministischen und queeren Szene dafür, dass sie Musik aus »frauenfeindlichen« Kulturen spielte, und aus der türkisch-deutschen Hetero-Gemeinschaft dafür, dass sie türkische Kultur queer gestaltete (siehe Petzen 2004).

die in europäischen – ebenso wie in migrantischen – Diskursen vorherrscht, indem sie die unreine, unauthentische, illegitime Position annehmen, die Europäer_innen of Color zugeschrieben wird. Wie in dem vom Euro-Hip-Hop eröffneten diskursiven Raum und dem queeren Erinnern des Schwarzen Feminismus, ermöglicht diese Kombination den Ausdruck von Positionalitäten, die in dominanten Identitätsformationen negiert werden. So werden sie zur Quelle eines neuen Diskurses, anstatt zu versuchen, in den bestehenden als legitime Subjekte einzutreten. Dieser Gegendiskurs unter Migrantisierten begann gegen Ende der 1990er Jahre durch den mediengewandten, anti-identitären Aktivismus des translokalen Kollektivs *Kanak Attak*, das versuchte, direkt mit dem deutschen Mainstream zu interagieren.

Die Subversion des multikulturellen Blicks

Zwischen Deutschland, dem bevölkerungsreichsten Land Europas, und der Türkei, der größten muslimischen Nation des Kontinents, bestehen schon seit langer Zeit politische und ökonomische ebenso wie kulturelle Verbindungen (Adelson 2005). Im gegenwärtigen Kontext wird ihr Verhältnis jedoch vor allem im Rahmen eines Diskurses über ›Gastarbeit‹ formuliert. Hierin wird dieser Prozess weitgehend als Ende der ethnischen Homogenität Europas und die massive Einwanderung von grundlegend kulturell anderen Menschen als zunehmende Belastung für zeitgenössische europäische Gesellschaften wahrgenommen. Die Darstellung von Arbeitsmigrant_innen als Außenseiter der Nation bleibt eine Konstante im Nachkriegseuropa, doch hat sich der Herkunftsort der Fremdheit graduell von einer breiten Bestimmung des »Südens«, einschließlich Südeuropa – vor allem Spanien, Portugal, Italien und Griechenland, mit denen nordwesteuropäische Länder seit Beginn der 1950er Jahre Verträge schlossen – hin zur muslimischen Welt verschoben. Im deutschen Diskurs sind Türk_innen zum Symbol der gesamten Kategorie der *Ausländer* geworden. Etwa vier Millionen Menschen, Arbeitsmigrant_innen und ihre Familien, viele von ihnen Kurd_innen, kamen durch die Gastarbeitsprogramme aus der Türkei nach Westeuropa. Etwa die Hälfte von ihnen zog in deutsche Städte wie Berlin, wo heute die größte Bevölkerung türkischer Abstammung außerhalb der Türkei lebt; Hamburg, Heimat des größten Industriehafens des Landes; und Köln, Zentrum der Autoproduktion, wo Ford, Toyota, Mazda und andere Fabriken Zehntausende Arbeiter_innen beschäftigen, von denen viele immigriert sind (Göktürk/Gramling/Kaes 2007). Obwohl die Nachkriegsarbeitsmigration türkische Deutsche zur größten Minderheit des Landes machte, werden sie immer noch primär als Bedrohung der deutschen Kultur statt als zu ihr Beitragende angesehen: als blieben sie für immer fremd und als würden sie »türkische Nationalkultur verkörpern, als hätten sie sie im Ganzen geschluckt« – wie Leslie Adelson in ihrer bahnbrechenden Studie türkisch-deutscher Literatur formulierte (Adelson 2005, 85).[179]

Der deutsche Mainstream scheint unfähig, Migrantisierte als legitimen Teil der Nation zu erachten und Türkisch-Deutschsein als gültiges Konzept wahrzunehmen. Er sieht diese beiden Eigenschaften als einander wechselseitig ausschließend, als internalisierten Kampf von Kulturen, die unmöglich zusammen existieren können. Dies zeigte sich in den Feierlichkeiten im Oktober 2001 in Köln, 40 Jahre nach dem Anwerbeabkommen zwischen der BRD und der Türkei, das das erste Kontingent von Arbeitsmigranten in Kölns Ford-Fabrik gebracht hatte. Die Stadt beschloss, das Jubiläum mit einem Festakt in der Philharmonie zu begehen. Gesponsert von Ford, mit dem Bürgermeister als Schirmherrn, wurde die Veranstaltung vom türkischen Konsul und vom Bürgermeister Istanbuls sowie von örtlicher Prominenz besucht. In seiner Eröffnungsrede spürte Kölns damaliger Bürgermeister Fritz Schramma der jahrhundertealten gemeinsamen Geschichte von Islam und Europa nach, die sich zwischen Zusammenarbeit und Konflikt bewegte, bis zur aktuellen Koexistenz von Türken und Deutschen in seiner Stadt, die er entlang ähnlicher Grenzziehungen formulierte:

> »Ich denke hier etwa an die dichte Konzentration in manchen Stadtvierteln, ich denke an Stadtviertel, in denen die Türken ganz unter sich leben, sich quasi wie in einem Ghetto abgeschottet haben. Aber wie stark letztlich das Gemeinsame überwiegt, es zeigt sich nicht zuletzt darin, dass in unseren Alltag, in unsere Esskultur und in unsere Sprache Elemente aus der Türkei übergegangen sind. Ayran und Döner Kebab, Börek und Auberginen sind mittlerweile fester Bestandteil unseres

179 In ihrer eigenen Arbeit setzt Adelson dieser Wahrnehmung die Idee der »einander berührenden Erzählungen« entgegen, die »nahelegen, dass Deutsche und Türk_innen in Deutschland mehr Kultur (als fortwährendes imaginatives Projekt) gemeinsam haben als im Sprechen von zwei getrennten Welten häufig vorausgesetzt wird, die einander über eine zivilisatorische Teilung hinweg begegnen. Einander berührende Erzählungen nehmen also konzeptuell Abschied vom Modell der inkommensurablen Differenzen und betonen eher einen breiten Bestand an Gemeinsamkeiten, der an manchen Stellen stärker und an anderen schwächer ist« (Adelson 2005, 20).

Speiseplans. Sie gehen uns ganz leicht über die Lippen. Und dies im doppelten Sinne: als Begriff und als Speise.« (Schramma 2001)[180]

Die Zelebrierung der positiven Beiträge der »Türken« durch den Ex-Bürgermeister verbleibt strikt innerhalb der Grenzen des multikulturellen Liberalismus und der Visionen der kreativen Stadt. In seiner Idealvorstellung bieten sie der (wahren) deutschen Kultur unbedrohliche Farbe und Dinge, die konsumiert werden können, ohne dass sie herausfordern (im schlimmsten Fall wählen die Immigrierten die Selbstabschottung). Trotz der Tatsache, dass die gefeierte Ankunft der ersten türkischen »Gastarbeiter« vier Jahrzehnte zuvor eine in Deutschland geborene »türkische« Bevölkerung unvermeidlich macht, bezieht sich Schramma nirgendwo in seiner Rede auf die Möglichkeit einer türkisch-deutschen Identität. Die Veranstaltung spiegelt die dominante Wahrnehmung von Migrantisierten als dauerhafte Migrant_innen, die für immer ins Niemandsland der unklaren nationalen Bindung exiliert sind. Dennoch zeigen sich auch hier die unvermeidlichen Risse, die in diesem Narrativ aufgehen, und zwar im unerwarteten Auftreten der Unterdrückten.

Die Medien waren selbstverständlich überaus präsent bei den Feierlichkeiten zu 40 Jahren türkischer Einwanderung, einschließlich einer Crew von *Kanak TV*. Die Crew stellte sich als Vertreter_innen des türkischen Fernsehens vor (und sprach hauptsächlich Englisch), um dann mit Fragen an militärische Würdenträger, ehemalige Bürgermeister und andere deutsche Teilnehmende heranzutreten wie: »Where do you come from?« – »Wo kommen sie her?« – und »When are you going back?« – »Wann gehen Sie zurück?«. Sie baten die Interviewten darum, deutsche »Leitkultur« zu definieren und fragten nach, ob häusliche Gewalt gegen Frauen (wie im Falle Dieter Bohlens, der zu der Zeit gerade in den Schlagzeilen war) oder Drogenmissbrauch (der gerade zum Abtritt des beliebten Fußballtrainers Christoph Daum) geführt hatte, Teil dieser Kultur seien. Sie zitierten Statistiken zum Anteil weiblich besetzter Universitätsprofessuren, der in arabischen Ländern deutlich höher liegt als in Deutschland, und ließen die Interviewten aus Bibelpassagen vorlesen, die die Unterordnung von Frauen unter Männer fordern.

180 Passenderweise wurde das Catering für die Veranstaltung von einem türkischen Restaurant übernommen.

Obwohl einige der von *Kanak TV* angesprochenen Personen recht schnell verstanden zu haben schienen, dass sie auf den Arm genommen wurden (insbesondere ein Bundeswehroffizier beklagte sich zunehmend wütend über die stereotypisierende und manipulative Art der Fragen), antworteten die meisten Interviewten bereitwillig und ehrlich und witterten keinerlei falsches Spiel. Diese Reaktion ist noch überraschender, da der Name der Crew mehr als flüchtig auf den gängigen beleidigenden Ausdruck für »Ausländer« verweist – »Kanake« –, der allen Anwesenden zweifellos bekannt ist. (Jedoch wird darauf nur ein einziges Mal Bezug genommen, als eine Interviewerin die rassifizierte Aufteilung bei der Veranstaltung zwischen vornehmlich weißen Gästen und den vornehmlich dort arbeitenden »Kanaken« anmerkte, um prompt von der Interviewten für ihren Wortgebrauch getadelt zu werden). Der Begriff hat Wurzeln in Deutschlands kolonialer Vergangenheit und bietet so ein treffendes Beispiel dessen, wie die verdrängte Geschichte des Kolonialismus die heutigen rassifizierten Verhältnisse in Europa heimsucht.[181]

In Wirklichkeit gehört *Kanak TV* zu *Kanak Attak*, einer Organisation, die 1997 beim schweizerischen Urban Skillz Hip-Hop Festival von Aktivist_innen aus verschiedenen deutschen Städten gegründet wurde, von denen die meisten zur zweiten Generation mit unterschiedlichen familiären Hintergründen gehörten.[182] Die Gruppe tauchte inmitten der Dis-

181 Die deutsche Verwendung von »Kanake« wird am häufigsten auf die koloniale Vergangenheit Deutschlands im Südpazifik zurückgeführt: Der Begriff, der heute mit der größten Bevölkerungsgruppe Neukaledoniens identifiziert wird, wurde im frühen 20. Jahrhundert von Europäer_innen benutzt, um Menschen von den Pazifischen Inseln im Allgemeinen zu bezeichnen (siehe Buschmann, in O'Hanlon/Welsh 2000, 58).

182 »Kanake« als Widerstandsbegriff wurde im Hip-Hop popularisiert und ging erstmals durch Zaimoğlus von der Kritik gefeiertes und kommerziell erfolgreiches *Kanak Sprak* (1995) in den Mainstream ein. Das Buch versammelt »Protokolle«, die fiktionalisierte Lebensberichte migrantisierter junger Männer am Rand der Gesellschaft bieten. Adelson beschreibt die stilistischen Wurzeln des Textes im Hip-Hop: »Obwohl nur zwei Interviewte als tatsächliche Rapper identifiziert werden, lesen sich die meisten der Interview›protokolle‹ […] wie schnellfeuer-artige, rap-ähnliche Ausbrüche grenzüberschreitend linguistischen Materials, das großteils Fäkalsprache, Kriminalität und Sexualität enthält. Trotzig den xenophilen Mythos des liebenswürdigen, unterdrückten Türken verwerfend, reservieren der Autor und seine Subjekte das Wort ›Türke‹ herablassend für jene, die als ›gesellschaftlich akzeptierbar‹ erachtet werden« (Adelson 2005, 96; siehe auch Cheesman 2002). Doch obwohl das Buch höchst stilisiert und scheinbar nicht nur von Hip-Hop, sondern auch von einer vorfaschistischen literarischen deutschen Tradition von Autor_innen wie

kussionen über das »Ende des Multikulturalismus und die »gescheiterte Integration«, insbesondere von muslimischen Immigrierten (ähnlich der Diskussionen, die zur gleichen Zeit in anderen Teilen Westeuropas, etwa den Niederlanden, stattfanden), auf der politischen Bühne auf. *Kanak Attak* traten in die Debatte ein, indem sie das »Ende der Kultur des Dialogs« verkündeten und sie durch die » Autonomie der Migration« ersetzten. Letztere bedeutete die Weigerung, die Anwesenheit von immigrierten und migrantisierten Menschen in Europa zu rechtfertigen, den Anspruch auf das Recht unbeschränkter Bewegungsfreiheit für alle und die Ablehnung regulatorischer Rahmen, wie Asylpolitiken, die westlichen Nationen das Recht zuwiesen, Zugang zu gestatten oder zu verweigern. Die uneingeladene Aktion bei den Feierlichkeiten zu »40 Jahren Migration« im Jahr 2001 – die später zu einem 10-Minuten-Video verarbeitet wurde, das im Lokalfernsehen sowie bei *Kanak-Attak*-Veranstaltungen und Kurzfilmfestivals gezeigt wurde – war die erste Intervention der Kölner Gruppe. Sie basierte auf dem einfachen Konzept, Verobjektivierung und Externalisierung gegen jene Mehrheitsdeutschen anzuwenden, die sie üblicherweise gegen Migrantisierte richteten – insbesondere durch die andauernde Hinterfragung von Herkunft, die hier von Sheila Mysorekar (einem der Gründungsmitglieder der ISD) vernichtend zusammengefasst wird:

> »Wir laden ein zu unserer Show: Guess my Genes. Unter dem Motto ›Wo kommst du her?‹ ein heiteres Gene-Raten mit Hannes Bekenner. Noch nie gehört? Zwei Gruppen von Kandidaten, hier sitzen die Deutschen (Weiße), drüben sitzen die ›Andereni (in der Regel auch Deutsche, aber das tut nichts zur Sache. Das Entscheidende: Sie sehen nicht so aus. Muss man es noch genauer ausdrücken? Also gut: Es sind keine Weißen.)
> Dann wird geraten, das heißt die Weißen raten die genetische Zusammensetzung ihres Gegenübers. Richtiger Kontinent: ein Punkt, richtiges Land: zehn Punkte. Die ›Anderen‹, also die Gegenkandidaten, legen falsche und richtige Fährten; [...] Kandidaten für diese Show gibt es immer mehr. Nicht nur in den USA oder England. Sogar hier, mitten! in! Deutschland!« (Mysorekar, in Ha/al-Samarai/Mysorekar 2007, 161)

Alfred Döblin (der wie Zaimoğlu sowohl Arzt als auch Romanautor war) inspiriert ist, wurde es von den deutschen Medien weitgehend als ethnologisches Sachbuch gelesen. Für viele (männliche) migrantisierte Jugendliche hatte das Buch einen Effekt, der mit jenem von *Farbe bekennen* vergleichbar ist, das fast ein Jahrzehnt zuvor veröffentlicht worden war und ein Gefühl von Gemeinschaft und Identität inspiriert hatte, das über die Dichotomie zwischen deutsch und fremd hinausging.

Kanak TVs Strategie stellte sich als erfolgreicher als erwartet heraus, wie sich zwei Beteiligte, Sun-Ju Choi und Miltiasis Oulio, erinnern: »Das Erstaunliche an der Dreh-Situation war tatsächlich, wie gut es funktionierte, in ein gesellschaftliches Event mit dieser Methode als Subjekt einzugreifen und die Rollen umzukehren. Das hat uns zum Teil selbst verblüfft. Schließlich haben wir in unseren Interviews den ehemaligen und den amtierenden Bürgermeister vorgeführt.« (Choi/Oulios, in Interface 2005, 225). Die Gruppe nutzte die »Verpflichtung zu antworten«, die ihre Interviewten vor einer Kamera zeigten, und testete die Grenzen des Akzeptierbaren. Nicht, um einen »konstruktiven« Dialog herzustellen, sondern um versteckte diskursive Hierarchien aufzudecken; ein Ansatz, der von einem weißen fortschrittlichen Publikum nicht immer positiv aufgenommen wurde:

> »Der aus diesem Drehmaterial produzierte Clip kritisierte die ganze Integrations- und Multi-Kulti-Debatte pointiert und selbstbewusst und machte klar, dass wir ganz andere Normen setzen. Zugleich wirkte er bei Vorführungen unbequem für alle Selbstgerechten. Gerne lautete dann der Standardvorwurf, man würde nur die Aussagen zusammenschneiden, die einem passen. Unsere Antwort: Genau, so funktionieren Medien.« (Choi/Oulios, in Interface 2005, 225).

Kanak Attaks Strategie dekonstruierte nicht nur die Funktionsweisen der Medienrepräsentationen von rassifizierten Gruppen. Noch wichtiger ist, dass sie sie auch als Teil der Mechanismen von rassismusverleugnender Farbenblindheit entlarvte. Die Gruppe nahm die kräftezehrende, andauernde Erfahrung migrantisierter Subjekte, zwangsweise die eigene Anwesenheit rechtfertigen zu müssen, zum Ausgangspunkt und wendete sie in ein ermächtigendes Werkzeug, indem sie individuellen Widerstand zu kollektivem Aktivismus machte. Indem sie die verschwiegenen Kodes dieser Farbenblindheit ans Licht holten, verletzten *Kanak Attak* die Regeln des europäischen politischen Diskurses.[183] Die Gruppe kritisierte

183 Als ich »Philharmonie Köln« im Rahmen meiner Lehrtätigkeit in Deutschland zeigte, teilten sich die Studierenden entlang klarer Linien: Jene mit migrantischem Hintergrund erkannten sofort, was *Kanak Attak* tat, und äußerten Genugtuung, dass auch Mehrheitsdeutsche mal die Tortur durchlaufen mussten, die eine alltägliche Realität für sie war. Weiße deutsche Studierende hingegen tendierten dazu, die Strategie der Gruppe als ungerecht und unproduktiv wahrzunehmen, die nicht zum Zweck der Kommunikationsförderung gestaltet war, sondern um zu demütigen. Die meisten erkannten dies jedoch nicht als Erfahrung, die die Gesellschaft ihren Mitstudierenden regelmäßig aufzwang.

Abb. 4:
Poster für eine Veranstaltung von *Kanak Attak* in Hamburg im Jahr 2001
»Ab einer Million bist du kein Kanake mehr!«
© Kanak Attak

kulturhybriden Chic und ausschließenden Essenzialismus als zwei Seiten einer Medaille und lehnte Identitätspolitik als Reaktion auf globalisierte Machtstrukturen ab (wobei sie deren Wichtigkeit unter bestimmten historischen Bedingungen jedoch anerkannte). Die Aktivist_innen definierten ihre Ziele 1998 in ihrem Gründungsmanifest, das auf deutsch, türkisch, englisch und französisch veröffentlicht wurde:

> »Kanak Attak fragt nicht nach dem Paß oder nach der Herkunft, sondern wendet sich gegen die Frage nach dem Paß und der Herkunft. [...] Unser kleinster gemeinsamer Nenner besteht darin, die Kanakisierung bestimmter Gruppen von Menschen durch rassistische Zuschreibungen mit allen ihren sozialen, rechtlichen und politischen Folgen anzugreifen. Kanak Attak ist anti-nationalistisch, anti-rassistisch und lehnt jegliche Form von Identitätspolitiken ab, wie sie sich

etwa aus ethnologischen Zuschreibungen speisen. [...] Wir fordern nicht einfach die Ausdehnung der staatsbürgerlichen und anderer Privilegien auf eine zusätzliche Gruppe, sondern stellen die scheinbar selbstverständliche Regelung des ›Drinnen‹ und ›Draußen‹, die Hierarchisierung der Lebensmöglichkeiten durch Rassismus als solche in Frage.« (*Kanak Attak* 1998)

Der Begriff »Kanak Attak« beschwört deutlich diese Programmatik – ein Gruppenmitglied erklärt die Ablehnung »farbenblinder« [*colorblind*] Diskurse:

> »Das Gute an diesem Namen ist auch, daß er klar die Konstruiertheit zum Ausdruck bringt, daß er sich nicht mit vermeintlicher Selbstbestimmtheit verwechseln läßt, weil er den Rassismus transportiert, aus dem man nicht einfach mit gutem Willen oder Begriffen rauskommt.« (Mestre Vives, in Karakayali/Spenkoch 1999, 1).

Obwohl sie aus einem ähnlichen Kontext kommen (einschließlich direkter Überschneidungen wie der Beteiligung von Aziza A oder DJane İpek), beriefen sich die Aktivist_innen von *Kanak Attak* sehr viel expliziter auf die politische Tradition der europäischen Linken als Hip-Hop-Künstler_innen, Schwarze und muslimische Feministinnen oder *Strange Fruit*, insbesondere auf den italienischen Operaismus. Das liegt wahrscheinlich an den engen Verbindungen einiger Gruppenmitglieder zur migrantischen ArbeiterInnen-Bewegung und an der größeren Präsenz von Akademiker_innen innerhalb der Gruppe (die meisten davon Studierende und Lehrbeauftragte). Als bundesweiter Zusammenschluss politischer und kultureller Aktivist_innen, der sich in informellen Ortsgruppen in den meisten städtischen Ballungsräumen Deutschlands organisierte, kombinierte *Kanak Attak* eklektisch theoretische Inspirationen, die von der Black Panther Party bis zu queerer Theorie reichten. Diese wurden in unkonventionelle Methoden des politischen Aktivismus aufgenommen, einschließlich Hip-Hop-Aufführungen, Multimedia-Shows, Plakataktionen und den Kölner Videoaktivismus von *Kanak TV*. Die Weigerung, »verantwortlich« zu handeln und sich mit den weißen fortschrittlichen Bewegungen unter deren Bedingungen auseinanderzusetzen – ihnen stattdessen ihre eigenen Vorurteile auf die schlimmstmögliche Weise vorzuhalten, nämlich indem sich *Kanak Attak* darüber lustig machte –, ist charakteristisch für die allgemeine Haltung der Gruppe gegenüber einer deutschen Linken, die ihre Rolle darin sah, stellvertretend für subalterne Migrant_innen zu sprechen.

> »Der Ausgangspunkt war für unsere Gruppe in Köln, eine Methode zu finden, mit der man zeigen kann, dass wir nicht akzeptieren, wenn über die Köpfe der Eingewanderten hinweggeredet wird. Voraussetzung für unsere Arbeit war, dass wir die Vordefinition von bestimmten Begriffen und Diskursen abgewiesen haben. Unsere Kamera-Methode ist die Respektlosigkeit gegenüber rassistischen Hierarchien, die normalerweise unantastbar sind.« (Choi/Oulios, in Interface 2005, 223).

Diese Hierarchien wurden herausgefordert, indem *Kanak TV* sich das Begehren nach »Vielfalt« im multikulturellen Neoliberalismus zunutze machte, das in begrenzten Bereichen Räume für die Sichtbarkeit von Migrantisierten eröffnete. Dieses Begehren diente als Ausgangspunkt, um eine Kritik eben der Grenzen dieses Diskurses aufzuzeigen, indem die Crew kontinuierlich dessen Regeln verletzte. *Kanak Attak* ging mit der dominanten Kultur viel aggressiver um als *Strange Fruit* mit ihrem Schwerpunkt auf Selbsthilfe. Deutsche linke und liberale Veranstaltungsorte boten der Gruppe anfangs sehr bereitwillig eine Plattform, waren aber weniger daran interessiert, ihre unangefochtene Position als fortschrittliche Stimme der Nation aufzugeben. Die frühe massive Medienpräsenz der Gruppe schuf unmittelbar ein Forum, beinhaltete aber auch die Gefahr, zu bloßen Unterhalter_innen domestiziert zu werden. Das hätte potenziell den Versuch unterhöhlt, Themen wie strukturellen Rassismus, ökonomische Marginalisierung und Migrationsregimes in die Mainstream-Debatte einzubringen. Für eine gewisse Zeit jedoch schien *Kanak Attak* mit der queeren Strategie davonkommen zu können: Sie tauchten überall auf, aber vermieden es, irgendwo festgenagelt zu werden, tanzten Kreise um die Logik des weißen Antirassismus und Multikulturalismus, erfüllten ihre Mission, den posttethnischen, postmigrantischen Diskurs in den Mainstream einzuführen, erinnerten die Mehrheit daran, dass ihre Selbstpositionierung als Norm nicht natürlich ist und wirksam infrage gestellt werden kann.

Zu einem Zeitpunkt, als begonnen wurde, Migrant_innen und Migrantisierte unter Bezeichnungen wie »ausländische Mitbürger« oder »Mitbürger mit Migrationshintergrund« als halbwegs dauerhafte Anwesenheit anzuerkennen, beleuchtete das Beharren der Gruppe auf dem Begriff »Kanake« die fortbestehenden Ungleichheiten, die unter der neuen Terminologie versteckt wurden. Innerhalb dieses Konstrukts erscheint »Kanake« nicht als identifizierbare und überschaubare Kategorie, sondern als Konzept, das ähnlich wie David Halperins Definition von ›queer‹ beinhaltet, »was immer mit dem Normalen, dem Legitimen, dem Dominanten uneins ist [...] eine Identität ohne Essenz [...], [die] nicht eine Positivität sondern eine Positionalität dem Normativen gegenüber markiert [...] ein Möglichkeitshorizont, dessen genaues Ausmaß und heterogene Reichweite nicht prinzipiell im Voraus eingegrenzt werden kann« (Halperin 1995, 62). In Einklang mit diasporischen sowie queeren Verständnissen von Identität lehnte der Aktivismus von *Kanak Attak* die Bürde der Repräsentation ab, während er zugleich das Recht beanspruchte, dominante Definitionen abzulehnen – nicht durch das Angebot »positiver« Alternativen, sondern durch die respektlose Dekonstruktion versteckter Hierarchien. *Kanak TV* nutzte diese Methode nicht nur in seinem ersten Video, sondern auch in späteren Projekten wie »Weißes Ghetto«. Hier interviewen die Aktivist_innen die Bewohner_innen eines ausschließlich weißen Mittelklasse-Viertels in Köln und konfrontieren diese mit ihrer problematischen Selbstabschottung. Sie antworten somit ironisch auf Aussagen wie jene oben zitierte des Kölner Oberbürgermeisters, die behaupten, dass Migrantisierte nur durch ihre eigene Unwilligkeit, ihre »Selbst-Ghettoisierung«, von einer vollen Integration in die Gesellschaft abgehalten werden.[184]

Die Strategie von *Kanak TV* beginnt innerhalb der Parameter von identitätsbasiertem Antirassismus, bloß um diese dann auf den Kopf zu stellen: indem sie die Unmöglichkeit veranschaulicht, auf die stetige Normalisierung rassistischer Ausschlüsse mit dem Vokabular eines »postideologischen« liberalen Multikulturalismus zu reagieren:

> »[Es ist] wichtig, sich nicht auf die Identitätsposition zurückzuziehen. Die steht nicht im Zentrum, sondern wird benutzt. Machtverhältnisse stehen im Zentrum und werden in Frage gestellt. Es geht nicht um die Frage, was ist was? Es geht um Prozesse. Wer macht was mit wem? Es geht darum, eine mediale Sprache zu finden, uns als AkteurInnen und Subjekte in die gesellschaftlichen Prozesse einzuschreiben. Die Clips nehmen diskursiv die gewünschte Verschiebung der Kräfteverhältnisse vorweg. Und sie bringen die zur Sprache, die sich schon längst vollziehen.« (Choi/Oulios, in Interface 2005, 228)

Diese Strategie hängt davon ab, unvorhersehbar und provokativ zu bleiben, um zu vermeiden, bloß ein weiteres konsumierbares hippes Phänomen

184 Das Video gehört gemeinsam mit »Philharmonie Köln – 40 Jahre Einwanderung« und einem dritten Video »Das Märchen von der Integration« zu *Kanak TV Vol.1* auf www.kanak-attak.de.

der Popkultur zu werden. *Kanak TV* litt wohl unter diesem konstanten Druck, sich neu zu erfinden. Spätere Projekte forderten die Medienrepräsentationen von Migrantisierten weniger wirkungsvoll heraus als die frühen erfolgreichen Versuche der Gruppe. Nichtsdestotrotz machten die Interventionen von *Kanak TV* statt Positionalitäten Prozesse sichtbar. Sie verschoben den Fokus von den rassifizierten Subjekten hin zu jenen, die sie rassifizieren.

Versteckte Geschichten migrantischer Handlungsfähigkeit aufdecken

Die Etablierung eines visuellen Gegendiskurses unter marginalisierten Gruppen war für den Erhalt der politischen Wirksamkeit der Strategie von *Kanak Attak* zentral. Sie vermied die Absorption in die Mainstream-Popkultur. Ebenso wichtig war jedoch die Erdung der Gruppe in Traditionen migrantischen Widerstands, die sowohl in Darstellungen der Arbeiterbewegung als auch in Geschichten der Migration oft ignoriert wurden. Eine Schlüsselstrategie, um sich der Kommodifizierung zu widersetzen, war die Fähigkeit der Aktivist_innen, ihre Politiken sowohl horizontal zu kontextualisieren – d.h. in Verbindung mit verschiedenen anderen Migrationsaktivist_innen in Europa, vor allem durch das *Frassanito*-Netzwerk[185] – als auch vertikal, indem sie ihre Arbeit in einer kontinuierlichen Geschichte des Widerstands einordneten. Mit ihrem Verständnis von kulturellen Politiken, das jenem des Frauen-of-Color-Feminismus in den 1970er Jahren ähnelte, bezogen sich die Aktivist_innen von *Kanak Attak* auf eine politische Tradition, die durch die vorherrschende Trennung zwischen Politik und Kultur unsichtbar gemacht wurde: den alltäglichen Widerstand von Migrant_innen und Migrantisierten, der – oft spontan – außerhalb etablierter politischer Strukturen stattfindet. Die Aufdeckung dieser subversiven Geschichte war eines der Hauptziele der Gruppe, wie sich ein Gründungs-

185 Das *Frassanito*-Netzwerk, ein Zusammenschluss migrationsrechtlicher Gruppen aus mehreren europäischen Ländern, wurde 2003 in Süditalien bei einem NoBorder-Camp gegründet, einer Zusammenkunft von Aktivist_innen, die gegen ein nahegelegenes Auffanglager für asylsuchende Menschen protestierten. Die Position des Netzwerks zu Migration ist jener von *Kanak Attak* sehr nahe. Die Sicht auf Migrant_innen als Opfer wird abgelehnt, Mobilität als soziale Bewegung betont, und ein Schwerpunkt liegt darauf, den Kampf gegen Rassismus europaweit zu stärken. Siehe Frassanito 2006.

mitglied erinnert: »Wir wollten eine Tradition freilegen, die zum Teil nur untergründig gewirkt hat und verschüttet war. Die Idee war: Wenn Du eine eigene Geschichte hast, bist du machtvoller, kannst du auf etwas verweisen, was überliefert und angeeignet werden kann.« (Bojadzijev 2001, 14).

Der erste groß angelegte Versuch, dies zu tun, fand 2001 mit der multimedialen *KanakHistoryRevue* (die mit »Opel Pitbull Autoput« betitelt war) in Berlins angesehener Volksbühne statt, die im gesamten 20. Jahrhundert eine wichtige Rolle für fortschrittliche Kunst und Aktivismus gespielt hatte.[186] Die Revue brachte migrantisierte und migrantische Künstler_innen und Aktivist_innen aus verschiedenen Bereichen zusammen, die Lesungen, Filmvorführungen und Performances auf die Bühne brachten – unter anderem von *Salon Oriental* und Hip-Hop-Künstler_innen wie Aziza A. Zudem setzten Aktivist_innen von *Kanak Attak* 40 Jahre arbeitsmigrantischer Präsenz in Deutschland in Szene, wobei ihre gebrochene, nichtlineare Darstellung sich radikal von Mainstream-Veranstaltungen unterschied, wie etwa der in Köln von *Kanak TV* satirisch unterlaufenen. Der »wilde«, d.h. spontane Streik migrantischer Arbeiter der Kölner Ford-Fabrik 1973 ist zentral für diese Konstruktion einer alternativen Geschichte der Migration. Der Streik bei Ford wurde von den starken deutschen Gewerkschaften nicht unterstützt, da diese sich lange weigerten, migrantische Arbeiter_innen als Teil ihrer Zielgruppe [*constituency*] zu sehen. Vornehmlich von ungelernten türkischen Arbeitern organisiert, ist er ein Beispiel für den Operaismus, der in *Kanak Attak*s Modell von Widerstand eine wichtige Rolle einnimmt. Der operaistische Ansatz der direkten Aktion wurde von neo-marxistischen Autor_innen wie Mario Tronti und Antonio Negri theoretisiert und im Italien der 1960er Jahre von Fabrikarbeiter_innen praktiziert, die frustriert

186 Die Volksbühne, die in Berlins ehemaligem Ostteil liegt und in den 1920er Jahren als privates Theater mit engen Verbindungen zur starken sozialistischen Bewegung der Stadt gegründet wurde, ist einer von Deutschlands ältesten linken Veranstaltungsorten. In ihrer einsichtsvollen Analyse des Überlebenskampfes des deutschen Theaters in einer neoliberalen Ökonomie, stellt Katrin Sieg die Volksbühne als Positivbeispiel der Versuche traditioneller Institutionen dar, in einer zunehmend schwierigen Fördersituation zu überleben und dabei in einem globalisierten kulturellen Diskurs politisch relevant zu bleiben. Sieg zufolge beruht dieser Erfolg darauf, dass das »Konzept des ›Volkstheaters‹ der Förderung kultureller, technologischer und elektronischer Bildung Priorität einräumt und sich auf eine lange sozialistische Tradition bezieht« (Sieg 2008, 23). Diese Strategie drückt sich unter anderem in Kooperationen mit nicht-traditionellen medienaktivistischen Gruppen wie *Kanak Attak* aus.

waren von der Fixierung der europäischen Linken auf »Strukturen«, anstatt auf konkrete Kämpfe am Arbeitsplatz zu fokussieren. Der Ansatz beeinflusste verschiedenste Bewegungen, von den Situationist_innen zu den Autonomen und den Zapatistas (Tronti 1974). Der Streik in der Kölner Automobilfabrik, in der 14.500 von insgesamt 35.000 Arbeiter_innen Migrant_innen waren, von denen wiederum 12.000 aus der Türkei kamen (die anderen waren großteils italienisch), war durch eine Massenentlassung von 300 türkischen Mitarbeitern ausgelöst worden und hielt drei Tage lang an. Letztendlich wurden die mehreren Tausend Arbeiter, die die Fabrik besetzt hatten, von den kombinierten Kräften des Managements, der Polizei und des türkischen Arbeitsministeriums, von aus Belgien geholten Streikbrechern und nicht zuletzt von den Medien besiegt. Diese titelten in einer grundlegenden Verdrehung der tatsächlichen Geschehnisse als der Streik gebrochen worden war: »Deutsche Arbeiter befreien Ford« und schlossen ihre Bewertung mit: »Diese Leute sind keine Gäste mehr« (Kraushaar 2004, 4).[187]

187 Die dreihundert gefeuerten Arbeiter waren zu spät aus dem Sommerurlaub zurückgekehrt, was häufiger vorkam, da die Arbeiter_innen und ihre Familien jeden Sommer Tausende von Kilometern in die Türkei und zurück fahren mussten. Normalerweise durften sie die verlorene Zeit mit zusätzlichen Schichten ausgleichen, aber 1973 änderte Ford die Regeln. Die Entlassungen führten zu spontanen Protesten von fünfhundert türkischen Mitarbeitern, denen sich schnell alle 8.000 Arbeiter aus der Spätschicht anschlossen. In wenigen Tagen war die ganze Fabrik im Streik und die Forderungen wuchsen von der Wiedereinstellung der gekündigten Kollegen hin zu Lohnerhöhungen, längeren Urlaubszeiten und besseren Arbeitsbedingungen. Die Gewerkschaft der Automobilarbeiter_innen, die einflussreiche IG Metall, die eine Mehrheit aller Industriearbeiter_innen vertritt, war – gelinde gesagt – keine Unterstützung. Während sie im Jahr zuvor begonnen hatte, Arbeiter_innen aus Nicht-EU-Mitgliedsstaaten in Betriebsräten zuzulassen, weigerte sich die Gewerkschaft bei Ford Köln, einem gewählten türkischen Arbeiter einen Sitz zu gewähren, obwohl er beinahe ein Drittel der Stimmen erhalten hatte – vermeintlich wegen seiner mangelnden Deutschkenntnisse. Die Arbeiter hatten daher wenig Vertrauen in die Gewerkschaft und wählten einen unabhängigen Rat aus einem türkischen Arbeiter und einem deutschen Praktikanten, der fließend türkisch sprach, um sie in Verhandlungen mit dem Management zu vertreten. Dessen erste Reaktion war die Schließung der Fabrik, was zu ihrer Besetzung durch die streikenden Arbeiter führte, von denen die meisten türkisch waren. Sie nutzten die Abriegelung auch, um ihre gemeinschaftliche Verbundenheit zu stärken. (Dass dies nächtliches gemeinsames Musizieren, Singen, Tanzen sowie Geschichten-Erzählen und Gedichte-Rezitieren beinhaltete, führte zu verblüfften Medienreaktionen, die behaupteten, es habe »manchmal mehr nach Istanbul als nach Köln« ausgesehen.) Nach der zweiten Nacht der Besetzung wurden 2.000 Arbeiter, die auf dem Fabrikgelände demonstrierten, von Vorarbeitern, Polizisten in Zivil und Streikbrechern mit Knüppeln

Der Streik bei Ford im Sommer 1973 verletzte die Regeln aller akzeptierten Diskurse über Nation, Migration, Arbeit und Integration: Wegen seines »unorganisierten« Wesens passte er nicht in die Narrative der Arbeiterbewegung – er fand entgegen der Anordnung der Gewerkschaft statt und wurde von einem Teil der Arbeiterschaft durchgeführt, den ebendiese Gewerkschaften für apolitisch – wenn nicht sogar vorpolitisch – hielten. Die Arbeiter sangen vor ihren Demonstrationen die türkische Nationalhymne, was die antinationalistische radikale deutsche Linke aus der Fassung brachte; ihre Ablehnung der Autorität des Vertreters des türkischen Arbeitsministeriums (der sie als »Deserteure der türkischen Armee« bezeichnete) war eine Beleidigung der türkischen Regierung; das Fehlen der offenbaren politischen Organisiertheit (obwohl der deutsche der beiden Streiksprecher Mitglied der Kommunistischen Partei war); ihr Singen, Tanzen und Rezitieren von Gedichten anstelle der Erstellung von Pamphleten bot nicht das richtige Material für Heldenmärchen des Widerstands. *Kanak Attak* näherte sich dem Streik auf eine Weise, die keine Homogenisierung seiner brüchigen, vielschichtigen und spontanen Vorgehensweisen erforderte, sondern stattdessen diese Eigenschaften wertschätzte. Die *KanakHistoryRevue* sollte »organisierte und unorganisierte Formen des Widerstands gegen Rassismus« repräsentieren und vermischte dazu Filmclips, Interviews, Performance und Musik, um spektakuläre und unspektakuläre Ereignisse in der Nachkriegseinwanderungsgeschichte neu zu erzählen, die in dominanten Darstellungen unsichtbar blieben.

Der Fokus auf die vernachlässigten Alltagserfahrungen der ersten Generation schrieb Widerstandstraditionen in eine deutsche Nachkriegsgeschichte ein, in der Migrant_innen extrem randständig erscheinen.[188]

---

und Schlagringen angegriffen und einige Dutzend der Arbeiter festgenommen, was im Endeffekt das Ende des Streiks bedeutete (Kraushaar 2004).

188 Der Angriff auf dominante Konzepte von Wissen und Geschichte in den USA durch die Bürgerrechtsbewegung, die unbeachtetes Material innerhalb bestehender Sammlungen nutzte und ausgelassene Stimmen in *Oral-History*-Projekten aufzeichnete, inspirierte ähnliche Aktivitäten in Europa. Nicht nur wurden Alltagsgeschichten »gewöhnlicher Leute« gesammelt, sondern diese auch in Stadtteilzentren zugänglich gemacht, die seit den 1970er Jahren regelmäßig Ausstellungen des gesammelten Materials zeigten. Theoretisch hätten unter den »alltäglichen Leuten«, deren Geschichten wiederentdeckt werden sollten, auch Migrant_innen und Migrantisierte sein können, die beinahe vollständig aus der Mainstream-Geschichte herausgeschrieben worden waren. Es stellte sich jedoch heraus, dass die linken, gewerkschaftlichen, homosexuellen oder feministischen Aktivist_innen der Bewegung für »Geschichte von unten« sich in ihrer Sicht auf die mögliche ethnische

Diese Strategie hatte Auswirkungen auf vorherrschende Repräsentationen und öffnete die Kommunikation zwischen verschiedenen migrantischen Generationen, deren Beziehung oft angespannt war: Es fehlte das Vokabular, mit dem die grundverschiedenen, aber miteinander verbundenen Erfahrungen der ersten und der zweiten Generation ansprechbar gewesen wären. Die Revue war jedoch weniger erfolgreich in ihrer Absicht, ein Publikum aus »Kanaken« zu erreichen. Die Zusammenarbeit mit der Volksbühne bot zwar einen attraktiven Veranstaltungsort mit einer langen radikalen Tradition und erzeugte eine beeindruckende öffentliche Reaktion. Sie zog jedoch, wie ein *Kanak Attak* Mitglied formulierte, »das falsche Publikum an«, das weitgehend aus weißen Leuten aus der Linken sowie aus liberalen Kunst- und aktivistischen Szenen bestand (Cheesman 2005, 192). Während die genderqueeren Aktivist_innen von *Strange Fruit* und *Salon Oriental* ausdrücklich Orte und Formen wählten, mit denen ihre Zielgruppe vertraut war, und so die Abwesenheit der weißen Linken riskierten (oder gar begrüßten), wählte *Kanak Attak* als eine Gruppe, die Mainstream-Debatten viel näher, wenn auch kritisch gegenüberstand, die entgegengesetzte Strategie mit zum Teil vorhersehbaren Ergebnissen. Diese wiederholten sich ein Jahr später beim zweiten großen Projekt, das die Ortsgruppen von *Kanak Attak* aus dem ganzen Land zusammenbrachte. »Konkret Konkrass« fand im Mai 2002 wieder in der Berliner Volksbühne statt und einige Tage später im Schauspiel Frankfurt, einem vergleichbaren Veranstaltungsort in der deutschen Stadt mit dem größten Anteil migrantischer und migrantisierter Bevölkerungen.

Vielfalt der deutschen Bevölkerung nicht allzu sehr von ihren konservativeren Landsleuten unterschieden. Die einzige Verkörperung, in der rassifizierte Subjekte Eingang in die »Geschichte von unten« fanden, war jene der Gastarbeiter, die im Kontext von Arbeitergeschichten auftauchten. Ihre Repräsentation unterschied sich jedoch grundlegend von jener anderer Gruppen: Obwohl die Bewegung zum Ziel hatte, die Schranke zwischen dem mächtigen, autoritativen »Experten« auf der einen Seite und dem machtlosen, passiven Forschungsobjekt auf der anderen Seite aufzubrechen (damit »das Volk« die Handlungsfähigkeit zurückerlangt), wurde »dem Gastarbeiter« weiterhin die Rolle des stillen, passiven Objekts zugewiesen, das die aufgeklärten Deutschen brauchte, um seine Geschichte zu erzählen bzw. zu übersetzen. Ungeachtet aller guten Absichten, spiegeln die Sammlungen somit unausweichlich die Voreingenommenheit der Dominanzgesellschaft wider. Diese Situation zeigt sich auch in der Migrationsforschung, die obwohl sie den Ausschluss von Migrant_innen aus der deutschen Geschichte herausforderte, nichtsdestotrotz die Schranke zwischen weißen, mehrheitsdeutschen Wissenschaftler_innen und ethnisierten migrantischen Objekten aufrecht erhielt (siehe El-Tayeb 2005).

Die zweite Revue folgte einem ähnlichen Muster wie die erste Veranstaltung, fügte aber eine Erkundung vorherrschender Geschlechterwahrnehmungen hinzu, die in der ersten Neuschreibung migrantischer Geschichte durch die Gruppe weitgehend unerwähnt geblieben war. Alle Selbstdarstellungen von Immigrierten der ersten Generation finden nur gefiltert Eingang ins öffentliche Gedächtnis. Aber es gibt mehr als diese eine Ebene der Unterdrückung, und die Geschichten von Migrantinnen sind im Allgemeinen noch weniger zugänglich, sogar in alternativen Archiven. Obwohl beinahe ein Drittel der Arbeitsmigrant_innen in Deutschland Frauen waren, sind sie üblicherweise nicht als wirtschaftliche und politische Akteurinnen in migrantischen, Arbeiter- und feministischen Geschichtsschreibungen präsent (Weber 2004; Göktürk/Gramling/Kaes 2007). Die Revue von *Kanak Attak* brachte hingegen 2002 eine Performance auf die Bühne, die auf den Erfahrungen einer Putzfrau basierte – jener ökonomisch wie diskursiv wichtigsten Erwerbsidentität für Migrantinnen der ersten Generation. In den 1970er Jahren wurde das Bild der Kopftuch tragenden Putzfrau zu *dem* kulturellen Symbol schlechthin für die Anwesenheit der türkischen Minderheit in Deutschland als Ganzer (ergänzt durch den Müllmann; oft »Fatima« beziehungsweise »Ali« getauft). *Kanak Attak*s Nachspüren der weiblichen Migrationserfahrung stellte diese Frauen als autonome Subjekte dar, die den begrenzten Raum, der ihnen in ihrer Position der extremen ökonomischen Machtlosigkeit möglich war, eben durch die Überschreitung der Grenze zwischen dem Politischen und dem Kulturellen verhandelten. So konnte sowohl die Romantisierung weiblicher Solidarität als auch der Opferdiskurs vermieden werden, die die dominante Kultur des westlichen Feminismus und die erste Generation migrantischer Autor_innen und Filmemacher_innen gemeinsam hatten, indem sie Migrantinnen oft als stumme, passive Objekte der Unterdrückung darstellten.[189]

In beiden Revuen machte *Kanak Attak* erfolgreich die verdrängte Präsenz von Migrant_innen der ersten Generation in den ersten Jahrzehnten der Bundesrepublik sichtbar, eben durch den Blick auf ihre Interventionen in die deutsche Gesellschaft, auf ihre alltäglichen Praktiken des verdeck-

189 Der bei Weitem – sowohl kommerziell als auch in der Kritik – erfolgreichste Film eines türkisch-deutschen Filmemachers (vor Fatih Akins *Gegen die Wand* von 2004) war Tevfik Başers *40 qm Deutschland*, der die Geschichte einer türkischen Frau erzählt, die von ihrem Mann, der als Gastarbeiter gekommen war, nach Deutschland geholt wird und von ihm in seiner Entrüstung über die unmoralische deutsche Kultur dauerhaft in ihrer kleinen Hamburger Wohnung eingeschlossen wird.

ten und offenen Widerstands. Die Gruppe weigerte sich, Migrant_innen hauptsächlich im Kontext ihrer Herkunft oder Reise zu sehen, statt durch ihr Wirken in den Gesellschaften, in denen sie leben. Dies destabilisierte wirksam bequeme Konzepte von Wir und Sie, die auch in einer weißen Linken gängig waren, die ihre eigenen rassistischen Praktiken nicht hinterfragen wollte. Jedoch war die Strategie von *Kanak Attak* weniger erfolgreich darin, Bündnisse mit anderen multiethnischen migrantischen Organisationen zu schmieden, insbesondere mit jenen, die an verschiedenen Ebenen von Identitätspolitik festhielten. Dies wurde am deutlichsten an dem zunehmend angespannten Austausch der Gruppe mit der *Karawane für die Rechte von Flüchtlingen und MigrantInnen*. Uneinigkeiten eskalierten um den Slogan von *Kanak Attak* von der »Autonomie der Migration«, der jegliche Rechtfertigung der Anwesenheit von Migrant_innen in Europa als spaltend ablehnte.

Kanak Attak verteidigte die Notwendigkeit dieser Strategie, da sie die Hierarchisierungen von Migrant_innen und die Teilung von Geflüchteten in »gute« – die in ihrer Heimat verfolgt werden – und »schlechte« – die aus ökonomischen Gründen gehen – untergrabe. Die *Karawane* hingegen betonte die fortwährende neokoloniale Ausbeutung des Globalen Südens als Grund für die Präsenz von Migrant_innen im Westen. Die Gruppe, die aus politischen Geflüchteten aus Afrika, dem Nahen Osten und Lateinamerika sowie deutschen Aktivist_innen bestand, legte Arbeitsschwerpunkte etwa auf die Residenzpflicht – jenem Gesetz, das Geflüchtete dazu zwingt, innerhalb der Grenzen des meist ländlichen Bezirks zu bleiben, dem sie zugewiesen wurden (in Kapitel 1 hinsichtlich der Bürgerkriegsgeflüchteten besprochen), auf die Verhinderung von Abschiebungen und auf die Polizeigewalt, die afrikanische Männer regelmäßig erfahren. Ihr Slogan »Wir sind hier, weil Ihr unsere Länder zerstört« drückt ein Empfinden aus, das dem »Wir sind bereits unter euch, kommt damit klar« von *Kanak Attak* diametral gegenübersteht. Maik Adebayo Alabi, ein Mitglied der *Karawane* fasst die Uneinigkeit zusammen:

> »Der Konflikt zwischen *Kanak Attak* und der *Karawane* basiert auf den verschiedenen politischen Hintergründen. *Kanak Attak* richtet seine Politik eher an der Situation von MigrantInnen ohne Asylhintergrund aus, während die *Karawane* die Lebenssituationen von Flüchtlingen und die Situation in ihren Herkunftsländern in den Mittelpunkt ihrer Arbeit stellt. Die *Karawane* sieht *Kanak Attak* häufig als eine privilegierte Gruppe von MigrantInnen, die wenig oder nichts zur

Unterstützung von Flüchtlingen getan hat – trotzdem diese am Ende der sozialen Rangordnung stehen.« (Alabi, in Interface 2005, 362)

Die *Karawane* nimmt eine internationalistische, antiimperialistische, antirassistische Haltung ein und macht europäische Regierungen für Jahrhunderte der Ausbeutung verantwortlich, die sich in der Gegenwart fortsetzen. Sie betont die Befreiung der Herkunftsländer, deren Umstände als ursprünglicher Grund der Migration in den Westen erachtet werden. Hierin nutzt die Gruppe den europäischen Menschenrechtsdiskurs und zeigt, wie die Regierungen des Kontinents beharrlich ihre eigene humanitäre Agenda verletzen, indem sie den Globalen Süden ausbeuten, korrupte Diktatoren unterstützen und die Grundrechte von Geflüchteten in ihrer Obhut verletzen. *Kanak Attak* bezieht sich auf Agamben, Negri und andere und lehnt diese Auseinandersetzung mit europäischem Humanismus als irrelevant, wenn nicht gar kontraproduktiv, für das Erreichen wirklicher Veränderung ab, da sie Migration als Abweichung von einer gewünschten Norm akzeptiert:

»Ich finde es problematisch, wenn Migration als ein Nebeneffekt der gewaltvollen Vertreibung auftaucht, gekennzeichnet durch die maximale Ausweglosigkeit des Todes. Migration ist kein auswegloses Schicksal. Was heißt ›wir sind hier‹? Impliziert das etwa die Aussage, wir würden gerne dort bleiben, wo wir herkommen, wenn das möglich wäre? Und wenn wir schon hier sind, sollten wir human und respektvoll behandelt werden, schließlich erleben wir genug Elend?« (Panagiotidis, in Interface 2005, 364)

Der ideologische Graben war tief und vielschichtig, kulminierte aber oft um die Frage der Identität. Die zwei Organisationen versuchten mehrfach, ihre unterschiedlichen Ansätze zu überwinden und ihre gemeinsamen Interessen anzuerkennen. *Kanak-Attak*-Mitglied Effi Panagiotidis spricht hierüber, indem sie eine Einschätzung von Differenz anbietet, die dem Frauen-of-Color-Feminismus entstammt:

»Mir scheint es wenig hilfreich, den Spannungen zu begegnen, indem man/frau sich in eine kapitalistische Spaltungs- und Konkurrenzlogik, wenn auch unbeabsichtigt, einschreibt. Es geht doch um die Produktion einer gemeinsamen *Sprache*, die uns hilft, das *Arrangement der Differenzen* auszutragen, jenseits von Harmonisierung und Respekt-Diskursen« (Panagiotidis, in Interface 2005, 365).

Die Entwicklung dieser gemeinsamen Sprache hätte es ermöglicht, eine geteilte Plattform zu finden, auf der Positionalitäten ausgedrückt werden können, die nicht übereinstimmen, die aber einander auch nicht hätten ausschließen müssen. Das Scheitern dieser Entwicklung wird im Videoprojekt »Recolonize Cologne« veranschaulicht, das 2005 von Mitgliedern beider Gruppen geschaffen wurde. Wie alle Produktionen von *Kanak TV* stellt das Video eine direkte Intervention in deutsche öffentliche Räume dar. Es beginnt als Dokumentation einer Performance, die die fiktionale Rekolonisierung des gegenwärtigen Kölns durch den König von Kamerun inszeniert. Dies dient als Ausgangspunkt für eine Diskussion des deutschen (Neo)Kolonialismus und seiner Auswirkungen auf Flüchtlingspolitiken. Neben dem Fokus auf die Wiederaneignung öffentlichen Raums scheint das Video jedoch ausschließlich die Position der Karawane widerzuspiegeln: d.h. einen pädagogischen Ansatz des »Wir sind hier, weil Ihr dort wart«, in dem der Rechtsanspruch auf klar definierten, antagonistischen Identitäten von Opfer und Täter basiert. Der Film hat wenig Ähnlichkeit mit früheren Produktionen von *Kanak TV*, die solche binären Zuschreibungen infrage stellen. Doch während die eher essenzialistische Position der *Karawane* sicherlich mehrere Schwächen hat, die richtigerweise von den *Kanak Attak* Aktivist_innen kritisiert wurden, scheint ein Hauptfaktor in der gescheiterten Kommunikation der Unwille seitens *Kanak Attak* gewesen zu sein, überhaupt irgendeine Positionalität einzunehmen; insbesondere die migrantisierter anstatt migrantischer Subjekte. In ihrem Gründungsmanifest hatte die Gruppe bekundet:

> »Kanak Attak will die Zuweisung von ethnischen Identitäten und Rollen, das ›Wir‹ und ›Die‹ durchbrechen. Und weil Kanak Attak eine Frage der Haltung und nicht der Herkunft oder der Papiere ist, sind auch Nicht-Migranten und Deutsche der n2-Generation mit bei der Sache. Aber [...] [e]s sind eben nicht alle Konstruktionen gleich. Damit bewegt sich das Projekt in einem Strudel von nicht auflösbaren Widersprüchen, was das Verhältnis von Repräsentation, Differenz und die Zuschreibung ethnischer Identitäten anbetrifft.« (Kanak Attak 1998, deutsche Version)

Indem sich *Kanak Attak* anzuerkennen weigert, dass – und wie – die Positionalitäten von »Migrant_innen der zweiten Generation« sich von jenen der ersten Generation und insbesondere von jenen politischer Geflüchteter nicht nur unterscheiden, sondern auch dass diese (lange unausgesprochenen) Positionalitäten grundlegend ihr eigenes Politikverständnis prägten, missachtete die Gruppe die eigene Aufforderung, für die Unterschiede in Identitätskonstruktionen bewusst zu bleiben. Ihr misslang die Auseinandersetzung damit, wie die Zusammensetzung der Gruppe ihre Ideologie formte, und ignorierte so die Schlüssellehre des Frauen-of-Color-Feminismus über die konstruktive Nutzung von Unterschieden. Stattdessen wurde hier Intersektionalität durch Antiessenzialismus ersetzt (Crenshaw 1991, 1/296).

Während ihre Strategie *Kanak Attak* davor bewahrte, innerhalb eines liberalen multikulturalistischen Rahmens festgemacht zu werden, und Subversion schuf, wenn sie gegen Mehrheitsdiskurse gerichtet war, hatte sie eine andere Wirkung, wenn sie gegenüber anderen migrantischen und migrantisierten Aktivist_innen angewandt wurde. Die absolutistische Weigerung, strategischen Essenzialismus zu gestatten, bestätigte Hierarchien zwischen rassifizierten Gruppen, anstatt sie zu destabilisieren. Denn sie ermöglichte keine offene Erkundung von Positionalitäten, einschließlich der privilegierten Zugänge zu bestimmten kulturellen Ressourcen, die migrantisierten Positionen innewohnen. Auch produzierte diese Weigerung keine relevante Analyse der Unzulänglichkeiten der unkritischen Verwendung einer Identitätsbildung durch die *Karawane*, die sich in diametralem Gegensatz zur deutschen Dominanzgesellschaft definierte und so den Differenzierungen innerhalb und Überschneidungen zwischen beiden Konstrukten nicht gerecht wurde (wie etwa im Beispiel der jugendlichen Bürgerkriegsgeflüchteten in Kapitel 1). *Kanak Attak* kritisierte und unterwanderte grundlegend die Legitimität von Ursprungsnarrativen, am wirksamsten und lustigsten in ihren Videoproduktionen. Doch ignorierten sie hierbei, wie Herkunft Macht konstituiert: Auch wenn es keinen »authentischen« Ursprung gibt, ist der Moment, in dem ein lineares Narrativ eingeführt wird, ein wirkliches Ereignis. Er stellt einen Akt der Gewalt dar, der angesprochen werden muss, um ihn zu überwinden.

Die »Autonomie der Migration« und ihre Unzulänglichkeiten

Die kategorische Ablehnung von Identitätspolitik durch *Kanak Attak*, bei gleichzeitigem Fokus auf Rassifizierungsprozesse, war eine herausfordernde und oft erfolgreiche Strategie. Sie scheiterte jedoch am Fehlen einer kritischen Fundierung der eigenen Position innerhalb ihres alternativen Modells von »migrantischer« Identität. Während die Aktivist_innen als Erste eine migrantisierte Stimme im deutschen politischen Diskurs einführten, die wirksam ihre Externalisierung ablehnte, beanspruchte die Gruppe keine minoritäre Positionalität für sich – aus Angst, dann vorherrschenden Politiken des ›Teile und Herrsche‹ zum Opfer zu fallen. *Kanak Attak* teilte mit *Strange Fruit* eine Praxis des Queerens von Ethnizität unter beharrlicher Kombination vermeintlich inkompatibler Positionalitäten sowie die Ablehnung des »Sprechens für« irgendwen. *Strange Fruit*s radikales Beharren auf dem Selbsthilfe-Prinzip – die Entschlossenheit, Ressourcen ausschließlich in selbstermächtigende Projekte zu leiten – und die Ablehnung von Versuchen, ihren Aktivismus an dominante queere oder antirassistische Politiken anzupassen, resultierten jedoch in einer Art der Theoriebildung, die weniger anfällig für implizite Hierarchisierung und totalisierende Widerstandsmodelle zu sein schien als jene von *Kanak Attak*. Dies könnte in *Strange Fruit*s Zugang zur Sprache von Politik wurzeln, der auf einer afrodiasporischen Tradition der Poetik beruhte: von Lordes These, dass Poesie uns ermöglicht, »das Namenlose zu benennen, so daß es denkbar wird« (Lorde 1993, 89), bis zu Glissants Poetik der Beziehung, die bedeutet, »mehr und mehr über Beurteilungen hinausgehen zu lernen, hinein in das unerwartete Dunkel der Aufwallungen der Kunst« (Glissant 1989, 137). Durch den Bezug auf diese Tradition und ihre gleichzeitige weitere Kreolisierung bot *Strange Fruit* eine Antwort auf einige der Fragen, die Avery Gordon aufwirft, wenn sie das zu Beginn dieser Studie zitierte Konzept der Heimsuchung einführt – als ein Erzählmotiv, mit dem die konkreten alltäglichen Auswirkungen von Unterdrückungsstrukturen begriffen werden können (Gordon 1997, 23).

Obwohl *Kanak Attak*s Unwille, situativ zwischen migrantisiertem und migriertem Status zu unterscheiden, unausweichlich zu einem »Sprechen für« Gruppen mit verschiedenen Prioritäten und Bedürfnissen führte, reagierten die Aktivist_innen erfolgreich auf den beunruhigenden »Gegensatz zwischen konzeptuellen oder analytischen Beschreibungen gesellschaftlicher Systeme und ihren weit diffuseren und feineren Wirkungen« (Gordon 1997, 23); und zwar durch die Schaffung einer innovativen visuellen Sprache. Die Gemeinschaft, die von *Kanak Attak* und anderen hier besprochenen Gruppen ausgerufen wurde, verkörpert ein entnaturalisiertes Konzept von Zugehörigkeit, das fließend und offen ist. Es bedarf aber dennoch einiger der klassischen Elemente gesellschaftlicher Gemeinschaften und zwar eines Bewusstseins von gemeinsamer Geschichte und eine gemeinsame Sprache. Die Sprache ist in diesem Fall nicht primär verbal – die Vielfalt der Sprachen ist ein Faktor, der postethnische Gemeinschaften in Europa potenziell trennt –, sondern vielmehr visuell und akustisch. Sie nutzt die Erkenntnis, dass eine unsichtbar gemachte minoritäre Identität in Europa keine Positionalität außerhalb von Identitätskonstrukten zum Ergebnis hat, sondern instabile und mannigfaltige Identitätsbruchteile. Dass diese nicht nur zu Entmächtigung führen, sondern auch zu erfolgreichem Widerstand entlang den von Glissant kartierten Umwegen, zeigt sich vor allem in *Kanak Attak*s visuellen Produktionen. Eine solche ist auch das kurze Video »Schland ist das Land«,[190] das während der in Deutschland ausgerichteten Fußballweltmeisterschaft der Männer 2006 in Hamburg gedreht wurde.

Fußball ist der Nationalsport Nummer 1 in den meisten Ländern weltweit und eine Quelle intensiver Identifikationen von der lokalen bis zur kontinentalen Ebene, die von regelmäßigen nationalen und internationalen Wettbewerben genährt werden. Er ist wichtiger Austragungsort für Verhandlungen von Identität, die sich zentral um Fragen der Zugehörigkeit drehen. Europäischer Fußball, dessen Fans für ihren Rassismus berüchtigt sind, bietet sicher einen Ort, an dem das implizit rassistische Weltbild, das dem System der Rassenlosigkeit das reibungslose Funktionieren ermöglicht, explizit zum Ausdruck kommt.[191] In Vorbereitung auf die Weltmeisterschaft tat Deutschland sein Bestes, um das »Hooligan«-Problem unter

190 »Schland ist das Land« – Slogan, den Fans während der WM benutzten. »Schland« steht kurz für »Deutschland«.

191 Rassismus in Fußballstadien findet regelmäßig in Ritualen wie kollektiven Affengeräuschen oder Bananenwürfen als Reaktion auf Schwarze Spieler Ausdruck. Das ist in Europa eine solch normale Gegebenheit geworden, dass der internationale Fußballverband FIFA, der nicht gerade für seine fortschrittliche Haltung bekannt ist, 2001 eine außerordentliche Sitzung einberief und eine Stellungnahme veröffentlichte, die Vereine, Medien und Schiedsrichter zur Intervention anhielt (online zugänglich hier: http://de.fifa.com/fifa-world-ranking/news/y=2007/m=5/news=au%C3%9Ferordentlicher-fifa-kongress-buenos-aires-resolution-518220.html#). Die Stellungnahme hatte wenige Auswirkungen darüber hinaus, dass eine Reihe von Vereinen als Strafe für die rassistischen Angriffe ihrer Fans auf Spieler of Color symbolische Summen zahlen mussten. Über die Folgejahre eskalierte die Situation dermaßen, dass die meisten nationalen Fußballvereine gezwungen waren, zusätzliche Maßnahmen zu ergreifen. (Während Britanniens Ansatz drastisch und erfolgreich war, ergeht sich Kontinentaleuropa hinsichtlich Antirassismus bisher in bloßen Lippenbekenntnissen). Siehe Wolf 2007; Bandini 2009.

Kontrolle zu bekommen, doch kam es zu einem Moment der Krise durch einen breit publizierten rassistischen Angriff. Dieser führte zu Diskussionen über »national befreite Zonen«[192] und ihre möglichen Auswirkungen auf den WM-Tourismus (siehe z.B. Pilz 2007). Die Krise wurde abgewendet und in eine Toleranz-Kampagne um die WM-Veranstaltungen umgelenkt. Die Debatten um nationale Identität verschoben sich schnell von fremdenfeindlicher Gewalt zu nationalem Stolz; insbesondere zu Deutschlands angeblichem Problem, diesen Nationalstolz offen auszudrücken, aufgrund seiner Vergangenheit als Besatzungsmacht der meisten Nationen Europas während des Zweiten Weltkriegs.

Im Gegensatz zu der Weltmeisterschaft, die 1974 in Westdeutschland stattfand, erlebte die Veranstaltung von 2006 eine Explosion deutscher Flaggen an Autos und Gebäuden sowie an den Körpern enthusiastischer Unterstützer_innen der Nationalmannschaft. Sowohl die Tatsache, dass die Deutschen fähig waren, diese Symbole zu zeigen – ohne das begleitende Bedürfnis, in die Nachbarländer einzufallen – als auch die allgemein positive Aufnahme dieser Zurschaustellung durch andere europäische Länder führte zu dem Konsens, dass ein Zustand der Normalisierung erreicht worden sei. Dieser erschien in direktem Zusammenhang mit Deutschlands zentraler Rolle im postnationalen Europa, das gelernt hatte, sich über eine gemeinsame Vergangenheit und gemeinsame Werte zu identifizieren und so Jahrhunderte des innereuropäischen Antagonismus zu überwinden (siehe z.B. Scheuble/Wehner 2007). Das Motto der Weltmeisterschaft »Die Welt zu Gast bei Freunden« war – über die von globalen Sportveranstaltungen erwartete förmliche Geste eines mildtätigen Humanismus hinaus – ein Versuch der Wiederbelebung einer europäischen Identität, der in ihrer scheinbaren Reduzierung auf bürokratische Funktionen eine »spirituellere« Dimension fehlte.

Wie ich in diesem Buch argumentiert habe, steht die europäische Gemeinsamkeit auf eher unsicherem Boden, vor allem weil zentrale Bestandteile des Europäischseins, wie Rassismus, Kolonialismus und der Holocaust darunter begraben bleiben. In der Folge fungieren europäische Minderheiten – Muslim_innen, Afroeuropäer_innen, Rrom_nja – als Klebstoff, der Europa zusammenhält, eben indem sie ausgeschlossen werden. Wie ich argumentiert habe, wird diese Dynamik mit der wachsenden

192 Teile des Landes, primär aber keineswegs ausschließlich im Osten, die von Nazi-Organisationen zu No-Go-Areas für Menschen of Color deklariert werden.

Präsenz dieser Minderheiten in europäischen Gesellschaften verstärkt und zugleich immer unhaltbarer. Von dieser Spannung zeugt beispielsweise die Zusammensetzung der französischen Nationalmannschaft, die ab der Europameisterschaft 1998 den europäischen Fußball über Jahre dominierte. (Ihr damaliger Sieg wurde als Erfolg des liberalen Multikulturalismus gefeiert, während ihre Niederlage gegen die auffällig weiße italienische Mannschaft in der Weltmeisterschaft von 2006 ebenso deutlich als Scheitern von Integrationsideologien gelesen wurde.) Während Menschen of Color ab und zu als stiller Hintergrund der »Toleranzkampagne« benutzt wurden, blieben die deutschen Medien weitgehend an ihnen uninteressiert. Ihre Position innerhalb der Zurschaustellung des neu entdeckten Nationalstolzes und seiner Implikationen für ein Europa, das nationale und kontinentale Loyalitäten kombinieren muss, blieb unerkundet. Dies war dagegen genau der Fokus der Crew von *Kanak TV* in ihrer Befragung von Migrant_innen und Migrantisierten über Integration und ihre Fußball-Loyalitäten vor dem WM-Spiel Deutschland-Argentinien in Hamburg.

Die Gruppe sprach alle an, die als »Kanaken« identifizierbar waren und irgendein deutsches Nationalsymbol trugen. Sie begegnete so einer Reihe komplexer Positionalitäten und Herangehensweisen an die Frage der (nationalen) Zugehörigkeit. Die Antworten gingen weit über einfache Binaritäten des deutsch vs. migrantisch hinaus, zeigten aber auch den Druck, den die Ausgrenzung minoritärer Deutscher verursacht. So fühlte sich ein Jugendlicher mit ghanaischem Pass, der fast sein gesamtes Leben in Deutschland verbracht hatte, dennoch nicht in der Lage, irgendein »Deutschsein« für sich zu beanspruchen (fieberte aber trotzdem für das deutsche Team). Jedoch zeigt sich auch, wie marginalisierte Gruppen, die weit mehr als nur Opfer sind, im Alltag kreativ mit ihrer diskursiven Auslassung umgehen. Das spiegelt sich etwa in der Unterhaltung zwischen der Interviewerin von *Kanak Attak* und einer Gruppe Jugendlicher in Deutschlandtrikots:

> »Frage: Für wen seid ihr heute? Antwort: Deutschland! F: Warum? A: Weil es unser Stiefvaterland ist! F: Euer was? A: Unser Stiefvaterland! F: Warum? A: Na, weil wir Türken sind und in Deutschland geboren sind.«

Ebenso wie die weiße, christliche Nationenfamilie, die als Herz Europas gesetzt wird, in der Praxis durch eine Vielfalt kreolisierter Gemeinschaften abgelöst wird, und ebenso wie Schwarze Feministinnen und Queer-of-Color-Aktivist_innen alternative Modelle (diasporischer) Familien formuliert haben, so konstruieren minoritäre Jugendliche sich ihre Beziehung zu den nationalen Identitäten, die ihnen angeboten oder verwehrt werden. Ungeachtet linearer Konzeptualisierungen von Zugehörigkeit bewegen sie sich innerhalb widersprüchlicher Rahmen und unterlaufen auf unvorhersehbare Weise die vorherrschenden Optionen. Ihre vielschichtige, dynamische Positionalität ist in dominanten europäischen Diskursen ebenso unsichtbar wie in den traditionellen antiimperialistischen und panafrikanistischen Politiken von Gruppen wie der *Karawane*. Sie ist weder das hippe, unproblematische »postmoderne Zappen zwischen Identitäten«, von dem sich das *Kanak Attak* Manifest abgrenzt, noch das tragische »Verlorensein zwischen den Kulturen« des fortschrittlichen und liberalen Multikulturalismus. Stattdessen stellt diese Positionalität ein Queeren von Ethnizität dar. Sie basiert auf der freiwilligen oder zwangsweisen Mobilität von Bevölkerungen, Ideen, Identitäten, die im vereinigten Europa und darüber hinaus zunehmend normal wird und sich der Kanalisierung in Richtung eines Ankunfts- oder Aufbruchspunktes verweigert. Stattdessen lebt diese Mobilität mit und durch Widersprüche und gestaltet sich in einem intersektionalen Netz andauernd um. Dieses Netz entzieht sich der Kontrolle, weil es sich kontinuierlich wieder »verknüpft(weiter gibt), verbindet«.

Schlussbetrachtung
Eine grenzenlose und unbestimmbare Bewegung

»Beziehung verknüpft wieder (gibt weiter), verbindet. Beherrschung und Widerstand, Durchdringung und Entziehung, die Zustimmung zur Sprache [langage] *und die Verteidigung der Zungen* [langues]. *Sie summieren sich nicht mit irgendeiner Bestimmtheit zu einem deutlichen oder sicher wahrnehmbaren Vorgehen. Das Wieder-Verknüpfte (Weitergegebene), das Verbundene, kann nicht abschließend zusammengefügt werden.«*
Édouard Glissant, Poétique de la relation

»Meine Kunst ist Handlung: sie ist kein Ziel, sondern ein Werkzeug. Sie hilft mir, Ganzheit [completeness] *zu erreichen, wo Kunst nicht länger gebraucht wird. Dann, wenn ich keine Kunst brauche, weiß ich, dass ich Ganzheit erreicht habe. Was ist Ganzheit? Sie ist das Akzeptieren von Widersprüchen, das Erfahren von Universalität, das Neubewerten von Werten.«*
Jenö André Raatzsch, Paradise Lost. The First Roma Pavilion

»Unsere Geschichte!«: Alte Erzählungen von einem neuen Europa

Nach einer zehnjährigen Planungsphase und pünktlich zum 50. Jubiläum der Römischen Verträge, die die Grundlagen für die kontinentaleuropäische Vereinigung legten, öffnete im Oktober 2007 das Europamuseum seine Pforten in Brüssel, dem institutionellen Zentrum der Europäischen Union. Das EU-finanzierte Museum wurde von einem wissenschaftlichen Beirat – vornehmlich aus Historiker_innen verschiedener europäischer Universitäten – als »Ort des Erinnerns« konzipiert, »den Europa braucht [...] Hier präsentieren die ständige Ausstellung und die Wechselausstellungen allen Europäern (und ihren Gästen) eine reflektierte Darstellung der Geschichte einer Union, die sich als vielschichtiger, aber einzigartiger Kulturkreis versteht« (Europamuseum 2007). Die Eröffnungsausstellung »C'est notre histoire/ It's our history/ Europa: Unsere Geschichte!« von Oktober 2007 bis Mai 2008 zog mehr als hunderttausend Besucher_innen an, etwa die Hälfte davon waren Schulklassen. Über mehrere Räume und

Themen-›Container‹ verteilt, kombiniert die Ausstellung Auftragskunstwerke, Video- und Audioinstallationen sowie traditionellere Museumsstücke. Sie ist in die verschiedenen Abschnitte »1945: Europa – Stunde Null«, »Die Europäische Revolution (1946-1951)«, »Das geteilte Europa (1951-1989)«, »1989: Der Fall der Mauer« und »Auf dem Weg zur europäischen Einigung (1989-2007)« unterteilt. Gerahmt wurde dies folgendermaßen:

> »Von einem in Trümmern liegenden Europa im Jahre 1945 bis zu den Herausforderungen, vor denen unser Kontinent heute steht, wird den Besuchern die große und kleine Geschichte erzählt. Denn die Ausstellung zeigt, dass wir alle Helden in diesem großartigen Abenteuer der europäischen Einigung sind. (Europamuseum 2007)

Die Ausstellung reagierte, wie das Museum selbst, direkt auf die Krise der »europäischen Identität«, auf die mangelnde emotionale Involviertheit in das Konzept Europa durch dessen Bürger_innen, wie sie sich unter anderem in den lauten »Nein«-Stimmen zur europäischen Verfassung in den Niederlanden und Frankreich ausdrückte – ebenso wie in der notorisch geringen Beteiligung an den europäischen Parlamentswahlen (in denen zudem nationalistische Parteien ungewöhnlich gut abschneiden, siehe Waterfield et al. 2009). Personalisiert durch die Lebensgeschichten 27 »normaler« Europäer_innen, eine Person für jeden Mitgliedsstaat der Union, wollte »Europa: Unsere Geschichte!« Europa als gelebte Erfahrung widerspiegeln. Unabsichtlich weist die Ausstellung deutlich alle Schlüsselaspekte des internalistischen Narrativs der Rassenlosigkeit auf, die ich in diesem Buch besprochen habe.

Beginnend mit der Sammlung der individuellen Lebensgeschichten von elf Frauen und sechzehn Männern, von denen keine_r eine rassifizierte oder religiöse Minderheit repräsentiert, kreiert die Ausstellung ein Bild von Europa als zugleich (kulturell) »divers« und (ethnisch) homogen. Aus dem Katalog: »Die hier versammelten siebenundzwanzig Personen sind nicht repräsentativ, sondern Symbole für die Union. Wie einzigartig ihre Geschichten auch sind, es sind europäische Geschichten und das ist es, was sie so wertvoll macht« (Museum van Europa 2007, 27). Diese Aussage entlastet die Organisator_innen zwar davon, inklusiv sein zu müssen, doch bleibt die Frage, warum die Geschichten von minorisierten Menschen nicht wertvoll genug sind, um ins europäische Narrativ aufgenommen zu werden. Im europäischen Modell ist eine Kombination universalistischer und isolationistischer Perspektiven impliziert, die zur Wiederholung des immer gleichen, dominanten Bildes in endlosen Variationen führt, anstatt zum Zulassen einer tatsächlichen Diversität der Repräsentationen Europas. Diese Sicht wird auch in der zentralen Frage einer kontinentaleuropäischen Erinnerung deutlich, die als notwendige Vorbedingung für ein Konzept von Europa fungiert, das über das rein Bürokratische hinausgeht. Wie ein Widerhall des Arguments von Habermas und Derrida (2003) wird diese behauptete gemeinsame Erinnerung anhand eben der Existenz der Union nachgewiesen – ohne gemeinsame Geschichte, Werte und Vergangenheit gibt es »so etwas wie Europa« nicht.[193] Die Spannung, die aus nationalen Erinnerungen erwächst, die diese gemeinsame Geschichte zuweilen diametral gegensätzlich interpretieren, wird zwar anerkannt. Doch wird angenommen, dass sie sich mit dem weiteren Fortschreiten der Union auflöst: »Die europäische Identität ist nicht ausschließend, sondern einschließend. Sie ersetzt andere Identitäten nicht, sie kommt hinzu« (Museum van Europa 2007, 3). Wie dieser Prozess aussieht und ob alle »andere[n] Identitäten« wirklich als »europäisch« in Betracht gezogen werden, bleibt offen – zum Teil, weil die Ausstellung die Epoche vor 1945 weitgehend unbeleuchtet lässt.

Die Verwendung des gängigen Erzählmotivs von 1945 als Europas »Stunde Null« bedeutet, dass auf eine gemeinsame Vergangenheit Bezug genommen werden kann. Zugleich werden deren Implikationen für die Gegenwart durch die Darstellung von 1945 als radikalem Wendepunkt (zumindest für den westlichen Teil des Kontinents) nicht beleuchtet, wenn nicht gar unverhohlen verleugnet. Besonders der Holocaust kann somit zugleich als *die* grundlegende Erinnerung des Nachkriegseuropas und als völlig außerhalb der Erfahrungswelt »gewöhnlicher« Europäer_innen fungieren, sowohl jener, die in der Ausstellung repräsentiert sind, als auch jener, die sie besuchen.[194] Kolonialismus bzw. Dekolonisierung wird pflichtge-

193 Aus dem Manifest der Organisierenden: »Wir konnten dies nur tun, weil es Europa eben gibt. Niemand sollte auf die Idee kommen, eine ähnliche Ausstellungskonzeption für – sagen wir mal – Asien zu versuchen: Jedes Kind weiß, dass auf diesem riesigen Kontinent mehrere Zivilisationen existieren. Und [während] Europa sehr vielfältig sein mag, ist es kulturell gesprochen eine Einheit« (Europamuseum 2007, 3).

194 Der Holocaust ist ein zentraler Erinnerungspunkt des zwanzigsten Jahrhunderts geworden, nicht nur ein Schlüsselelement der erinnerten modernen europäischen

mäß im Abschnitt zum »Geteilten Europa« angesprochen. Doch geschieht dies auf eine Weise, die wieder an Habermas' Charakterisierung erinnert und den dominanten liberal-humanistischen kosmopolitischen Diskurs im Nachkriegseuropa widerspiegelt. In diesem geschah die Kolonisierung aus einer vagen Notwendigkeit heraus (und sie geschah Europa, anstatt dass Europa sie verantwortete). Ökonomische Interessen, um nicht von Ausbeutung zu sprechen, scheinen hierbei nie ein Faktor gewesen zu sein: »Ohne Entkolonialisierung keine europäische Vereinigung. Mit der Kolonisierung müssen sich die europäischen Mächte mit Problemen außerhalb Europas beschäftigen. Mit der Entkolonialisierung können sie sich auf Europa konzentrieren« (Museum van Europa 2007, 60). Das visuelle Herzstück des Raumes, der sich der Dekolonisierung widmet, ist eine Installation, die die Vorstellung eines afrikanischen Flughafens erzeugen soll, auf dem ein US-amerikanisches Überseeflugzeug [eine DC-6] von zurückgelassenem Gepäck umgeben ist. Die Installation stellt Geschichten vor, wie jene der belgischen Autorin Lieve Joris, die als Kind mit ihren Eltern den Kongo verlassen musste.[195] Das Ende des kolonialen Imperiums Europas wird also durch die Erfahrung der ehemaligen Kolonisator_innen verkörpert. Ansonsten gibt es keinen weiteren Verweis auf irgendwelche dauerhaften Nachwirkungen dieser Epoche in Europa, weder durch zurückkehrende Kolonisator_innen noch durch postkoloniale Migration. Das internalistische Narrativ, das die Bedeutung dieser Epoche für Europa zeigen und sie zugleich dezidiert außerhalb von dessen Grenzen halten soll, basiert stattdessen sehr traditionell auf den Bildern von »großen Männern« –

Geschichte, sondern auch der modernen Weltgeschichte, wie Alida Assman, Andreas Huyssen und andere argumentiert haben (Assmann 2007; Huyssen 2005). Insoweit dieses Gedenken primär ein Mittel zur Etablierung eines Konsens darstellt, der Debatten beenden statt ermutigen soll, bestätigt dies jedoch Peter Novicks kritische Einschätzung zur tatsächlichen Bedeutung des Gedenkens: »Es scheint mir, dass es etwas illegitim ›Homogenisierendes‹ an der Etablierung einer ›gemeinsamen‹ Erinnerung gibt, die [...] alle Europäer_innen auffordert, sich selbst als Täter_innen zu denken – und auch als Opfer [...]. Des Weiteren schien mir ein moralischer Konsens, der auf der Übereinkunft basiert, dass die Ermordung von sechs Millionen Männern, Frauen und Kindern ein grauenhaftes Verbrechen ist, immer auf absurde Weise ›minimalistisch‹« (Novick 2007, 31).

195 Siehe den Blogeintrag zur Ausstellung am 8. Dezember 2008, der auf diesen Teil von »It's Our History« fokussiert und den Namen »Entkolonialisierung und die Geheimnisse des Busches« trug [http://blog-nl.expo-europe.be/de-dekolonisatie-en-de-geheimen-van-de-brousse/] Zugriff leider nicht mehr möglich.

gar im Wortsinn durch übergroße Porträts von Ghandi, Nehru, Kenyatta, Nkrumah, Sukarno oder Lumumba.[196]

Dieses eher konservative Verständnis von Geschichte – als von außergewöhnlichen Männern geschaffen – ist jedoch nicht auf die Darstellung des Globalen Südens beschränkt: Auch die Gründungsphase der Union ist in die Geschichte der »Väter Europas« übersetzt. Im Einklang mit der Auslassung von Frauen als Akteurinnen und Schöpferinnen in nationalistischer Geschichtsschreibung, die McClintock, Wright und viele andere kritisiert haben, wird mit den Werkzeugen eines exklusiven Nationalismus eine »inklusive« europäische Identität geschaffen, was die vorhersehbaren Ergebnisse produziert. Dies ist nirgendwo offensichtlicher als in der auffälligen, unerklärten und beinahe vollkommenen Abwesenheit von Migration in der Ausstellung. Die knappen vorhandenen Bezugnahmen auf Migrationsbewegungen zeigen diese als sehr neues Phänomen. Migration wird weitgehend auf Geschichten von verzweifelten Geflüchteten reduziert, sodass sie erstens als Anomalie erscheint, die von irgendeiner Art von Krise in der Herkunftsregion verursacht wird, und zweitens als etwas, das Europa geschieht, ohne dass der Kontinent irgendeinen aktiven Anteil daran hätte. Dieser letzte Aspekt unterscheidet sich drastisch von der Rahmung von Migration durch die *Karawane*, die auf die aktive Teilnahme des Westens in der Herstellung von »Krisen« im Globalen Süden fokussiert. Ansonsten ist auch diese Darstellung aber im Einklang mit einem Verständnis von Migrationsbewegungen als etwas, das an Ausnahmezustände gebunden ist, von der Norm abweicht und einer Lösung bedarf.

Der Ausstellungs-›Container‹, der sich der Migration widmet, spiegelt dies wörtlich wider. Es handelt sich um eine Kopie eines echten Containers, in dem sich sieben junge Marokkaner versteckt hatten, um in die Europäische Union zu gelangen. Migrant_innen werden somit als Gesetze brechende Eindringlinge in einen Raum dargestellt, zu dem sie keine Verbindung haben, sowie als Opfer desaströser Zustände, die in der ›Dritten Welt‹ quasi natürlicherweise herrschen. Eine Reihe von Fragen artikulieren Migration als eine neue und dringende Krise: »Welche Gesetzgebungen bräuchte es, um Migranten Perspektiven zu bieten und zugleich einer Störung des demographischen, ökonomischen und kulturellen Gleichge-

196 Während eine ganze Reihe dieser Führungspersönlichkeiten mit europäischer Hilfe aus ihrer politischen Macht gezwungen wurden, wird dies nur im Falle Lumumbas auch so angegeben (Europamuseum 2007, 67).

wichts der empfangenden Länder vorzubeugen? Wie sollen wir auf die täglichen Schrecken reagieren – von Menschen, die ihr Leben riskieren, um das Land der Verheißung namens Europa zu erreichen?«. Migration erscheint hier abgetrennt von der »Stunde Null« des Kontinents und dem daraus hervorgehenden Bedarf an billiger Arbeitskraft, von der Dekolonisierung oder dem »Fall der Mauer«, der in einer Massenmigration von Ost nach West mündete. Stattdessen erscheint Migration immer plötzlich am Horizont eines arglosen Europas, das sich aufgrund seines Einsatzes für Menschenrechte verpflichtet fühlt, innerhalb vernünftiger Grenzen zu reagieren – nicht weil es bereits aktiver, dominanter Teil des Prozesses ist (Museum van Europa 2007, 125).

Mit ihrem Versuch, eine Europäische Union darzustellen, die relevant, organisch, vielfältig und offen ist, spiegelt die Ausstellung »Europa: Unsere Geschichte!« im Europamuseum letztendlich viele der Schwächen eines postnationalen Europas wider: in seinem Beharren, die Bedingungen von Inklusivität und Diversität zu bestimmen, in der Behauptung von Autorität durch »Authentizität« sowie in der Unfähigkeit, die eigene Perspektive zu dezentrieren. Wie die Europäische Union und das internalistische Narrativ der Rassenlosigkeit erschafft auch das Europamuseum ein auf Linie gebrachtes Gedächtnis. Die binäre Struktur dieses Gedächtnis' erfordert die dialektische Konstruktion eines Anderen, das seine Wirkung nur im Inneren entfalten kann, während es für immer diskursiv außerhalb (und als Außen) von Europa platziert wird. Hierbei kommt Trouillots Archivmacht zum Einsatz: das Auswählen und Hierarchisieren von Erinnerungen. Ihnen wird dabei Bedeutung innerhalb einer kohärenten, teleologischen Geschichte von Europäischsein zugewiesen, in der es keinen Platz für eine echte Diversität von Erfahrungen gibt. Dies gilt nicht nur bezüglich Rassifizierung und Religion, sondern auch bezüglich Geschlecht und Sexualität,[197] was all diese als nicht-normativ wahrgenommenen Erfahrungen im neuen postnationalen Europa (noch immer) »unsprechbar« macht. Wie ich durchweg argumentiert habe, ist es eines der Hauptziele des Queerens von Ethnizität, die Bedingungen für das Benennen minorisierter Identitäten zu schaffen. Abschließend zeige ich, wie ein auf diesen Bedingungen aufbauendes postnationales, »postethnisches« Europa dem im Museum zelebrierten Europa als bessere Alternative gegenüberstehen könnte.

197 Auch gestattet dieses Europa keine regionalen Unterschiede, was angesichts der völligen Marginalisierung des Vor-Wende-Osteuropas deutlich wird.

Unsprechbare Identitäten und Methodologien der Umlenkung [*diversion*]

> »Ich werde regelmäßig gefragt: ›Wo kommst du her?‹. Wenn ich antworte ›Aus den Niederlanden‹, ist die beinahe zwanghafte Nachfrage: ›Nein, nein, wo kommst du wirklich her?‹. Selbstverständlich wird diese Frage nicht gestellt, wenn die fragende Person mich nicht sehen kann. Schließlich deuten mein Verhalten und Akzent nicht an, dass ich ›fremd‹ sei. Sagen wir mal, ich würde mit einem einheimischen weißen Niederländer mit blondem Haar und blauen Augen ein Kind bekommen. Das Kind würde sicherlich eine großartige Mischung, wohl mit dunkler Haut. Der offiziellen Definition folgend, wäre dieses Kind ein_e einheimische_r Staatsbürger_in (autochthon), da beide Eltern in den Niederlanden geboren sind. Doch trotz eines authentischen Amsterdamer Akzents und trotz autochthonen Werte-Systems, würden Leute weiterhin fragen ›Wo kommst du her? Aus den Niederlanden? Nein, nein, wo kommst du wirklich her?‹. Durch wie viele Generationen wird diese Frage bestehen bleiben? Wenn die genetischen Gesetze nicht umgekehrt werden, werden [nämlich auch] meine Enkel und Urenkel keine schneeweiße Haut haben […].« (Ahmed 2006)

Die in diesem Buch nachvollzogene Strategie des Queerens von Ethnizität, wie sie von multiethnischen Hip-Hop-Gruppen, Schwarzen und muslimischen Feminist_innen, queeren Performer_innen, urbanen Guerilla-Video-Künstler_innen, und vielen anderen über den Kontinent hinweg praktiziert wird, ist aus der gemeinsamen besonderen Erfahrung hervorgegangen, eine Identität zu verkörpern, die als unmöglich deklariert wird, obwohl sie von Millionen von Menschen gelebt wird. Sie resultiert daraus, kontinuierlich als fremd zu allem definiert zu werden, was einer_einem am vertrautesten ist. Die spezifischen Formen des Ausschlusses, die die Ideologie der Rassenlosigkeit hervorbringt, bedürfen Widerstandsmethoden, die nicht immer direkt sein können. Stattdessen müssen sie Umwege, Desidentifikationen und Umlenkung [*diversion*] anwenden, um Positionalitäten hervorzubringen, von denen aus das Schweigen um Europas zutiefst rassifiziertes Selbstempfinden gebrochen werden kann.

Eine Schlüsselszene der Tilgung von Minorisierten aus der diskursiven Landschaft des Europäischseins ist die »Wo kommst du her?«-Befragung, mit der alle rassifizierten Europäer_innen vertraut sind, und die von der oben zitierten marokkanisch-niederländischen Bloggerin Fiza Ahmed ebenso beschrieben wird wie in Ming-Bao Yues Kindheitserinnerung an ihre Straßenbahn-Begegnung in Hamburg, auf die ich mich in der Einleitung beziehe. Die gesellschaftliche Existenz von minorisierten Europäer_innen wird durch Schweigen verneint, aber – ebenso wichtig – auch durch einen aktiven Prozess der Verleugnung, der die diskursiven Regeln der Rassenlosigkeit in Alltagsbegegnungen verstärkt. In ihrer einfachsten Version kontrollieren diese Befragungen minorisierte Identität durch die endlos wiederholte Hinterfragung von Herkunft: manchmal elaboriert, oft reduziert auf das platte »Wo kommst du her?«. Wichtig ist, dass diese Frage üblicherweise nicht durch Neugierde motiviert ist, sondern durch das Begehren, ein bereits bestehendes Wissen zu bestätigen, nämlich »Du bist nicht von hier«. In diesem Kontext erhält Yues anfangs besprochene Straßenbahnerfahrung zusätzliche Bedeutung: die Nachfrage des weißen deutschen Mannes kann nicht nur als Reaktion auf eine Situation interpretiert werden, die die europäische Logik der Externalisierung von Rassifizierung missachtet, sondern auch als ein aktiver Versuch, die Realität entlang akzeptierbarer Grenzen umzugestalten, indem er die Spannung der Andersheit, der inkompatiblen Identitäten, auf die minorisierten Subjekte projiziert.

Das heißt, das »Warum bist du hier? / Wieso kannst du meine Sprache sprechen? / Wo kommst du wirklich her?«-Motiv schafft ein diskursives, aber sehr reales, Paradoxon. Denn die »wahre« Antwort, »Ich bin von hier«, ist genau jene Antwort, die nicht akzeptiert werden kann, da sie außerhalb des logisch Möglichen, des Denk- und somit Sprechbaren fällt. Und: »Sich außerhalb des Bereichs des Sagbaren zu begeben, heißt, den eigenen Status als Subjekt aufs Spiel zu setzen. Im eigenen Sprechen die Normen zu verkörpern; die Sprechbarkeit regieren, heißt, den eigenen Status als sprechendes Subjekt zu vollziehen« (eigene Übersetzung; Butler 1997, 133). Deswegen fehlt dem befragten minorisierten Subjekt die Macht, den Austausch in solchem Maße zu prägen, dass es durch die Einführung einer neuen Option einen radikalen Bruch verursachen könnte, der in seiner Wirkung das bestehende Paradigma zerstören würde. Somit bleiben Minorisierte unsichtbar und unhörbar zwischen den Antagonismen einheimischer Norm und ausländischer Abweichung. Sie können nur sprechende Subjekte werden, wenn sie eine unwahre, aber akzeptierbare, Identität annehmen (»Oh, wir sind erst seit einem Jahr hier«). Wenn die eigene Existenz teilweise von der Adressierung durch andere abhängt, werden »die Bedingungen der Verständlichkeit« grundlegend für die Hierarchien der Macht; so grundlegend, dass sie dazu tendieren, unbemerkt zu bleiben. So bleibt Minorisierten of Color nur die Wahl, nicht verständlich zu sein oder falsch angerufen zu werden.

»[D]urch den Diskurs konstituiert [zu werden] – allerdings von sich selbst entfernt«, wie Butler 1997 in *Excitable Speech* [dt. 1998: *Haß spricht*] schreibt (in dem sie durch eine Diskussion der rechtlichen Regulierung von verhetzender Sprache [*hate speech*] Althussers Konzept der Anrufung in konkreten Machtverhältnissen situieren will), scheint die Schlüsselbedingung perfekt zusammenzufassen, die die Situation minorisierter Europäer_innen prägt:

> »Stellen wir uns die durchaus plausible Szene vor, dass eine Person sich umdreht, um gegen den Namen zu protestieren, den man ihr zugerufen hat: ›Das bin nicht ich, das muss ein Irrtum sein!‹ Und nun stellen wir uns vor, dass der Name sich ihr weiterhin aufzwingt, den Raum begrenzt, in dem sie sich bewegt, und weiterhin eine gesellschaftliche Position konstruiert. Unabhängig von den Protesten wirkt die Kraft der Anrufung weiter. Die Person wird weiterhin durch den Diskurs konstituiert – allerdings von sich selbst entfernt.« (eigene Übersetzung; Butler 1997, 33)

Eine der praktischen Implikationen der Unsichtbarkeit rassifizierter Minderheiten ist eine Zwickmühle, die ihnen nur zwei unmögliche Optionen lässt: Die Erste, sich als Mitglied der nationalen Gemeinschaft zu identifizieren, steht in Widerspruch zu dem zugeschriebenen Status als Andere_r (»Leute werden weiterhin fragen: ›Wo kommst du her? […] Nein, nein, wo kommst du *wirklich* her?‹«) Die zweite Option ist es, den Status als außenstehend zu akzeptieren, d.h. die Identifikation als migrantisch und fremd. Dieser Schritt entspricht dem dominanten Diskurs und bietet einen »legitimen« Ausgangspunkt für Widerstand durch ethnisierte, migrantische Organisierung, die sich aus der Position der Neuankömmlinge ins Land an die einheimische Mehrheit richtet. Nichtsdestotrotz ergibt sich hieraus eine eigene Reihe von Problemen: eine Bewegung, die sich um ethnische Solidarität bildet, und eine Identifikation mit einem »Heimatland«, das weder Aufenthalts- noch Geburtsort ist, prallt auf die tatsächliche Begegnung mit der imaginären Heimat, in der der_die Migrant_in der zweiten oder dritten Generation wieder als Außenstehende_r wahrgenommen wird (und es ist zum Teil eben dieser unlösbare Konflikt, der die Schwarzen diasporischen Auseinandersetzungen mit der Beziehung zu »Afrika« so nützlich für rassifizierte Europäer_innen macht). Beide Positionen schaffen einen Konflikt, der innerhalb des Systems der Rassismusverleugnung [*colorblindness*] nicht erfolgreich gelöst werden kann, weil dieses System die Benennung der Wurzel des Konflikts unmöglich macht.

Dieser Prozess der Unhörbarmachung minorisierter Stimmen kann vielleicht erneut durch eine Aneignung Butlers theoretisiert werden, und zwar ihres Schlüsseltext der Queeren Theorie »Imitation and Gender Insubordination« und dessen Konzeptualisierung von Lesben als »unbrauchbare (Un)Subjekte« der Ökonomie des Rechts (Butler 1996, 24). In ihrer Analyse vergeschlechtlichter und sexueller Machtregimes unterscheidet Butler zwischen jenen, die in Diskursen um Geschlecht und Sexualität den Gegensatz zur Norm repräsentieren – und die deshalb unabdinglich für deren Definition sind und explizit durch Verbote angegriffen werden, in diesem Fall männliche Homosexuelle – und jenen, die in diesem Diskurs nicht einmal auftauchen, die eine unsichtbare Abweichung ohne diskursiven Raum darstellen, die sich nicht als »Verbotsobjekt« eignen und stattdessen in einen »Bereich der Undenkbarkeit und Unbenennbarkeit« verbannt werden (Butler 1996, 24-25). Somit verbleiben sie ohne einen Ort, von dem aus sie Widerstand gegen ihren normativen Ausschluss leisten könnten, denn, wie Butler in *Haß spricht* ausführt, »enthält der Name auch eine weitere Möglichkeit, da mensch durch die Benennung auch eine gewisse Möglichkeit der gesellschaftlichen Existenz erhält und in ein zeitliches Leben der Sprache eingeführt wird, das über die ursprünglichen Absichten hinausgeht, die der Namensgebung zugrunde lagen« (eigene Übersetzung; Butler 1997, 2). Mit angebrachter Vorsicht können diese Analysen auf den Diskurs um implizit rassifizierte normative europäische Identitäten übertragen werden. Hierin werden nur die scheinbar eindeutigen und gegensätzlichen Optionen von weiß, christlich, europäisch versus migrantisch als gültige »sprechbare« Identitäten dargestellt. Uneindeutigkeiten und Überschreitungen hingegen werden diskursiv unhörbar gemacht – ohne je vollkommen unter Kontrolle [*contained*] zu sein. Rassifizierte Bevölkerungsgruppen werden zu unbrauchbaren (Un)Subjekten gemacht, deren Positionalität innerhalb der – in europäischen Diskursen zulässigen – Sprache der Identität unverständlich ist.

Das Missverhältnis zwischen der gelebten Erfahrung migrantisierter Europäer_innen und deren (Nicht-)Wahrnehmung durch die Mehrheitsgesellschaft schafft eine offenbare Entfremdung, einen Zusammenbruch der Kommunikation. Dies führt jedoch nicht zu einer völligen Unhörbarmachung der falsch angerufenen Subjekte, die in einen Diskurs intervenieren, der sie nicht einschließen soll. Sie schaffen weder diskursiv noch anderweitig eine legitime Positionalität, sondern den temporären Bruch einer normativen Ordnung, die ihre Existenz nicht anerkennen kann: in Alltagsinteraktionen, durch verbale Umlenkungen in Reaktion auf das ritualisierte Anzweifeln von Herkunft oder durch spektakuläre Ereignisse wie die französischen Aufstände. Dieser Prozess überwindet notwendigerweise die Grenzen des Nationalen. Denn Dialoge finden nicht nur in Reaktion auf und gerichtet an eine Mehrheitsgesellschaft statt, die den minorisierten Subjekten das Recht abspricht, ihre eigene Subjektivität zu definieren. Stattdessen werden sie auch Teil einer kollektiven Bewegung zur Schaffung alternativer Modi der Zugehörigkeit. Ohne dies notwendigerweise theoretisch zu reflektieren, verwenden rassifizierte Europäer_innen queere performative Strategien in ihrem kontinuierlichen Neuarrangement der Bestandteile der vermeintlich stabilen Identitäten, die ihnen zugeschrieben werden. Die Realisierung, dass Identität nicht »natürlich«, sondern in hohem Maße performativ ist, ist somit Ergebnis des täglichen Kampfes für Anerkennung in einem System, dass keinen Raum für Europäer_innen of Color lässt.

Die Anwendung Queerer Theorie für die Analyse der Situation dieser europäischen rassifizierten Minderheiten ist nicht nur wegen der angebotenen methodologischen Werkzeuge nützlich. Die politischen Bewegungen von Europäer_innen of Color nutzen zunehmend queere Strategien, insbesondere durch eine Politisierung von Populärkultur. Der Wert queerer Theorie als politischer Strategie ist richtigerweise umstritten, besonders unter Gemeinschaften of Color, die in Fragen der Identität und Subjektivität andere Interessen haben als die weiße bürgerliche Positionalität, die allzu oft queere Theorie als Standard dominiert. Nichtsdestotrotz wird das potenzielle gemeinsame Interesse sexueller und rassifizierter Minderheiten in der Denaturalisierung und Verkomplizierung von Identitätskategorien beharrlich deutlich, sei es in politischen Koalitionen oder in der intersektionalen Theoretisierung von Queer-of-Color-Kritik.

Ein Queeren oder Kreolisieren von Theorie, das an den Schnittstellen von Konzepten und Disziplinen arbeitet, eröffnet das Potenzial, gelebte Identitäten denkbar zu machen, die in dominanten europäischen Diskursen getilgt werden – nämlich jene von Europäer_innen of Color. Auch können so deren grenzüberschreitende Widerstandsstrategien hervorgehoben werden, die in kulturalistischen Debatten um Europas »Migrationsproblem« oft heruntergespielt werden. Butlers Werk hilft zu dekonstruieren, wie das größere Modell politischer Rassenlosigkeit von dem scheinbar individualisierten, verwirrenden und sich wiederholenden Prozess der Befragung genährt wird, dem minorisierte Subjekte andauernd ausgesetzt sind. Weniger hilfreich ist es jedoch für die Beschäftigung mit den Reaktionen minorisierter Menschen auf diese entfremdende Erfahrung. Das minorisierte Subjekt ist in diesem Austausch nicht völlig machtlos: Während die Frage und die erwarteten Antworten in einem endlosen, beinahe zwanghaften Prozess der Wiederholung immer dieselben bleiben, können minorisierte Subjekte eine Reihe »falscher Antworten« erkunden, die alle akzeptierbar sind, wenn sie mit der »Du bist nicht von hier«-Prämisse kompatibel sind: Innerhalb der klaren Grenzen dieses diskursiven Rahmens ist es möglich, dessen normative Erwartungen herauszufordern, zu unterwandern und zu parodieren (»Ich hörte meinen Bruder mit einem Lächeln sagen: ›Wissen Sie, deutsch ist so eine einfache Sprache!‹«). Doch auch wenn diese Strategie, die regelmäßig von minorisierten Subjekten praktiziert wird, befriedigen und auf gewisse Weise einen Moment der Störung schaffen kann, indem sie vorübergehend Sand ins Getriebe der Ideologie der Rassenlosigkeit wirft, verändert sie noch nicht deren diskursive Regeln.

In ihren Verwendungen und in ihren Grenzen kann sie mit der Taktik der »Umlenkung« [*diversion*] verknüpft werden, die Édouard Glissant für karibische Identitätsnarrative entwickelt hat (Glissant 1989, 18). Diversion ist dann die Reaktion auf eine Unterdrückung, die gänzlich und dennoch zugleich diffus ist, sodass ihre Quelle nicht sofort identifiziert werden kann. Stattdessen muss sie durch eine Verschiebung [*dislocation*] – durch das Erfahren der Quelle von Unterdrückung als anderswo – angenähert werden:

> »Die Umlenkung [*diversion*] ist die schließliche Zuflucht einer Bevölkerung, deren Beherrschung durch jemand anderen versteckt ist: sie muss dann *woanders* nach dem Prinzip der Unterdrückung suchen, die im Land selbst nicht augenscheinlich ist: weil das System der Beherrschung [...] nicht direkt greifbar ist. Die Umlenkung [*diversion*] ist die parallaktische Verschiebung dieser Strategie.« (Glissant 1989, 20)

Im europäischen Kontext würde dies bedeuten, dass die Unmöglichkeit minoritärer Identität *innerhalb* der (Post-)Nation so grundlegend ist, so tief in der gesellschaftlichen Struktur verankert, dass sie nicht ursprünglich angesprochen werden kann und in der Tat nicht durch das minorisierte Subjekt selbst ursprünglich konzeptualisiert werden kann. Die Konzeptualisierung (für das Subjekt) sowie die Problematisierung (für die Gesellschaft) ist nur über den Umweg der Wiederholung und Ablenkung möglich: das »Ich bin (nicht) von hier, aber ...«. Glissant warnt jedoch, dass »Umlenkung [*diversion*] keine nützliche Taktik ist, solange sie sich nicht aus Umkehr nährt: nicht eine Rückkehr zur Sehnsucht nach Ursprüngen, zu einem unveränderlichen Seinszustand, sondern eine Rückkehr zu dem Punkt der Verstrickung, von dem wir gewaltsam abgeschnitten wurden; dort müssen wir schließlich die Kräfte der Kreolisierung zum Einsatz bringen oder zugrunde gehen« (ebd. 26).

Glissants Konzept von Kreolisierung erscheint als einer der interessantesten und erfolgreichsten Versuche, über das binäre Modell des Denkens hinauszugehen, das so tief in unserer Weltsicht verankert ist. Sein Konzept der Umlenkung [*diversion*] impliziert eine Art der völligen Verschiebung [*displacement*], die eine Rückkehr zu einem Ursprung erfordert, der kein Ort der Lösung oder des Friedens ist, sondern vielmehr der Punkt, an dem ein lineares, hierarchisches Narrativ eingeführt wurde. Dieses Narrativ wiederum verbirgt das potenziell produktive Chaos, das besser als »Beziehung« denn als Wurzeln begriffen werden kann und das es notwendig machen würde, von der Suche nach einem bestimmten Endpunkt abzulassen. Kreolisierung ermöglicht eine Art diasporischen Denkens, das die Vergangenheit anruft, ohne sie – oder das »Heimatland« – mit dem Bereithalten irgendeiner Lösung zu belasten. Stattdessen legt sie ein sich kontinuierlich verschiebendes, instabiles Netzwerk aus Beziehungen nahe, das »situative Gemeinschaften« hervorbringt. Auf deren bleibendes Bestehen kann nie vertraut werden, aber nichtsdestotrotz bieten sie den besten Ausgangspunk für Veränderung (auch wenn das Ergebnis nicht vorhersehbar ist). Kreolisierung bietet also keine Rückkehr zu einem konfliktlosen Ursprung oder zu der Möglichkeit der »Integration«, sondern eine Rückkehr zu dem »Punkt der Verstrickung«, in der im Konflikt stehende Identitätsmodelle aufeinander stoßen, bevor sie in »mögliche« und »unmögliche« Identitäten aufgelöst werden.

In ihrem Sammelband *The Creolization of Theory* bieten Françoise Lionnet und Shu-mei Shih einen Rahmen für einen solchen Prozess und schließen: »Unsere Vermutung ist, dass Theorie, wenn sie nicht DIE

Theorie ist, mit den jeweiligen Analyseobjekten auf vielfältige Weisen und auf verschiedenen Ebenen der Intensität umgehen kann« (Shih/Lionnet 2011). Theorie, wie sie Shih und Lionnet hier im Sinn haben, muss achtsam sein, für die Beziehung zwischen dem Spezifischen und dem Allgemeinen, für den wechselseitigen Prozess der Übersetzung, zwischen dem Lokalen, Regionalen, Nationalen und Globalen. In diesem Sinne ist sie eng verwandt sowohl mit Wrights Konzept des Dialogischen als auch mit Muñoz' Verwendung von Desidentifikation und bietet eine Alternative zu DER einen Geschichte, wie sie das Europamuseum präsentiert. Wieder auf Glissant Bezug nehmend, würde solche Theoriebildung Europa als das »geheiligte Land« infrage stellen, als das es in dominanten, internalistischen Narrativen erscheint: Nach Glissant wurde die Karibik genau deshalb ein Zentrum relationaler Identitäten und situativer Gemeinschaften, weil ihre Einwohner_innen keinen Anspruch auf die »geheiligten Wurzeln« dieser Region erheben können und so von einer Weltordnung ausgeschlossen sind, in der sowohl Herrschaft als auch Widerstand auf Konzepten geheiligten Bodens aufbauen (Glissant 1989).

Diese Positionalität wird von rassifizierten Europäer_innen geteilt. Somit ist ein Ursprung, der keine Heiligkeit oder Authentizität impliziert, der Ausgangspunkt, von dem aus minoritärer Widerstand artikuliert und eine Position als Subjekt erreicht werden kann. Um jedoch an diesen Punkt zu gelangen, muss auf ein anderes Archiv zugegriffen werden. Und zwar auf ein Archiv, das auf den Erfahrungen marginalisierter, unhörbar gemachter Gemeinschaften basiert und in den dominanten Manifestationen wie dem Europamuseum nicht präsent ist. Traditionelle Archive in Trouillots Sinne sind Orte, die »Tatsachen« behausen, also Wissen, das schon als solches akzeptiert worden ist und somit als würdig erachtet wird, in einen Raum aufgenommen zu werden, der für die Erhaltung von gemeinschaftlich relevantem Material geschaffen wurde. Wegen ihrer Position als exklusive Zentren dominanter Weisheit spielen Archive oft eine ambivalente Rolle für marginalisierte Gruppen. Statt selbstverständlicher Behälter etablierter Geschichte ist das Archiv für sie vielmehr Stätte des Ausschlusses, Manifestation ihrer Irrelevanz für die Geschichte ihres Landes. Minorisierte Gemeinschaften haben also aus einer Notwendigkeit heraus eine Reihe von Strategien entwickelt, um alternative Archive zu schaffen.

In diesem Buch habe ich einige Versuche beleuchtet, solche Archive in europäische öffentliche Räume einzubringen. Versuche, die auf alltäglichen

Widerstandspraktiken – wie jener von Ming-Bao Yues Bruder angewandten – basieren. Diese Praktiken schaffen vorübergehende Risse in der europäischen Erzählung der Rassenlosigkeit, die eine alternative Realität andeuten, die durch jene unhörbar gemachten (Un)Subjekte bereits gelebt wird. In dominanten Diskursen bleiben Widerstandsformen unsichtbar, die die zugeschriebenen essenzialistischen Identitäten destabilisieren; nicht nur durch deren Ablehnung, sondern auch durch strategische und kreative (Fehl-)Verwendung. Für sich allein schaffen diese Verwendungen keine anhaltende Veränderung in der Wahrnehmung von minorisierten Bevölkerungsgruppen in der Erzählung nationaler und kontinentaleuropäischer Zugehörigkeit. So sehr dieser Widerstand dem Individuum, dessen Existenz beiläufig und kontinuierlich durch die Gesellschaft negiert wird, auch als Sisyphusarbeit erscheinen muss, gehe ich doch davon aus, dass dieser beharrliche Widerstand gegen die eigene diskursive Löschung der erste Schritt zu einem Queeren von Ethnizität ist. Dieser alltägliche Widerstand ist somit auch der Ursprung einer postethnischen, translokalen minoritären Bewegung, die eine Gegenerzählung schafft, die in verschiedenen Sprachen erzählt wird und die Mechanismen der Rassismusverleugnung [*colorblindness*] sichtbar und damit schließlich unwirksam macht.

Rassifizierung, Religion und Widerstand im postnationalen Europa

Einige Monate vor der Eröffnung des Europamuseums schuf im Sommer 2007 im österreichischen Graz (und zuvor 2005 in Wien) ein multiethnisches Kollektiv aus Künstler_innen und Aktivist_innen ein ganz anderes Archiv des Europäischseins. Organisiert unter dem Titel »Arbeiten gegen Rassismen«, inszenierten sie eine Intervention in österreichische öffentliche Räume, die als Fortsetzung der performativen Selbstverteidigung gelesen werden kann, die von rassifizierten Europäer_innen praktiziert wird – von Ming-Bao Yue und ihrem Bruder in der Hamburger U-Bahn in den 1970ern bis zu *Kanak Attak*s Video-Aktivismus in den 2000er Jahren. Plakate in, auf und um die zahlreichen Straßenbahnen sprachen eine Reihe »unsagbarer« Themen an: von der Konstruktion von Weißsein und der Unsichtbarkeit von rassifizierten Minderheiten in schulischen Lehrplänen, über die Stille um das Verschwinden der jüdischen Bevölkerung des Landes bis hin zum Zusammenhang zwischen Nachkriegsimmigration aus Österreichs östlichen Nachbarländern und deren Besetzung im Krieg. Die Aktion, die »die Wirkungsweisen von Rassismen sowie Widerstandsformen dagegen thematisieren« sollte, schuf eine situative Unterbrechung, einen Einschnitt in der nahtlosen Logik der Ideologie politischer Rassenlosigkeit. Zugleich nutzte sie diese Momente der Irritation, um eine alternative europäische Geschichte zu rekonstruieren, in der verdrängte Zusammenhänge – etwa jene zwischen Rassismus und Antisemitismus – betont wurden. Dies bot eine Lesart des zeitgenössischen Europa, in der ausgeschlossene Bevölkerungen ebenso kontextualisiert werden wie die Ausschlussmechanismen selbst.

Im Gegensatz zum dominanten Versuch, ein gemeinsames, kohärentes Narrativ zu schaffen, arbeiten die Aktivist_innen in Richtung dessen, was Susan Suleiman eine »Krise der Erinnerung« nennt, ein Konflikt über »die Interpretation und das öffentliche Verständnis eines Ereignisses, das fest in der Vergangenheit situiert ist, dessen Nachwirkungen aber noch immer deutlich spürbar sind« (Suleiman 2006, 1). Diese Nachwirkungen – Avery Gordons »Heimsuchung« – gehen aus Glissants »Verschränkungspunkten« hervor, an denen Unterschiede und Diskrepanzen verdrängt und externalisiert wurden, was hinsichtlich rassifizierter und religiöser Minderheiten am offensichtlichsten ist. Wie Feminist_innen of Color seit den 1970ern (und früher) argumentiert haben, sind diese Konstruktionen jedoch von heteronormativen Konzeptualisierungen von Geschlecht und Sexualität abhängig, die in ihrer Verneinung von Nicht-Akzeptierbarem nicht weniger restriktiv sind als der Diskurs der Rassismusverleugnung [*colorblindness*], mit dem sie verwoben sind. Das Queeren von Ethnizität, die Umlenkung [*diversion*], situative Gemeinschaften und diasporische Intersubjektivitäten, wie sie durch rassifizierte Europäer_innen angewandt werden, widersetzen sich alle dem Versuch, ihre Existenz systematisch aus der Welt zu schaffen. Sie widersetzen sich so ihrer diskursiven Löschung, nicht nur aus dem zeitgenössischen Bild Europas, sondern auch aus dessen Vergangenheit. Das Queeren von Ethnizität hat die doppelte Funktion, rassifizierte Europäer_innen in die anhaltende Debatte um die Identität des Kontinents einzubringen sowie ihren Platz in dessen Geschichte einzufordern. Die Schaffung alternativer Archive fungiert hierbei als Brücke zwischen beiden Funktionen.

Widerstandsstrategien, die Konzepte der Reinheit und Authentizität infrage stellen, die den unmöglichen Raum des gleichzeitigen Drinnen-

und Draußen-Seins bewohnen und die sich mit dem Stiefvaterland Europa desidentifizieren, widersetzen sich der Suche nach einem einheitlichen europäischen Raum und Gedächtnis durch die Einführung alternativer visueller, akustischer, poetischer Sprachen in einen öffentlichen Raum, der zuvor frei von Anzeichen der Präsenz minorisierter Gruppen war. So nehmen die Aktivist_innen Einfluss auf virtuelle sowie »reale« Räume, in denen migrantisierte und immigrierte Menschen üblicherweise nur als Objekte ohne repräsentative Macht anwesend sind. Dies geschieht sowohl durch Hip-Hop, der eine translokale europäische Klanglandschaft etabliert, als auch durch die österreichischen *Arbeiten-gegen-Rassismen*-Plakate, die das Land nicht nur an die marginalisierte Präsenz von immigrierten und minorisierten Bevölkerungen erinnern, sondern auch an die fortwährenden Auswirkungen der Verdrängung der Rolle des Landes im Holocaust.

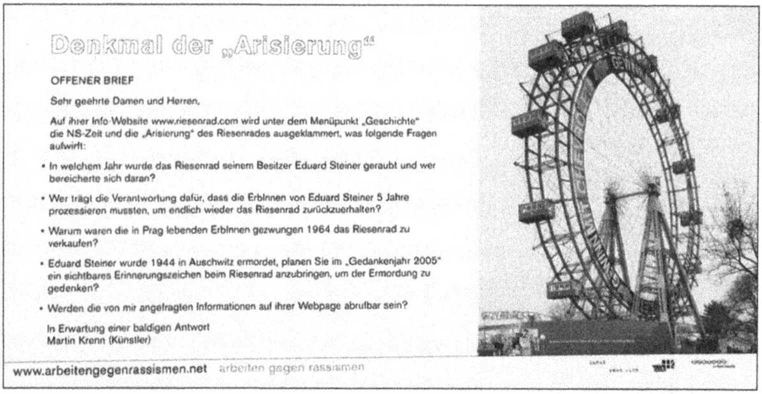

Abb. 5: Denkmal der »Arisierung«. Das Bild des Wiener Riesenrads (das durch Carol Reeds *The Third Man* berühmt wurde) wird von einem Offenen Brief an die Betreiber begleitet, die in ihrer offiziellen Beschreibung des Rads weder dessen früheren jüdischen Besitzer erwähnen, der 1944 in Auschwitz ermordet wurde, noch die Probleme, die dessen Nachfahren bezüglich der Rückgabe des gestohlenen Eigentums hatten (1964 waren sie gezwungen, das Rad wieder zu verkaufen). Bildrechte Martin Krenn.

Abb. 6: »Black Studies müssen fester Bestandteil der Lehrinhalte an allen Schulen und Universitäten werden.« Bildrechte AFRA Schwarze Frauen Community.

Ich habe in diesem Buch argumentiert, dass die Strategie des Queerens von Ethnizität für eine größere Bewegung symptomatisch ist. Im Lauf dieses Arguments habe ich ein alternatives Verständnis radikaler kultureller Interventionen in urbane Räume aufgebaut, indem ich dem Aktivismus einer Reihe von Gruppen gefolgt bin, deren Ziel die Schaffung queerer Netzwerke war, die neue und alte Binaritäten unterwandern und Gegenerzählungen zur gängigen (hetero- und homo)normativen Konstruktion von Europäischsein schaffen. Besonders interessiert mich die materielle Grundlage definitorischer Macht über urbane Räume. Das führt mich zwangsweise zurück zur Konzeptualisierung von Zeit und ihrer Beziehung zu solch einer Grundlage; zu den Auswirkungen der Ausschlüsse des zwanzigsten Jahrhunderts auf Modelle der Zugehörigkeit im einundzwanzigsten Jahrhundert. Angesichts des öffentlichen Bildes von ihrer kontinentaleuropäischen Präsenz als freischwebend, nomadisch und ungebunden brauchen marginalisierte Gemeinschaften eine historische Verankerung, um ihre Zugehörigkeit zu »beweisen«: Hierin zu Scheitern hat sehr materielle räumliche Konsequenzen, nämlich Ausschluss durch Gentrifizierung, Inhaftierung oder Abschiebung.

Eine solche Verankerung wird in progressiven Diskursen, einschließlich queerer Theorie, jedoch leicht mit Essenzialismus gleichgesetzt, was stellenweise sicherlich eine richtige Einschätzung sein kann. Doch argumentiere ich, dass es zudem systematische theoretische Defizite in der Wahrnehmung von minoritärem kulturellen Aktivismus durch mehrheitsgesellschaftliche linke Theoretiker_innen und Aktivist_innen gibt. Auf Grundlage der in dieser Studie verwendeten methodologischen Ansätze – insbesondere Frauen-of-Color-Feminismus, Schwarze diasporische Theorie, Queer-of-Color-Kritik – schlage ich eine alternative Lesart des Queerens von Ethnizität als Antwort auf die europäische Ideologie der Farbenblindheit und Rassismusverleugnung, vor. Da das Dogma der ›Rassenlosigkeit‹ zentral darauf aufbaut, bestimmte Identitäten, Prozesse und Strukturen unhörbar und unsagbar zu machen, habe ich eine Reihe alternativer Sprachen untersucht, die alle das Mandat des Schweigens umgehen, indem sie spezifisch europäische Tabus um Rassismus sprechbar machen. Diese akustischen, performativen und visuellen Sprachen nutzen die heimsuchende Präsenz verdrängter Geschichte/n und Zusammenhänge, um eine alternative raumzeitliche europäische Landschaft zu kartieren, die auf rhizomatischen Beziehungen statt auf Grenzen aufbaut.

Ich glaube, dass diese Strategie zumindest teilweise durch ihren Fokus auf die Interaktion und Netzwerke zwischen rassifizierten Individuen und marginalisierten Gemeinschaften erfolgreich war. Dies schuf eine situative Gemeinschaft, die fragiler, aber auch inklusiver und anpassungsfähiger ist als Gemeinschaften, die auf Identitätspolitik aufbauen. Um langfristig den dominanten (Nicht-)Diskurs herauszufordern, müssen diese alternativen Netzwerke mit jenen kommunizieren, die fortwährend ihre Stimme und somit eben ihre Existenz als legitime europäische Subjekte tilgen. In seinem *Cosmopolitanism* argumentiert Anthony Appiah, dass Menschen, die mit ihren sehr verschiedenen religiösen, sexuellen und politischen Bindungen friedlich zusammenleben sollen, die Kunst der Konversation beherrschen müssen (Appiah 2006). Diese These könnte als humanistische Version von Seyla Benhabibs »demokratischen Iterationen« betrachtet werden, von der Idee, dass Konzepte, die die Selbst-Repräsentationen von Gesellschaften prägen, durch ihre kontinuierliche kollektive Anwendung entstehen (Benhabib 2006). Beide Aussagen geben wenig Anlass zum Widerspruch. Zur Debatte stehen vielmehr die Bedingungen, unter denen diese Konversationen und kollektiven Anwendungen stattfinden: Wer darf sprechen und wer nicht? Was kann und was kann nicht gesagt werden? Aus welcher(n) Position(en) sprechen wir und mit welcher Autorität? Kein ehrlicher Dialog ist möglich bis diese Fragen angesprochen wurden. Diese Studie soll ein Schritt in diese Richtung sein und einige Antworten bieten. Die wichtigsten Antworten geben jedoch die Künstler_innen und Aktivist_innen im Zentrum meines Buches.

Einer von ihnen ist der bildende Künstler André Raatzsch, der zur ersten Kunstausstellung von Rrom_nja auf der venezianischen Biennale 2007 beitrug. Der »Roma Pavilion« war eine der wenigen Gelegenheiten, bei der diese durch und durch europäische Minderheit als solche anerkannt wurde. Die Rrom_nja, ein Begriff, der eine transnationale, vielsprachige und multireligiöse Gemeinschaft zusammenfasst, sind eng an die noch immer marginalisierte Geschichte der »Zweiten Welt« gebunden, Europas Ost-Transit-Zone für nichteuropäische Immigrant_innen, die europäische rassifizierte Differenz vollstreckt und dabei selbst einen eher uneindeutigen Anspruch an Weißsein besitzt. Rrom_nja-Bevölkerungen spielen eine zentrale Rolle in der Geschichte des sich vereinigenden Europas, wobei sie in dessen Gedächtnis beinahe völlig abwesend sind. Dies ist in der fortgesetzten Unhörbarmachung des Porajmos besonders deutlich, der Ermordung einer halben Millionen Rrom_nja als »Zigeuner« in deutschen Vernichtungslagern. Künstler_innen wie Raatzsch gehen mit ihrer Arbeit gegen dieses Verschweigen an: Seine eingangs zitierte Definition von Ganzheit [als »das Akzeptieren von Widersprüchen, das Erfahren von Universalität, das Neubewerten von Werten«] hallt mit dem Ansatz an Differenz im Frauen-of-Color-Feminismus wider, wo Unterschiede kein Hindernis für, sondern die Quelle von Einigkeit sind (Anzaldúa/Moraga 1981). Dieses Verständnis von Ganzheit könnte also gut als ein Motto für die ganze Bewegung des Queerens von Ethnizität funktionieren. Der hier analysierte Aktivismus hat die politische Landschaft dauerhaft verändert; nicht durch das Anbieten klarer Lösungen, sondern durch das Betonen von Möglichkeiten. Die unkontrollierbare [*irrepressible*] Offenheit einer »unendlichen und unbestimmbaren Bewegung« (Glissant 1989, 175) signalisiert eine Abkehr von essenzialistischen Identitätskonzepten und einen Schritt über nationale Geschichten und ethnisierte Grenzziehungen hinweg, der angesichts eines weltweit verstärkten Essenzialismus dringender denn je erscheint.

Literatur

Abdol-Hamid, Asmaa. 16.5.2007. Her Choice to Wear a Headscarf. In: KV-Info. http://www.kvinfo.dk/side/674/article/61/ (letzter Zugriff: 30.5.2015).

Abou Jahjah, Dyab. 8.3.2005. The Thirty-Year War on Terror. https://www.opendemocracy.net/conflict-terrorism/article_2362.jsp (letzter Zugriff: 30.5.2015).

—. 26.1.2005. Open Letter from Dyab Abou Jahjah to AEL Members and Sympathizers. http://archive.indymedia.be/news/2003/06/67473.html (letzter Zugriff: 30.5.2015).

Abraham, Ibrahim. 2007. The Veil and the Closet: Islam and the Production of Queer Space. Queer Space: Centres and Peripheries. http://www.dab.uts.edu.au/ conferences/Queer space (letzter Zugriff: 16.11.2008).

Adelson, Leslie. 2005. The Turkish Turn in Contemporary German Literature: Toward a New Critical Grammar of Migration. New York: Palgrave MacMillan.

Afzal-Khan, Fawzia. 2005. Shattering the Stereotypes: Muslim Women Speak Out. Northampton, Massachusetts: Olive Branch Press.

Agathangelou, Anna/Bassichis, Daniel/Spira, Tamara. 2008. Homonormativity, Global Lockdown, and the Seductions of Empire. Radical History Review 1000: 120-143.

AG Mov!ng On. 2005. Mov!ng On: Handlungen an Grenzen – Strategien zum antirassistischen Handeln / Border Activism – Strategies for Anti-racist Actions. Berlin: Neue Gesellschaft für Bildende Kunst.

Ahmed, Fiza. 20.4.2006. Nu even niet. Text nicht mehr online verfügbar.

Alexander, M. Jacqui. 2005. Pedagogies of Crossing: Meditations of Feminism, Sexual Politics, Memory, and the Sacred. Durham, N.C.: Duke University Press.

Alloula, Malik. 1986. The Colonial Harem. Minneapolis: University of Minnesota Press.

Aly, Goetz. 2003. Rasse und Klasse, Nachforschungen zum deutschen Wesen. Frankfurt a. M.: Fischer.

Amiraux, Valerie. 2004. Restructuring Political Islam: Transnational Belonging and Muslims in France and Germany. In: Azza Karam (Hg.): Transnational Political Islam: Religion, Ideology, and Power, London: Pluto Press. 28-57.

Amsterdam-Slotervaart City Council. April 2007. Slotervaart Action Plan: Countering Radicalisation. http://www.amsterdam.nl/publish/pages/164993/amsterdam_against_radicalisation.pdf (letzter Zugriff: 30.5.2015).

—. Februar 2008. Progress Report Slotervaart Action Plan: Countering Radicalisation. https://toolbox-extremisme.nctv.nl/documentatie/beleidsstukken/progress-report-slotervaart-action-plan (letzter Zugriff: 30.5.2015).

Anderson Anderson, Perry. 2007. Depicting Europe. London Review of Books 29/18. 13-21.

Anthony, Andrew. 4.2.2007. Ayaan Hirsi Ali: Taking the Fight to Islam. The Observer.

Anzaldúa, Gloria/Moraga, Cherríe (Hg.). 1981. This Bridge Called My Back – Writings by Radical Women of Color. Watertown, Massachusetts: Persephone Press.

Appadurai, Arjun. 1992. Modernity at Large: Cultural Dimensions of Globalization. Minneapolis: University of Minnesota Press.

Applebaum, Anne. 4.2.2007. The Fight for Muslim Women. The Washington Post.

Arendt, Hannah. 1951. The Origins of Totalitarianism. New York: Harcourt.

Arts, Hiske/Nabha, Anita. 2001. Education in the Netherlands: Segregation in a ›Tolerant‹ Society. In: Humanity in Action Research Report. http://www.humanityinaction.org/knowledgebase/6-education-in-the-netherlands-segregation-in-a-tolerant-society (letzter Zugriff: 30.5.2015).

Ash, Timothy Garton. 2004. Free World: America, Europe, and the Surprising Future of the West. New York: Random House.

Assmann, Aleida. 2007. Europe: A Community of Memory? GHI Bulletin 40. 11-25.

Astier, Henri. 2.11.2005. French Muslims Face Job Discrimination. BBC News. http://news.bbc.co.uk/2/hi/europe/4399748.stm (letzter Zugriff: 30.5.2015).

Ateş, Seyran. 2008. Der Multikulti-Irrtum: Wie wir in Deutschland besser zusammen leben können. Berlin: Ullstein.

Ayim, May. 2002. Grenzenlos und Unverschämt. Frankfurt: Fischer.

—. 2005. Blues in Black and White. Trenton, N.J.: Africa World Press.

Baer, Martin. 1999. Befreien Sie Afrika. Deutschland. 83 min.

Baker, Houston A., Jr./Diawara, Manthia/Lindeborg, Ruth H. (Hg.). 1996. Black British Cultural Studies: A Reader. Chicago: The University of Chicago Press.

Balibar, Étienne. 2004. We, the People of Europe? Reflections on Transnational Citizenship. Princeton, N.J.: Princeton University Press. // 2003. Sind wir Bürger Europas? Politische Integration, soziale Ausgrenzung und die Zukunft des Nationalen. Hamburger Edition. Übersetzt von Olga Anders, Holger Fliessbach und Thomas Laugstein.

Balibar, Étienne/Wallerstein,Émmanuel. 1991. Race, Nation, Class: Ambiguous Identities. London: Verso Publications.

Bandini, Paolo. 20.4.2009. Racist Chants Overshadow Juventus's Stirring Comeback against Inter. The Guardian. http://www.guardian.co.uk/sport/blog/2009/apr/20/paolo-bandini-serie-a-juventus-internazionale (letzter Zugriff: 30.5.2015).

Baudrillard, Jean. 2006. The Pyres of Autumn. New Left Review 37, Jan./Feb.. 5-7.

Baumann, Martin. 2001. That Word ›Diaspora‹. irishdiaspora.net (letzter Zugriff: 30.5.2015).

Bayoumi, Moustafa. 2003. Moving Beliefs: The Panama Manuscript of Sheikh Sana See and African Diasporic Islam. In: Interventions 5/1. 58-81.

—. 2006. Racing Religion. In: New Centennial Review, 6/2. 267-293.

—. 2008. How Does It Feel to Be a Problem? Being Young and Arab in America. London: Penguin.

BBC News Special. 15.9.2006. Migrant Crisis. Spain deports Senegalese migrants. http://news.bbc.co.uk/2/hi/europe/5348192.stm (letzter Zugriff: 30.5.2015).

BBC News. 17.1.2007. Constitution ›Key for EU Success‹. http://news.bbc.co.uk/2/hi/europe/6269349.stm (letzter Zugriff: 30.5.2015).

BBC News. 18.2.2008. French Police Target Riot Leaders. http://news.bbc.co.uk/2/hi/europe/7250102.stm (letzter Zugriff: 30.5.2015).

Bechler, Rosemary. 5.7.2004. Reinventing Islam in Europe: A Profile of Tariq Ramadan. open democracy. http://www.opendemocracy.net/faith-europe_islam/article_1996.jsp (letzter Zugriff: 30.5.2015).

—. 13.7.2004. A Bridge across Fear: An Interview with Tariq Ramadan. open democracy. http://www.opendemocracy.net/faith-europe_islam/article_2006.jsp (letzter Zugriff: 30.5.2015).

—. 2.3.2006. Democracy, Islam, and the Politics of Belonging. open democracy. https://www.opendemocracy.net/faith-terrorism/belonging_3317.jsp (letzter Zugriff: 30.5.2015).

Beck, Ulrich/Giddens, Anthony. 1.10.2005. Europa kann nicht auf den Ruinen der Nationen errichtet werden. Die Welt Online. http://lists.topica.com/lists/public.intelligence/read/message.html?sort=a&mid=912546164&start=0 (letzter Zugriff: 30.5.2015).

Beck-Gernsheim, Elisabeth. 2006. Türkische Bräute und die Migrationsdebatte in Deutschland. In: soFid Familienforschung 2. 9-16.

Becker, Jochen. 1998. BahnCard First? Euroland. Text nicht mehr online verfügbar. Projektübersicht hier: http://web.archive.org/web/20070706154710/http://www.moneynations.ch/main/index.htm (letzter Zugriff: 30.5.2015).

—. 1.10.1999. Im Gespräch: First Ladies. Sabuha Salaam, Fatma Souad und Edeltraut Plörrenhöfer über den schwulen türkischen Nachtclub ‚Salon Oriental'. In: Freitag 40. https://www.freitag.de/autoren/der-freitag/first-ladies (letzter Zugriff: 30.5.2015).

Benhabib, Seyla. 2002. The Claims of Culture: Equality and Diversity in the Global Era. Princeton, N.J.: Princeton University Press.

Benhabib, Seyla/Fraser, Nancy (Hg.). 2004. Pragmatism, Critique, Judgment: Essays for Richard J. Bernstein. Cambridge, Massachusetts: MIT Press.

Benhabib, Seyla/Post, Robert. 2006. Another Cosmopolitanism: Hospitality, Sovereignty, and Democratic Iterations. Oxford: Oxford University Press.

Bentele, Ulrich. 8.11.2007. Die Politik erwacht langsam aus dem Dornröschenschlaf. Interview mit Seyran Ateş zum Nationalen Integrationsplan. Tagesschau Online. http://www.tagesschau.de/inland/integration6.html (letzter Zugriff: 30.5.2015).

Bernal, Martin. 1991. Black Athena: The Afroasiatic Roots of Classical Civilization. In: The Fabrication of Ancient Greece 1785–1985, 1. New Brunswick, New Jersey: Rutgers University Press.

Bhabha, Homi K. 1990. Nation and Narration. New York: Routledge.

—. 1996. Locations of Culture: Discussing Post-Colonial Culture. London: Routledge.

Heiner Bielefeldt. März 2006. Einbürgerungspolitik in Deutschland. Zur Diskussion über Leitkultur und Staatsbürgerschaftstests. Essay Nr. 3 des Deutschen Instituts für Menschenrechte, Berlin.

Blackshire-Belay, Carol A. 1996. The African-German Experience: Critical Essays. Westport, Connectitut: Praeger Publishers.

Bläser, Fatima/Oestreich, Heide. 7.6.2008. ›Lass dein Herz nicht brennen‹ – Betroffene über Ehrenmorde. die tageszeitung. http://www.taz.de/!18335/ (letzter Zugriff: 30.5.2015).

(Ohne Autor_in). 20.4.2006. ›Blonde Opfer‹ – Empörung über Schäuble. Spiegel Online. http://www.spiegel.de/politik/deutschland/blonde-opfer-empoerung-ueber-schaeuble-a-412195.html (letzter Zugriff 12.4.2015).

Bojadzijev, Manuela. 7.6.2001. Der Kanak Attak-Aha-Effekt und die Überwindung der antirassistischen Arbeitsteilung. aka 451. 14.

Bourdieu, Pierre/Wacquant, Loïc. 1999. On the Cunning of Imperialist Reason. In: Theory, Culture & Society, 16/1. 41-58. // 1999. Die List der imperialistischen Vernunft. In: Bourdieu, Pierre (Hg.): Liber. Internationales Jahrbuch für Kultur und Literatur 2, Konstanz. 3-20. Übersetzt von Daniela Böhmler. // März 1998. Sur les ruses de la raison impérialiste. In: Actes de la recherche en sciences sociales 121-122. 109-118. http://loicwacquant.net/assets/Papers/RUSESRAISONIMPERIALISTE-1998.pdf (letzter Zugriff: 6.2.2015).

Brandzel, Amy. 2005. Queering Citizenship? Same-Sex Marriage and the State. GLQ 11/2. 171-204.

Breger, Claudia. 1998. Ortlosigkeit des Fremden: Zigeunerinnen und Zigeuner in der deutschsprachigen Literatur um 1800. Wien: Böhlau.

—. 2000. ›Gekreuzt‹ und queer. Überlegungen zur Rekonzeptualisierung von Gender, Ethnizität und Sexualität. In: Röttger, Kati/Paul, Heike (Hg.). Differenzen in der Geschlechterdifferenz, Berlin: Erich Schmitt Verlag. 66-85.

Brodkin, Karen. 1998. How Jews Became White Folks and What That Says about Race in America. New Brunswick, N.J.: Rutgers University Press.

Bronfen, Elisabeth/Kavka, Misha (Hg.). 2001. Feminist Consequences – Theory for the New Century. New York: Columbia University Press.

Brothers, Caroline. 19.6.2008. EU Passes Tough Migrant Measure. New York Times. http://www.nytimes.com/2008/06/19/world/europe/19migrant.html (letzter Zugriff: 12.4.2015).

Brown, Daniel. 26.6.2008. Rap Musician under Legal Fire for ›Defamation‹. Radio France International. http://freemuse.org/archives/5710 (letzter Zugriff: 12.4.2015).

Browne, Anthony. 19.11.2004. Belgian MP Goes into Hiding after Criticising Muslims. The Times. http://www.thetimes.co.uk/tto/news/world/article1974649.ece (letzter Zugriff: 12.4.2015).

Brown, Wendy. 2006. American Nightmare: Neoliberalism, Neoconservatism, and De-Democratization. Political Theory 34/6. 690-714.

Brubaker, Rogers. 1992. Citizenship and Nationhood in France and Germany. Cambridge, Massachusetts: Harvard University Press.

—. 2004. Ethnicity without Groups. Cambridge, Massachusetts: Harvard University Press.

Bruckner, Pascal. 24.1.2007. Enlightenment Fundamentalism or Racism of the Anti-Racists? http://www.signandsight.com/features/1146.html (letzter Zugriff: 12.4.2015).

Brussa, Licia. 2007. Europe Today: Sex Work from a Female Labour Migration Perspective. In: Domenig et al. Overcoming Barriers. Migration, marginalisation and access to health and social services. Amsterdam: Foundation Regenboog AMOC. 103-115. http://mighealth.net/eu/images/e/e6/Corr.pdf (letzter Zugriff: 12.4.2015).

Buck-Morrs, Susan. 2000. Hegel and Haiti. In: Critical Inquiry 26. 821-865.

Buruma, Ian. 3.1.2005. Final Cut: After a Filmmaker's Murder, the Dutch Creed of Tolerance Has Come under Siege. The New Yorker. http://www.newyorker.com/archive/2005/01/03/050103fa_fact1 (letzter Zugriff: 12.4.2015).

—. 2006. Murder in Amsterdam. London: Penguin Books.

—. 4.2.2007. Tariq Ramadan Has an Identity Issue. The New York Times. http://www.nytimes.com/2007/02/04/magazine/04ramadan.t.html?_r=1&th=&emc=th&pagewanted=print2007 (letzter Zugriff: 12.4.2015).

Büscher, Wolfgang/Wahba, Annabel. 18.12.2009. Es geht nicht um Schwarze. Es geht um Weiße. Zeit Online. http://www.zeit.de/2009/52/Wallraff-im-Gespraech?page=all (letzter Zugriff: 12.4.2015).

Buschmann, Rainer. 2000. Exploring Tension in Material Culture: Commercializing Ethnograpy in German New Guinea 1870–1904. In: O'Hanlon, Michael/Welsh, Robert (Hg.). Hunting the Gatherers, New York: Berghan Books. 55-80.

Butler, Judith. 1990. Gender Trouble – Feminism and the Subversion of Identity. New York: Routledge.

—. 1993. Imitation and Gender Insubordination. In: Abelove, Henry et al. (Hg.). The Lesbian and Gay Studies Reader, New York: Routledge. 307-320. // 1996. Imitation und die Aufsässigkeit der Geschlechtsidentität. In: Hark, Sabine. Grenzen lesbischer Identigäten. Berlin: Quer Verlag. 15-37. Übersetzt von Claudia Brusdeylins.

—. 1993. Bodies That Matter – On the Discursive Limits of Sex. New York: Routledge.

—. 1997. Excitable Speech – A Politics of the Performative. New York: Routledge.

—. 1997. Merely Cultural. In: Social Text 52/53. 265-277.

—. 2001. The End of Sexual Difference? In: Bronfen/Kavka. Feminist Consequences. 414–34.

Butterwegge, Christoph, et al. 1999. Medien und multikulturelle Gesellschaft. Opladen: Leske und Budrich.

Byfield, Judith (Hg.). 2000. Special Issue: Rethinking the African Diaspora. In: African Studies Review 43/1.

Cakir, Naime. 11.4.2006. Emanzipation nur ohne Kopftuch? die tageszeitung. 11.

Campt, Tina. 2003. Other Germans – Black Germans and the Politics of Race, Gender, and Memory in the Third Reich. Ann Arbor, Michigan: University of Michigan Press.

Card, David/Schmidt, Christoph M. (Hg.). 2003. Symposium on ›Second-Generation Immigrants and the Transition to Ethnic Minorities‹. In: Journal of Population Economics 16/4. 707-849.

Casanova, José. 29.7.2004. Religion, European Secular Identities, and European Integration. Eurozine. http://www.eurozine.com/articles/2004-07-29-casanova-en.html (letzter Zugriff: 12.4.2015).

Case, Sue-Ellen/Brett, Philip/Foster, Susan Leigh. 1995. Cruising the Performative. Interventions into the Representation of Ethnicity, Nationality, and Sexuality. Bloomington: Indiana University Press.

Celik, Neco. 2005. Wir wollten Respekt und natürlich Mädels beeindrucken. In: Interface (Hg.). WiderstandsBewegungen. 211-217.

Cervulle, Maxime. 2008. French Homonormativity and the Commodification of the French Arab Body. Radical History Review 100. 170-179.

Césaire, Aimé. 1972. Discourse on Colonialism. New York: Monthly Review Press. Übersetzt von Joan Pinkham. // Aimé Césaire. 1968. Über den Kolonialismus. Berlin: Wagenbach. Übersetzt von Monika Kind. // Césaire, Aimé. 1955. Discours sur le colonialisme. Paris: Éditions Présence Africaine.

Charim, Isolde. 8.11.2005. Wirklichkeit wird sichtbar. die tageszeitung. http://www.taz.de/1/archiv/?dig=2005/11/08/a0182 (letzter Zugriff: 12.4.2015).

Chasin, Alexandra. 2000. Selling Out – The Gay and Lesbian Movement Goes to Market. New York: Palgrave.

Chauke, Prudence. 26.1.2009. Olumide Popoola – More Than Just a Poetess. http://www.jamati.com/online/books/olumide-popoola-more-than-just-a-poetess/ (letzter Zugriff: 12.4.2015).

Cheesman, Tom. 2.4.2002. Akçam – Zaimoglu – Kanak Attak: Turkish Lives and Letters in German. In: German Life and Letters 55. 180-95.

Choi, Sun-Ju/Miltiadid Oulis. 2005. Kanak TV – der offensive Blick. In: Interface (Hg.). WiderstandsBewegungen. 222-28.

Chow, Rey. 1998. Ethics after Idealism – Theory, Culture, Ethnicity, Reading. Bloomington: University of Indiana Press.

Chow, Rey. 2002. The Protestant Ethnic and the Spirit of Capitalism. New York: Columbia University Press.

Clifford, James. 1994. Diasporas. In: Cultural Anthropology 9. 302-338.

Coleman, Yves. 1.1.2006. The French Riots – Dancing with the Wolves. www.solidarity-us.org/node/33 (letzter Zugriff: 30.5.2015).

Combahee River Collective. 1981. Combahee River Collective Statement. A Black Feminist Statement 1977. Wieder abgedruckt in: Anzaldúa/Moraga. This Bridge Called My Back. 210-218.

Crenshaw, Kimberlé W. 1991. Mapping the Margins: Intersectionality, Identity Politics, and Violence against Women of Color. In: Stanford Law Review 43/6. 1241-1299.

Crul, Maurice/Vermeulen, Hans. 2003. The Second Generation in Europe. The International Migration Review 37/4. 965-998.

Crul, Maurice/Doomernik, Jeroen. 2003. The Turkish and Moroccan Second Generation in the Netherlands: Divergent Trends between and Polarization within the Two Groups. In: International Migration Review 37/4. 1039-1064.

Cruz-Malavé, Arnaldo/Malansan, Martin F. 2002. Queer Globalizations. Citizenship and the Afterlife of Colonialism. New York: New York University Press.

Cvetkovich, Ann. 2003. An Archive of Feelings: Trauma, Sexuality, and Lesbian Public Cultures. Durham, N.C.: Duke University Press.

Davis, Mike. März/April 2004. Planet of Slums, Urban Involution and the Informal Proletariat. In: New Left Review. 5–34.

Davis, Vaginal. Invasion of Privacy – Sneaking a Peek into the Personal Diary of Ms. Davis. http://www.vaginaldavis.com/diary.shtml (letzter Zugriff 30.5.2015).

Diederichsen, Diedrich (Hg.). 1998. Loving the Alien. Berlin: ID-Verlag.

Doan, Laura (Hg.). 1994. The Lesbian Postmodern. New York: Columbia University Press.

Domenig, Dagmar/Jane Fountain/Schatz, Eberhard/Bröring, Georg (Hg.) 2007. Overcoming Barriers – Migration, Marginalisation and Access to Health and Social Services. Amsterdam: Foundation Regenboog AMOC.

Donelly, Paul. 15.2.2002. Tariq Ramadan: The Muslim Martin Luther?http://www.salon.com/2002/02/15/ramadan_2/ (letzter Zugriff 30.5.2015).

Dougary, Ginny. 9.9.2006. The Voice of Experience – An Interview with Martin Amis. Times Online. http://www.martinamisweb.com/documents/voice_of_experience.pdf (letzter Zugriff 30.5.2015).

dpa. 10.8.2007. UNCHR wirft Deutschland in Flüchtlingsfrage Völkerrechtsbruch vor.

Dregni, Michael. 2004. Django – The Life and Music of a Gypsy Legend. Oxford: Oxford University Press.

Dryer, Richard. 1997. White. London: Routledge.

Duggan, Lisa. 2002. The New Homonormativity – The Sexual Politics of Neoliberalism. In: Castronovo, Russ/Nelson, Dana. Materializing Democracy. Durham, N.C.: Duke University Press. 173-194.

—. 2005. The Twilight of Equality? Neoliberalism, Cultural Politics, and the Attack on Democracy. Boston, Mass.: Beacon Press.

Eder, Angelika (Hg.) 2006. ›Wir sind auch da!‹ – Über das Leben von und mit Migranten in europäischen Großstädten. Hamburg: Dölling und Galitz.

Edwards, Brent Hayes. 2003. The Practice of Diaspora – Literature, Translation, and the Rise of Black Internationalism. Boston, Mass.: Harvard University Press.

Elam, Harry Jr./Jackson, Kennell. 2005. Black Cultural Traffic: Crossroads in Global Performance and Popular Culture. Ann Arbor, Mich.: The University of Michigan Press.

El-Tayeb, Fatima. 2001. Schwarze Deutsche. ›Rasse‹ und nationale Identität 1890-1933. Frankfurt a. M.: Campus.

—. 2001. Germans, Foreigners, and German Foreigners. Constructions of National Identity in Early 20th Century Germany. In: Hassan, Salah/Dadi, Iftikhar. Unpacking Europe – Towards a Critical Reading. Rotterdam: NAI. 72-85.

—. 2005. The Archive, the Activist, and the Audience, or Black European Studies – A Comparative Interdisciplinary Study of Identities, Positionalities, and Differences. In: Transit 1/1. 1-7.

—. 2006. Urban Diasporas – Race, Identity, and Popular Culture in a Post-Ethnic Europe. In: Motion in Place/Place in Motion – 21st Century Migration. JCAS Symposium Series 22. Population Movement in the Modern World. 10.

Eng, David. 1997. Out Here and Over There – Queerness and Diaspora in Asian American Studies. In: Social Text 52/53. 31-52.

—. 2000. Racial Castration – Managing Masculinity in Asian America. Durham, N.C.: Duke University Press.

Eshun, Kodwo. 1998. More Brilliant than the Sun – Adventures in Sonic Fiction. London: Quartet Books.

Essed, Philomena. 1991. Understanding Everyday Racism – An Interdisciplinary Theory. London: Sage.

European Commission. 16.7.2001. Council Conclusions on the World Conference against Racism, Racial Discrimination, Xenophobia and Related Intolerance. Brüssel: Rat für Allgemeine Angelegenheiten.

European Commission Directorate-General for Employment and Social Affairs. 2004. The Situation of Roma in an Enlarged European Union. Luxembourg: Office for Official Publications of the European Communities.

European Roma Rights Center. 2007. The Glass Box: Exclusion of Roma from Employment. Budapest.

Evans, Martin. 4.8.2006. Memories, Monuments, Histories: The Re-thinking of the Second World War since 1989. National Identities. 317-348.

Evangelische Kirche in Deutschland. 2012. Zahlen und Fakten zum kirchlichen Leben http://www.ekd.de/download/broschuere_2012.pdf (letzter Zugriff: 23.2.2015).

Fabian, Johannes. 1983. Time and the Other – How Anthropology Makes Its Object. New York: Columbia University Press.

Fanon, Frantz. 1965. Algeria Unveiled. In: A Dying Colonialism. New York: Monthly Review Press. 35-64.

Farred, Grant. 2003. What's My Name? Black Vernacular Intellectuals. Minneapolis: University of Minnesota Press.

Fehrenbach, Heide. 2005. Race after Hitler – Black Occupation Children in Postwar Germany and America. Princeton, N.J.: Princeton University Press.

Feldblum, Miriam. 2.5.1997. ›Citizenship Matters‹ – Contemporary Trends in Europe and the United States. Stanford Electronic Humanities Review.

Foreign Policy. Juli/August 2008. http://foreignpolicy.com/2008/05/15/top-100-public-intellectuals/ (letzter Zugriff: 30.5.2015).

Ferguson, Roderick A. 2004. Aberrations in Black – Toward a Queer of Color Critique. Minneapolis: University of Minnesota Press.

Florida, Richard. 2002. Bohemia and Economic Geography. In: Journal of Economic Geography 2. 55-71.

Forum, Instituut voor Multiculturele Ontwikkeling. 2003. Homoseksualiteit en gedeeld burgerschap. Utrecht: Forum.

Frankenberg, Ruth. 1993. White Women, Race Matters. London: Routledge.

Fraser, Nancy. 1997. Justice Interruptus. Critical Reflections on the ›Postsocialist‹ Condition. New York: Routledge.

Frassanito Network. 2006. We Didn't Cross the Border, the Border Crossed Us. www.noborder.org/files/060506frassanito_flyer.pdf (letzter Zugriff: 30.5.2015).

Fröhlich, Margrit et al. (Hg.). 2004. Interkulturalität in europäischer Perspektive – Jugendliche aus Migrationsfamilien und ihre Integrationschancen. Frankfurt a. M.: Brandes & Apsel.

Fuss, Diana. 1994. Interior Colonies – Frantz Fanon and the Politics of Identification. In: Diacritics 24/2-3. 19-42.

Gallissot, René. 12.10.2005. Mehdi Ben Barka et la Tricontinentale. Le Monde Diplomatique.

Gazic, Sabina/Kaplan, Derya/Lampe, Kore/Schaapman, Karina. 2006. Verborgen leed van tienermeiden in Amsterdam. Amsterdam: Partij van de Arbeid.

Gelbin, Cathy S./Konuk, Kader/Piesche, Peggy (Hg.). 1999. AufBrüche – Kulturelle Produktionen von Migrantinnen, Schwarzen und jüdischen Frauen in Deutschland. Königstein: Ulrike Helmer Verlag.

Gheorghe, Nicolae/Acton, Thomas. 3.9.1999. Dealing with Multiculturality – Minority, Ethnic, National, and Human Rights. In: Patrin Web Journal. Romani Culture and History. http://www.oocities.org/~patrin/multiculturality.htm (letzter Zugriff: 30.5.2015).

Ghorashi, Halleh. 14.3.2007. Why Ayaan Hirsi Ali Is Wrong. signandsight. http://www.signandsight.com/features/1250.html (letzter Zugriff: 30.5.2015).

Gilroy, Paul. 1992. The Black Atlantic – Modernity and Double Consciousness. Cambridge, Mass.: Harvard University Press.

—. 1994. Small Acts – Thoughts on the Politics of Black Cultures. London: Serpent's Tail.

—. 1999. › ... to Be Real‹ – The Dissident Forms of Black Expressive Culture. In: Ugwu, Cathrine. Let's Get It On – The Politics of Black Performance. Seattle, Washington: Bay Press. 12-33.

—. 2000. Against Race – Imagining Political Culture Beyond the Color Line. Cambridge, Mass.: Harvard University Press.

—. 2004. After Empire: Multiculture or Postcolonial Melancholia. New York: Routledge.

Glissant, Édouard. 1989. Caribbean Discourse – Selected Essays. Charlottesville, Va.: University of Virginia Press.

—. 1997. Poetics of Relation. Ann Arbor, Mich.: University of Michigan Press. Übersetzt von Betsy Wing. // Glissant, Édouard. 1990. Poétique de la Relation. Paris: Gallimard.

Göktürk, Deniz. 2001. Turkish Delight-German Fright – Migrant Identities in Transnational Cinema. In: Derman, Deniz/Ross, Karen/Dakovic, Nevena (Hg.). Mediated Identities. Istanbul: Bilgi University Press. 131-49.

—/David Gramling/Kaes, Anton. 2007. Germany in Transit – Nation and Migration 1955-2005. Berkeley, California: University of California Press.

Goldberg, David T. 1993. Racist Culture – Philosophy and the Politics of Meaning. Cambridge, Mass.: Blackwell.

—. 2006. Racial Europeanization. In: Ethnic and Racial Studies 29/2. 331-364.

Gopinath, Gayatri. 2005. Impossible Desires – Queer Diasporas and South Asian Public Cultures. Durham, N.C.: Duke University Press.

Gordon, Avery. 1997. Ghostly Matters – Haunting and the Sociological Imagination. Minneapolis: University of Minnesota Press.

Green, Charles (Hg.). 1997. Globalization and Survival in the Black Diaspora – The New Urban Challenge. Albany, N.Y.: State University of New York Press.

Greisalmer, Laurant. 19.9.2002. Maurice Papon une Carrière Française. Le Monde. http://www.lemonde.fr/old-societe/article/2002/09/19/ maurice-papon-une-carriere-francaise_291060_3226.html#ens_id=866527 (letzter Zugriff: 30.5.2015).

Griffin, Gabrielle/Braidotti, Rosi. 2001. Whiteness and European Situatedness. In: Griffin/Braidotti (Hg.). Thinking Differently – A Reader in European Women's Studies. London: Zed Books. 221-237.

Grigore, Delia. 28.7.2003. The Romanian Right and the ›Strange‹ Roma. https://www.opendemocracy.net/people-migrationeurope/article_1387.jsp (letzter Zugriff: 30.5.2015).

Gutiérrez Rodríguez, Encarnación/Steyerl, Hito (Hg.). 2002. Spricht die Subalterne Deutsch? Migration und postkoloniale Kritik. Münster: Unrast Verlag.

Guitta, Olivier. 16.10.2006. The State Department Was Right to Deny Tariq Ramadan a Visa. The Weekly Standard. http://www.weeklystandard.com/Content/Public/Articles/000/000/012/800naxnt.asp?pg=2 (letzter Zugriff: 30.5.2015).

Ha, Kien Nghi. 2005. Ethnizität und Migration Reloaded. Kulturelle Identität, Differenz und Hybridität im postkolonialen Diskurs. Berlin: Wissenschaftlicher Verlag.

—/al-Samarai, Nicola Lauré/Mysorekar, Sheila (Hg.). 2007. Re/visionen – Postkoloniale Perspektiven von People of Color auf Rassismus, Kulturpolitik und Widerstand in Deutschland. Münster: Unrast Verlag.

Habermas, Jürgen. April 2008. Die Dialektik der Säkularisierung. In: Blätter für deutsche und internationale Politik. 33-46.

—. 8.11.2006. Die Erweiterung des Horizonts. Kölner Stadtanzeiger.

—/Derrida, Jacques. 31.5.2003. Unsere Erneuerung – Nach dem Krieg: Die Wiedergeburt Europas. Frankfurter Allgemeine Zeitung.

Hägler, Max. 17.9.2007. Mit Internetspielen gegen Ausländer. die tageszeitung, http://www.taz.de/!5194884/ (letzter Zugriff: 30.5.2015).

Hage, Ghassan. 2003. Against Paranoid Nationalism – Searching for Hope in a Shrinking Society. London: Pluto Press.

Halberstam, Judith. 2001. Telling Tales – Brandon Teena, Billy Tipton, and Transgender Biography. In: Sanchez, Maria Carla/Schlossberg, Linda (Hg.). Passing – Identity and Interpretation in Sexuality, Race, and Religion. New York: New York University Press. 13-37.

—. 2005. In a Queer Time and Place: Transgender Bodies, Subcultural Lives. New York: New York University Press.

Hall, Stuart. 1991. Europe's Other Self. In: Marxism Today 18.

—. 2003. The White of Their Eyes: Racist Ideologies and the Media. In: Dines, Gail/Humez, Jean (Hg.). Gender, Race and Class in the Media. London: Sage. 18-22.

Halperin, David. 1995. Saint Foucault – Toward a Gay Hagiography. New York: Oxford University Press.

Hamé. 2002. Insécurité sous la plume d'un barbare. La Rumeur Magazine. https://lucid-state.org/forum/archive/index.php/t-4066.html (letzter Zugriff: 23.10.2014).

Hancock, Ian. 1987. The Pariah Syndrome – An Account of Gypsy Slavery and Persecution. Ann Arbor, Mich.: Karoma Press.

Hannerz, Ulf. 1996. Transnational Connections – Culture, People, Places. New York: Routledge.

Haraway, Donna. 1991. Simians, Cyborgs, and Women – The Reinvention of Nature. New York: Routledge.

Harding, Leonhard/Reinwald, Brigitte (Hg.). 1990. Afrika – Mutter und Modell der europäischen Zivilisation? Die Rehabilitierung des Schwarzen Kontinents durch Cheickh Anta Diop. Berlin: Dietrich Reimer Verlag.

Hargreaves, Alec G./McKinney, Mark (Hg.). 1997. Post-Colonial Cultures in France. New York: Routledge.

Harms, Florian. 7.6.2006. Reisewarnung zur WM. ›Ganz Ostdeutschland ist für Dunkelhäutige gefährlich.‹ Spiegel Online. http://www.spiegel.de/reise/aktuell/0,1518,419957,00.html (letzter Zugriff: 30.5.2015).

Hass, Amira. 2000. Drinking the Sea at Gaza – Days and Nights in a Land under Siege. New York: Picador USA.

Hegel, Georg Friedrich Wilhelm. 1945. Vorlesungen über die Philosophie der Geschichte. Stuttgart: Reclam.

Heinrich Böll Stiftung (Hg.). 2003. Von Kopftüchern und Grauschleiern. Ein Stück Stoff zwischen Politik, Kultur und Religion. Berlin: Beauftrage der Bundesregierung für Migration, Flüchtlinge und Integration.

Hermans, Mariette. 2002. Herinneringen aan Sister Outsider. Zwart, lesbisch en strijdbaar. June. Lover, 29/2. 16.

Herrmann, Axel. Lage der Flüchtlinge und Vertriebenen. In: Bundeszentrale für politische Bildung. Menschenrechte. http://www.bpb.de/izpb/8351/lage-der-fluechtlinge-und-vertriebenen?p=all (letzter Zugriff: 30.5.2015).

Hieronymous, Andreas. 2003. ›Not at Home and Dangerously Alone?‹ Gefahr und Sicherheit im Alltagsleben von Jugendlichen. Eine Studie in zwei Hamburger und zwei Londoner Stadtteilen. In: Eder. ›Wir sind auch da!‹. 291-312.

Hines, Darlene/Trica Keaton/Small, Stephen (Hg.). 2009. Black Europe and the African Diaspora. Urbana and Chicago, Ill.: University of Illinois Press.

Hirsi Ali, Aayan. 23.9.2006. Ik heb het land goed wakker geschud. Interview mit Steffi Louters. De Volkskrant. http://www.volkskrant.nl/dossier-archief/ik-heb-het-land-goed-wakker-geschud~a781483/ (letzter Zugriff: 30.5.2015).

—. 2007. Infidel. New York: Free Press.

—/van Gogh, Theo. 2004. Submission I. Niederlande. 10 min.

Hisama, Ellie M./Rapport, Evan (Hg.). 2005. Critical Minded – New Approaches to Hip-Hop Studies. Brooklyn, N.Y.: Institute for Studies in American Music.

Holert, Tom/Terkessidis, Mark. 1996. Mainstream der Minderheiten. Pop in der Kontrollgesellschaft. Berlin & Amsterdam: Edition ID-Archiv.

Holston, James (Hg.). 1996. Cities and Citizenship. A Special Issue of Public Culture.

Hong, Grace. 2006. The Ruptures of American Capital: Women of Color Feminism and the Culture of Immigrant Labor. Minneapolis: University of Minnesota Press.

—. 2008. ›The Future of Our Worlds‹ – Black Feminism and the Politics of Knowledge in the University under Globalization. In: Meridians – Feminism, Race, Transnationalism, 8/2. 95-115.

Honig, Bonnie. 2001. Democracy and the Foreigner. Princeton, N.J.: Princeton University Press.

—. 2006. Another Cosmopolitanism? Law and Politics in the New Europe. In: Benhabib/Post (Hg.). Another Cosmopolitanism. 102-127.

Honig, Jan Willem. 2001. Avoiding War, Inviting Defeat – The Srebrenica Crisis, July 1995. In: Journal of Contingencies and Crisis Management 9/4. 200-210.

Hopkins, Leroy T. (Hg.). 1999. Who Is a German? Historical and Modern Perspectives on Africans in Germany. Washington, D.C.: The American Institute for Contemporary German Studies.

Horton, James Oliver/Kardux, Johanna C. 2004. Slavery and the Contest for National Heritage in the United States and the Netherlands. In: American Studies International 42.

Hoving, Isabel. 2005. Circumventing Openness – Creating New Senses of Dutchness. In: Transit 1. 1-9.

Huber, Charles M. 2005. Ein Niederbayer im Senegal. Mein Leben zwischen zwei Welten. Frankfurt: Fischer.

Hügel-Marshall, Ika. 2001. Invisible Woman: Growing Up Black in Germany. New York: Continuum.

—/Ayim, May/Bubak, Ilona (Hg.). 1993. Entfernte Verbindungen – Rassismus, Antisemitismus, Klassenunterdrückung. Berlin: Orlanda.

Hull, Gloria/Scott, Patricia Bell/Smith, Barbara (Hg.). 1982. All the Women Are White, All the Blacks Are Men, but Some of Us Are Brave. New York: Feminist Press.

Huyssen, Andreas. 2005. Present Pasts – Urban Palimpsests and the Politics of Memory. Palo Alto, California: Stanford University Press.

—. 2003. Diaspora and Nation – Migration into Other Pasts. In: New German Critique 88. 147-164.

Interface (Hg.). 2005. WiderstandsBewegungen: Antirassismus zwischen Alltag & Aktion. Hamburg: Assoziation A.

Ireland, Doug. 28.11.2005. Why Is France Burning? The Nation. http://www.thenation.com/article/why-france-burning (letzter Zugriff: 30.5.2015).

Islamic Human Rights Commission. 11.5.2006. Über-citizens: Briefing on the Recent Naturalisation Tests in Germany, Part 1. http://www.ihrc.org.uk/attachments/6265_BR06_07GermanLawICitizenship.pdf (letzter Zugriff: 30.5.2015).

Ivanov, Andrey et al. (Hg.). 2006. At Risk – Roma and the Displaced in Southeast Europe. Bratislava: United Nations Development Programme.

Jackson, Peter A. 2009. Capitalism and Global Queering. National Markets, Parallels among Sexual Cultures, and Multiple Queer Modernities. GLQ 15/3. 357-394.

Jacobson, Matthew Fry. 1998. Whiteness of a Different Color. European Immigrants and the Alchemy of Race. Cambridge, Mass.: Harvard University Press.

Jakobs, Hans-Jürgen. 30.11.2009. Minarett-Verbot – Wenn der Staat das Volk nicht mehr versteht. Süddeutsche Zeitung. http://www.sueddeutsche.de/politik/minarett-verbot-wenn-der-staat-das-volk-nicht-mehr-versteht-1.133875 (letzter Zugriff: 30.5.2015).

Jam, Afdhere. 2008. Illegal Citizens – Queer Lives in the Muslim World. New York: Salaam Press.

James, Harold. 3.6.2003. Außenpolitik missverstanden – Europa schwelgt in gefährlicher Sehnsucht. Süddeutsche Zeitung.

Johnson, Dominic. 1.8.2007. Sarkozy befremdet Afrika. die tageszeitung. 1.

Johnson, E. Patrick. 2003. Appropriating Blackness – Performance and the Politics of Authenticity. Durham, N.C.: Duke University Press.

—/Henderson, May G. (Hg.). 2005. Black Queer Studies – A Critical Anthology. Durham, N.C.: Duke University Press.

Johnson, Sara E. 2009. »You Should Give Them Blacks to Eat« – Waging Inter-American Wars of Torture and Terror. In: American Quarterly 61/1. 65-92.

Judt, Tony. 10.2.2005. Europe vs. America. The New York Review of Books 52/2. http://www.nybooks.com/articles/17726 (letzter Zugriff: 30.5.2015).

Kagan, Robert. Juni/Juli 2002. Power and Weakness – Why the United States and Europe See the World Differently. Policy Review 113. http://users.clas.ufl.edu/zselden/course%20readings/rkagan.pdf (letzter Zugriff: 30.5.2015).

Kahlcke, Jan. 18.4.2006. Unterschicht aller Nationalitäten. die tageszeitung (taz nord). 24.

el Kaka, Imad/Kurşun, Hatice. 2002. Mijn geloof en mijn geluk. Islamitische meiden en jongen over hun homoseksuele gevoelens. Amsterdam: Schorer Boeken.

Kanak Attak. 1998. Ein Manifest gegen Mültükültüralizm, gegen demokratische und hybride Deutsche sowie konformistische Migranten. http://www.kanak-attak.de/ka/about/manif_deu.html (letzter Zugriff: 30.5.2015).

—/Karawane. 2005. Für und wider des Konzepts der Autonomie der Migration. In: Interface (Hg.). WiderstandsBewegungen, 362-376.

Kanak TV. 2001. Philharmonie Köln, 9 min.

—. 2002. Weißes Ghetto, 8 min.

—. 2006. Schland ist das Land, 11 min.

—/Karawane. 2006. Recolonizing Cologne, 45 min.

Kania, Magdalena. ›Here Comes the Rest‹ – A Sociological Perspective on Postcolonial Rethinking of the ›Second World‹ – The Case of Poland. http://postcolonial-europe.eu/index.php?option=com_content&view=article&id=85%3Ahere-comes-the-rest-a-sociological-perspective-on-postcolonial-rethinking-of-the-second-world-the-case-of-poland&catid=45%3Aattitudes&Itemid=65&lang=en (letzter Zugriff: 30.5.2015).

Kantara, Jeanine. 7.9.2000. »Schwarz. Und deutsch.« Die Zeit. http://www.zeit.de/2000/37/Schwarz_Und_deutsch_ (letzter Zugriff: 30.5.2015).

Karawane für die Rechte von Flüchtlingen und MigrantInnen. 2003. Englischsprachige Selbstbeschreibung. http://thecaravan.org/about (letzter Zugriff: 30.5.2015).

Karkayali, Serhat/Spenkoch, Uli. 1999. ›Dieser Song gehört uns!‹ – Interview mit Imran Ayata, Laura Mestre Vives und Vanessa Barth von Kanak Attak. In: Diskus – Frankfurter StudentInnen-Zeitschrift 1. 48.

Kaya, Ayhan. 2001. ›Sicher in Kreuzberg‹ – Constructing Diasporas – Turkish Hip-Hop Youth in Berlin. Bielefeld: Transcript.

—. 3.5.2006. The Beur Uprising – Poverty and Muslim Atheists in France. Eurozine. http://www.eurozine.com/articles/2006-05-03-kaya-en.html (letzter Zugriff: 30.5.2015).

Keaton, Trica. 2006. Muslim Girls and the Other France – Race, Identity Politics, and Social Exclusion. Bloomington: Indiana University Press.

Kelek, Neçla. 2005. Die Fremde Braut – Ein Bericht aus dem Innern des türkischen Lebens in Deutschland. Köln: Kiepenheuer & Witsch.

Kerner, Ina. 13.10.2007. Challenges of Critical Whiteness Studies. translate.eipcp.net. http://translate.eipcp.net/strands/03/kerner-strands01en (letzter Zugriff: 30.5.2015).

Khazaleh, Lorenz. 2000. Sein Ding machen – Eine ethnologische Feldforschung in der Hip-Hop-Szene Basels. Basel: Universität Basel. http://www.anthrobase.com/Txt/K/Khazaleh_L_02.htm (letzter Zugriff: 30.5.2015).

Khemiri, Jonas Hassen. 2007. Das Kamel ohne Höcker. München: Piper Verlag.

Kjær Jørgensen, Signe. 5.9.2008. Representing Danish Headscarf-Wearing Muslims – A Mapping of Aporias for Identity Formation. Conference Paper for ›Representing Islam: Comparative Perspectives‹ at University of Sussex. Spätere Publikation: Why wear a headscarf in parliament? Danish secularist, nationalist and feminist ideas about Muslims. In: Flood et al. (Hg.). 2012. Political and cultural representations of Muslims. Islam in the plural. Leiden, Holland: Brill Academic Publishers, Incorporated. 47-62. http://rudar.ruc.dk//bitstream/1800/12676/1/SKJChapter_3_why_wear.pdf (letzter Zugriff: 30.5.2015).

Klausen, Jytte. 8.2.2006. Cartoon Jihad – Rotten Judgment in the State of Denmark. http://www.spiegel.de/international/cartoon-jihad-rotten-judgment-in-the-state-of-denmark-a-399653.html (letzter Zugriff: 30.5.2015).

Kleeberg, Michael. 12.11.2005. Apartheid in Europa. Die Welt. http://www.welt.de/print-welt/article177060/Apartheid_in_Europa.html (letzter Zugriff: 30.5.2015).

Klimt, Andrea. 2003. Transnationale Zugehörigkeit – Portugiesen in Hamburg. In: Eder. ›Wir sind auch da!‹. 211-232.

Klingst, Martin. 25.9.2003. Feige Richter. Das Kopftuch-Urteil. Die Zeit. http://www.zeit.de/2003/40/Kopftuch (letzter Zugriff: 30.5.2015).

Körberling, Gesa. 2005. Das geht dich an, da draußen – Bevor wir betteln, geh'n wir klauen! Ist HipHop eine antirassistische Praxis? In: Interface: WiderstandsBewegungen, 229-238.

Korek, Janusz. Central and Eastern Europe from a Postcolonial Perspective. http://postcolonial-europe.eu/index.php?option=com_content%20&view=article%20&id=60%3A-central-and-eastern-europe-from-a-postcolonial-perspective%20&catid=35%3Aessays&Itemid=54&lang=en (letzter Zugriff: 30.5.2015).

Koshy, Susan. 2001. Morphing Race into Ethnicity – Asian Americans and Critical Transformations of Whiteness. In: Boundary 2/28/1. 153-194.

Kraushaar, Wolfgang. 15.7.2004. Aus der Protest-Chronik – 24.-30. August 1973: ›Die Gastarbeiter, das neue deutsche Proletariat begehrte auf‹. Eurozine. http://www.eurozine.com/articles/2004–07–15-kraushaar-de.html (letzter Zugriff: 30.5.2015).

Kramer, Julian. 1.8.2003. Living on the Edge: A Roma Clan in Ostrava, Czech Republic. http://www.opendemocracy.net/people-migrationeurope/article_1404.jsp (letzter Zugriff: 30.5.2015).

Krastev, Ivan. 14.8.2003. Nicht ohne mein Amerika. Die Zeit. 13.

Krekow, Sebastian/Steiner, Jens. 2000. Bei uns geht einiges: Die deutsche HipHop Szene. Berlin: Schwarzkopf & Schwarzkopf Verlag.

Kristeva, Julia. 1993. Nations without Nationalism. New York: Columbia University Press.

Langfur, Hal. 2006. Could This Be Heaven or Could This Be Hell? Reconsidering the Myth of Racial Democracy in Brazil. Ethnohistory 53. 603-613.

Latham, Robert/Sassen, Saskia. 2005. Digital Formation. Princeton, N.J.: University of Princeton Press.

Lefkovitz, Mary (Hg.). 1996. Black Athena Revisited. Chapel Hill: The University of North Carolina Press.

Lemke Muniz de Faria, Yara-Colette. 2002. Zwischen Fürsorge und Ausgrenzung: Afrodeutsche Besatzungskinder im Nachkriegsdeutschland. Berlin: Metropol.

Leydesdorff, Selma. April-Juni 2007. Stories from No Land: The Women of Srebrenica Speak Out. In: Human Rights Review. 187-198.

Liauzu, Claude. 28.4.2005. Une loi contre l'histoire. Le Monde Diplomatique.

Linguist. 25.3.1993. ›Schwarz‹ verstehen wir politisch. Die afrodeutsche HipHop-Gruppe Advanced Chemistry über ihre Erfahrungen mit alltäglichem Rassismus. die tageszeitung. 16.

Lionnet, Francoise/Shih, Shu-mei (Hg.). 2005. Minor Transnationalism. Durham, N.C.: Duke University Press.

—. 2011. The Creolization of Theory. Durham, N.C.: Duke University Press.

Lipsitz, George. 1994. Dangerous Crossroads – Popular Music, Postmodernism and the Poetics of Place. New York: Verso.

Loh, Hannes. 19.3.2003. 20 Jahre ›Afrodeutsch‹ Ein Exkurs über Sprache, Hiphop und Verantwortung. http://www.intro.de/kuenstler/interviews/23013581 (letzter Zugriff: 30.5.2015).

—/Güngör, Murat. 2002. Fear of a Kanak Planet, Hip-Hop zwischen Weltkultur und Nazi-Rap. Wien: Hannibal-Verlag.

Lorde, Audre. 1984. Sister Outsider. Freedom, California: The Crossing Press.

Lorde, Audre. 1993. Dichten ist kein Luxus. In: Lorde, Audre/Rich, Adrienne. Macht und Sinnlichkeit. Ausgewählte Texte. S. 88-91.

Lorde, Audre/Rich, Adrienne. 1983. Macht und Sinnlichkeit – Ausgewählte Texte von Audre Lorde und Adrienne Rich. Dagmar Schultz (Hg.). Berlin: Orlanda.

Lowe, Lisa. 1996. Immigrant Acts – On Asian American Cultural Politics. Durham, N.C.: Duke University Press.

Lucassen, Leo. 2005. The Immigrant Threat – The Integration of Old and New Migrants in Western Europe since 1850. Urbana, Ill.: University of Illinois Press.

Luibhéid, Eithne. 2002. Entry Denied – Controlling Sexuality at the Border. Minneapolis: University of Minnesota Press.

—/Cantú, Lionel Jr. 2005. Queer Migrations – Sexuality, U.S. Citizenship, and Border Crossings. Minneapolis: University of Minnesota Press.

van der Made, Yan. 11.5.2007. Sarkozy and Chirac Attend Event Marking France's Abolition of Slavery. Network Europe Radio. http://networkeurope.radio.cz/feature/sarkozy-and-chirac-attend-event-marking-frances-abolition-of-slavery (letzter Zugriff: 30.5.2015).

Mahmood, Saba. 2005. Politics of Piety – The Islamic Revival and the Feminist Subject. Princeton, N.J.: Princeton University Press.

—. 2006. Secularism, Hermeneutics, and Empire – The Politics of Islamic Reformation. In: Public Culture 18/2. 323-347.

Mak, Geert. 2005.Der Mord and Theo van Gogh – Geschichte einer moralischen Panik. Frankfurt a.M.: Suhrkamp.

Manalansan, Martin. 2003. Global Divas – Filipino Gay Men in the Diaspora. Durham, N.C.: Duke University Press.

—. 2005. Race, Violence, and Neoliberal Spatial Politics in the Global City. In: Social Text 84-85/23. 141-56.

Marlet, George. 4.11.2006. Verbijstering over lintje Dutchbat Srebrenica. Trouw. http://www.trouw.nl/tr/nl/4324/nieuws/article/detail/1686197/2006/11/04/Verbijstering-over-lintje-Dutchbat-Srebrenica.dhtml (letzter Zugriff: 30.5.2015).

Martens, Daniela. 29.7.2006. ›Eigentlich bin ich gar nichts‹. Der Tagesspiegel. http://www.tagesspiegel.de/berlin/eigentlich-bin-ich-gar-nichts/735064.html (letzter Zugriff: 30.5.2015).

Martin, Biddy. 1994. Sexualities without Genders and Other Queer Utopias. In: Diacritics 24/2-3. 104-121.

Maschino, Maurice T. April 2001. The Hidden History of the Algerian War. Le Monde diplomatique. http://mondediplo.com/2001/04/04algeriatorture (letzter Zugriff: 30.5.2015).

Mavroudi, Elizabeth. 2007. Diaspora as Process: (De)Constructing Boundaries. In: Geography Compass 1/3. 467-479.

Mazon, Patricia/Steingröver, Reinhild. 2005. ›Not So Plain as Black and White‹. Afro-German Culture and History, 1890-2000. Rochester, N.Y.: University of Rochester Press.

Mazrui, Ali A. 2005. The Re-Invention of Africa: Edward Said, V. Y. Mudimbe, and Beyond. Research in African Literatures 36/3. 68–82.

Mbembe, Achille. 2001. On the Postcolony. Berkeley: University of California Press.

—. 2003. Necropolitics. In: Public Culture 15/1. 11-40.

—. 9.1.2008. What is Postcolonial Thinking? http://www.eurozine.com/articles/2008-01-09-mbembe-en.html (letzter Zugriff: 30.5.2015).

McClintock, Anne. 1995. Imperial Leather – Race, Gender, and Sexuality in the Colonial Contest. New York: Routledge.

—/Aamir, Mufti (Hg.). 1997. Dangerous Liaisons – Gender, Nation, and Postcolonial Perspectives. Minneapolis: University of Minnesota Press.

McNevin, Anne. 2006. Political Belonging in a Neoliberal Era – The Struggle of the Sans-Papiers. In: Citizenship Studies 10/2. 135-151.

Meinhof, U. H./Galasinski, D. 2000. Border Discourse – Changing Identities, Changing Nations, Changing Stories in European Border Communities. Brüssel: Europäische Kommission.

Menrath, Stefanie. 2001. Represent What ... Performativität von Identitäten im Hip-Hop. Hamburg: Argument.

Mercer, Kobena. 1994. Welcome to the Jungle – New Positions in Black Cultural Studies. New York: Routledge.

Ministerie van Defensie. 15.8.2005. Toespraak voor de Staatssecretaris van Defensie Cees van der Knaap ter gelegenheid van de uitreiking van een koninklijke onderscheiding aan de heer Van Russel. Paramaribo, Suriname. http://www.nieuwsbank.nl/inp/2005/08/17/L069.htm (kostenpflichtig, letzter Zugriff 16.9.2010).

de Moor, Margriet. 23.4.2007. Alarm Bells in Muslim Hearts. http://www.signandsight.com/features/1309.html (letzter Zugriff: 30.5.2015).

Morice, Alain. 24.1.2006. Comprendre avant de juger: à propos des émeutes urbaines en France. http://battu.jeancharles.perso.sfr.fr/Terminale/Les%20emeutes%20urbaines%20une%20approche%20sociologique.pdf (letzter Zugriff: 30.5.2015).

Morisson, Toni. 1992. Playing in the Dark – Whiteness and the Literary Imagination. New York: Vintage.

Morsy, Soheir. 1994. Beyond the Honorary ›White‹ Classification of Egyptians – Societal Identity in Historical Context. In: Gregory, Steven/Sanjek, Roger (Hg.). Race. New Brunswick, N.J.: Rutgers University Press. 175-198.

Mosse, George L. 1978. Towards the Final Solution. Madison: University of Wisconsin Press.

Moten, Fred. 2003. In the Break – The Aesthetics of the Black Radical Tradition. Minneapolis: University of Minnesota Press.

Mudure, Michaela. 10.-13.11.2005. The Black Romanians. A Question of Race or a Question of Gypsiness? Paper presented at ›Challenging Europe – Black European Studies in the 21st Century‹ First International, Interdisciplinary Conference of BEST, Akademie Schmitten.

Muñoz, José Estaban. 1999. Disidentifications – Queers of Color and the Performance of Politics. Minneapolis: University of Minnesota Press.

Museum van Europa. 2007. Dit is Onze Geschiedenis! 50 Jaar Europees Aventuur. Brussels. http://www.expo europe.be/nl/site/musee/musee-europe-bruxelles.html (accessed February 15, 2010). // Europamuseum 2007. 50 Jahre europäisches Abenteuer. http://www.expo-europe.be. Siehe auch das museumspädagogische Begleitheft (der Ausstellungskatalog ist nicht auf deutsch verfügbar) http://www.expo-europe.be/images/pdf/cnh-sch%FClerheft.pdf (letzter Zugriff: 1.5.2015).

Mysorekar, Sheila. 2007. Guess My Genes – Von Mischlingen, MiMiMis und Multiracials. In: Ha/al-Samarai/Mysorekar. re/visionen. 161-170.

Nadeau, Chantal. 2000. Between Queer-and-Lesbian – Translated Politics. In: Women's Caucus for the Modern Language Association (Hg.). Concerns 27/3-4. 53-66.

Napoli, James P. März 1997. A 1961 Massacre of Algerians in Paris – When the Media Failed the Test. Washington Report on Middle Eastern Affairs. 36.

Novick, Peter. 1999. The Holocaust in American Life. New York: Houghton Mifflin Co.

—. 2007. Comments on Aleida Assmann's Lecture. GHI Bulletin 40. 27-31.

OECD. 2006. Programme for International Student Assessment, Where Immigrant Students Succeed – A Comparative Review of Performance and Engagement in PISA 2003. Paris.

Oguntoye, Katharina. 1997. Eine Afro-deutsche Geschichte. Zur Lebenssituation von Afrikanern und Afro-Deutschen in Deutschland von 1884 bis 1950. Berlin: Hoho Verlag Christine Hoffman.

—/Opitz,May/Schultz Dagmar (Hg.) 1986. Farbe bekennen. Afro-deutsche Frauen auf den Spuren ihrer Geschichte. Berlin: Orlanda Verlag // Showing Our Colors. Afro-German Women Speak Out. Amherst: University of Massachusetts Press. Übersetzt von Anne V. Adams.

Open Society Institute. 2007. Muslims in EU Cities – Background Research Report Denmark. http://www.opensocietyfoundations.org/sites/default/files/museucitiesden_20080101_0.pdf (letzter Zugriff: 30.5.2015).

—. 2007. Muslims in EU Cities – Background Research Report Germany. http://www.opensocietyfoundations.org/sites/default/files/museucitiesger_20080101_0.pdf (letzter Zugriff: 30.5.2015).

—. 2007. Muslims in EU Cities – Background Research Report Netherlands. http://www.opensocietyfoundations.org/sites/default/files/museucitiesnet_20080101_0.pdf (letzter Zugriff: 30.5.2015).

—. 1.12.2009. At Home in Europe Project Muslims in Europe – A Report on 11 EU Cities Findings and Recommendation. http://www.opensocietyfoundations.org/reports/muslims-europe-report-11-eu-cities (letzter Zugriff: 30.5.2015).

Osman, Ghada/Forbes, Camille F. 2004. Representing the West in the Arabic Language – The Slave Narrative of Omar Ibn Said. In: Journal of Islamic Studies 15/3. 331-343.

van Ours, Jan C./Veenman, Justus. 2003. The Educational Attainment of Second-Generation Immigrants in the Netherlands. In: Journal of Population Economics 16/4. 739-753.

Owen, Richard. 5.7.2008. Italy Gypsies Find Echoes of Nazism in Fingerprinting Move. Erstveröffentlichung in: The Times. https://aftermathnews.wordpress.com/2008/07/05/italy-gypsies-find-echoes-of-nazism-in-fingerprinting-move/ (letzter Zugriff: 30.5.2015).

Patterson, Tiffany/Kelley, Robin. 2000. Unfinished Migrations – Reflections on the African Diaspora and the Making of the Modern World. In: African Studies Review 43. 11-50.

Patton, Cindy/Sánchez-Eppler, Benigno. 2000. Queer Diasporas. Durham, N.C.: Duke University Press.

People Flow (Hg.). Migration in Europe. http://www.opendemocracy.net/globalization-migrationeurope/issue.jsp (letzter Zugriff: 30.5.2015).

Perez, Hiram. 2005. You Can Have My Brown Body and Eat It, Too! In: Social Text 84-85/ 23. 171 192.

Petzen, Jennifer. 2004. Home or Homelike? Turkish Queers Manage Space in Berlin. Space & Culture 7/1. 20-32.

Pfaff, William. 25.11.2004. Europe Pays the Price for Its Cultural Naïveté. International Herald Tribune.

Phillips, Caryl. 1987. The European Tribe. New York: Random House.

Pilz, Gunter. 22.2.2007. Offener Rassismus und ein ausgeprägtes Feindbild. http://www.bpb.de/politik/extremismus/rechtsextremismus/41792/offener-rassismus-und-ein-ausgepraegtes-feindbild (letzter Zugriff: 30.5.2015).

PJ. 14.5.2006. La Rumeur devant ses juges. http://www.acontresens.com/contrepoints/societe/29.html (letzter Zugriff: 30.5.2015).

Poggioli, Sylvia. 6.8.2006. French Rap Musicians Blamed for Violence. NPR World.

Pomrehn, Wolfgang. 12.4.2006. Ausbürgerung der sozialen Probleme. Telepolis. http://www.heise.de/tp/r4/artikel/22/22448/1.html (letzter Zugriff: 30.5.2015).

Popham, Peter. 16.5.2008. Italian Tolerance Goes Up in Smoke as Gypsy Camp is Burnt to Ground. The Independent. http://www.independent.co.uk/news/world/europe/italian-tolerance-goes-up-in-smoke-as-gypsy-camp-is-burnt-to-ground-829318.html (letzter Zugriff: 30.5.2015).

Popoola, Olumide/Sezen, Beldan (Hg.). 1999. Talking Home – Heimat aus unserer eigenen Feder. Frauen of Color in Deutschland. Amsterdam: blue moon Press.

Povoledo, Elisabetta. 8.6.2008. Gypsies in Italy Protest Prejudice. The New York Times. http://www.nytimes.com/2008/06/08/world/europe/08iht-italy.4.13556317.html?_r=0 (letzter Zugriff: 30.5.2015).

Prashad, Vijay. 2002. Everybody Was Kung Fu Fighting – Afro-Asian Connections and the Myth of Cultural Purity. Boston: Beacon Press.

—. 2008. The Darker Nations – A People's History of the Third World. New York: New Press.

Preston, Julia.26.1. 2006. Lawsuit Filed in Support of Muslim Scholar Barred from U.S. The New York Times. http://www.nytimes.com/2006/01/26/national/26suit.html (letzter Zugriff: 30.5.2015).

Pronk, Iris. 21.5.2007. Dope Man, om hier rapteksten te spitten. Trouw. http://www.trouw.nl/tr/nl/4324/Nieuws/article/detail/1678008/2007/05/21/rsquo-Dope-man-om-hier-rapteksten-te-spitten-rsquo.dhtml (letzter Zugriff: 30.5.2015).

Puar, Jasbir/Rai, Amit. Monster, Terrorist, Fag – The War on Terrorism and the Production of Docile Patriots. In: Social Text 20/202. 117-148.

Puar, Jasbir. 2007. Terrorist Assemblages – Homonationalism in Queer Times. Durham, N.C.: Duke University Press.

Puschner, Sebastian. 9.12.2008. Ein deutscher Name ist die halbe Miete. die tageszeitung. http://www.taz.de/!5171630/ (letzter Zugriff: 30.5.2015).

Quaestio (Hg.). 2000. Queering Demokratie – Sexuelle Politiken. Berlin: Querverlag.

Queeley, Andrea. 2003. Hip-Hop and the Aesthetics of Criminalization. In: Souls 5/1. 1-15.

Quist, Pia. 2000. New Copenhagen ›Multi-ethnolect‹ – Language Use among Adolescents in Linguistic and Culturally Heterogeneous Settings. Danske Talesprog 1. Institut for Dansk Dialektforskning. København: C.A. Reitzels Forlag. 143-212.

Raatzsch, Jenő André. In: Junghaus, Tímea/Székely, Katalin. Paradise Lost – The First Roma Pavilion, 10. Juni – 21. November 2007. 152-155. http://www.opensocietyfoundations.org/sites/default/files/paradise_20090615.pdf (letzter Zugriff: 30.5.2015).

Rabaka, Reiland. 2007. The Souls of White Folk – W. E. B. Du Bois's Critique of White Supremacy and Contributions to Critical White Studies. In: Journal of African American Studies 11. 1 15.

Rahmsdorf, Inga. 24.5.2006. Schlechte Chancen für Aussiedlerkids. die tageszeitung. 16.

Ramadan, Tariq. 22.12.2001. Existe-t-il un antisémitisme islamique? Oumma. http://oumma.com/Existe-t-il-un-antisemitisme (letzter Zugriff: 30.5.2015).

—. 3.10.2003. Critique des (nouveaux) intellectuels communautaires. Oumma. http://oumma.com/Critique-des-nouveaux (letzter Zugriff: 30.5.2015).

—. 21.9.2006. The Pope and Islam – The True Debate. http://www.digitalnpq.org/articles/global/114/09-19-2006/tariq_ramadan (letzter Zugriff: 30.5.2015).

—. 16.2.2007. What the West Can Learn from Islam – The Chronicle of Higher Education. http://chronicle.com/weekly/v53/i24/24b00601.htm (letzter Zugriff: 30.5.2015).

—. 2009. Radical Reform – Islamic Ethics and Liberation. New York: Oxford University Press.

Raphael-Hernandez, Heike/Steen, Shannon. 2006. Afroasian Encounters – Culture, History, Politics. New York: New York University Press.

Rathe, Adam. 6.10.2007. You've Got ›Veil‹. The Brooklyn Paper. http://www.brooklynpaper.com/stories/30/39/30_39youvegotveil.html (letzter Zugriff: 30.5.2015).

Reckwitz, Andreas. 20.5.2009. Die Selbstkulturalisierung der Stadt. Eurozine. http://www.eurozine.com/articles/2009-05-20-reckwitz-de.html (letzter Zugriff: 30.5.2015).

Redactie Onderwijs. 16.11.2007. Segregatie op basisschool al ver gevorderd. Trouw. http://www.trouw.nl/onderwijs/article1509551.ece (letzter Zugriff: 30.5.2015).

Reed-Anderson, Paulette. 2000. Berlin und die afrikanische Diaspora. Rewriting the Footnotes. Berlin: Die Ausländerbeauftragte des Berliner Senats.

Reeder, Andre. 1996. Aan Niets Overleden. The Netherlands, 56 min.

Riegel, Christine. 2003. Wie junge Migrantinnen mit ethnisiert-vergeschlechtlichten Fremdzuschreibungen umgehen. Beiträge zur feministischen Theorie und Praxis 63/64. 59 73.

Rifkin, Jeremy. 2004. The European Dream – How Europe's Vision of the Future Is Quietly Eclipsing the American Dream. London: Tarcher/Penguin.

Riphahn, Regina T. 16.11.2003. Cohort Effects in the Educational Attainment of Second Generation Immigrants in Germany – An Analysis of Census Data. In: Journal of Population Economics 4. 711-737.

Roberts, Dorothy. 1997. Killing the Black Body – Race, Reproduction, and the Meaning of Liberty. New York: Random House.

Roediger, David. Juli/August 2006. The Retreat from Race and Class. The Monthly Review, 58/3. http://www.monthlyreview.org/0706roediger.htm (letzter Zugriff: 30.5.2015).

Rommmelspacher, Birgit. 2002. Anerkennung und Ausgrenzung: Deutschland als multikulturelle Gesellschaft. Frankfurt: Campus.

Roosen, Adelheid. 2007. The Veiled Monologues. In: Theater 37/2. 23-53.

—. 2010. Is.man. In: Martin, Carol (Hg.). The Dramaturgy of the Real on the World Stage. 109-148. New York: Macmillan.

Rooth, Dan-Olof/Ekberg, Jan. 16.11.2003. Unemployment and Earnings for Second Generation Immigrants in Sweden – Ethnic Background and Parent Composition. In: Journal of Population Economics 4. 787-814.

Rose, Tricia. 1991. Never Trust a Big Butt and a Smile. In: Camera Obscura 23. 109-131.

—. 1994. Black Noise – Rap Music and Black Culture in Contemporary America. Middleton, Connectitut: Wesleyan University Press.

Ross, Marlon. 2005. Beyond the Closet as Raceless Paradigm. In: Henderson/ Johnson (Hg.). Black Queer Studies. 161-189.

Runia, Eelco. 2004. ›Forget About It‹ – ›Parallel Processing‹ in the Srebrenica Report. In: History and Theory 43. 295-320.

Said, Edward. 1979. Orientalism. New York: Vintage.

—. 1997. Covering Islam – How the Media and the Experts Determine How We See the Rest of the World. New York: Vintage.

Sanchez, Maria Carla/Schlossberg, Linda (Hg.). 2001. Passing – Identity and Interpretation in Sexuality, Race, and Religion. New York: New York University Press.

Sandford, Alasdair. 1.11.2005. Anger Grips Paris Riot Suburb. BBC News. http://news.bbc.co.uk/2/hi/europe/4397056.stm (letzter Zugriff: 12.4.2015).

Sassen, Saskia. 2005. Spatialities and Temporalities of the Global – Elements for a Theorization. Public Culture 12/1. 215-232.

—/Latham, Robert. 2005. Digital Formations – Constructing an Object of Study. Princeton, New Jersey: Princeton University Press.

Sawyer, Lena. 2000. Routings – ›Race‹, African Diaspora, and Swedish Belonging. In: Transforming Anthropology 11/1. 13-35.

Scheuble, Verena/Wehner, Michael. Januar 2006. Fußball und nationale Identität. Der Bürger im Staat. http://www.buergerimstaat.de/1_06/identitaet.htm (letzter Zugriff: 12.4.2015).

Schmidt, Janek. 18.7.2008. Der neue Antisemitismus in Frankreich kommt von unten. Die Historikerin Diana Pinto über die Ängste französischer Juden, extremistische Imame und religiöse Bandenkriege in Paris. Süddeutsche Zeitung. 14.

Schofield, Hugh. 16.11.2005. French Rappers' Prophecies Come True. BBC News. http://news.bbc.co.uk/2/hi/europe/4440422.stm (letzter Zugriff: 12.4.2015).

Schramma, Fritz. Rede des Oberbürgermeisters Fritz Schramma anlässlich des Festakts zum 40.Jahrestag der Migration aus der Türkei am Freitag, 26. Oktober 2001, 10.00 Uhr, Philharmonie. http://www.stadt-koeln.de/

mediaasset/content/pdf-ob/reden/2001/10/26-migration-tuerkei-40jahre.pdf (letzter Zugriff: 12.4.2015).

Segato, R. L. 1998. The Color-Blind Subject of Myth – Or, Where to Find Africa in the Nation. In: Annual Review of Anthropology 27. 129-151.

Sellar, Tom. 2007. World Bodies. Adelheid Roosen and The Veiled Monologues. In: Theater 37/2. 7-21.

—. 25.9.2007. Death to the Unchaste – Europe's Muslim Women, and the Men Who Murder Them – Two Islam-Themed Plays at St. Ann's Warehouse. The Village Voice. http://www.villagevoice.com/2007-09-25/theater/death-to-the-unchaste/ (letzter Zugriff: 12.4.2015).

Şenocak, Zafer. 2000. Atlas of a Tropical Germany – Essays on Politics and Culture, 1990-1998. Leslie Adelson (Üb. + Hg.). Lincoln: University of Nebraska Press. // Original u.a.: Atlas des tropischen Deutschland. Berlin 1992.

Shah, Nayan. 2001. Contagious Divides – Epidemics and Race in San Francisco's Chinatown. Berkeley: University of California Press.

Shatz, Adam. 21.11.2002. The Torture of Algiers. In: The New York Review Of Books 49/18. http://www.nybooks.com/articles/15824 (letzter Zugriff: 12.4.2015).

Shepperson, George. 1993. African Diaspora – Concept and Context. In: Harris, Joseph (Hg.). Global Dimensions of the African Diaspora. Washington, D.C.: Howard University Press.

Sid-Ahmed, Mohamed. Januar 2004. The Furore over Tariq Ramadan. In: Al-Ahram 671. 1-7. http://weekly.ahram.org.eg/2004/671/op3.htm (letzter Zugriff: 12.4.2015).

Sieg, Katrin. 2002. Ethnic Drag – Performing Race, Nation, Sexuality in West Germany. Ann Arbor: University of Michigan Press.

—. 2008. Choreographing the Global in European Cinema and Theater. New York: Palgrave Macmillan.

Smith, Craig. 6.11.2005. France Has an Underclass, but Its Roots Are Still Shallow. The New York Times. http://www.nytimes.com/2005/11/06/weekinreview/06smith.html (letzter Zugriff: 12.4.2015).

Nielsen, Helena Skyt et al. November 2003. The Period School-to-Work Transition of Second Generation Immigrants in Denmark. In: Journal of Population Economics 16/4. 755-786.

Sow, Noah. 2008. Deutschland Schwarz Weiss. München: Bertelsmann.

Soysal, Yasemin N. 1994. Limits of Citizenship – Migrants and Postnational Membership in Europe. Chicago/London: The University of Chicago Press.

—. 2000. Citizenship and Identity – Living in Diasporas in Post-War Europe? In: Ethnic and Racial Studies 23/1. 1-15.

Spivak, Gayatri Chakravorty. 1988. Can the Subaltern Speak? In: Nelson, Cary/ Grossberg, Larry (Hg.). Marxism and the Interpretation of Culture. Urbana: University of Illinois Press. 217 313.

Stein, Arlene. 1997. Sisters and Queers – The Decentering of Lesbian Feminism. In: Lancaster, Roger/di Leonardo, Micaela (Hg.). The Gender/Sexuality Reader. New York: Routledge. 378-391.

Stoler, Ann L. 1995. Race and the Education of Desire – Foucault's History of Sexuality and the Colonial Order of Things. Durham, N.C.: Duke University Press.

Strange Fruit. 1997. Strange Fruit Files 1992-1996. Amsterdam.

Sudbury, Julia. 1997. ›Other Kinds of Dreams‹ – Black Women's Organisations and the Politics of Transformation. New York: Routledge.

Suleiman, Susan Rubin. 2006. Crises of Memory and the Second World War. Boston: Harvard University Press.

Taiwo, Olufemi. 1998. Exorcising Hegel's Ghost – Africa's Challenge to Philosophy. In: African Studies Quarterly 1/4. http://asq.africa.ufl.edu/files/ Vol-1-Issue-4-Taiwo.pdf (letzter Zugriff: 12.4.2015).

Tarrow, Sidney. 2005. The New Transnational Activism. Cambridge: Cambridge University Press.

Taylor, Diana. 2003. The Archive and the Repertoire – Performing Cultural Memory in the Americas. Durham, N.C.: Duke University Press.

Terkessidis, Mark. 2004. Die Banalität des Rassismus – Migranten zweiter Generation entwickeln eine neue Perspektive. Transcript: Bielefeld.

—/Karakaşoğlu, Yasemin. 1.2.2006. Gerechtigkeit für die Muslime! Die Zeit. http://www.zeit.de/2006/06/Petition (letzter Zugriff: 19.12.2014).

Thalhammer, Eva et al. 2001. Attitudes Towards Minority Groups in the European Union – A Special Analysis of the Eurobarometer 2000. Survey on Behalf of the European Monitoring Centre on Racism and Xenophobia. Vienna: SORA.

Thiel, Marie-Jo (Hg.) 2004. Europa, Religion und Kultur angesichts des Rassismus – Impulse aus der internationalen Konferenz (Straßburg im August 2003). Münster: Lit.

Torres-Saillant, Silvio. 2000. The Tribulations of Blackness – Stages in Dominican Racial Identity. In: Callaloo 23/3. 1086-1111.

Travis, Alan/Bunting, Madeleine. 30.11.2004. British Muslims Want Islamic Law and Prayers at Work. The Guardian. 13.

Traynor, Ian. 16.5.2007. Feminist, Socialist, Devout Muslim Woman Who Has Thrown Denmark into Turmoil – Parliamentary Candidate, 25, Finds Herself at Centre of Europe-Wide Controversy. The Guardian. http://www.guardian.co.uk/world/2007/may/16/religion.uk (letzter Zugriff: 12.4.2015).

—. 18.9.2008. Haemorrhaging of Western Influence at UN Wrecks Attempts to Push Human Rights Agenda. The Guardian. http://www.guardian.co.uk/world/2008/sep/18/unitednations.china (letzter Zugriff: 12.4.2015).

Tronti, Mario. 1974. Arbeiter und Kapital. Frankfurt, M.: Verlag Neue Kritik.

Trouillot, Michel-Rolph. 1995. Silencing the Past – Power and the Production of History. Boston, Massachusetts: Beacon Press.

Tzortzis, Andreas. 10.4.2006. In Europe, Quizzes Probe Values of Potential Citizens. In: Christian Science Monitor 4. http://www.csmonitor.com/2006/0410/p01s04-woeu.html?s=widep (letzter Zugriff: 12.4.2015).

Union of Capitals of the European Union. 2003. Integration of the Immigrant Population in European Capitals. Report for the XLIII General Assembly of the UCEU, Brussels.

UNCHR wirft Deutschland in Flüchtlingsfrage Völkerrechtsbruch vor. 10.8.2007. dpa. http://www.thevoiceforum.org/node/553 (letzter Zugriff: 12.4.2015).

United Nations. 18.12.1990. International Convention on the Protection of the Rights of All Migrant Workers and Members of Their Families. http://www.un.org/documents/ga/res/45/a45r158.htm (letzter Zugriff: 12.4.2015).

Vaterlaus, Anne-Marie. 9.12.2006. Les Minguettes. Neue Zürcher Zeitung. http://www.nzz.ch/2006/12/09/fe/articleEN2G2.html?printview=true (letzter Zugriff: 12.4.2015).

Walcott, Rinaldo. 2003. Outside in Black Studies – Reading from a Queer Place in the Diaspora. In: Johnson/Henderson. Black Queer Studies. 90-105.

Wang, Oliver. 2006. These Are the Breaks – Hip-Hop and AfroAsian Cultural (Dis)Connections. In: Raphael-Hernandez/Steen. Afroasian Encounters. 146-164.

Ward, Lucy. 8.9.2007. Where You Live Can Be Crucial to Your Future. The Guardian. http://society.guardian.co.uk/communities/story/0,,2164822,00.html?gusrc=rss&feed=networkfront (letzter Zugriff: 12.4.2015).

Waterfield, Bruno/Samuel, Henry/Squires, Nick. 8.6.2009. European Elections 2009 – Far-Right and Fringe Parties Make Gains across Europe amid Low Turnout. The Telegraph. http://www.telegraph.co.uk/news/worldnews/europe/eu/5471893/European-elections-2009-far-Right-and-fringe-parties-make-gains-across-Europe-amid-low-turnout.html (letzter Zugriff: 12.4.2015).

Watkins, S. Craig. 2005. Hip-Hop Matters – Politics, Pop Culture, and the Struggle for the Soul of a Movement. Boston: Beacon Press.

Weber, Beverly. 2004. Cloth on Her Head, Constitution in Hand – Germany's Headscarf Debates and the Cultural Politics of Difference. In: German Politics and Society 22. 481-513.

Weheliye, Alexander. 2005. Phonographies – Grooves in Sonic Afro-Modernity. Durham, N.C.: Duke University Press.

Weigl, Andreas. 2009. Migration und Integration – Eine widersprüchliche Geschichte. Wien: Studien Verlag.

Weiss, Moni. 1993. Profiel van een organisatie. ARGAN. Organisatie Marokkaanse Vrouwen Amsterdam. In: ZAMI krant 3. 45-48.

Werman, Marco. 28.3.2006. France: Soundtrack to a Riot – A Rap of Protest from the Ghetto. Frontline World. http://www.pbs.org/frontlineworld/rough/2006/03/france_soundtra.html (letzter Zugriff: 12.4.2015).

West, Tim'm. 2005. Keepin' It Real: Disidentification and Its Discontents. In: Elam/Jackson: Black Cultural Traffic. 162-184.

Westin, Charles. 2003. Young People of Migrant Origin in Sweden. International Migration Review 37/4. 987-1010.

Wheeler, Jacob. 28.3.2008. Caricaturing Danish Muslims. In These Times. http://www.inthesetimes.com/article/3576/caricaturing_danish_muslims (letzter Zugriff: 12.4.2015).

Whitney, Craig. 18.2.2007. Maurice Papon, Convicted Vichy Official, 96, Dies. The New York Times. http://www.nytimes.com/2007/02/18/world/europe/18papon.html (letzter Zugriff: 12.4.2015).

Wiese, Heike. 2009. Grammatical Innovation in Multiethnic Urban Europe – New Linguistic Practices among Adolescents. In: Lingua 119. 782-806.

Wild, Beate. 14.11.2008. Vor zehn Jahren: Der Fall Mehmet – Der ›Schrecken von Neuperlach‹. Die Süddeutsche. http://www.sueddeutsche.de/muenchen/652/331511/text/ (letzter Zugriff: 12.4.2015).

Willenbücher, Michael. 2007. Das Scharnier der Macht – Der Illegalisierte als homo sacer des Postfordismus. Berlin: b_books.

Wolf, Joachim. 15.2.2007. Fußball und Rechtsextremismus in Europa. http://www.bpb.de/themen/4IFKR4,0,Fu%DFball_und_Rechtsextremismus_in_Europa.html (letzter Zugriff: 30.5.2015).

Women's Caucus for the Modern Language Association (Hg.). 2000. Concerns 27.

Wright, Michelle. 2004. Becoming Black – Creating Identity in the African Diaspora. Durham, N.C.: Duke University Press.

Yalcin, Lale. 1998. Growing Up As a Muslim in Germany. In: Vertovec, Steven/Rogers, Alisdar (Hg.). Muslim European Youth – Reproducing Ethnicity, Religion, Culture. Aldershot: Ashgate. 167-191.

Yoneyama, Lisa. 2003. Traveling Memories, Contagious Justice. In: Journal of Asian and African Studies. 57-93.

Young, Marion Iris. 20.8.2003. Europe and the Global South – Towards a Circle of Equality. http://www.opendemocracy.net/globalization-europefuture/article_1438.jsp (letzter Zugriff: 12.4.2015).

Youssef, Magdi. Mai 2006. Circles to Be Squared. Al-Ahram. 11-17. http://weekly.ahram.org.eg/2006/794/cu2.htm (letzter Zugriff: 12.4.2015).

Yue, Ming-Bao. 2000. On Not Looking German – Ethnicity, Diaspora and the Politics of Vision. In European Journal of Cultural Studies 3/2. 173-194.

Zaimoğlu, Feridun. 1995. Kanak Sprak – 24 Misstöne vom Rande der Gesellschaft. Berlin: Rotbuch Verlag.

—/Senkel, Günter. 2008. Schwarze Jungfrauen. Hamburg: Hoffmann und Campe (Audio CD).

ZAMI Krant 3. 1993. http://www.zami.nl.

Zemouri, Aziz. 2005. Faut-il faire taire Tariq Ramadan (suivi d'un entretien avec Tariq Ramadan). Paris: L'Archipel.

Ziegler, Jean. 2005. L'empire de la honte. Paris: Fayard.

Žižek, Slavoj. 2001. A Leftist Plea for ›Eurocentrism‹. In: Hassan, Salah/ Dadi, Iftikhar (Hg.). Unpacking Europe, Rotterdam: NAI. 112-130.

Zucker, Renee. 5.3.2005. Die Macht der Mütter. die tageszeitung. 22.

Zumach, Andreas. 10.9.2006. Schweizer Rechte legen nach. die tageszeitung. http://www.taz.de/1/archiv/?dig=2006/09/26/a0085 (letzter Zugriff: 12.4.2015).

Robert Stam & Ella Shohat

Race in Translation

Kulturkämpfe rings um den postkolonialen Atlantik

Aus dem Amerikanischen übersetzt von Alfred Weber

456 Seiten | 24,00 €
ISBN 978-3-89771-562-2

Eurozentrische Arroganzen und Beraubungspraktiken

In einer kulturgeschichtlichen Tour de Force rund um den atlantischen Raum wird die Ideologie von »Rasse« dekonstruiert und auf seine strukturellen Funktionen der Ausbeutung, Enteignung, Auslöschung zugunsten der Bereicherung Europas und der kolonialen Siedlerstaaten USA und Brasilien bezogen.

Race in Translation ist gleichzeitig ein Bericht von den unterschiedlichen Fronten in den Debatten zu Kulturen und Kolonialismus, eine Kartierung der betreffenden Literatur mehrerer Sprachen und eine Stellungnahme zur Politik des grenzüberschreitenden Ideenflusses.

Claire Rodier

Xenophobie Business

Wer profitiert vom Grenzregime?

144 Seiten | 13,00 €
ISBN 978-3-89771-578-3

Die kapitalistische Verwertung von Flucht und Vertreibung

Claire Rodier geht der Frage nach, wozu – und wem – Einwanderungskontrollen dienen. Dazu gibt sie einen Einblick in die Welt privater Sicherheitsunternehmen und deren Verstrickungen in politische Entscheidungs- und Gesetzgebungsprozesse. Darüber hinaus zeigt sie die ideologische Funktion der Aufrüstung an den Grenzen auf: wie Angst ausgebeutet und Migration kriminalisiert wird, um daraus politischen wie wirtschaftlichen Nutzen zu ziehen.

Rodier deckt erstaunliche Zusammenhänge zwischen migrationspolitischen Erwägungen und privatwirtschaftlichen Interessen auf: Am Beispiel von Asylverfahrenslagern und der Grenzschutzagentur Frontex wird deutlich, dass immer schärfere Grenzkontrollen verschiedenste ökonomische Interessen bedienen.

Hito Steyerl & Encarnación Gutiérrez Rodríguez (Hg.)

Spricht die Subalterne deutsch?

Migration und postkoloniale Kritik

2. Aufl. | 304 Seiten | 18.00 €
ISBN 978-3-89771-425-0

Gesellschaftstheorie und postkoloniale Kritik

Lässt sich die Debatte um postkoloniale Kritik auf den deutschen Kontext anwenden?

»Die Beiträge des Buches sind vielgestaltig und in Relevanz und Urteil sehr verschieden. Der Band zeichnet sich (...) durch seine Anregungen aus, endlich auch im deutschen Kontext Subalternität, Macht und Repräsentation zu thematisieren. Erfreulicherweise suchen die AutorInnen die postkolonialen Ausgrenzungsmechanismen nicht allein in ›hegemonialer Symbolik‹ und in ›diskursiven Diktaten‹, sondern verstehen sie, wie Gutíerrez Rodrígeuz anmerkt, ›auch als Ausdruck materieller und ökonomischer Ungleichheit‹.«

Joscha Behr | iz3W

UNRAST Verlag • Postfach 8020 • 48043 Münster
www.unrast-verlag.de • E-Mail: info@unrast-verlag.de
UNRAST

Susan Arndt & Nadja Ofuatey-Alazard (Hg.)

Wie Rassismus aus Wörtern spricht

(K)Erben des Kolonialismus im Wissensarchiv deutsche Sprache. Ein kritisches Nachschlagewerk.

2. korr. Auflage
Hardcover | 786 Seiten | 29.80 €
ISBN 978-3-89771-501-1

»Wenn ich nur 30 Bücher besitzen dürfte, wäre dieses eines davon.«

R.-E. Posselt / SOS-Rassismus

Wie Rassismus aus Wörtern spricht arbeitet heraus, wie weiße Europäer_innen kolonialistisches und rassistisches Denken erschaffen und es in Wissensarchiven und ihren Begriffen konserviert haben, durch welche es bis heute wirkmächtig ist. Folgerichtig werden hier Kernbegriffe des weißen westlichen Wissenssystems diskutiert, um das Zusammenwirken von Rassismus, Wissen und Macht aufzuarbeiten.

»… vor allem jenen, die sich beruflich mit Sprache beschäftigen, ans Herz gelegt«

M.-S. Adeoso / FR

Anne Chebu

Anleitung zum Schwarz sein!

2. Aufl. 2015
116 Seiten | 9.80 €
ISBN 978-3-89771-527-1

Einführung in die deutsche Schwarze Community

»Schwarzsein ist nicht gleich schwarz sein. Warum schreibt man Schwarz groß und warum bin ich Schwarz und nicht braun?«
Irgendwann kommt der Punkt, an dem man über seine Hautfarbe nachdenkt. Deshalb ist dieses Buch nicht nur eine Einführung in die deutsche Schwarze Community und deren Geschichte, sondern auch eine praktische Anleitung für junge Schwarze Deutsche, sich ihrer nicht-weißen Hautfarbe politisch bewusst zu werden und sich damit auseinanderzusetzten.

»Wehrhaft – In ihrem Buch ›Anleitung zum Schwarzsein‹ zeigt die Journalistin Anne Chebu Wege aus der Rassismusfalle.«

Bayerischer Rundfunk

»Ein gutes Buch zum Einstieg in Schwarze Lebensrealitäten, Alltagsrassismus, Schwarze deutsche Geschichte und vieles mehr.«

Buchtipp / LoNam

Maureen Maisha Eggers, Grada Kilomba, Peggy Piesche & Susan Arndt (Hg.)

Mythen, Masken, Subjekte

Kritische Weißseinsforschung in Deutschland

3. überarb. Auflage
552 Seiten | 24.00 €
ISBN 978-3-89771-440-3

Critical Whiteness

Der vorliegende Band fasst zum ersten Mal die Auseinandersetzung mit der Kategorie ›Critical Whiteness‹ in Deutschland zusammen und erschließt damit einem größeren Publikum die Verlagerung des Fokus auf das ›eigene‹ weiße Subjekt im postkolonialen Diskurs Deutschlands. Er richtet sich sowohl an WissenschaftlerInnen verschiedener geisteswissenschaftlicher Disziplinen als auch an an MultiplikatorInnen bildungspolitischer Arbeit, AktivistInnen antirassistischer Arbeit und gesellschaftspolitisch interessierte LeserInnen.

»Zur Verankerung der kritischen Weißseinsstudien im Kanon universitärer Lehre ist der Band wie kein zweiter geeignet.«

Lars Stubbe / iz3w

UNRAST Verlag • Postfach 8020 • 48043 Münster
www.unrast-verlag.de • E-Mail: info@unrast-verlag.de

UNRAST